AF402432

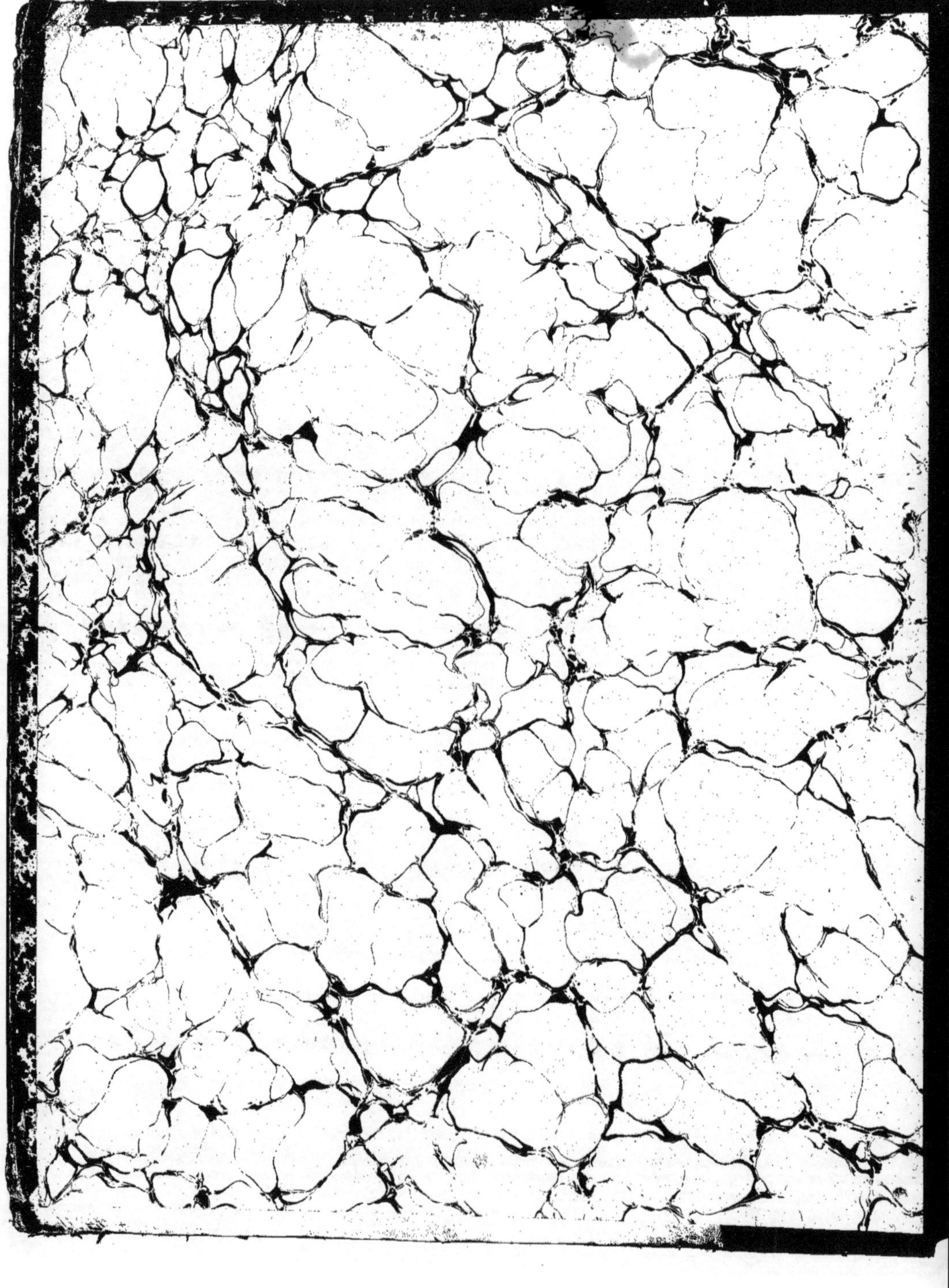

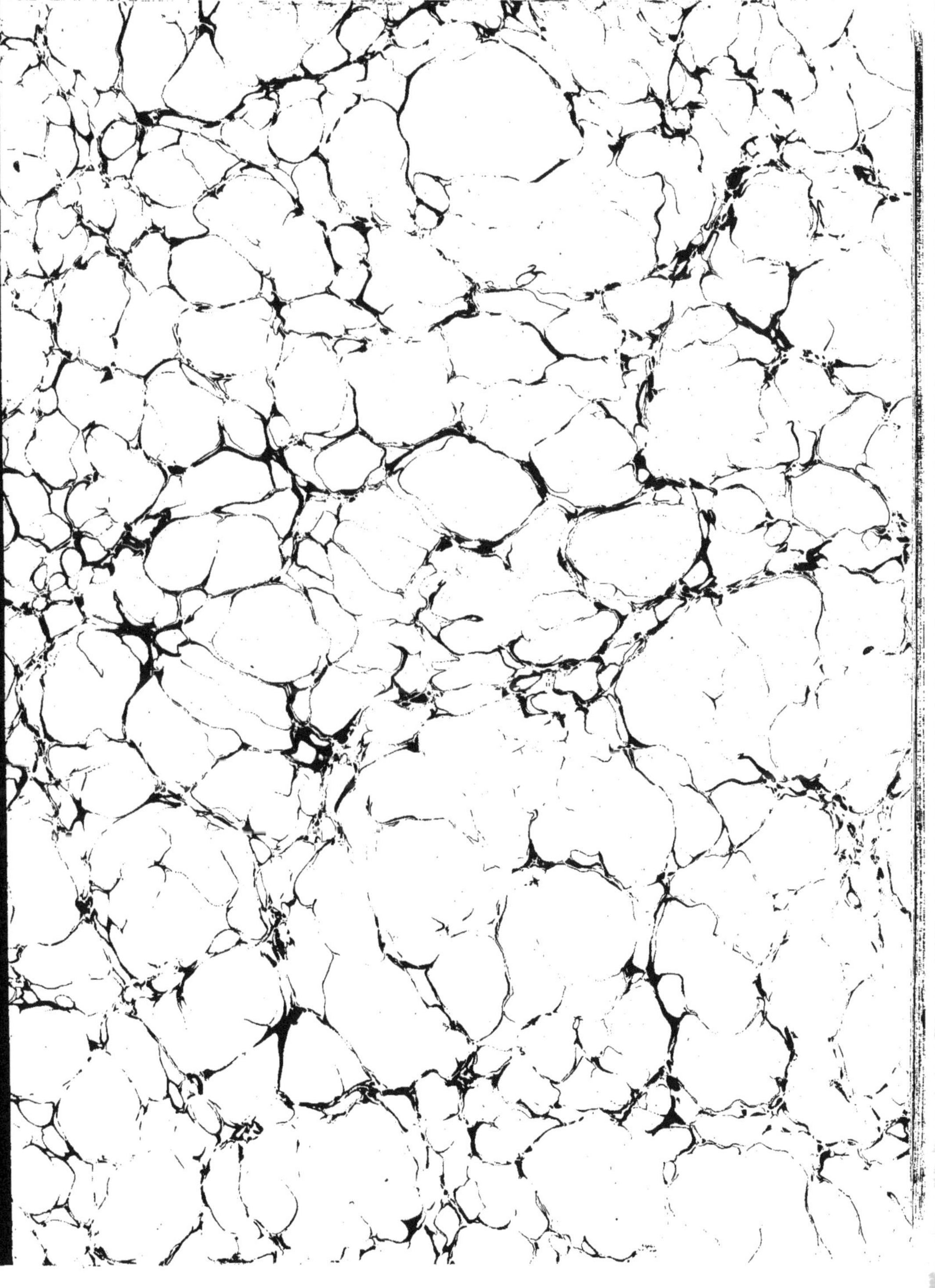

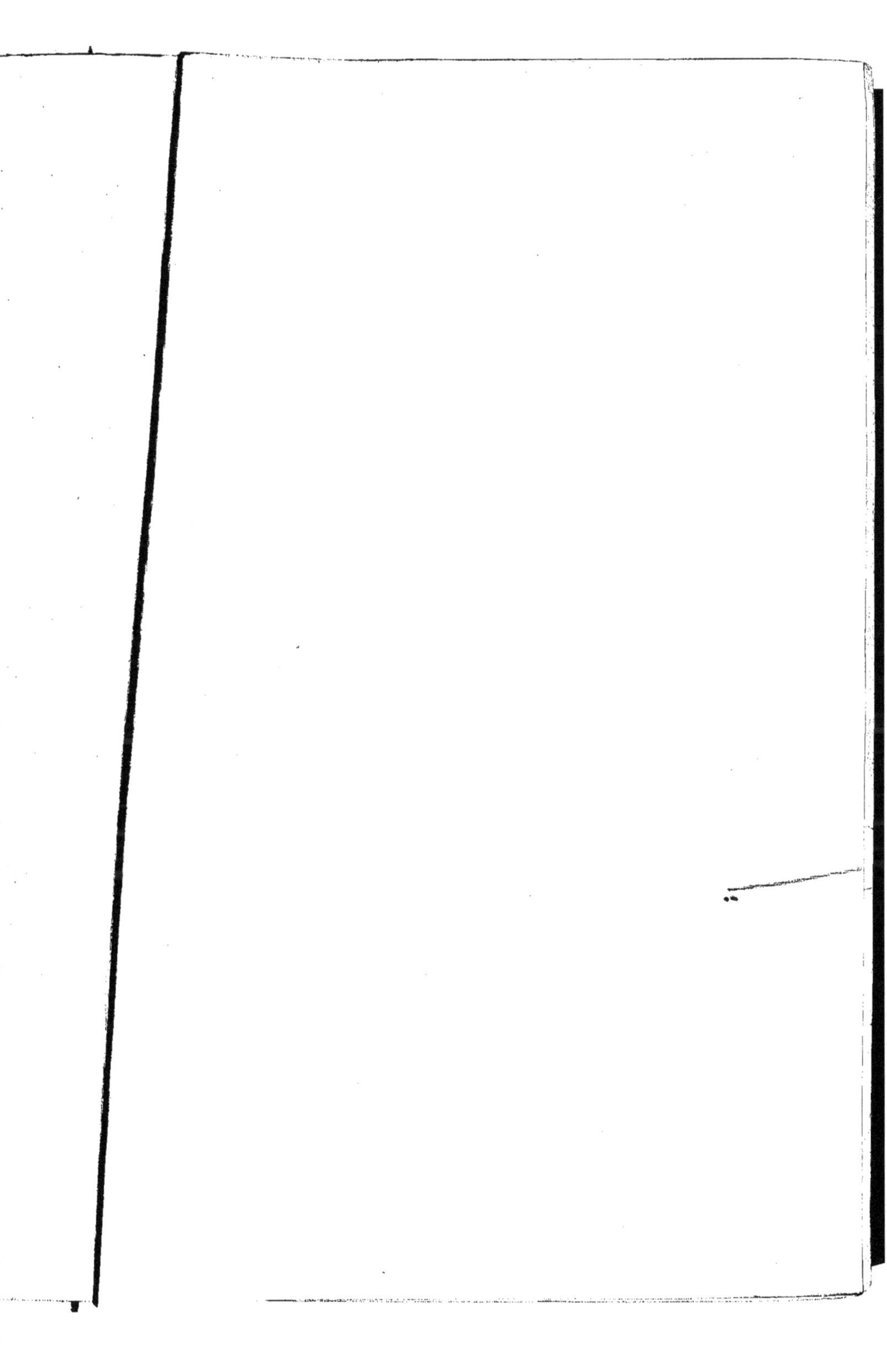

LA

NORMANDIE MONUMENTALE

ET

PITTORESQUE

CONDITIONS DE LA SOUSCRIPTION

OUVRAGE COMPLET

L'ouvrage complet comprendra cinq volumes grand in-folio, et contiendra de 400 à 500 planches en héliogravure.

Il est publié en livraisons, contenant chacune 2 ou 3 planches et 12 pages de texte.

Prix de la livraison, pour les souscripteurs à l'ouvrage complet, F. 4.50.

Il paraît environ une livraison par semaine.
Les livraisons qui dépasseront le nombre de 200 seront remises gratuitement aux souscripteurs.
Le nom de tout souscripteur qui en fera la demande sera imprimé sur son exemplaire en face du titre.
La liste des souscripteurs sera publiée à la fin de chaque volume.

VOLUMES SÉPARÉS

Chacun des départements de l'ancienne province de Normandie (Seine-Inférieure, Calvados, Eure, Orne et Manche) sera l'objet d'un volume séparé formant un tout complet.

Chaque volume comprendra de 80 à 100 planches en héliogravure et environ 500 pages de texte.

Il sera publié par livraisons, au nombre de 40 environ, contenant chacune 2 ou 3 planches et 12 pages de texte.

Prix de la livraison, pour les souscripteurs aux volumes séparés, F. 5.—.

Les livraisons qui dépasseront le nombre de 40 seront remises gratuitement aux souscripteurs.

VOLUMES TERMINÉS

(En feuilles réunies dans un carton.)

Prix : 180 fr. pour les Souscripteurs à l'ouvrage complet.
200 » pour les Acheteurs de volumes séparés.

SEINE-INFÉRIEURE.	476 pages de texte et 91 planches.		
CALVADOS.	642 »	»	85 »
EURE.	560 »	»	83 »

ÉDITIONS DE BIBLIOPHILES

Il est publié deux éditions de *La Normandie monumentale* spécialement destinées aux bibliophiles :

A.) L'une est tirée, texte et planches, sur le papier de l'ouvrage, avec une deuxième suite de planches sur papier des manufactures impériales du Japon, grand format (57 centimètres sur 40).

Prix de la livraison de cette édition, F. 5.—, plus F. 3. — par épreuve sur Japon.

Prix du volume de la Seine-Inférieure, et de la deuxième suite de planches sur papier du Japon, F. 475.—.

B.) L'autre, rigoureusement limitée à 25 exemplaires numérotés de 1 à 25, est tirée, le texte sur papier de Chine fort, les planches sur papier des manufactures impériales du Japon, extra-fort, le tout grand format (57 centimètres sur 40). Épreuves d'artistes.

Prix de la livraison de cette édition, F. 15.—.
Prix de chaque volume, F. 600.—.

Les numéros 1 et suivants sont réservés aux souscripteurs de l'édition complète; les numéros 25, 24, 23, 22, etc., aux souscripteurs des volumes séparés.

MONOGRAPHIES SÉPARÉES

Les livraisons dont la réunion pourra former une monographie distincte seront vendues séparément au prix de 6 francs la livraison.

ÉPREUVES D'ARTISTES

Il sera tiré quelques épreuves des principales planches, sur papier du Japon, grand format. Le prix de ces épreuves sera de 8 francs l'une.

LA
NORMANDIE MONUMENTALE

ET

PITTORESQUE

ÉDIFICES PUBLICS, ÉGLISES, CHATEAUX, MANOIRS, ETC.

HÉLIOGRAVURES DE P. DUJARDIN

D'APRÈS LES PHOTOGRAPHIES DE PAUL ROBERT ET DE GEORGE DOUTHWAITE

EURE
PREMIÈRE PARTIE

TEXTE

Par MM. l'abbé DE LA BALLE, l'abbé BOUILLET, ALPH. CHASSANT, Léon COUTIL, Dieudonné DERGNY, l'abbé DUBOIS,
l'abbé Jules FOSSEY, Paul GOUJON, Charles LE GOFFIC, Jacques LESTRAMBE,
Théodore MICHEL, Léon PALUSTRE, le Chanoine PORÉE, Gustave A. PRÉVOST, Léon TYSSANDIER, Adolphe VARD, Léon DE VESLY.

HAVRE
LEMALE & Cie, IMPRIMEURS, ÉDITEURS
1896

CATHÉDRALE D'ÉVREUX — CROISILLON MÉRIDIONAL.

LA
NORMANDIE MONUMENTALE

ET

PITTORESQUE

EURE

ARRONDISSEMENT D'ÉVREUX

LA CATHÉDRALE D'ÉVREUX

Du haut du talus sur lequel passe la voie ferrée de Paris à Cherbourg et aux plages trouvillaises, il n'est point de voyageur qui n'ait été surpris par le gracieux aspect de la cathédrale d'Évreux. Elle se dresse légère et découpée au milieu de la vallée verdoyante où dort l'humble cité, et la colline crayeuse, qui forme au nord le fond du tableau, fait ressortir davantage, par sa masse, les lignes élégantes du monument. Combien de touristes et d'archéologues, en quête d'autres impressions, ont eu à se réjouir de s'y être arrêtés un instant, et se sont promis d'enchâsser, dans l'écrin de leurs souvenirs, l'image durable de ce joyau, digne de figurer parmi les plus riches de la province normande!

Pour tous ses admirateurs d'un jour, désireux de compléter par une étude subséquente cette première visite, nous allons esquisser l'histoire de la cathédrale ébroïcienne, en essayant simultanément d'en décrire les beautés architecturales, et le riche mobilier.

***

L'étude du monument actuel offre par elle-même assez d'intérêt, pour que nous nous dispensions de dresser ici une liste des églises plus ou moins riches des premiers siècles, se succédant comme des ébauches imparfaites, et tombant comme les pétales d'un bourgeon pour laisser enfin s'épanouir cette fleur plus durable. Disons seulement que la cathédrale du premier évêque de Médiolanum était originairement un temple de Diane, que saint Taurin purifia et consacra à la Bienheureuse Vierge Marie. Les invasions des barbares au VI° siècle, puis celles des Normands au IX°, ravagèrent les basiliques romaines et franques, qui depuis saint Gaud, le successeur probable de saint Taurin, abritèrent le tabernacle du Seigneur et la chaire de son Pontife. Nulle trace de ces édifices éphémères n'est parvenue jusqu'à nous, tandis qu'on a retrouvé à Évreux même, et dans un village voisin, Gisacum, ancienne résidence du proconsul, beaucoup de vestiges des constructions païennes.

La partie la plus vieille de la cathédrale actuelle est l'étage inférieur de la nef. Seize piliers cantonnés chacun de douze colonnettes supportent des arcades en plein cintre, qui séparent la nef des collatéraux. Seul, le plan de ces piles avec les profils de leurs parties principales : bases, chapiteaux, tailloirs, peut fournir des renseignements sur l'époque de leur construction. Ce n'est point, en effet, marcher dans une voie bien certaine que de suivre toujours les dates transmises par les chroniqueurs. Tant de fois on a fait fausse route en attribuant des constructions romanes ou gothiques aux environs d'une année désignée par un écrivain postérieur comme étant celle de leur dédicace! Ainsi a-t-on voulu, jusqu'à ce jour, faire remonter au XI° siècle les deux premières travées de la nef du côté de l'orient, supposant que ce seraient les restes de l'église romane, consacrée, au dire d'Orderic Vital, en 1076, par les évêques Lanfranc, de Cantorbéry, et Thomas, d'York. Mais, pour nous, jamais ces pierres n'ont pu recevoir l'huile sainte des mains du célèbre écolâtre du Bec. Leurs fondements n'ont été jetés que près d'un demi-siècle plus tard. Et nous croyons pouvoir attribuer cette fondation à l'évêque Audin, qui, d'après le même chroniqueur, reconstruisit entièrement sa cathédrale cinq ou six ans après l'incendie de 1119. Voici pourquoi une pareille attribution nous semble bien admissible.

Toutes les piles de la nef, avons-nous dit déjà, comprennent autour du massif central douze colonnettes engagées ; ce qui suppose, d'après une loi constante de l'architecture du moyen âge, où chaque membre des supports correspond à un membre analogue des parties supportées, que cette nef était, dès le plan de l'architecte, conçue comme devant être voûtée sur croisée d'ogives. Or, une voûte barlongue et nervée, couvrant un vaisseau relativement large (7 mètres), n'est pas sans exemple avant 1130. Dès le premier quart du XII° siècle, la nef de Saint-Étienne de Beauvais, dont la voûte fut d'ailleurs remaniée plus tard, avait déjà reçu cette disposition. La cathédrale ébroïcienne en est un dérivé, et pourrait être classée à côté des églises de Bury, de Cambronne et de Saint-Germer, comme procédant directement des premiers essais de voûtes gothiques accomplis dans les bas-côtés ou les déambulatoires de quelques églises de l'Ile-de-France.

Peut-être l'évêque Audin commença-t-il par le chœur roman dont on a retrouvé les fondements (1), et qui était voûté sur plan carré. Mais avant 1139, date de la mort du pontife, la nef était aussi presque entièrement relevée de ses ruines. Seule, la dernière travée occidentale, avec le triforium que l'on distingue encore, caché derrière le buffet d'orgues, n'est probablement pas antérieure à l'année 1160. A cette époque, déjà partout, dans l'Ile-de-France, la Picardie, ou le Soissonnais, on employait, pour les archivoltes des nefs, l'arc brisé. Aussi, ce ne put être qu'un architecte normand qui, empruntant à ses voisins le principe de la voûte nervée, fut d'autre part assez tenace pour conserver l'arcade en plein cintre. Mais ce n'est pas ici le lieu de développer une thèse que nous croyons avoir suffisamment établie dans notre monographie.

(1) La ligne ponctuée sur le plan reproduit plus loin indique les fondations de l'ancienne abside.

Un événement bien connu de l'histoire locale, entraîna, dans les dernières années du XII\u1d49 siècle, l'incendie de la nouvelle église, qui, peut-être, n'était point encore entièrement terminée, car nous n'avons aucune mention de sa dédicace.

Jean sans Terre, désireux de se réconcilier avec son frère Richard, qui, délivré de sa captivité, revenait en toute hâte en Angleterre, ne crut rien faire de mieux que de massacrer 3oo chevaliers français, réunis par lui dans un sinistre festin au château d'Évreux. C'était un moyen de plaire au redoutable rival de Philippe-Auguste. Mais le roi de France, dans une indignation suffisamment justifiée, vint fondre avec ses troupes sur la malheureuse cité, témoin involontaire d'un si lâche attentat. La ruine de la cathédrale et des principaux quartiers de la ville eut lieu le 28 mai 1194. Quatre ans plus tard, un second siège renouvelait les mêmes désastres. D'ailleurs, mentionner des incendies est devenu un lieu commun dans l'histoire des monuments du moyen âge. C'était quelquefois un bien, et lorsque s'ouvrit le XIII\u1d49 siècle, qu'on a appelé avec raison l'ère des grandes cathédrales, l'enthousiasme religieux était assez excité pour permettre à la plupart des villes épiscopales de reconstruire leurs églises avec une ampleur proportionnée aux progrès de l'art. Nous ne pensons pas cependant que cet élan fût alors aussi vif à Évreux que dans les villes de Lisieux, de Mantes, de Rouen, de Coutances, ou que dans les provinces de Picardie ou de Champagne. Du moins, il ne s'est guère manifesté par des œuvres architecturales dignes de cette époque merveilleuse. On trouverait en effet plus rarement, dans le diocèse, des constructions du XIII\u1d49 siècle que l'on ne rencontrerait des restes du XII\u1d49 ou du XV\u1d49. A quoi faut-il attribuer cette lacune? Nous l'ignorons. Toujours est-il que l'appel adressé à la générosité des fidèles par l'évêque d'Évreux, Robert de Roye, en 1201 et 1202, semble avoir trouvé peu d'écho. Un de nos confrères, M. l'abbé Blanquart, a récemment publié les bulles d'indulgences accordées à la prière de cet évêque par le pape Innocent III, en faveur de ceux qui contribueraient par leurs aumônes aux restaurations les plus urgentes. Or, ces travaux, qui devaient consister dans la reconstruction des parties hautes de la nef sur les piliers restés debout, n'ont pu être entrepris que vers 1240 au plus tôt. C'est du moins ce que le style du triforium et des grandes fenêtres nous oblige à constater. Si les ressources eussent été plus abondantes, nul doute que l'on eût sacrifié les arcades primitives, pour lever un vaisseau d'une plus grande largeur.

La reconstruction des parties hautes donna cependant à l'édifice un caractère de légèreté et d'ampleur qui fait l'éloge du *maître masson* de cette époque si justement vantée. Les baies du triforium sont couronnées par un trilobe inscrit, ici dans un tympan anguleux garni de crochets, là dans un arc en tiers-point reposant sur de petits culs-de-lampe. Mais l'étage de la claire-voie est surtout remarquable. Les fenêtres n'ont pas moins de 9 mètres d'élévation sur plus de 4 mètres de largeur et ne sont séparées que par les pilastres contre lesquels viennent s'appuyer au dehors les arcs-boutants. Aussi, par les vastes formes garnies de grisailles que maintiennent les barlotières de fer, la lumière du jour arrive à flots, la longue nef se trouve éclairée comme si elle n'avait d'autre voûte que la coupole des Cieux où flamboie le soleil.

A l'extérieur, les constructions de 1240 ont naguère changé complètement d'aspect. Il y a vingt ans, on voyait encore cette partie de l'édifice épaulée par un double étage d'arcs-boutants avec des culées massives et ornées seulement de deux pinacles refaits deux cents ans plus tard. Aujourd'hui, nous ne trouvons plus qu'une disposition, complètement neuve, d'un XIII\u1d49 siècle factice, qui nous semble transplantée de je ne sais quelle cathédrale picarde ou champenoise. L'arc qui contrebute les voûtes à leur point de poussée a seul été maintenu. Quant à celui qui servait d'aqueduc au chêneau supérieur, on lui a substitué de prosaïques gouttières, badigeonnées à la céruse, tandis que de pieuses gargouilles recevaient les honneurs d'un dais, fort bien dessiné certes, mais qui nous semble plus à sa place au-dessus des anges des contreforts de Reims. Toutefois, ne soulevons point de nouveau des polémiques qui ont fait leur chemin à travers journaux et revues, et qu'aucun de nos lecteurs n'ignore. Le temps se charge de tout apaiser, comme, peu à peu, il répandra sa patine vénérable sur la blancheur des assises renouvelées.

Nous avons dit que le début du XIII⁰ siècle nous semblait avoir trouvé l'Église d'Évreux dans un état relatif d'apathie et d'indigence, à la suite, sans doute, des luttes de Philippe-Auguste et de Richard. Sous le règne de saint Louis, une certaine prospérité dut revenir rapidement ; non seulement la nef fut achevée, mais bientôt le vieux mur des collatéraux tomba, et à la place des fenêtres romanes, une rangée de chapelles bien éclairées élargit le vaisseau primitif, facilitant d'autre part au nombreux clergé d'alors, la célébration du sacrifice divin.

*
* *

Là n'allaient point se borner les agrandissements que le XIII⁰ siècle devait apporter à la cathédrale ébroïcienne. A l'est, le vieux chœur roman ne suffisait plus au goût ni aux exigences des pompes liturgiques. Il avait traversé presque intact les guerres franco-normandes, et son abside, aux formes sévères, avait conservé sa voûte en cul-de-four qui paraissait encore plus basse comparativement aux ogives élancées de la nef.

Dans les dernières années du siècle, on creusa, à l'extérieur de cette abside, les fondations d'un nouveau sanctuaire qui devait être la merveille de cette église, vu les proportions qu'on lui donnait et l'élégance de ses formes.

De 1298 à 1310, sous les évêques Geoffroy de Bar et Mathieu des Essarts, la construction fut menée rapidement et l'œuvre dut être élevée d'un seul jet jusqu'à la voûte.

Le nouveau chœur comprenait dans son plan, beaucoup plus large que celui de la nef, quatre travées dont la première, s'ouvrant obliquement, le reliait à la croisée du transept. Il était fermé par une abside de sept travées plus étroites, dont les nervures des voûtes venaient aboutir autour d'une clef commune. Un déambulatoire assez spacieux et des chapelles rayonnantes complétaient la disposition alors généralement acceptée dans les grands édifices religieux.

Son élégance particulière vient surtout de la légèreté apparente de ses supports. Le massif des piles, en effet, disparaît entièrement sous vingt colonnettes engagées et à peu près égales, dont les unes s'élancent jusqu'aux imposes des hautes fenêtres, à peine interrompues par de minuscules chapiteaux, et se ramifient en nervures nombreuses pour supporter la grande voûte ; les autres, continuées par des demi-boudins amincis, ornent les archivoltes ou se transforment en arcs-doubleaux et ogives au-dessus du déambulatoire.

Il est rare de trouver une disposition plus gracieuse et plus logique, comme il est rare aussi de rencontrer une construction du XIV⁰ siècle aussi imposante. L'abside de Saint-Ouen de Rouen, a plus de maigreur et ses trois larges travées de fond sont trop ouvertes pour reposer le regard comme le rond-point d'Évreux. Aussi, M. Gonse, dans son beau livre sur l'Art gothique, ne nous semble pas téméraire en affirmant que le chœur de notre cathédrale est « un des plus beaux morceaux de l'architecture gothique en France ».

CATHÉDRALE D'ÉVREUX. — VUE D'ENSEMBLE

La richesse de ses vitraux vient encore rehausser son effet architectural, et aujourd'hui que les pierres ont retrouvé leur blancheur, on aime à voir tous les reflets de lumière qui les recouvrent parfois, après avoir passé par les tonalités diverses des peintures translucides, dessiner sur leurs assises une tapisserie brillante.

Dans les verrières, les portraits des donateurs occupent presque autant de place que les saints eux-mêmes. On y trouve le fameux Charles le Mauvais, roi de Navarre et comte d'Évreux (n° 12 du plan), Guillaume d'Harcourt et son épouse, fondateurs de la collégiale de la Saussaye (13), l'évêque Geffroy Faë, qui a orné le rond-point d'une si belle trilogie en l'honneur de Notre-Dame (6, 7, 9), et Bernard Cariti indiquant sa sépulture (11). Enfin, dans une fenêtre postérieure, les grands personnages politiques et religieux du milieu du XVe siècle, le pape Eugène IV, Charles VII et le Dauphin, les Normands Pierre de Brézé et Robert de Floques, l'évêque Guillaume de Floques, Robert Cybole, le futur proviseur du collège d'Harcourt, etc. (15). Un intéressant album publié naguère par la Société des Amis des Arts de l'Eure vient d'ailleurs de vulgariser nos chefs-d'œuvre, qui ne peuvent plus être oubliés.

Le demi-jour des grandes fenêtres se prolonge à l'étage inférieur par la claire-voie du triforium. Cette galerie légère, peut-être trop riche en ornements, a été remaniée au XVe siècle, surchargée de fleurons, de crochets, de culs-de-lampe, de lis redentés. Avouons que la sobriété du remplage primitif était plus conforme à l'ordonnance générale du chœur.

Extérieurement, pour soutenir la poussée des voûtes, s'épanouit autour de l'abside une large couronne de contreforts reliés aux murs gouttereaux par un double étage d'arcs-boutants. Le plan des culées est bien compris ; des ressauts saillants, en forme de croix, servent comme de piédestal à deux pinacles, l'un carré, l'autre octogone, suffisamment espacés pour doubler l'effet de perspective avec ceux de la balustrade du grand comble.

La gravure ci-jointe fait comprendre, mieux que toute description, cette ossature extérieure de l'abside, moins imposante sans doute que les gigantesques jambages de Beauvais, ou du Mans, mais aussi moins effrayante à l'esprit et plus agréable à l'œil.

Au premier plan, du côté sud, se profile la petite chapelle de l'Évêché avec ses trois fenêtres de style roman et les corbeaux aux têtes grimaçantes qui soutiennent sa plate-forme. Elle termine, à l'est, la galerie du cloître, dont nous parlerons bientôt.

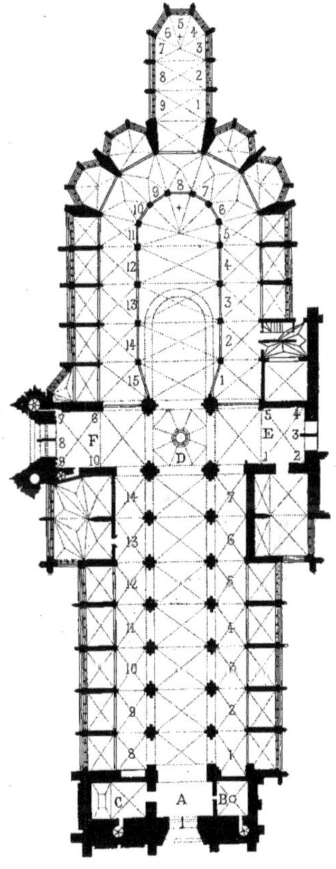

Plan de la Cathédrale d'Évreux.

De ce même côté, des reprises d'appareil, visibles aux impostes des fenêtres inférieures, indiquent que des coupures ont été faites plus tard, et que les chapelles, avec le remplage de leurs baies, ont été remaniées vers la fin du XV° siècle.

En ce temps, il nous faut placer d'autres constructions importantes qui continuent la série des agrandissements opérés de siècle en siècle dans cet intéressant édifice.

*
* *

La Normandie, plus que toute autre province peut-être, fut occupée, pendant une grande partie du XV° siècle, par les voisins d'Outre-Manche, si longtemps en lutte avec nos rois. C'était une période qui, vraisemblablement, ne pouvait être favorable aux travaux pacifiques de l'architecture religieuse. Néanmoins, assez souvent encore, on rencontre des églises ou tout au moins des parties d'églises datant de l'occupation anglaise. Vers 1430, des bulles d'indulgences signées d'Eugène VI, en faveur des fidèles qui contribueraient à la réparation et à la décoration de la cathédrale, nous prouvent que l'on ne négligeait pas l'entretien d'un si précieux monument.

Les travaux recommencèrent du côté sud par la construction du transept (E). Forcément resserrés par les piles romanes de la croisée, les deux croisillons ne pouvaient gagner qu'en élévation. On leur donna la hauteur du sanctuaire et une ordonnance analogue. Ainsi, de longues fenêtres remplacèrent les petites baies romanes et se garnirent bientôt de vitraux, comme la rosace de la façade méridionale, où mille couleurs rayonnantes nous peignent la gloire du Couronnement de Marie.

La gloire de Notre-Dame! c'était la pieuse préoccupation du roi qui siégeait alors sur le trône de France, Louis XI. Un de ses plus habiles courtisans, à qui il donna l'évêché d'Évreux, sut exploiter cette dévotion souvent superstitieuse. En effet, pendant les deux années que La Balue passa sur ce siège épiscopal (1465-1467), beaucoup d'œuvres furent commencées, sinon achevées. Probablement, le roi fit plus de promesses qu'il ne donna d'argent, car ce fut surtout grâce aux générosités des fidèles et à l'ère de prospérité qui s'ouvrait alors, que ces travaux purent s'accomplir. Toujours est-il que nous pouvons attribuer à cette époque l'entreprise de la chapelle absidale dédiée à la Mère de Dieu, des deux sacristies, de la bibliothèque, de la tour centrale, de la flèche et des cloîtres.

La chapelle de la Mère de Dieu est, dans son genre, un petit joyau d'architecture. Rien de plus gracieux que ces lis aux larges pétales qui composent le remplage des fenêtres. Rien de plus intéressant non plus, au point de vue historique, que les princes aux blanches armures, qui se dressent dans les pétales de ces fleurs de France, comme étant eux-mêmes la fleur de la chevalerie au temps de l'avènement de Louis XI. Ce sont les portraits de tous les pairs qui avaient rempli une fonction quelconque à la cérémonie du sacre. Au-dessous, dans toutes les divisions de ces hautes fenêtres, sont retracées en vives couleurs, à l'abside, les principales scènes de la vie de la Sainte-Vierge, depuis sa Conception, telle que la raconte la légende dorée, jusqu'à son Couronnement dans les cieux, et, dans les premières fenêtres, l'histoire adorable de son Divin Fils, depuis sa Nativité jusqu'à son Ascension. Au vitrail du fond, un cortège de rois, étagés dans les branches qui jaillissent du cœur de Jessé, figure, selon l'usage, la généalogie de la Vierge mère.

Des sacristies, nous avons peu de chose à dire. L'une paraît un remaniement d'une chapelle antérieure de près d'un siècle; l'autre a perdu le charmant escalier qui conduisait à l'étage supérieur des cloîtres aujourd'hui détruit, et où se trouvait la chambre des archives.

La bibliothèque était une annexe maintenant transformée en salle des catéchismes. Sa voûte en réseau montre avec quelle aisance « les maistres massons » de cette époque se jouaient avec les difficultés.

Un type bien normand, c'est la tour-lanterne octogone, jetée dans les airs au-dessus des quatre piliers de la croisée du transept (D). Une galerie haute montre intérieurement sa tracerie flamboyante reproduite à peu près identiquement à l'étage des fenêtres.

Des vitraux légendaires eussent été inutiles à cette hauteur, mais la blanche lumière qui descend obliquement, en s'accrochant à toutes les ciselures des pendentifs, réveille un peu cette masse d'assises sur lesquelles la flèche semble à peine s'appuyer.

Elle est bien légère, en effet, malgré son vêtement de plomb, l'aiguille en charpente qui va porter à 70 mètres de hauteur la croix fleurdelisée.

Quand, dans les belles nuits d'été, elle réfléchissait sur sa chape métallique, encore pure de toute tache, les rayons de la lune argentée, nos pères, dans leur imagination vive et toujours poétique, ne pouvaient s'empêcher de l'admirer, comme si elle eût été d'un métal plus précieux. C'était pour eux « le clocher d'argent ».

Une voix, plus aiguë aussi que celle de l'airain, s'y faisait alors entendre : c'était la cloche du chapitre, qui, isolée dans cette flèche aérienne, appelait aux Matines les nombreux prébendés.

La tête dans leur aumusse, se hâtant pour ne pas arriver après la distribution des méreaux ou jetons de présence, ces prêtres vénérables passaient comme des ombres entre les tombes de pierre ou de bronze qui garnissaient le sanctuaire.

Les lumières de l'autel s'allumaient, faisant scintiller les émaux et les cuivres, et rendant aux courtines leurs teintes liturgiques; les chants retentissaient majestueux et variés, se prolongeant toute une partie de la nuit.

Messieurs les chanoines, ne voulant pas céder en magnificence au puissant La Balue, entreprirent, à cette époque, de se faire construire un cloître qui malheureusement ne fut jamais terminé; et, lorsque, au XVIIIe siècle, les revenus du chapitre eurent subi une baisse considérable, un évêque racheta, pour agrandir ses jardins, la plus grande partie du préau claustral.

Telles qu'elles demeurent aujourd'hui, les deux ailes construites n'en sont pas moins une précieuse relique du XVe siècle. Leurs vastes baies ont reçu des vitraux modernes, et, à l'abri de leurs voûtes, un de nos derniers prélats, archéologue de goût et de science, avait commencé une intéressante collection lapidaire.

*
* *

Mais l'époque la plus brillante pour l'église d'Évreux fut le milieu du XVIe siècle, où, pendant plus de 60 ans, son siège épiscopal fut occupé successivement par deux membres de l'illustre famille des barons de Tillières, Ambroise et Gabriel Le Veneur.

Le premier, nommé en 1511, se chargea de poursuivre la construction du transept en terminant le croisillon nord et en le fermant par une superbe façade où, avant d'expirer, l'art gothique

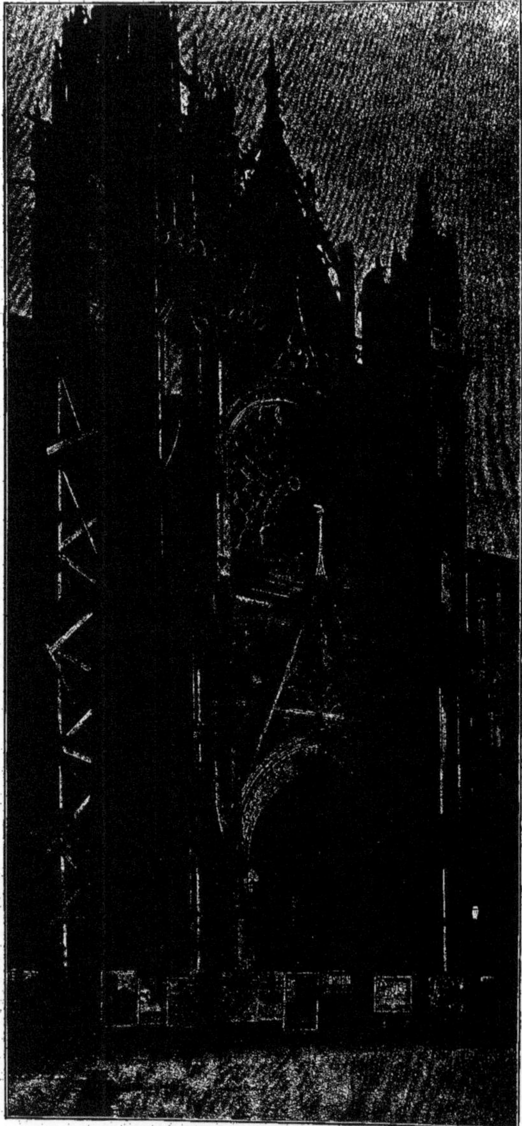

Vue du Portail septentrional.
D'après une photographie de la Collection des Monuments Historiques.

jeta ses derniers reflets. Cette riche façade, flanquée de deux tourelles d'escalier, et aussi ornée intérieurement qu'à l'extérieur, semble un décor factice pour un grand jour de fête, plutôt qu'une œuvre noblement assise destinée à traverser les siècles. Déjà, il est vrai, ses dentelles se sont en grande partie déchirées, sa couronne de fleurs de lis est tombée, ses statues ne sont plus. La Révolution lui a fait plus de mal encore que le temps. C'est elle qui a mutilé le tympan et les voussures du portail, s'attaquant jusqu'aux vantaux de bois. Mais quelle église a-t-elle épargnée ?

Au point de vue architectural, il y aurait, sans doute, quelques critiques à faire. Les grandes lignes se perdent sous le manteau de sculptures. Cintres, ogives, accolades, gâbles anguleux, se coupent et se confondent. Toutefois, l'admiration pour ce chef-d'œuvre de patience l'emporte sur la froide raison. Et au dedans du transept, où d'ailleurs les divisions des étages sont plus nettement accusées, l'œil est également ravi, sans que le raisonnement puisse se faire, par toutes les couleurs du prisme que projette la grande scène du Jugement dernier, peinte dans les mille lobes de la rosace.

Pour accompagner ce portail flamboyant, Ambroise Le Veneur avait fait reconstruire le mur septentrional des chapelles sur toute la longueur du chœur et de la nef. C'est ainsi qu'au premier abord, toutes ces chapelles paraissent être du XVI⁰ siècle. D'immenses gâbles

CATHÉDRALE D'ÉVREUX. _ VUE DE L'ABSIDE

ajourés surmontent les archivoltes des fenêtres chargées de lichens, de choux frisés et de toute la riche ornementation de l'époque.

Restait à entreprendre la grande façade occidentale. Ce fut l'œuvre de Gabriel Le Veneur, neveu et successeur d'Ambroise. Trente ans à peine séparent la pose de la première pierre de la tour du Sud (B) d'avec l'achèvement du portail dont nous parlions tout à l'heure, et pourtant quelle différence! Nous sommes transportés en plein règne d'Henri II. Comme le remarque M. Palustre, « pour cette fois le moyen âge est bien fini, et l'on ne se douterait guère de la faveur dont il jouissait quelques années auparavant. Tout appartient au style le plus avancé de la Renaissance ».

D'après le projet, cette façade consistait en un revêtement des deux tours romanes, à surmonter chacune par un clocher, et à séparer par un portail majestueux. Ce rhabillage explique assez comment, dans la tour du Sud principalement, on fut obligé d'échafauder une série d'ordres variés pour figurer des étages, sans pouvoir creuser des niches suffisamment profondes pour être garnies de statues. Par malheur, cette tour ne reçut jamais son couronnement, et un ignoble clocher recouvert d'ardoises défigure, pour longtemps sans doute, une cathédrale digne de plus de respect.

Puisque nous sommes en voie de nous plaindre, nous sera-t-il permis de dire combien nous regrettons qu'une large place ne s'étende pas encore devant cette entrée principale ? Nos lecteurs eux-mêmes murmureront sans doute, en voyant, sur le premier plan de la vue générale qui accompagne cette notice, une maison vulgaire cacher toute la base de la grande façade.

Souhaitons que bientôt, comme on l'a fait pour tant d'autres édifices, on entreprenne de dégager complètement notre église et surtout sa chapelle absidale !

*
* *

La grande porte occidentale (A), resserrée et divisée par un trumeau central, semble avoir été construite, avec la rosace et le pignon qui la surmontent, sous l'épiscopat de Claude de Saintes (1575-1591). Comme celle du nord, elle a été bien mutilée : ses niches et les voussures de son archivolte sont vides de leurs images célestes, ses vantaux même ont leurs sculptures effacées, et à peine distingue-t-on de minuscules inscriptions, suffisant pourtant à nous apprendre que l'on avait représenté, sous les petites arcades, Notre-Seigneur chassant les vendeurs du Temple, et autres scènes de l'Évangile.

En cette fin du XVIe siècle, le portail se trouvait contre-buté à gauche par la vieille tour romane, à peine plus haute que le pignon de la nef. Évidemment, c'était un état transitoire, et l'on ne pouvait laisser bien longtemps inachevée l'œuvre de revêtement des vieilles dépouilles du XIIe siècle. Mais construire une tour monumentale exigeait de fortes sommes et les guerres religieuses avaient un peu détourné les aumônes des catholiques.

Dès le 5 septembre de l'année 1608, l'évêque Guillaume de Péricard avait posé solennellement les reliques des saints à la première pierre de cette tour ; toutefois, les travaux n'avançaient point rapidement.

Le chapitre s'était imposé mille écus pendant douze ans. La générosité royale elle-même avait été invoquée, et Henri IV avait concédé la remise de cinq sous par muid de sel vendu au grenier d'Évreux. Malgré tant de secours, l'entreprise n'aurait probablement jamais été conduite à bonne fin sans le riche appoint de M⁰ François Martin, greffier de l'officialité et chanoine, qui, par son testament, en 1627, laissait, pour l'achèvement du Gros-Pierre, la somme de 30,000 livres.

Alors fut terminée la façade occidentale, qui, prise à part, ne manque pas d'une certaine unité, et se trouve être la seule façade complète de la Renaissance que l'on puisse rencontrer dans nos cathédrales françaises.

Les différents corps de la tour septentrionale, dite le Gros-Pierre (C), conviennent bien par leur disposition à l'usage qui leur est assigné. Sans doute, la légèreté des flèches gothiques qui s'aiguisent dans les airs comme un doigt élevé pour nous montrer les cieux, ne s'y retrouve plus; mais la masse imposante de ces étages superposés est bien en proportion avec la majestueuse gravité des voix d'airain qui sortent par les abat-sons pour retentir au loin dans la vallée. La gravure ci-jointe nous dispense de décrire l'ordonnance de ce clocher qui se présente au premier plan.

*
* *

Le XVIII⁰ siècle arriva, avec son amour pour le clinquant. Bientôt, sous le marteau de prétentieux décorateurs, les petites bases des colonnettes de l'abside, les charmantes consoles des crédences, les autels gothiques rehaussés d'or, les pierres tombales émaillées, ainsi que les ornements de bronze, tombèrent pour faire place aux marbres. Mais tout le monde soupçonne ces mutilations inévitables à cette époque. C'était le prélude de celles que la Révolution devait, peu d'années après, faire subir aux églises catholiques. Déjà ces reines du moyen âge avaient perdu leur couronne; en vain elles avaient changé de parure : l'impiété allait les souiller, les blesser au cœur, en abattant leurs autels, en dressant, au lieu du Tabernacle divin et de l'image de la Madone, une idole impure parée d'un nom encore profané : la Raison.

Comme toutes les autres cathédrales, celle d'Évreux devint, sous la Terreur, une salle de danse et de fêtes civiques. Jetons un voile sur ce passé. La splendeur du temple est heureusement revenue. Notre siècle refait ce que son précédent avait détruit; ce sera sa gloire.

En 1874, des travaux de restauration d'une très grande importance ont été entrepris à la cathédrale. Un demi-million environ a déjà été employé à la reconstruction des parties hautes de la nef. Le chœur s'achève, et bientôt, la cloison provisoire qui, si longtemps, aura partagé le sanctuaire, ne sera plus qu'un souvenir, vite effacé d'ailleurs par la vision de l'église renouvelée.

*
* *

Mais les beautés d'architecture ne sont pas les seules qui puissent intéresser l'ami des arts. On étudie, en effet, aussi volontiers les riches verrières et surtout les merveilleuses boiseries de cette cathédrale. Nous avons déjà parlé de quelques-uns des vitraux du chœur. Il nous faut signaler encore ceux du transept septentrional, où, sous la grande rosace, est peint le *Credo*, d'après les principes de l'iconographie du moyen âge, et dans les grandes fenêtres, la série des prophètes en riches costumes du XVI⁰ siècle.

Dans les verrières des chapelles autour du chœur, on compte en outre certains portraits intéressants : ceux de l'évêque Mathieu des Essarts, de Louis, comte d'Évreux, et de Marguerite, son épouse, de Georgette Le Gras, bienfaitrice des prisonniers, et de Pierre Bridier, arrière-neveu de Claude de Saintes.

Enfin, la nef présente une page bien gravée en une de ses verrières. C'est une superbe grisaille, donnée, l'an 1400, par Guillaume de Cantiers, en souvenir de son heureux avènement.

Si les fenêtres charment nos yeux, par contre on chercherait vainement, au Trésor, des pièces d'orfèvrerie capables d'offrir quelque intérêt. Seuls, deux calices du XVI⁰ siècle sont restés comme témoignage des anciennes splendeurs. La broderie est représentée par un drap mortuaire, à peu près de la même époque.

Mais beaucoup plus curieuses sont les pièces du mobilier dues à l'art du bois. Les plus remar-

Clôture de la Chapelle de l'Immaculée Conception.
D'après une photographie de la Collection des Monuments Historiques.

quables sont le plafond du vestibule qui supportait, au XVI⁰ siècle, l'orgue donné par Gabriel Le Veneur, les clôtures des deux premières chapelles de la nef, la plupart des grilles sculptées qui ferment les chapelles du chœur, la chaire à prêcher et les stalles; celles-ci sont la partie la plus ancienne du mobilier, car elles remontent au règne de Charles V. La chaire, au contraire, ne date que du XVIII⁰ siècle. Elle est l'œuvre de frère Guillaume de la Tremblaye, qui l'exécuta pour l'église abbatiale du Bec, où il était religieux.

Entre ces deux œuvres, et plus dignes d'intérêt, se placent les ravissantes clôtures des chapelles de l'Immaculée-Conception, de Saint-Vincent-de-Paul, de Notre-Dame-de-Liesse et de la Cène. La première, vrai chef-d'œuvre des huchiers du XVI⁰ siècle, fut donnée par un chanoine de la famille des Postel. Les armoiries de cette famille : « d'argent à la colonne (posteau) de gueules posée en bande et accompagnée de trois trèfles de sinople, deux en chef et un en pointe », s'y remarquent sur les balustres, et un Samson enlevant les colonnes des portes de Gaza se découpe dans le tympan. Le soubassement, dont les panneaux sont relevés de légers rinceaux feuillagés, est surmonté de quatre grands médaillons moulurés encadrant des bustes d'hommes et de femmes en très haut relief. « Les types sont presque identiques, dit M. le chanoine Porée, à ceux que l'on retrouve dans les médaillons de bahuts et de dressoirs de l'école auvergnate, à la même époque ; le relief aussi puissant, l'exécution aussi mâle. »

Les autres grilles en bois se rapprochent davantage du style flamboyant. On y trouve, ici la représentation des Vertus, là, sur des colonnettes d'applique taillées en imbrications, tortis ou spirales, des figurines en amortissement ou des bestions fantastiques.

La boiserie d'orgue, avec le lambris et la porte du vestibule, est du siècle dernier. Il suffit d'un coup d'œil pour reconnaître son style, mais avouons qu'au point de vue de l'exécution, elle mérite une attention plus suivie.

De jolies entrées de serrures se montrent fréquemment sur les grilles des chapelles. L'une des plus remarquables est celle du Trésor, dont l'armoire, d'ailleurs toute chargée d'ornements du XVe siècle, est un curieux spécimen de l'art de cette époque.

Nous n'avons fait qu'esquisser les principales richesses artistiques de la plus belle église de notre département. Ce trop court inventaire suffira toutefois à établir la place importante qu'elle occupe parmi les monuments de la province. Souhaitons qu'elle devienne mieux connue, et que, voyant réparées les plaies nombreuses dont le faux goût du XVIIIe siècle, plus encore que la Révolution, avait maculé son vêtement, elle demeure pour les générations futures, en même temps qu'un lieu de prière, une leçon d'art et une source d'intelligentes jouissances.

L'abbé J. FOSSEY.

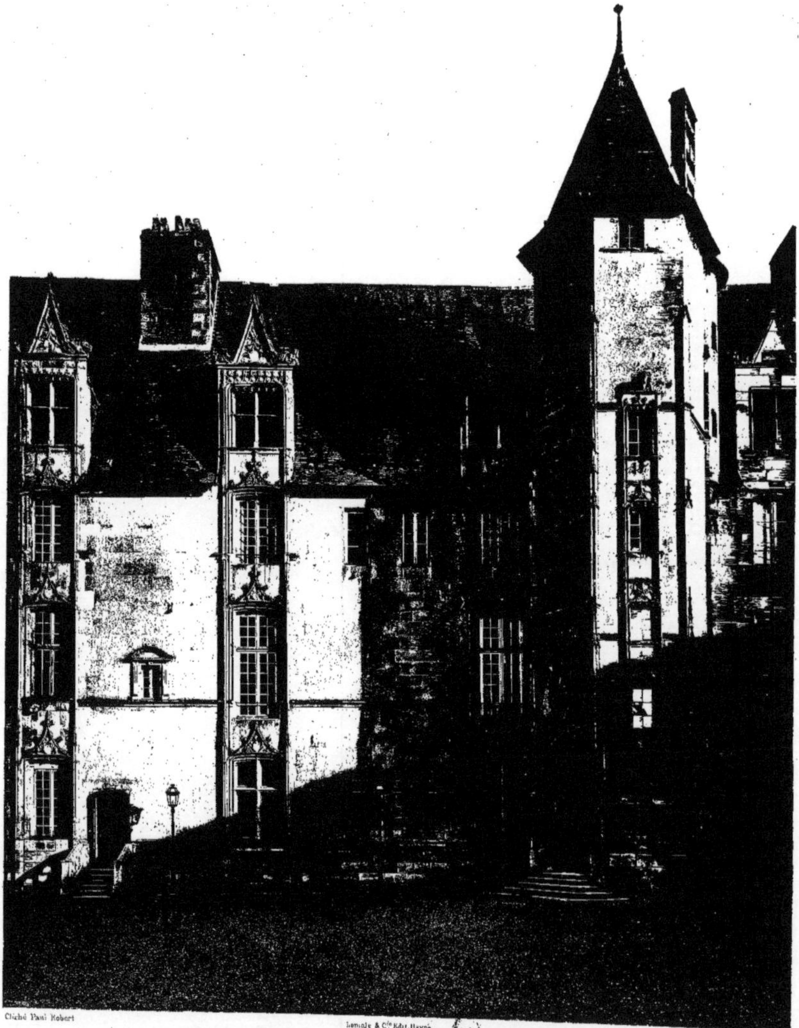

Cliché Paul Robert

Lemale & Cie Edit. Havre.

Héliog. P. Dujardin

PALAIS ÉPISCOPAL D'ÉVREUX

Eure

Pl. N° 4.

LE PALAIS ÉPISCOPAL D'ÉVREUX

Construit, vraisemblablement, dans la première ou dans la seconde année du XVIᵉ siècle, le Palais épiscopal d'Évreux a vraiment grand air, soit qu'on le regarde de l'intérieur de la cour, où il présente ses fenêtres à accolades, ses lucarnes à rampants sculptés et sa jolie tour d'escalier; soit qu'on l'examine de l'extérieur, donnant sur les fossés de la ville, où, avec ses mâchicoulis et ses créneaux, il a le fier aspect d'un château féodal.

Peu de monuments peuvent revendiquer une origine plus reculée, car sa façade sud s'élève sur la muraille même de l'enceinte gallo-romaine de la cité d'Évreux. Des travaux récents ont permis de reconnaître, dans les caves, le mur lui-même avec son parement en pierres de petit appareil, coupé de cordons de briques longues et plates noyées dans une épaisse couche de mortier.

C'est l'évêque Raoul du Fou (1479-1510) qui le fit construire. Ses armes, qui y sont sculptées, et la notice que lui consacre un obituaire à peu près contemporain en font foi.

Un document conservé aux Archives départementales de l'Eure, et qui nous paraît s'appliquer au Palais épiscopal lui-même, et non à un bâtiment accessoire, permet de préciser la date de sa construction et en fait connaître quelques détails intéressants (1).

C'est la mention d'une enquête à laquelle on procéda en exécution de lettres du roi, du 9 juin 1499, pour savoir si « certain édiffice ou édiffices que entendoit et vouloit faire édiffier le dit évesque en son lieu et manoir épiscopal, près et joignant de la muraille de la dite ville et cyté d'Évreux », serait préjudiciable au bien public ou à la fortification de la ville.

Le résultat de l'enquête fut que les travaux projetés ne pouvaient que consolider la muraille; mais les jours qui y seraient ouverts devaient être fortifiés de « grilles et fermailles »; enfin, s'il advenait « temps d'ostilité », on devrait prendre, de concert avec l'évêque, telles mesures qu'il serait nécessaire.

Le nom de l'architecte qui dressa les plans et vint les expliquer sur place, nous est révélé dans ce document. Il y est appelé « maistre Pierres Smoteau ».

Une vingtaine d'années auparavant, un autre « masson », appelé tantôt Pierre Motteau, tantôt Pierre Mauteau, avait travaillé à Évreux et pris part à la construction de l'élégant beffroi. Il ne serait donc pas impossible que le Pierre Smoteau (2) de l'évêché d'Évreux fût le même personnage

(1) Il a paru superflu à l'auteur de cette notice de la surcharger de renvois et de références. Toutes ses sources sont indiquées dans la *Notice archéologique et historique sur l'évêché d'Évreux*, qu'il a donnée au *Bulletin monumental*, année 1887, in-8°, p. 462-480 et 522-545.

(2) Une objection se présente à l'occasion de ce nom de Smoteau. On pourrait se demander si l'acte n'a pas été mal lu, et si l'*S* initiale du nom Smoteau n'appartient pas au prénom Pierre, écrit souvent alors « Pierres ».

Il n'en est rien. En effet, sur l'acte, le prénom Pierres (— ou peut-être Pierre, car la lecture de l'*S* finale n'est pas certaine —) termine une ligne. Le nom de famille, écrit certainement Smoteau, commence la ligne suivante. Donc, pas d'hésitation sur la lecture même.

On peut, seulement, considérer la lettre *S* initiale, qui commence à la fois la ligne et le mot, comme une superfétation provenant d'un *lapsus calami* du scribe.

que le Pierre Motteau ou Mauteau des actes antérieurs. Ces deux monuments, mais surtout le Palais épiscopal, font, certes, honneur au talent de l'architecte qui les a construits.

Raoul du Fou, qui légua en outre à sa cathédrale divers objets d'art de la plus haute valeur, avait d'ailleurs un penchant spécial pour l'architecture, car il avait aussi fait construire à Poitiers, à côté des arènes, un palais qui a légué à l'emplacement sur lequel il était construit le nom d'Hôtel d'Évreux. Ce palais est détruit depuis longtemps, et il ne paraît pas qu'il en existe de gravure (1). Il ne paraît pas non plus que le nom de l'architecte soit connu. Impossible donc de le comparer à celui d'Évreux, et de chercher si ces deux édifices présenteraient entre eux quelque ressemblance caractéristique, quelque chose de personnel, qui serait comme le cachet, soit du propriétaire, soit de l'architecte.

Décrire un monument est toujours une œuvre difficile et, de plus, exige de longs développements. L'héliogravure qui accompagne cet article donne l'un des aspects de l'évêché d'Évreux; je me bornerai donc à quelques indications pour signaler des points intéressants ou pour prévenir des confusions entre les parties anciennes et celles qui ne le sont pas.

Dans la façade qui donne sur la cour, quelques disparates résultent de réfections. Les unes datent du XVIIe siècle, les autres sont plus récentes. La partie à l'ouest de la tour de l'escalier a, notamment, subi une reprise en sous-œuvre qui a fait disparaître les gracieux encadrements des fenêtres. La fenêtre du rez-de-chaussée contre l'escalier, qui rompt l'ordonnance de la façade, a été percée récemment.

La petite aile en retour d'équerre est tout entière moderne.

La façade sud ou extérieure, donnant sur les fossés, a, dès le XVIe siècle, été souvent retravaillée. Il y a une quarantaine d'années qu'elle a été reprise et recrépie dans son entier, en sorte qu'à vrai dire, il ne reste plus d'ancien que sa couronne de mâchicoulis, la galerie qui les surmonte et le haut toit avec ses lucarnes anciennes.

Le pignon est, donnant sur les jardins, est une œuvre du XVIIIe siècle, rappelant le pavillon central de quelques-uns des châteaux de cette époque.

La portion au nord fait partie de l'addition moderne.

A l'intérieur, il y a peu de choses à signaler. Deux vastes pièces du rez-de-chaussée, conçues dans le style de la fin du XVe siècle, ne sont qu'un arrangement moderne et tout conjectural, substitué à une distribution antérieure. Il n'y a d'ancien qu'une charmante petite porte à gauche de la cheminée de la salle principale, et un fragment de cette cheminée, qui a guidé dans la confection de celle que l'on voit.

Le premier étage montre de belles pièces aménagées, les unes au XVIIIe siècle, les autres de notre temps. Derrière les lambris sont encore les restes des anciennes cheminées.

L'escalier se termine par une voûte dont les nervures se mêlent en ramifications élégantes, et qui porte les armes de Raoul du Fou. Enfin, dans les greniers, on remarque une belle charpente cintrée en carène de navire renversé, et trois vastes cheminées du XVIe siècle.

Ce monument était encore dans tout l'éclat de sa jeunesse, quand l'évêque d'Évreux, Ambroise Le Veneur, y reçut le roi François Ier, lors de son entrée solennelle à Évreux (9 septembre 1516).

Les guerres de la Ligue appelèrent l'attention sur la situation du Palais épiscopal. La ville, dévouée au parti des ligueurs ainsi que son évêque Claude de Sainctes, s'occupa de faire mettre en

---

(1) Renseignements gracieusement communiqués par M. de la Marsonnière, secrétaire de la *Société des antiquaires de l'Ouest*.

état de défense la partie des murs occupée par les jardins de l'évêché et par l'évêché lui-même ; des difficultés surgirent entre la ville et l'évêque au sujet de la contribution à la dépense.

Mais bientôt les royalistes s'emparaient d'Évreux. M. de Biron fit de l'évêché son quartier général. Un corps de garde fut établi dans le corridor même ou galerie sis au midi sur les remparts de la ville. M. de Biron pensa que les ouvertures pratiquées dans la muraille, et que, paraît-il, les bourgeois n'avaient pas fait murer, constituaient un péril pour la sécurité de la place. Il fit maçonner et clore « plusieurs grandes croisées, fenêtres, huis et ouvertures estant dans les chambres et salles de l'évêché regardant sur les fossés de la dite ville ». En même temps, pour charmer les loisirs de ses officiers, il leur donnait le plaisir de « courre la bague dans les jardins de l'évêché ».

Treize ans plus tard, le Palais épiscopal donnait, pendant deux nuits (23 et 24 septembre 1603), l'hospitalité à Henri IV et à la reine Marie de Médicis.

Le duc de Longueville y logea aussi, lorsqu'il vint à Évreux, en 1623, présider les États Provinciaux de Normandie.

Quand vint la Révolution, la municipalité d'Évreux s'empara de l'évêché et s'y installa. Bientôt, elle en fut, à son tour, dépossédée par le préfet qui y établit la Préfecture. Pendant ce temps, le Premier Consul (29 septembre 1802), puis l'Impératrice Marie-Louise (août 1813), y furent reçus lors de leur passage à Évreux. Ce ne fut qu'en 1824 que le Palais épiscopal fut rendu à sa destination primitive.

Depuis sa construction, il a vu passer environ vingt-cinq évêques (1), au nombre desquels on compte des hommes politiques, des savants distingués, des grands seigneurs, de pieux et charitables prélats. Parmi ces derniers, je ne citerai que Mgr de Narbonne, à cause de la destination que reçut, pendant le rigoureux hiver de 1789, le Palais épiscopal. Ce ne fut plus, comme souvent par le passé, des indigents et des malheureux qu'il vit y recevoir des aumônes, des services ou des bienfaits. « Dans les salles du rez-de-chaussée, des chauffoirs furent établis, où tous les pauvres pouvaient venir se chauffer et même travailler lorsque leur travail était portatif. »

Peut-être ce dernier souvenir aurait-il dû contribuer à faire respecter l'état de choses ancien, modifié à grands frais il y a environ vingt ans. Pourquoi faut-il que non seulement le désir d'une installation plus moderne, mais parfois encore le besoin de changer, portent à attenter à cette vieillesse et à cette antiquité qui, selon Pline le jeune, si elle est vénérable chez l'homme, devrait être sacrée dans les villes et les monuments ?

Les archéologues s'en sont toujours plaints ; mais ils ne sont pas les seuls. Voici que les lettrés, les psychologues, viennent le déplorer à leur tour. Et c'est ainsi que nous revient à la mémoire une page profondément sentie de Paul Bourget, dans ses *Sensations d'Italie !* Elle vise surtout, il est vrai, les édifices religieux, mais elle est juste pour tous les monuments, et elle s'appliquerait aussi bien à plus d'une église du département de l'Eure.

« Oh ! dit-il, la barbarie des archéologues (2), qui ne comprennent pas que l'espèce de végétation disparate ainsi ajoutée par les siècles aux premières lignes d'un édifice, lui donne l'attrait d'une chose vivante ! Des hommes ont passé par là depuis que l'architecte a bâti l'église..... Un peu de leur existence y a laissé son empreinte..... Ce qu'on appelle une restitution ne fait qu'introduire la froideur de la science morte à la place où palpitait la vie. Arrivera-t-il jamais un

---

(1) Sur ce nombre, il en est quelques-uns qui, pour une raison ou pour une autre, n'ont pas pris possession de leur siège.

(2) Peut-être un autre mot eût-il été plus juste ?

temps où l'on admettra la profonde justesse de l'ironique parole de Gœthe : « L'esprit de l'histoire, c'est l'esprit de ces messieurs » ?

« Alors on interdira aux peintres modernes de rajeunir un tableau ou une fresque, comme ils ont fait dans le Campo Santo de Pise, pour l'irréparable dommage d'Orcagna et de Gozzoli. Les vieilles peintures de ces nobles maîtres sont maintenant des peinturlurages horribles d'éclat. L'on défendra aux archéologues de nettoyer une ruine. Conserver les choses d'art et d'histoire telles que nous les avons trouvées, tout notre devoir est là, et non pas essayer des restitutions arbitraires et néfastes, car restaurer c'est toujours détruire. »

GUSTAVE-A. PREVOST.

ÉGLISE SAINT – TAURIN, À ÉVREUX

Pl. N° 5

L'ÉGLISE SAINT-TAURIN, A ÉVREUX

De tous les monastères fondés au moyen âge dans nos vallées ou sur nos collines, on pourrait faire deux groupes distincts : d'une part, ceux qui doivent leur existence à quelques hommes pieux, choisissant tel ou tel site comme plus propre au recueillement et à la prière ; de l'autre, ceux qui eurent pour objet immédiat de desservir le sanctuaire élevé sur la tombe d'un saint plus connu et plus vénéré.

La célèbre abbaye de Saint-Taurin d'Évreux appartient à ce dernier groupe.

Vers le commencement du VIIe siècle, l'évêque de cette ville, saint Laudulphe, miraculeusement guidé par une colonne lumineuse, qu'il voyait comme sortir du sol et monter jusqu'au ciel, avait découvert la sépulture du premier apôtre de ces contrées, saint Taurin. Son premier soin fut d'abriter les saintes reliques, en élevant un modeste oratoire, qui devint bientôt un lieu de pèlerinage.

Moins d'un demi-siècle plus tard, comme il était arrivé à Soissons, à Noyon, à Poitiers, à Toulouse et dans tant d'autres endroits, des religieux vinrent s'établir en communauté auprès du précieux tombeau. La règle qu'ils suivaient était celle de saint Benoît. Sans doute, dans cette riante vallée qui n'exigeait point, comme les forêts à défricher, de grands travaux manuels, les nobles labeurs de l'intelligence durent bien vite prévaloir. Une école était fondée avant même le règne de Charlemagne. C'est là que saint Leufroy, le futur fondateur du monastère de La Croix, fit ses premières études.

Nous n'avons pas à faire l'histoire de l'abbaye ni de ses écoles. Presque tous ses souvenirs ont d'ailleurs disparu, et dans les bâtiments actuels du grand séminaire, heureux héritier des traditions monastiques de science et de vertu, on chercherait vainement la trace des imposantes constructions du moyen âge.

Mais, du moins, l'église abbatiale est là, debout, couverte de blessures il est vrai, mais abritant encore sous ses voûtes les paroissiens fidèles qui viennent continuer la prière des Fils de saint Benoît.

Au premier aspect, l'ensemble de l'édifice impressionne d'une manière peu agréable. C'est un amalgame de tous les styles, qui ont beaucoup plus de mal à se fondre que dans l'église cathédrale. Par contre, l'intérêt qui s'attache à chacune de ses parties retient l'archéologue et le touriste.

De l'église primitive et des agrandissements qu'on y apporta, paraît-il, dans le premier quart du XIe siècle, sous Richard II, duc de Normandie, il ne doit plus rien rester aujourd'hui. Nous n'oserions, en effet, comme d'anciens archéologues à la suite de M. Gally-Knight, attribuer à cette époque reculée les arcatures qui décorent le transept méridional. Elles sont d'une trop grande richesse pour nous paraître antérieures à la fin du XIe siècle. Les billettes, fleurons, étoiles, etc., des archivoltes et des tailloirs, aujourd'hui restaurés, encadrent gracieusement une sorte de marqueterie rouge

et noire, faite de tuiles minces et disposées en losanges, l'une des dernières imitations de ces ornements en terre cuite que les Romains introduisirent en Gaule.

C'est au XIIe siècle, et probablement dans les environs de l'année 1140, que fut reconstruite
l'église romane, dont l'édifice actuel présente encore d'importants fragments, à savoir : quelques
arcades de la nef, le bas-côté nord avec un mur du croisillon, enfin la partie inférieure du transept
méridional, avec la chapelle voûtée en cul-de-four, qui sert aujourd'hui de sacristie. Avec ces
fragments si intéressants, on peut encore se faire une idée de ce que devait être l'ancienne église

Crédence.
D'après une photographie de M. Paul Robert.

abbatiale, avant que Philippe-Auguste, en 1195, vint promener
l'incendie dans la ville et en découronner les merveilleux édifices.

Les restaurations se firent peu à peu, et chaque partie reconstruite conserve son style caractéristique.

Au midi, un portail un peu en avant-corps, garde les traces de
la belle sculpture du XIVe siècle. On devine, malgré de grandes
mutilations, le Christ assis sur un trône, au milieu des symboles des
évangélistes garnissant le tympan. La voussure la plus profonde a
perdu ici ses troupes angéliques, mais celle qui l'encadre garde un
beau cordon de crochets. Sur le linteau de la porte, de hauts-reliefs
représentaient cinq scènes de la vie de saint Taurin.

A l'ouest, la grande façade est un raccord postiche du
XVIIIe siècle ; c'est dire son style.

En entrant dans la nef, on trouve, du côté nord, comme la
cathédrale, des piliers cantonnés de seize colonnettes. Ce plan nous
indique qu'ils devaient supporter une voûte sur croisée d'ogives,
et que, par conséquent, l'église du XIIe siècle à laquelle appartiennent
ces piliers, était un des premiers spécimens de l'architecture gothique.

Toute la partie haute de la nef a été refaite dans la seconde
moitié du XVe siècle, et même, au temps de la Renaissance, on
diminua les piles des trois premières travées du côté sud, et l'on
construisit en sous-œuvre le triforium qu'elles supportent. Pour
raccorder ces retouches avec la retombée des voûtes, d'énormes
culs-de-lampe se profilent en ressauts compliqués et d'une décoration plus originale que gracieuse.

La lanterne qui s'élève sur la croisée du transept est une réminiscence de l'architecture
normande. Peu élevée et percée seulement d'une ouverture sur ses quatre côtés, elle donne peu
de lumière ; mais, par contre, le jour arrive à flots par les hautes fenêtres du chœur.

Celui-ci fut construit dans le premier quart du XVe siècle et achevé sous l'administration de
l'abbé Philippe Prunelé. La partie oblongue comprend deux travées dont la première est flanquée,
au nord et au sud, d'une petite chapelle rectangulaire. L'abside polygonale est à cinq pans et entièrement ajourée. De superbes vitraux en garnissent toutes les fenêtres, et si, au point de vue de l'art,
ils sont inférieurs à ceux de l'abside de Conches, ils sont aussi intéressants sous le rapport de
l'iconographie locale. La lumière, passant par leurs diverses tonalités, miroite sur le marbre de l'autel
en reflets polychromes et semble l'émailler de fleurs.

Dans les trois verrières du fond est illustrée toute la légende de saint Taurin, telle qu'on la
retrouve sur la merveilleuse châsse dont nous parlerons tout à l'heure, et en partie sur le portail

du sud. Nous devons la rapporter ici en abrégé, car elle est comme la clef des deux principales curiosités artistiques de l'église.

*
* *

Au temps de Domitien, vivait à Rome un homme nommé Tarquinius, païen et Romain d'origine, Il avait pour femme une chrétienne issue d'une noble famille grecque et appelée Euticia. Une nuit, pendant son sommeil, la pieuse épouse vit devant elle un ange sous forme humaine. L'ange lui touchait le sein d'une baguette qui, s'allongeant peu à peu, prenait la forme d'un lys dont les fleurs répandaient une odeur merveilleuse. Confiante dans le sens de cette vision, elle attendit avec joie l'heure du Seigneur, et bientôt elle eut le bonheur de mettre au monde un fils qui fut appelé Taurinus. Le bienheureux pontife Clément le baptisa, et, autre honneur insigne, ce fut Denys, le futur évêque de Lutèce, qui le releva des fonts.

Saint Denys, ayant reçu peu après la mission d'évangéliser les Gaules, prit avec lui le jeune Taurin qu'il instruisit avec un soin tout particulier. Lorsqu'il fut mûr pour les travaux du Seigneur, il l'ordonna évêque, et l'envoya à Mediolanum (Évreux), une des villes les plus importantes de la seconde Lyonnaise.

Le ministère de saint Taurin dans nos contrées fut, comme celui de tous les premiers apôtres, confirmé par une foule de miracles.

Bien avant que le nouveau missionnaire approchât des portes de la ville, le démon se présenta à lui sous trois formes différentes, celles de l'ours, du lion et du buffle. Il triompha de ces assauts successifs, et entra dans la cité où il reçut l'hospitalité d'un honorable personnage nommé Lucius. Trois jours après, le démon se mit à tourmenter Eufrasia, fille de Lucius, et la jeta dans le feu. Elle mourut aussitôt. Mais, nouvelle victoire du thaumaturge, Taurin releva la jeune fille et lui rendit la vie. On voit, dans le panneau du vitrail qui représente cette scène, le diablotin tout rouge qui se sauve en faisant une pirouette des plus amusantes. La résurrection d'Eufrasia fut suivie du baptême de cent vingt personnes.

Déjà connu et vénéré, Taurin aborda hardiment le temple de la grande Diane : « Voulez-vous voir votre Dieu ? » dit-il aux assistants ; puis se tournant vers la statue : « Au nom du Seigneur Jésus-Christ, sors de ce simulacre impur, afin que tous te voient telle que tu es. » Soudain parut un Éthiopien, noir comme la fumée, la barbe en désordre, et vomissant le feu par la bouche.

Après ces triomphes sur Satan et des années de labeurs, vinrent les épreuves de la part des hommes. Les prêtres de Diane dénoncèrent l'apôtre au préfet Licinius, qui le fit venir à sa villa de Gisacum : « D'où es-tu, maudite tête blanche ? » demanda le gouverneur. La réponse du vieillard fut celle de saint Paul : « Je suis citoyen romain. » Ce qui ne l'empêcha pas de subir une cruelle flagellation. Pour se venger en chrétien, Taurin ressuscita le fils du gouverneur, ce qui détermina la conversion de toute la famille.

Enfin la moisson des chrétiens étant déjà blanchissante, un ange apparut à l'apôtre, et lui prédit sa mort prochaine. De sa tombe, comme de sa chaire épiscopale, le Pontife dit un dernier adieu à ses fidèles en larmes, prédit la ruine de Mediolanum, mais aussi des jours meilleurs pour l'avenir.

Voilà ce que racontent les quatorze panneaux des verrières absidales.

La grande page si bien enluminée qui garnit le vitrail du sud est aussi pleine d'intérêt. Les peintres-verriers du XV⁰ siècle y ont traduit, en une série de douze scènes successives, la légende de la « Dormition » de la Sainte-Vierge, attribuée faussement à saint Méliton de Sardes. On y retrouve, comme dans les bas-reliefs d'Orcagna à Florence, la dernière visite de l'ange Gabriel à Marie ; saint Pierre administrant les derniers sacrements à la Vierge ; saint Jean précédant le convoi triomphal, avec la palme céleste dans la main ; le grand prêtre Jéphonias puni de son audace par la perte de ses mains, qui restent suspendues au brancard funèbre, etc.

Mais ce qui vaut toutes les autres richesses d'art renfermées dans l'église, pour ne pas dire l'église elle-même, c'est la châsse de vermeil qui renferme les restes précieux de notre premier évêque. Rivale de celles de Cologne et d'Aix-la-Chapelle, elle peut être considérée comme l'une des merveilles de l'orfèvrerie religieuse du XII⁰ siècle. « Par une idée simple et naturelle, dit M. Bourbon, on avait donné aux premiers reliquaires, images réduites des tombes qui renfermaient les corps des martyrs, la forme des sarcophages de pierre généralement employés alors, celle d'un coffre rectangulaire recouvert d'un toit à deux rampants. De là au plan d'une église à transept la transition était facile. » La châsse de saint Taurin se complète par une flèche à jour, enjolive ses rampants de bas-reliefs légendaires, se couronne de crêtes découpées, de pinacles fleuronnés, se couvre enfin, comme d'une broderie luxuriante, de statuettes, de feuillages, d'émaux champlevés, de filigranes et de pierreries.

Nous aurons à peu près signalé toutes les curiosités artistiques de l'église, lorsque nous aurons fait mention du bénitier de l'entrée, supporté par un escargot à tête humaine, d'un panneau en haut-relief représentant le *Christ en croix*, enfin des boiseries modernes exécutées par MM. Blottière, du Mans. C'est à savoir : les stalles du chœur à grand dossier et dais ouvragés, où tout un peuple de statuettes chante le *Benedicite* ; puis le banc d'œuvre et la chaire.

Telle est, avec ses richesses, l'église qui abrite encore la tombe du premier apôtre d'Évreux et garde les souvenirs de la vieille abbaye bénédictine.

Chapiteau de colonne.
D'après une photographie de M. Paul Robert.

L'abbé J. Fossey.

Cliché Paul Robert   Lemale & Cie Édit Havre.   Héliog. P. Dujardin

BEFFROI D'EVREUX

Eure

Pl. N° 6.

LA TOUR DE L'HORLOGE D'ÉVREUX

Ils avaient une foi bien vive dans le maintien des *libertés, franchises et privilèges* de leur commune, les anciens bourgeois administrateurs de notre cité, qui bâtirent cette belle tour, dont l'architecture svelte et hardie semble vouloir, pour nous servir ici de l'expression de M. Tailliar (1), élever jusqu'aux cieux le magnifique témoignage de l'amour des populations pour la liberté. Car on n'ignore pas que le beffroi, ou tour d'horloge, était au moyen âge un des attributs spéciaux d'une ville érigée en commune. C'était le monument par excellence qui, mieux que les parchemins, attestait la puissance des bourgeois de la cité, et devait consacrer leurs droits d'une manière aussi durable qu'apparente. « Le beffroi, l'hôtel de ville, dit l'auteur déjà cité, étaient des symboles toujours significatifs et toujours présents d'ordre et de sûreté, de liberté et de protection. C'est au beffroi que veillaient nuit et jour les bourgeois chargés du guet, dont l'œil parcourait sans cesse les campagnes d'alentour, et dont la voix retentissante annonçait d'heure en heure qu'aucun péril ne menaçait la commune. A la moindre apparence de danger, ils devaient sonner la cloche d'alarme, afin que la milice urbaine tout entière pût aussitôt courir sur les remparts. C'est de même du haut du beffroi que descendaient l'indication et le signal des actes habituels de la vie, des moments qui partagent la journée, et l'annonce de ces grands événements, joyeux ou sinistres, qui font si profondément tressaillir le cœur du peuple. C'est au beffroi que résonnaient la cloche de l'heure et celle du couvre-feu, la cloche du Ban, celle des ouvriers, le tocsin de l'incendie, le gros bourdon des cérémonies et des réjouissances. Que de sensations, que de pensées, que d'émotions diverses suscitaient en un instant, dans l'immense multitude, ces grandes voix si vite comprises, qui parlaient si haut et si énergiquement, ces tintements, ces frémissements de l'airain, tantôt réguliers et paisibles, tantôt graves et solennels, gais ou lugubres, tantôt désordonnés ou saccadés portant dans l'âme le deuil ou l'effroi ! »

Elle aussi, cette tour — « coquette, avec sa base octogone, sa corniche si bien fouillée, sa galerie si bien évidée, aux angles de laquelle se perchent en porte-à-faux de si gracieux clochetons, sa flèche dentelée, si svelte et si légère, ses arcs-boutants en fuseaux, son essaim de girouettes étourdies, qui regardent curieusement de tous les côtés, en se moquant du vent (2) » — fut, comme on le verra, un symbole d'ordre et de sûreté, de liberté et de protection pour les habitants d'Évreux. Sa vigilance préserva souvent la commune de grands dangers. Elle sut plus d'une fois déjouer les batteries de l'artillerie ennemie, qui, pour s'en venger, lança contre elle bon nombre de boulets, dont les traces se voient encore sur ses flancs; mais, avant d'entrer dans aucun détail sur ce monument, nous parlerons d'abord des anciens beffrois qui l'ont précédé.

(1) Auteur d'un ouvrage qui a pour titre : *De l'affranchissement des Communes dans le nord de la France.* 1 vol. in-8°, Cambray, 1837.
(2) Feuilleton du *Courrier de l'Eure,* 1841, n°ˢ 7 et 9.

Qu'il ne paraisse pas hors d'intérêt de consacrer quelques lignes à des travaux dont il ne reste plus de vestiges. Ce que nous en dirons servira, d'une part, à constater que nos anciens bourgeois avaient droit de posséder un beffroi avant la réorganisation de l'administration communale par Louis XI, époque à laquelle les habitants élevèrent, avec l'autorisation de ce monarque, la tour d'horloge que nous possédons aujourd'hui; et, d'une autre part, à faire connaître les procédés de l'art, le prix des matériaux et de la main-d'œuvre dans les constructions du XV° siècle.

M. Durand, dans son *Calendrier historique* de 1750, fixe à l'année 1408 la construction d'une première tour d'horloge. Mais n'y avait-il pas déjà, avant cette date, une horloge publique, sinon une tour ?

Nous voyons, par un titre de 1396, que la commune paya « v sols pour ij journées d'un homme à dreschier l'estoc de l'auloge *(sic)* et rechevillier : (en l'an mil ccc iiij^{xx} et saize, au mois de may) ». S'il faut en croire Le Brasseur, qui a copié toutes sortes de manuscrits, il dit, page 269 de son ouvrage, que « ce fut vers ce temps (1392) que l'on jeta à Évreux les fondements de la tour du Gros-Horloge (1), et qu'une bonne partie des faubourgs de Saint-Pierre et de Saint-Thomas fut enclose dans la ville ». Si cette dernière citation ne suffit pas pour détruire nos doutes, nous pouvons toujours assurer, avec notre premier document, que la commune d'Évreux avait une horloge sur la fin du XIV° siècle. Quoi qu'il en soit, nos bourgeois, désirant faire mieux, arrêtèrent peu de temps après, en 1403, dans une assemblée générale, la construction d'une tour d'horloge. Ce ne fut qu'en 1408 qu'on se mit à l'œuvre. Ces dates sont données par l'auteur du *Calendrier*, qui avait en main les titres de cette entreprise, et qui ajoute : « La permission et les lettres patentes obtenues, on détourna la rivière qui descend de la porte Notre-Dame au moulin du Château, et on fit creuser jusqu'aux fondements de la tour Bende (2), sur laquelle on avait dessein de bâtir la nouvelle horloge, pour voir si cette tour était assez forte pour en soutenir le poids. On en boucha les ouvertures et les barbacanes pour la rendre plus solide, et l'on y pratiqua deux voûtes, l'une au-dessus de l'autre, pour servir à l'usage de l'horloge.

« Cette précaution prise, on fit venir de la forêt de Gravigny tout le bois nécessaire, et ce furent des charpentiers du pays qui le mirent en œuvre, et qui firent un pont de bois sur la rivière, avec plusieurs échafauds l'un sur l'autre, pour y mettre la grue qui devait servir à élever les pierres, le bois et le timbre avec tous les autres matériaux de la tour.

« Comme il n'y avait point alors à Évreux d'horloger qui osât entreprendre cet ouvrage, on le fit faire à Mantes, d'où il fut apporté la même année à Évreux. L'entrepreneur eut 7 liv. 10 s. pour son travail; les charpentiers eurent 260 liv. pour le leur. Il est marqué que l'évêque (Guillaume de Cantiers) et le Chapitre d'Évreux donnèrent chacun la somme de 22 liv. 10 s. pour être employée à cet ouvrage.

« Il coûta 15 milliers d'ardoises de 90 liv. à couvrir le dehors du pavillon, et 1,300 liv. pesant de plomb pour en couvrir le dedans. La plate-forme fut faite de grosses pierres; mais les claires-voies ou galeries n'étaient que de bois. La girouette, qui avait 3 pieds de long, fut peinte en or et en azur aux armes de France et il en coûta 4 liv. 10 s. en dorure et en façon.

« Le cadran ne coûta que 100 s.; et, pour fournir aux dépenses nécessaires pour mettre l'horloge en sa perfection, le roi accorda aux bourgeois, en 1410, la permission de prendre sur les aydes la somme de 300 liv. Enfin, le timbre, qui est le même que celui d'aujourd'hui, du poids de 4 à 5 mille livres, fut béni dans l'église cathédrale, et le prêtre qui dit la messe eut 2 s. 6 d. d'honoraires et autant d'offrandes.

---

(1) On voit ici que cet auteur aurait dû dire : *d'une tour d'horloge*, car il fait croire qu'il s'agit en cet endroit de la tour qui existe aujourd'hui.

(2) Située sur le même emplacement que la tour actuelle, et ainsi appelée du nom d'une famille qui avait sa maison près de là, la porte de la cité, située de ce côté, ainsi que le pont, a porté longtemps le nom de Robert Bende (de 1360 à 1664).

« Il en coûta 8 s. 6 d. pour le transporter de la cathédrale jusqu'au-devant de l'allée du Château, et on fit un festin à ceux qui avaient aidé à le monter jusqu'au haut de la tour. Elle commença à sonner les heures en 1412, et l'horloger eut pour sa peine, et pour l'entretenir de son métier la somme de 6 liv. par an. »

Nous ajouterons, aux détails donnés par M. Durand sur cette première tour, quelques renseignements.

La cloche de cet ancien beffroi fut fondue en 1406, sous le gouvernement de Pierre de Hargeville, bailli d'Évreux. C'est celle-là même qui, après avoir fait tressaillir de joie ou d'épouvante le cœur de nos aïeux, nous fait entendre encore aujourd'hui, plus de quatre siècles après, la même voix, règle l'emploi de notre journée, et porte aussi l'effroi dans nos âmes quand le tocsin d'alarme vient frapper nos oreilles de ses sons lugubres. Elle eut pour parrain l'un des fils de Charles VI, le dauphin Louis, duc de Guyenne, qui la nomma *Louyse*. Comme elle fut faite de métal fin, ainsi qu'on va le voir, nul doute que le fondeur n'ait reçu, comme cela se pratiquait autrefois, plusieurs objets d'or et d'argent pour jeter dans la fonte, à laquelle contribuèrent, outre les bourgeois et les bourgeoises, l'évêque d'Évreux et les chanoines, toutes personnes à la devise desquelles elle fut fondue. Mgr le dauphin dut venir aussi en aide à la commune pour la confection d'une cloche dont le poids était fixé à 4,000 livres (1). Du reste, les deux inscriptions qu'y firent mettre les bourgeois nous diront, dans leur vieux et naïf langage, toutes les particularités qui la concernent. Elles sont toutes deux en caractères gothiques, tracées en relief autour de la cloche ; la première, qui est vers le sommet, porte sur deux lignes :

> Lan mil ccc et six
> fus faite et parfaicte en haresme
> par bon ouvrier dit le bau des is
> qui ne faillit pas à son esvre,
> de par Monseigneur le Dalphin,
> Louyse ay nom, de métal fin.

La seconde, tracée plus bas, également sur deux lignes, mais en plus petits caractères, contient les douze vers suivants :

> Suy mise ey pour demourer,
> et pour sonner à chacun heure
> de mon mouvement ne demeure
> pour ensengney sans négligence
> le peuple à faire diligence
> de Dieu servir et labourer.
> Regnant Pierres de Hargeville
> Chevalier bailli de la Ville
> d'Evreux, fus faite à la devise
> des Seigneurs de la mère église
> et de maint bourgeois et bourgeoises,
> et environ quatre mille poise.

Et, à côté du nom de Hargeville, fut mis l'écusson aux armes de ce bailli.

Cette tour, munie de sa cloche, n'avait pas seulement été construite pour y placer une horloge,

(1) Cette cloche a 1 mètre 44 cent. de diamètre, et de hauteur, intérieurement, 1 mètre 22 cent.

mais bien aussi pour servir de beffroi, pour *guetter aux champs*, et sonner l'alarme ou l'*eschanguette*, en cas de surprise d'ennemis. C'est ce que confirment plusieurs titres, entre autres un de 1417, époque où, dit Monstrelet, « Henry, roy d'Angleterre, estait à grand puissarce ou pays de Normandie et conquestait villes et forteresses », dans lequel titre il est rapporté que les bourgeois « firent faire et charpenter dix-sept échelles, dont deux de xviij piés de lonc, pour monter au haut à l'eschanguette, et le surplus de xij piés pour monter ès guérites, autour de ladite ville où il est mestier... (besoin). Item, pour x toises de cordes à fardel pour sonner l'eschanguette » ; un autre de 1451, où il est fait mention « d'une forte eschielle de xvj piés de long, pour monter au *berfroy* de l'auloge » ; et un autre titre encore, de 1468, qui témoigne que « on paya à Benest Marin la somme de xlj solz et viij deniers tournois qui deubz lui estoient pour avoir esté xxv jours à l'eschanguette, c'est assavoir xx den. tourn. par chacun jour ». Pour dernière preuve enfin, un « Jehan Duhamel » fournit à la commune, en 1485, « plusieurs brasses de cordes à servir à sonner l'eschanguette ».

Pour terminer aussi avec cette ancienne horloge, dont le mécanisme nous est tout à fait inconnu, voici quels étaient les engagements contractés par la ville avec son *orlogier* : « à Jehan Le Cueur, demourant à l'ologe (*sic*), la somme de soixante solz tournois qui deubz lui sont pour le reste de six liv. tourn. qu'il a accoustumé prendre sur lesd. habitants pour faire sonner et mettre à point lad. ologe ». Nous le voyons pendant huit ans (de 1461 à 1469), recevoir la même somme de « soixante solz tournois pour ses gaiges et pencion, est-il dit ailleurs, d'avoir gardé l'orloge de lad. ville, l'espace de demy-an », en tout six livres par année.

Maintenant nous arrivons à la tour actuelle de l'horloge, entreprise sous le règne et avec l'aide de Louis XI. On peut dire que la nomination de Jean Baluc, son favori, à l'évêché d'Évreux, en 1464, fut une bonne fortune pour les habitants de notre ville. Ce *bon diable d'évêque*, comme l'appelait le roi, obtint beaucoup de la munificence royale pour la reconstruction et l'embellissement d'une grande partie de son église. Comme on le pense bien, il appuya vivement de sa faveur les demandes que, dans l'intérêt de sa ville épiscopale, nos administrateurs municipaux adressaient au roi. S'il ne resta que six ans sur le siège d'Évreux, il n'en fut pas moins le lien de fortune par lequel Louis XI s'unit d'une affection constante à ses fidèles sujets les bons bourgeois de notre cité. Cette affection était encore soutenue par la considération que ce roi avait pour les successeurs de La Balue, également ses protégés, et surtout pour Raoul du Fou, appelé sur le siège épiscopal le 14 février 1479. Aussi, à la recommandation de ce dernier, voyons-nous Louis XI accorder plusieurs grâces spéciales à ses bien-aimés les bourgeois, manants et habitants de sa bonne ville d'Évreux. Ce fut la première ville du royaume, comme le remarque notre historien Le Brasseur (1), où (voulant donner une nouvelle consécration aux droits de la commune) « il établit par lettres patentes, données au mois de juillet 1481, six échevins et un procureur, choisis d'entre les bourgeois et par eux, pour avoir soin de tous les différends qui concernaient les intérêts de la ville, et pour les défendre jusqu'à une sentence définitive, en quelque lieu qu'elle puisse être donnée par jugement et arrêt ». Les bourgeois saisirent habilement cette heureuse disposition d'esprit du monarque, pour mettre en avant leur projet de reconstruire une nouvelle tour d'horloge, projet dont il avait été déjà question dans une réunion générale des habitants, en 1472 (2), mais que le besoin d'être aidé dans une entreprise aussi dispendieuse avait fait différer. Ils voulurent, ces dignes bourgeois, tant était grand chez eux le sentiment de l'ordre et le dévouement à la cité, consacrer, par une tour de ville imposante, cette nouvelle

---

(1) *Histoire civile et ecclésiastique du comté d'Évreux*, p. 309.
(2) *Calendr. hist. de* 1750.

organisation municipale. Le roi se rendit à leurs vœux, et envoya la même année à Évreux son prévôt de l'hôtel et ses archers pour faire abattre l'ancienne horloge de 1408. La démolition en fut faite en quatre jours. Les comptes de la ville disent qu'on y employa 70 hommes, sous les yeux et la direction d'un contrôleur envoyé de la part du roi; les frais de cette démolition s'élevèrent à la somme de 200 livres.

Avant de se mettre à la construction de la nouvelle tour, on avait commencé à faire amasser le bois et les pierres dans le cimetière des Cordeliers. Dans le même temps (1481), « on forma le dessein de transférer la poissonnerie et la boulangerie du milieu de la place du Carrefour au lieu où elles sont aujourd'hui; et comme on avait besoin d'un grand emplacement pour bâtir ces édifices, la communauté des habitants acheta trois maisons voisines qu'elle fit abattre, en sorte qu'avec le terrain de l'ancienne horloge, celui d'une partie des murailles de la cité qu'on fit renverser, et celui des trois maisons, on trouva de quoi fournir à l'emplacement de ces trois édifices publics. Et comme la rivière devait passer au pied de l'horloge et de la poissonnerie, ce qui aurait pu les endommager à la fin, on fit bâtir sur des pilotis, le long de ce terrain, une muraille de grosses pierres de taille prises au Mesnil-Jourdain, et on mit ce côté-là en état de se défendre contre la rapidité des eaux ».

Tous ces travaux employèrent du temps et de l'argent. Déjà deux années s'étaient écoulées en préparatifs, et les bourgeois virent dès ce moment dans quelles énormes dépenses toutes ces entreprises allaient engager la commune, et combien les revenus de la ville seraient insuffisants pour les couvrir. Dans une telle conjoncture, les bourgeois se dévouèrent généreusement en se soumettant à une taille que Louis XI, en 1483, peu de temps avant sa mort, permit d'imposer sur eux, pour la construction de leur tour de ville. Ce ne fut cependant qu'en 1490 que l'on commença à jeter les fondements de cet édifice, comme en fait foi le marché fait avec les maçons en présence de Pierre Mauteau (*sic*), maître des œuvres de maçonnerie, qui avait fait le plan de la nouvelle construction et devait en diriger les travaux, occasion dans laquelle on dépensa 6 sous 6 deniers à boire le vin du marché.

Les soubassements étant solidement établis, « on fit un pont de bois, avec de grosses poutres, sur le canal de la rivière, et on y plaça successivement plusieurs échafauds l'un sur l'autre pour y mettre une grue, afin d'élever le timbre et les matériaux qui devaient entrer dans le corps de l'ouvrage » (1).

Les travaux marchaient avec une extrême rapidité. Pendant que les manœuvres élevaient les murailles, Pierre Moteau (2), aidé de ses ouvriers sculpteurs, qui alors prenaient le titre modeste de *maçons*, fouillait la pierre de son adroit ciseau pour en détacher les gracieux festons de vignes, les feuilles de choux frisés, les rinceaux, les gargouilles, les nervures gothiques et les armoiries qui devaient entrer dans l'ornementation de la tour (3). Le salaire suivait de près la peine; artistes comme ouvriers, chacun recevait de suite de la commune le prix de son labeur. De nombreux mandements de payer étaient adressés à tous moments au receveur des deniers de la ville, par nos bourgeois administrateurs. Dans un de ces mandements, nous trouvons un sculpteur; faisons-le connaître, lui et son œuvre : « ... A Jehan Cossart, maçon, la somme de cent solz tournois pour sa paine et salaire, vacquacion et despens, d'avoir taillé deux pierres pour l'orloge de cetted. ville, où sont les armes du roi et du dauphin (26 décembre 1491). » Ce sont celles qui furent mises de chaque côté de la grande porte d'entrée, et dont on voit encore la trace des écussons.

<hr>

(1) *Calendr. hist.*, 750, p. 125-126.

(2) C'est ainsi, et non *Mauteau*, que ce nom est écrit dans la plupart des titres.

(3) La plupart des sculptures qui décorent la tour sont de la main de Pierre Moteau (V. le *Calendrier*).

On plaçait aussi en cette année (1491) la grande porte de chêne du côté de la rue. « Jehan Védie, serrurier, eut la somme de xxxiij solz tourn. pour son paiement de quatre gons, pesant xxxj liv. de fer, par lui faiz pour pendre lesd. portes de l'horloge de cetted. ville. »

En 1509, Robert de Quesnay, *plombeur*, fournit le contre-poids de l'horloge, *neuf vings unze livres* (191 *liv.*) *de plom*, au prix de 8 den. tournois la liv., pour lequel il reçut la somme de vj liv. vij solz.

La ville fit travailler, en 1599, à la réparation de la couverture de la Grosse-Horloge, où il fut employé 800 livres de plomb en table, moitié étamé, à 6 liv. 10 s le cent. pris à Rouen.

En 1615, on refit les cadrans, et fut payé « à Simon Trenchefort, fondeur, demeurant à Évreux, la somme de xxv liv. à lui deubz, pour avoir reffaict et racoustré les deux cadrans de la grosse orloge, à l'un desquels il a fourni une table de ferblanc par le derrière dudit cadran, et à l'autre il aurait resouldé la table de plomb estant derrière icelui, et fourny plusieurs pointz et lettres de plomb, qui montrent les heures aud. cadran » (1). Et fut aussi payé « à Jehan Liger, peintre, demeurant en cested. ville, la somme de xl liv. à lui deubz, pour avoir, par luy, peint et doré d'or fin les deux grands cadrans de la grosse horloge, jouxte et suivant le prix convenu avec lui » (1615).

Il est constaté, par des comptes que nous avons sous les yeux, que ce ne fut qu'en 1620 qu'on ajouta à l'horloge des timbres à demi-heures.

Mais ces timbres, nous ne savons pour quelles raisons, ont été remplacés en 1739. Nous n'avons pu lire en entier, à cause de leur position en dehors du clocher, les inscriptions de ces deux timbres ; elles portent les noms de Messire Jean-Baptiste Bosguerard, seigneur de Garembourg, Givray et autres lieux, lieutenant-général du baillaige d'Évreux ; de M° Delhomme, avocat, et Coquentin, eschevins de la ville, de Levert et Le Blanc le jeune.

La grande porte de la tour fut refaite en 1652.

Un point que nous n'avons pu éclaircir est celui de savoir quand l'horloge commença à sonner. M. Durand nous dit bien que le corps de l'édifice ayant été mis dans sa perfection, on y fit porter les roues et le mouvement de l'horloge, mais il ne nous donne pas de date. Elle a dû sonner dès 1518, comme nous l'apprend le titre suivant, tiré des archives de l'Hôtel de Ville : « L'an de grâce mil cinq cents xviij, le 4° jour de novembre, les clefs de la grosse aureloge furent baillées, de l'advis et consentement des officiers de la ville, à Nicholas Ledoulx, l'un des bourgeois et habitants d'icelle ville, pour gouverner et faire sonner ladicte aureloge. » Et encore, à qui la commune, pendant plusieurs années, confia-t-elle les fonctions d'horloger municipal ? C'est, lisons-nous dans les mandements adressés au receveur des deniers communs, « à ce même Nicolas Ledoulx, *masson (sic)*, qui perçoit, de 1518 à 1547, la somme de cent solz tourn. pour demye année des gaiges, à lui accoustumez bailler pour faire sonner et gouverner, *par chacun jour*, l'horloge d'icelle ville d'Évreux ».

De ses mains elle passa dans des mains plus nobles, mais peut-être pas plus habiles, et même sans sortir de famille, car c'est à messire Jehan Ledoulx, prêtre, comme nous le voyons par un titre de 1553, que la ville continue de payer la somme de cent sous tournois, toujours, est-il dit, pour faire *gouverner et sonner par chacun jour* lad. horloge.

Ceci montre que l'horloger était obligé de remonter le mouvement tous les jours. Aujourd'hui, nous ne sommes guère plus avancés : notre horloge, dont le mouvement est moderne, se remonte tous les trois jours.

---

(1) Un échevin de la ville, nommé Pierre Labiche, fournit, moyennant la somme de 33 livres, 300 livres de plomb, à raison de 11 livres le cent, pour être employées à couvrir un des cadrans du côté du grand carrefour. (Titre de l'hôtel de ville, 1615.)

Sans vouloir entamer ici l'histoire militaire de la commune d'Évreux, mais pour montrer le rôle important que l'Horloge remplit quelquefois dans nos guerres, comme beffroi et comme citadelle, nous nous bornerons à deux citations :

En 1512, les habitants d'Évreux ayant entendu parler d'une prochaine descente des Anglais dans notre pays, s'occupèrent de fortifier leur ville. Des comptes de cette époque nous apprennent que « Jehan Livet et Jehan Lecuvelier, sergents de la ville et autres, furent chargés par les bourgeois de faire la revue dans toutes les maisons de la cité et des fauxbourgs, pour cognoistre quelz bastons et habillements de guerre il y avait pour résister à l'entreprise des Angloiz, qui s'efforçoient descendre en ce pays ». On fit acquisition de vingt hallebardes, qui furent déposées en la chambre de ville en attendant l'ennemi. Et puis cette belle tour d'horloge de Louis XI, à peine achevée, fut transformée en forteresse. Adrien de Hangest, bailli et capitaine d'Évreux, fit murer de pierres tendres toutes les *huisseries* de cet édifice, et construire une muraille pour le rattacher au château. Une galerie de bois conduisait de l'Horloge à une chambre de la Boulangerie, où se trouvaient, dans une salle au-dessous, l'artillerie de la ville et toutes les munitions de guerre. Les portes, avec leurs herses à pointes de fer, les murailles, avec les batardeaux, furent visitées et réparées où besoin était. Les bourgeois ainsi fortifiés attendirent l'ennemi de pied ferme ; mais ce fut en vain, car les Anglais, qui vinrent l'année suivante mettre le siège devant Thérouenne, prirent cette place sans aller plus loin.

En 1590, ce sont les ligueurs qui viennent se présenter devant Évreux pour en forcer les portes ; mais M. de l'Archant, qui alors était gouverneur de la ville et tenait cette place pour le roi Henri IV, avait eu grand soin de la fortifier. Pour mettre surtout le château et la cité à l'abri de toute surprise, il avait fait abattre la Maison commune, la Boulangerie et autres bâtiments qui se trouvaient dans le voisinage de la tour de l'Horloge, et construire à leur place « une closture de bois de xx piedz de long, entre la tour dessusdite et la maison de Jacques Brettes, pour la conservation de lad. tour ». Plus, « une galerie de bois d'une longueur d'environ xxx piedz, qui prenoit d'un pan de muraille qui mène au chasteau, allant rendre à la tour de la grosse orloge », dont, pour plus de sûreté, M. de l'Archant avait fait combler de terre les marches de l'escalier jusqu'à la hauteur de 15 à 16 pieds ; neuf mâchicoulis avaient aussi été établis par ses ordres sur la plate-forme de la galerie. Il avait encore fait porter son lit dans une des chambres de cette tour, afin, par cette dernière précaution, de mieux surveiller les entreprises de l'ennemi. La ville fut si bien gardée du haut de son beffroi, que les ligueurs quittèrent la place, mais ce ne fut pas sans avoir causé beaucoup de dégâts. La tour de l'Horloge, dont l'œil vigilant avait surpris toutes leurs manœuvres, fut le point de mire de leur artillerie. Les combles des portes et tours de la ville, et de la porte Chartraine particulièrement, furent troués à coups d'arquebuses, comme le témoigne ce compte de 1590 : « A Jehan Adam Laisné, maistre masson et covreur, la somme de dix escus sol, vingt solz tournois, à lui ordonnée pour avoir esté par luy refaict plusieurs trous estant au comble de la porte Chartraine, et fourny le nombre de deux milliers de thuille, toute la latte, clous et plusieurs festiers qu'il a fallu à lad. couverture ; iceux trous faicts et provenus lors du siège dernier de lad. ville, tant par les ligueurs ennemis estant devant, qui ont cassé presque toute la thuille de lad. ville à coups d'arquebuses, etc. »

Quelques années après, en 1598, « la ville fit abattre les galleries et clostures de bois, construites par le commandement de M. de l'Archant, et enlever les terres de l'escalier, toutes choses *qui eussent occasionné à succession de temps la ruine de lad. tour* », ajoute le titre auquel nous empruntons ces faits.

Et dans les guerres de la Fronde, où les bourgeois d'Évreux, qui avaient en haine le cardinal

Mazarin, supportèrent un siège qui dura près d'un an, qui peut douter que notre tour d'horloge n'ait servi beaucoup à la sûreté de la ville ? Les nombreuses traces de boulets qu'elle porte sur ses flancs montrent assez combien elle gênait l'ennemi qui s'attaquait à notre cité.

Tels sont les renseignements que nous avons pu nous procurer sur l'histoire de notre belle tour de l'Horloge, dont l'habile architecte fut un Ébroïcien. Si nous avons peu parlé de ce *maître-des-œuvres de maçonneries* (comme il se qualifiait alors), c'est que les documents nous manquent à son égard ; mais nous n'en devons pas moins croire et répéter avec l'auteur consciencieux du *Calendrier*, qui n'a écrit que sur des preuves, que Pierre Moteau d'Évreux « en fut l'architecte et le directeur. Les armes de France, de Normandie et d'Évreux, qui sont au frontispice du côté de la rue, les galeries avec les ornements d'architecture, qui sont de sa main, sont des monuments éternels de son habileté et des preuves convaincantes de l'erreur du vulgaire, qui se persuade que cet édifice a été bâti par les Anglais » ; ajoutons aussi avec le même auteur : « Cette horloge, dans son genre, est d'une beauté singulière, et d'une architecture hardie, et on peut dire qu'il n'y en a pas dans la province qui lui soit comparable. »

Oui, l'œuvre de Pierre Moteau est admirable de hardiesse et d'élégance ! Comme cette tour semble jaillir du sol, pour aller porter dans les nues sa flèche coquette et légère ! Moins riche d'ornements que certains beffrois du Nord, n'a-t-elle pas, comme eux, cette forme élancée qui lui donne tant de grâce ? Combien nos bourgeois, quand ils la virent achevée, durent tressaillir de satisfaction et d'orgueil ! Élevé en grande partie de leurs deniers pour veiller à la sûreté de la ville, carillonner dans les réjouissances publiques et sonner l'heure aux habitants, ce hardi beffroi traduisait encore aux yeux de tous leur civisme et leur indépendance communale, soutenue par la politique des rois contre les grands.

Quant à ce qui nous reste à dire sur l'architecture de cette tour, si le plan et les dessins qui ont servi à guider les ouvriers dans sa construction ne se retrouvent plus aujourd'hui, nous avons par bonheur des données certaines qui nous feront connaître dans quelles proportions Pierre Moteau exécuta son œuvre.

Il faut le dire, l'architecture de cet édifice est sévère, mais elle est d'un dessin correct et de bon goût. Rien de tourmenté, rien de bizarre dans les lignes ; les pierres sont proprement ajustées et leurs assises régulières. A voir la rareté de ses ornements (du rez-de-chaussée à la galerie), ses fenêtres étroites percées en meurtrières, la solidité de ses murs tout en pierres de taille, une telle disposition ne nous confirme-t-elle pas dans l'opinion que l'architecte a voulu faire servir l'Horloge comme tour de défense dans le cas de nécessité ? Tout a été calculé, du reste, dans la construction, pour réunir la force à l'élégance. Les mesures suivantes donneront une idée exacte des proportions de l'édifice :

La tour a d'élévation, du pavé à la galerie ou plate-forme, 26 m. 45 cent., et la flèche, de la plate-forme à la boule qui termine le poinçon, 17 m. 45 cent., ce qui donne 43 m. 90 cent. de hauteur totale.

Cette tour, dont les murs montent perpendiculairement, sans retraite, avec une épaisseur de 1 m. 5o cent., est divisée en 61 assises et coupée par trois larmiers. Carrée dans sa base, elle devient octogone (1) à la hauteur du deuxième larmier (13 m. 48 cent.), et se partage en trois chambres : la première , ou voûte du rez-de-chaussée, a sous clef 5 m. 25 cent.; la deuxième, 7 m. 48 cent.; la

---

(1) Le carré de la base, qui n'est pas régulier, a environ 5 mètres 25 cent. de côté. Chaque pan dans l'octogone n'a pas non plus la même largeur, qui est à peu près de 2 mètres 25 cent., et le pourtour de cette portion de l'édifice comprend 18 mètres.

troisième, au-dessus, 11 m. 5o cent.; celle-ci est coupée par deux planchers en charpente, entre lesquels est placé le mouvement de l'horloge. La voûte de cette troisième chambre est formée par des encorbellements successifs.

La galerie qui couronne cette tour est aussi octogone, et porte à chacun de ses angles un clocheton à crochets, haut de 1 m. 7o cent.; la balustrade est découpée dans le style gothique flamboyant.

La flèche de plomb est à huit pans et divisée comme la tour en trois chambres; la charpente porte, partie sur un socle en pierre, élevé de 1 m. 6 cent. au-dessus du pavage de la galerie, et partie sur la voûte de la troisième chambre, à 1 m. 14 cent. en contre-bas du pavage de la galerie. La chambre qui contient la cloche a 3 m. 5o cent. de hauteur; elle est formée de huit arcades à jour, terminées en double ogive surmontée d'un fronton.

La tourelle de l'escalier, accolée au côté ouest de la tour, est à 6 pans, dont les angles sont croisés à la hauteur du troisième larmier. A partir du pavé de la galerie, elle devient entièrement ronde; son élévation est de 33 m. 35 cent.

Nous ferons observer qu'à la hauteur du premier larmier, la tour change d'alignement; la partie au-dessous de ce larmier a environ 4o cent. de saillie du côté droit.

Une autre irrégularité qu'on ne s'explique pas, c'est que le socle sur lequel repose la flèche, et qui a ses huit pans comme la tour, ne les a pas tout à fait parallèles aux pans de celle-ci; au surplus, cette déviation est peu sensible à l'œil.

On se demande, en examinant cette tour, dont l'architecture étonne par sa hardiesse, si elle était destinée à rester isolée ou à recevoir à ses côtés un hôtel de ville imposant comme elle. Construite sur l'ancien donjon et devant servir de tour de défense à la commune, elle devait, selon nous, demeurer dégagée de tous bâtiments qui auraient favorisé l'attaque de l'ennemi. On a vu, lorsque nous avons parlé du rôle militaire de la tour de l'Horloge, que le gouverneur fit même abattre la maison de ville que les bourgeois avaient élevée à côté de cette tour. C'était sans doute un bien chétif bâtiment, puisqu'ils consentirent à ce qu'il fût jeté bas pour la sûreté de leur beffroi. Dans les titres de construction de la tour d'Horloge, il n'est question que de cet édifice; à examiner même son architecture, rien n'annonce l'intention préconçue d'y ajouter un appendice quelconque. L'espèce de toit qu'on aperçoit au-dessus du second larmier n'est qu'une retraite formée nécessairement par l'octogone qui commence à cet endroit. Nos bourgeois du XVe siècle avaient sans doute le projet de construire un hôtel de ville qui répondît à la beauté de leur tour d'Horloge; mais, pour réaliser encore ce projet, ils avaient peut-être trop compté sur la faveur royale : ou celle-ci leur fit défaut, ou les événements politiques s'opposèrent à ce qu'ils pussent élever de leurs propres deniers l'édifice qui leur manquait.

Mais la belle tour qu'ils nous ont laissée ne dit-elle pas assez que ce monument, édifié plusieurs fois, leur importait plus qu'une maison de ville qui, malgré sa riche architecture, n'aurait pas, comme leur beffroi, porté sa tête altière dans les nues pour annoncer du plus loin possible l'importance communale de la cité d'Évreux? Nos bourgeois qui comprenaient, sinon mieux, mais aussi bien que nous, tout ce qu'un monument peut avoir d'expression allégorique, avaient toujours préféré la construction de leur tour d'Horloge, dont le caractère imposant et grandiose témoignait de l'enthousiasme de leurs sentiments civiques. Et nous, parce que nos institutions actuelles ne demandent plus de semblables constructions, devons-nous rester indifférents au sort de ce vieil édifice municipal, que plus de trois siècles nous ont conservé au milieu des destructions qui s'opéraient autour de lui à différentes époques? Lui seul a survécu aux vieilles murailles, aux tours d'enceinte, aux portes fortifiées, à l'ancien château de notre ville. C'est aussi le seul monument d'architecture civile qui nous reste ; son illustre origine, le noble but de sa construction, les grandes sommes qu'il a coûté, les services qu'il a rendus à la commune, ne sont-ce pas autant de titres qui le recommandent à notre vénération ? Et, cependant, nous l'avons tant délaissé, qu'il menace ruine en plusieurs endroits. Il est temps, disions-nous avant la réparation de cette tour, qu'on s'occupe de consolider la galerie, qui peut, avec plus de retard, compromettre la sûreté publique. La base de la tour est bien dégradée, et a aussi besoin d'urgentes réparations. Une fois les travaux de consolidation terminés, il conviendrait, pour rendre à cet édifice son ancienne splendeur, de refaire toutes les sculptures endommagées, de replacer l'ancienne bannière et les girouettes, qui donnaient au clocher un aspect si pittoresque, de rétablir les cadrans, et surtout d'enlever l'ignoble boule qui écrase de sa masse le sommet de la flèche. Il est nécessaire aussi de restaurer la grande entrée et d'y placer une porte en bois de chêne, sculptée dans le style gothique. Ce qui est encore à désirer pour le plus bel effet de cette tour, c'est son isolement ; il en coûterait peu à la ville pour la dégager des chétifs bâtiments qui y sont adossés. Du reste, espérons que MM. les Membres du Conseil municipal, auxquels des projets de restauration viennent d'être soumis, s'occuperont avec intérêt de leur tour de ville, et n'imiteront pas l'indolence des administrateurs de Valenciennes, qui votèrent des fonds pour la réparation de leur beffroi la veille de sa chute.

Nous avons confiance dans leur gratitude pour un monument qui les intéresse si spécialement. Cette tour municipale ne leur rappelle-t-elle pas les généreux efforts tentés par leurs aïeux pour conquérir l'indépendance communale, qui leur donne encore aujourd'hui, à ces mêmes conseillers, le droit et l'honneur d'être élus pour défendre les intérêts de la ville ? Nous avons également l'espoir que la Commission des Monuments historiques, instituée près le ministère de l'intérieur, viendra au secours de nos administrateurs pour la conservation de notre belle tour de l'Horloge, qu'elle a classée au nombre des monuments historiques dignes de sa sollicitude.

Le Conseil municipal s'est mis en devoir de sauver de la ruine notre belle tour. Il en a adjugé la restauration à M. J.-B. Guersent (1), maître tailleur de pierres de notre ville, qui s'en est acquitté avec autant d'intelligence que de hardiesse, sous la surveillance de M. Bourguignon, architecte du département.

Les armes de France et de Normandie qui sont au fronton de l'édifice, ainsi que les écussons de France et du dauphin, ont été sculptés par M. Delahaye.

(1) On comprendra qu'il a fallu, de la part de l'entrepreneur, une grande hardiesse et beaucoup d'habileté pour réparer et reprendre en sous-œuvre un édifice qui, menacé dans sa base, pouvait, malgré les étais et la prudence des ouvriers, perdre son aplomb, s'écrouler et occasionner les plus grands malheurs.

ALPH. CHASSANT.

Extrait en partie de notre *Notice historique sur la Tour de l'Horloge d'Évreux*, de l'édition de 1859, entièrement épuisée depuis longtemps.

ÉGLISE DE CONCHES

Pl. N° 7

Au commencement du siècle suivant, Nicolas Le Vavasseur, avant-dernier abbé régulier de Saint-Pierre-et-Saint-Paul de Chatillon, fit faire à l'église Sainte-Foy des travaux considérables. Il faut, paraît-il, lui attribuer la construction du chœur et la donation des magnifiques verrières de cette partie de l'édifice.

Notre église n'était pas encore terminée lorsque, en 1590, elle eut beaucoup à souffrir de la part des huguenots, qui ravagèrent la ville, pillèrent l'abbaye et démantelèrent la vieille forteresse. En 1620, on entreprit de couvrir la nef d'une voûte aussi élevée que celle du chœur. On consacra à ce travail le produit d'une amende infligée par le Parlement de Paris à un ancien trésorier prévaricateur, du nom de Louis Lanudo. L'œuvre resta inachevée, et on se contenta de fabriquer l'affreuse voûte en bois qui déshonore encore aujourd'hui cette partie du monument.

Au moment où éclata la Révolution, Conches comptait trois paroisses. Le 28 juin 1791, à la suite d'une enquête provoquée par le procureur de la commune, les paroisses Saint-Étienne et Notre-Dame-du-Val furent supprimées au profit de Sainte-Foy, qui seule subsista. Notre église fut dès lors le théâtre de bien des événements, et souillée par bien des réunions profanes; il s'y accomplit bien des actes de vandalisme et d'impiété jusqu'au jour où elle fut rendue au culte. Depuis lors, la plupart de ses plaies ont été pansées avec une constante sollicitude. Grâce au zèle éclairé de ses derniers pasteurs, secondé par une action bienveillante de la municipalité, elle a perdu successivement les ornements parasites dont nous l'avons encore vue encombrée, ses magnifiques verrières ont été restaurées avec soin, et l'édifice tout entier a retrouvé une nouvelle jeunesse.

J'imagine, ami lecteur, que la vue de Conches vous a séduit, et que vous n'avez pu résister au

Portail.
D'après une photographie de la Collection des Monuments historiques.

désir de voir de plus près sa gracieuse église. Vous avez remis à plus tard la continuation de votre voyage, et vous avez gravi pédestrement la pente qui conduit de la gare à la ville. Suivant la grande rue, une rue de province calme et paisible, où le passage d'un étranger est un événement qui attire sur leurs portes les commères à bout de conversation, vous vous trouvez bientôt devant le portail de l'église. L'amende infligée à Louis Lanudo en a, paraît-il, fait au moins en partie les frais, et, pour une fois, le bien mal acquis a profité à quelqu'un, puisqu'il a contribué à nous laisser cette façade. Loin de moi la pensée de la trouver de tous points admirable. C'est un compromis entre un art naissant et un art qui s'en va, celui-ci avec ses baies aiguës, celui-là avec ses ouvertures arrondies; l'un avec son ornementation riche et exubérante, l'autre avec ses moulures grêles et anguleuses; c'est l'art de la Renaissance chassant cet art ogival agonisant qui fut par excellence, dans sa plus haute expression, notre architecture nationale et religieuse.

Deux larges tours, fortement contrebutées par de robustes contreforts, flanquent le corps principal, celle de droite servant de piédestal à une légère flèche de bois et de plomb découpée à jour et portant à 55 mètres de hauteur la croix qui la surmonte. On pense, en voyant cette flèche si délicate, à celle de la tour centrale de la cathédrale d'Évreux. La comparaison s'impose, mais je me garderai bien de la risquer, je craindrais trop de paraître irrespectueux.

La flèche de Conches a son histoire, et cette histoire est tragique. Je la veux raconter rapidement, au risque de me citer moi-même.

Dès 1810, elle était en triste état et menaçait ruine. On fit venir de Rouen un ingénieur-mécanicien qui « la visita, prit des notes et des mesures, toucha cinquante francs d'indemnité votés par la fabrique, et en resta là... »

Le 5 janvier 1817, le conseil de fabrique décida de faire faire une expertise dont le résultat serait envoyé au Préfet, afin d'être autorisé à recourir à la commune.

Ici se place un épisode quelque peu piquant. Vers 1824, Alavoine, architecte de la flèche singulière de la cathédrale de Rouen, étant venu à Conches, où se fondait son œuvre, quelques membres du Conseil municipal eurent l'idée de consulter un si grand homme. Trois conseillers, qui lui furent députés, lui demandèrent s'il ne serait pas possible de conserver au pays un monument cher à ses habitants. Alavoine, après avoir fait ressortir les avantages qu'il y aurait à restaurer l'ancien clocher et assuré qu'il était possible de le faire, ajouta qu'il fallait s'attendre à dépenser une somme assez rondelette. Un de ses interlocuteurs eut alors l'inspiration de lui répondre que, si la dépense devait être trop élevée, on raserait le clocher pour le remplacer par une calotte en plomb. L'architecte, furieux de cette sortie, tourna les talons et alla continuer son repas interrompu. Un autre des envoyés le suivit et essaya de le radoucir, mais en vain. Toutes ses tentatives recevaient invariablement la même réponse : « Non, Messieurs, vous mettrez une calotte de plomb, ce sera bien plus économique ! » Il fallut s'incliner et se retirer.

Clocher.

D'après une photographie de la Collection des Monuments historiques.

Les choses traînèrent encore en longueur. Les habitants voisins de l'église adressaient pétitions sur pétitions pour demander la reconstruction du clocher, dont la chute, de plus en plus imminente, leur inspirait de vives inquiétudes. Ce n'est que le 22 mars 1841, après bien des négociations entre juridictions de tous genres, qu'on se mit enfin à l'œuvre.

Les travaux duraient depuis un an, et la nouvelle flèche, semblable à l'ancienne, toute parée de ses plombs ouvragés et dorés, allait être dégagée de ses échafaudages, lorsque tout fut détruit en un instant. Dans la nuit du 9 au 10 mars 1842, éclata un violent orage. Le vent, s'engouffrant dans les interstices du chantier aérien, souleva la flèche et la renversa sur le côté droit de l'église, éventrant la toiture, brisant contreforts et pinacles, pulvérisant deux verrières et écrasant une maison accolée au flanc de l'église.

Des soldats furent immédiatement envoyés d'Évreux pour déblayer les décombres. Les débris du clocher furent transportés sur les promenades publiques. Puis on le reconstruisit, mais avec de grandes précautions, de manière à conjurer un nouveau malheur. On avait soin d'enlever les échafaudages à mesure que les travaux de plomberie avançaient, et bientôt toute trace de la catastrophe eut disparu. Il n'en subsista que le souvenir.

La tour du nord, construction massive du XVIᵉ siècle, présente de frappantes analogies avec la tour similaire de la cathédrale d'Évreux. C'est le même mode de construction et la même facture; ce sont, entre les triglyphes de l'entablement, mêmes rosaces, repliées aux angles de la même façon; ce sont, pour l'ornementation, mêmes filets grecs, et couronnement presque identique des portes. En voilà plus qu'il ne faut pour attribuer, avec quelque vraisemblance, la construction de notre tour à Nicolas Galopin, qui, de 1609 à 1630 environ, élevait celle d'Évreux, en attendant qu'il devînt, en 1656, architecte de l'église des Petits-Pères, à Paris.

Nous donnons, bien entendu, l'hypothèse pour ce qu'elle vaut. Elle mériterait au moins un examen attentif.

*
* *

Jetons un coup d'œil sur le côté droit de notre église, le plus facilement accessible. Huit contreforts à dessins caractéristiques de la fin du XVᵉ siècle, dont les trois derniers seulement sont ornés de clochetons feuillagés, et dont les cinq autres attendent leur achèvement, indiquent au dehors autant de rangées de piliers intérieurs. De larges fenêtres occupent tout l'espace compris entre les contreforts, qui supportent les arcs-boutants de la nef haute. Ces arcs-boutants, surmontés dans toute leur longueur d'une arête dentelée en pierre, d'un bel effet, se continuent par d'élégants clochetons ornés de feuillages frisés et de figures grotesques. Des pinacles semblables terminent les six contreforts du chevet. A la base du toit, court une balustrade à dessins flamboyants.

Dans les sept pans du chevet, s'ouvrent autant d'étroites fenêtres qui n'ont pas moins de 10 m. 50 cent. de hauteur. Cette partie de l'église, qui surplombe la vallée, offre un ensemble d'une légèreté remarquable. Il semble que le maître de l'œuvre se soit ingénié à alléger la pierre au point de n'en laisser que juste ce qu'il faut pour supporter la toiture et résister aux poussées, et encore a-t-il modelé ce peu de pierre de manière à la déchiqueter et à la découper davantage, par de puissants jeux d'ombre et de lumière. Lorsque le soleil du matin dore les tons chauds de la pierre et en accentue les saillies, l'œil ne peut se détacher de cette dentelle, surtout si elle se profile sur l'azur immaculé d'un ciel sans nuages. On ne saurait rêver pour un tel bijou un écrin plus capable de le faire valoir que la plate-forme sur laquelle il se dresse et que le cadre qui l'entoure.

*
* *

Montaigne a écrit quelque part : « Il n'est âme si revesche qui ne se sente touchée de quelque révérence à considérer la vastité de nos églises et leur diversité d'ornement. Ceulx mesme qui y entrent avec mespris sentent quelque frisson dans le cueur. »

Encore que l'église de Conches ne soit que d'une « vastité » moyenne, elle ne laisse pas de justifier, au moins en partie, la parole du moraliste. Entrez, et si vous n'êtes pas absolument réfractaire aux beautés artistiques, vous serez certainement saisi par la légèreté de ce vaisseau aux sveltes piliers, et émerveillé par les mille feux de la lumière que tamisent ses vitraux multicolores. Il y a là un vrai régal pour les yeux et une satisfaction pour l'esprit. Sans doute, ce n'est pas la beauté grave du XIIIe siècle, ou régulière du XIVe; c'est quelque chose de plus souriant et de moins austère, et si la peinture sur verre a perdu ses qualités décoratives en exécutant de véritables tableaux de chevalet, l'architecture s'accommode assez bien de cette transformation.

Le chœur, quelque peu plus ancien que le reste de l'église, semble d'un seul jet vouloir atteindre le ciel, grâce aux minces nervures verticales qui en rayent tous les membres sans être interrompues par aucune moulure, ni par aucun chapiteau. Ses longues et étroites fenêtres complètent l'illusion en déversant des flots de lumière qui augmentent la sveltesse des piliers qui les séparent. La voûte qui recouvre tout cela est tapissée d'un réseau de nervures — liernes et tiercerons, selon le jargon des archéologues — qui continuent celles des piliers et s'épanouissent en culs-de-lampe armoriés.

La nef est plus sobre et plus simple, comme si elle avait conscience de n'être que le vestibule de ce ciel aérien et diaphane. Les piliers sentent déjà leur Renaissance, et pour cause. Mais, de grâce, ne regardez pas la voûte qu'ils supportent ! Ces planches et ce papier sont une honte. Quand donc aurons-nous à Conches un architecte assez amoureux de son église et assez habile pour se faire allouer les quelques milliers de francs qui paieraient une voûte en pierre ? Que de millions ont été plus inutilement gaspillés ! J'en pourrais citer.

Crédence moderne.
D'après une photogr. de la Collect. des Monuments historiques.

*
* *

Les bas-côtés sont achevés, leurs voûtes à multiples nervures sont complètes. Toutes se ressemblent par leur disposition. D'élégants pendentifs, pour la plupart mutilés, accentuent les intersections des nervures. Ces dernières reposent, le long des murs, sur de légers culs-de-lampe qui présentent une grande variété d'ornementation. A chaque travée, s'ouvre une large et haute fenêtre à meneaux, dont les courbures et les profils caractérisent bien les époques où ils ont été taillés. Il y avait là de larges surfaces, merveilleusement faites pour inspirer la verve des peintres-verriers. Nous verrons qu'ils n'ont pas failli à leur tâche.

Chacun des bas-côtés se termine carrément, à la hauteur du sanctuaire, par un mur droit, percé lui aussi d'une fenêtre à réseau flamboyant. Derrière celle du bas-côté nord a été construite, au temps de Henri II, une ravissante petite chapelle dédiée alors à la Sainte-Trinité, mais qui sert aujourd'hui de sacristie. Un délicieux fouillis de moulures enchevêtrées, de pinacles, de choux frisés, de fleurons et d'animaux fantastiques en couronne la porte. L'intérieur, éclairé par quatre fenêtres Renaissance, est couvert par une voûte où se voient, dans les intervalles des arceaux, des écussons sur lesquels, malgré les injures du temps et plus encore des hommes, on retrouve les croissants entrelacés de Henri II et les trois fleurs de lis de France.

On parle depuis plusieurs années de restaurer cet édicule, et j'apprends que la chose pourrait avoir lieu prochainement. Si j'avais voix au chapitre, j'exprimerais le désir qu'il fût débarrassé des meubles fort médiocres qui l'encombrent, et rendu à sa destination primitive de chapelle.

****

Les vitraux de Conches mériteraient bien une description détaillée. Nous ne pouvons ici que les décrire brièvement.

Ils se partagent naturellement en deux séries bien distinctes. La première se voit aux sept fenêtres du chœur, et comprend elle-même trois suites différentes. C'est d'abord, dans la moitié supérieure, la représentation d'un certain nombre de scènes de la vie du Sauveur. Je les énumère, en rétablissant l'ordre que réclame le récit évangélique.

I. — Jésus se séparant de la Sainte-Vierge. C'est la copie exacte d'une gravure d'Albert Dürer, dont les planches ont d'ailleurs inspiré plusieurs des représentations de ces verrières.

Porte de la Sacristie (ancienne chapelle de la Sainte-Trinité).
D'après une photographie de la Collection des Monuments historiques.

II. — Jésus entre à Jérusalem le jour des Rameaux.

III. — La Cène, au moment où le Sauveur dit à ses Apôtres : « Prenez et mangez, ceci est mon corps. »

IV. — Jésus, agonisant au Jardin des Oliviers, reçoit d'un ange le calice des douleurs. Judas arrive avec une troupe de soldats à qui il va livrer son maître.

V. — Judas livre Jésus par un baiser. Pierre coupe l'oreille de Malchus, serviteur du Grand-Prêtre.

VI. — Jésus est interrogé par Caïphe.

VII. — Jésus devant Pilate.

VIII. — Le couronnement d'épines.

IX. — La flagellation.

X.   — Pilate se lave les mains. Le Sauveur est devant lui, les mains liées.

XI.   — Jésus, chargé de sa croix, est conduit au Calvaire.

XII.   — Jésus en croix. Un soldat lui perce le côté d'un coup de lance, en présence de saint Jean et des saintes femmes.

XIII.   — La descente de croix.

XIV.   — Jésus, dans les limbes, délivre les justes de l'Ancien Testament.

XV.   — La résurrection du Sauveur.

XVI.   — Jésus, ressuscité, se fait reconnaître à ses Apôtres en leur procurant une pêche miraculeuse.

XVII. — Il apparaît à Marie-Madeleine sous la figure d'un jardinier.

XVIII.— Il apparaît à sa sainte Mère et la bénit.

XIX.   — Jésus confond l'incrédulité de saint Thomas en lui faisant toucher ses plaies.

XX.   — Il remonte au Ciel au jour de l'Ascension.

XXI. — Le Saint-Esprit, sous forme de langues de feu, descend sur les Apôtres réunis dans le Cénacle.

Dans la moitié inférieure des fenêtres du chœur, est représentée, en quinze tableaux, l'histoire de la vie et du martyre de sainte Foy. Voici, avec l'explication en vers qui les accompagne, l'indication du sujet de ces tableaux. Je souligne à dessein les corrections généralement peu satisfaisantes au moyen desquelles on a comblé, lors de la restauration des verrières, les lacunes que présentait cette légende rimée :

I. — Naissance de sainte Foy. Deux femmes lavent l'enfant qui vient de naître.

> Comme Sophie a grant ioye enfanta
> Dont à son cueur grandement conforta
> La vierge Foy par bathesme nommée
> Amis devers sa très noble lignée.

II. — Sainte Foy, à l'école, se tient debout devant le maître qui paraît l'interroger.

> La mère print de la nourrir grant cure
> *En* bonne escolle fust misse pour apprendre
> Souvent dispute de chose fort obscu*re*
> *Contr*e le maistre qui ne le poult entendre.

III. — Sainte Foy prêche devant un auditoire assez nombreux.

> Comme en grande compagniez
> Yceux que de Dieu l'esprit
> Veult convertir par son precher
> Par sa bouche toucher.

IV. — Le proconsul Dacien essaye de convertir sainte Foy, tandis que la mère de la jeune fille lui montre le Ciel.

> Voyant sa mère y estre examinee
> Dung senateur de la loy quelle presche
> Luy dist alors fille ma bien aimee
> Que pour mourir ton salut ne sempesche.

V. — Sainte Foy, malgré les instances de Dacien, refuse de sacrifier aux faux dieux. On voit, au second plan, la sainte frappée de verges par le bourreau.

> Le senateur *livre* entre les mains
> De Dacien prevost qui severti comprendre
> La faire avouer ses dieux; mais elle aîs (?)
> Rien ne les prise donc la faict batre nud.

VI. — Sainte Foy, nue jusqu'à la ceinture, est tenaillée en présence de Dacien.

> Voiant q*ua son Dieu ne renonce*
> Convertissans plusieurs par son precher
> Les ma*melles sont à Foy tenaillez*
> Dont sa force en rien ne diminue.

VII. — Le temple des idoles s'écroule à la prière de sainte Foy, et écrase les idolâtres.

> Dacianus prevost de rage sue
> En deulx parties scier yl la commande
> Tirans troubles quant sur eulx vint la nue
> La vierge en Dieu tous ses faict recommande.

Il faut remarquer que ces vers ne semblent pas se rapporter au tableau qui les surmonte.

VIII. — Sainte Foy est couchée sur un gril ardent, et une colombe lui apporte du Ciel la couronne de gloire. Au premier plan, saint Caprais se présente pour confesser sa foi.

> Dedens fis *mettre* sus ung gril pour rotir
> Fut mys la vierge pour consumer en cend*re*
> Caprase ap*res* vint offrir martir
> Quant vid sus elle la coulumbe descend*re*.

IX. — Sainte Foy est plongée dans une chaudière sous laquelle des bourreaux entretiennent le feu. Un ange descend du Ciel pour la consoler et la fortifier.

> Dacianus par ses mechans tourmens
> En ung vaisseau plain duile et plomb dedans
> Laisser mais saincte Foy veult contraindre
> La faict plonger. L'ange vint tout estaindre.

X. — Sainte Foy refuse encore une fois de sacrifier aux idoles, malgré les instances de Dacien. Saint Caprais est suspendu à une potence, et des bourreaux lui déchirent le corps avec des ongles de fer.

> La dicte vierge pour tourmens que seust f*aire*
> *Sitos son chef de sa* chair faict deschirer
> Dont grant douleur en eust au cueur la m*ère*
> *Quant elle le vit ain*si la martirer.

XI. — Sainte Foy a la tête tranchée.

> Après voiant qu'il ne peult convertir
> Son chef commande de son corps divertir
> Veult quon la mene prontement
> Et au suplice cruellement.

XII. — La mère de sainte Foy contemple le corps de sa fille étendue à terre au milieu de son sang.

> Après avoir souffert mort par martire
> *La bonne* vierge à Dieu rendit l'esperit
> La povre mère en lamente et soupire
> *Lapariteur* repentit du delit.

XIII. — Des femmes ensevelissent les précieux restes de sainte Foy, en présence de sa mère et de plusieurs personnages de distinction. Des gens estropiés viennent solliciter leur guérison.

> Devotz et paiens de nuit prindrent le corps
> Povres malades paraliticques écloppés
> Ensep*velir* dont eurent *grant reconfort*
> Furent *gueris* par la *vierge aussitot.*

XIV. — De nombreux pèlerins sont agenouillés et prient autour de la châsse qui contient les reliques de sainte Foy.

> Comme le peuple ven*oit en* pelerinage
> Pour prier sainte Foy vierge cher tenue
> En dons offrandes chacun se monstre large
> Tant sa dévotion porte de grant value.

XV. — La mère de sainte Foy meurt auprès du corps de sa fille.

> Comme ainsi que lon treuve en escrit
> La bonne mere a Dieu rendit lesperit
> *Près du tombeau de fille bien aimée*
> *De grant douleur le cueure martir*

Enfin cinq panneaux sont occupés par la représentation de plusieurs des donateurs et bienfaiteurs de l'église de Conches, et aussi des saints protecteurs de ces personnages ou patrons spéciaux du lieu. On trouve au nombre de ces derniers : saint Nicolas, saint Benoît, saint Jean-Baptiste, saint Pierre et saint Paul, saint Georges, saint Jean l'Évangéliste, saint Bernard adressant à la Sainte-Vierge cette prière : Monstra te esse matrem, et recevant d'elle le lait qui doit donner la douceur à sa parole.

Parmi les donateurs, on remarque Jean Le Vavasseur, dernier abbé de Chatillon, dont, avons-nous dit plus haut, l'ensemble de ces verrières atteste la munificence. De nombreux écussons armoriés semblent témoigner qu'il fut secondé dans son œuvre par les familles seigneuriales du pays.

On a longtemps attribué les cartons de ces remarquables vitraux à un élève d'Albert Dürer, du nom d'Aldegrever, dont le nom se lit sur la bordure du manteau de saint Louis. Je pense avoir suffisamment montré ailleurs (1), que cette attribution ne doit être acceptée qu'avec une prudente réserve, malgré le caractère manifestement allemand du dessin et le rapprochement qui s'impose avec certaines gravures de Dürer. Je crois inutile de reprendre ici cette discussion, et j'ai hâte d'arriver à la description des vitraux des bas-côtés.

Ils forment deux suites complètes, relatives, l'une à la Sainte-Eucharistie, l'autre à la Sainte-Vierge.

(1) *L'Église Sainte-Foy de Conches et ses vitraux.* Caen, 1889, in-8°.

Les représentations qui se rapportent à l'Eucharistie — ce sont celles du collatéral droit — comprennent d'abord les principales figures de ce Sacrement sous la loi ancienne, puis sa réalisation, et enfin sa glorification.

La première verrière, plus ancienne que les autres, et dont le sujet doit être mis à part, offre trois scènes de la vie de saint Jean-Baptiste, chargé d'annoncer au monde la venue du Sauveur. C'est d'abord le saint Précurseur prêchant dans le désert le Baptême de la Pénitence à un auditoire de soldats et de publicains à qui il désigne le Christ placé au milieu d'eux : « Voici, leur dit-il, l'Agneau de Dieu, qui efface les péchés du monde..... » Puis Jean, sur le bord du Jourdain, laisse couler de sa main l'eau du baptême sur la tête du Seigneur plongé dans le fleuve, tandis que, du haut du Ciel, le Père céleste proclame que Jésus est son fils bien-aimé, en qui il a mis ses complaisances. Enfin saint Jean, interrogé par le peuple et les publicains sur la conduite qu'ils doivent suivre, répond en prêchant au premier l'aumône, et aux autres l'accomplissement de la loi.

A la partie supérieure de la fenêtre, dans les lobes formés par les ramifications des meneaux, Dieu le Père, bénissant et portant le globe du monde, est entouré d'anges musiciens et assisté de saint Martin partageant son manteau avec un pauvre.

Dans le vitrail suivant se voient trois scènes : le sacrifice d'Abraham dans les lobes, et, au-dessous, Abraham recevant du grand prêtre Melchisédech le pain consacré à Dieu, puis Jésus-Christ célébrant la Cène avec ses disciples.

Cette verrière, de fabrication récente, remplace une de celles qui furent détruites en 1842 par la chute de la flèche. Je ne m'explique guère par quelle anomalie on a placé, au milieu des figures de l'Eucharistie, la représentation de la dernière Cène, alors qu'une des verrières suivantes lui est entièrement consacrée. N'était-ce pas le lieu de peindre le repas de la Pâque juive et de l'immolation de l'Agneau pascal, la plus importante des figures de l'Eucharistie? On s'étonne à bon droit de ne la trouver dans aucune de nos verrières.

Une seule scène occupe la quatrième fenêtre en entier : la chute de la manne dans le désert. Au premier plan, Moïse, tenant sous son bras les tables de la loi et accompagné de deux autres personnages, indique au peuple, de sa baguette, le ciel obscurci par la manne qui tombe en abondance. Derrière lui sont plusieurs tentes dont une, la sienne sans doute, est surmontée des tables de la loi. Au second plan se voit le Tabernacle, au-dessus duquel s'élève la colonne de nuée qui guidait les Israélites pendant le jour. Ces derniers accourent de toutes parts, portant des vases dans lesquels ils recueillent la manne. Dans les lobes est représentée la chute des cailles, qui précéda celle de la manne. Enfin, au bas du tableau, le donateur, en surplis, se tient les mains jointes devant un livre ouvert sur une table.

Cette verrière, celle de toutes dont le coloris est le plus éclatant et le dessin le plus vigoureux, présente une particularité intéressante. Deux personnages, qui en occupent le milieu, reproduisent exactement deux des acteurs de la scène connue sous le nom des *Grimpeurs* et gravée par Marc-Antoine d'après le *Carton de la guerre de Pise*, de Michel-Ange.

Le sujet de la verrière suivante, étrange au premier abord, s'explique par le texte du prophète Isaïe qui le surmonte, et par le passage suivant d'une hymne de l'Église, qui en est l'interprétation :

« Pour que l'œuvre de la Rédemption soit complète, Jésus est broyé sous le pressoir, et s'oubliant lui-même, répand jusqu'à la dernière goutte de son sang.

« Venez, vous tous qui êtes souillés de quelque faute; il sera purifié, celui qui se plongera dans ce bain salutaire. »

ÉGLISE DE CONCHES. — LE PRESSOIR MYSTIQUE (VITRAIL)

Au milieu du tableau, le Christ est debout sur le pressoir ; ses pieds foulent le raisin ; de la main droite, il indique la plaie de sa poitrine ; de la gauche, il montre le vin qui coule sous ses pieds et qui symbolise son sang. Le donateur, sa femme et ses enfants viennent puiser le liquide divin.

Ce donateur nous est connu. Ses armoiries et sa devise, qui se voient au bas de la verrière, se retrouvent au-dessous, sur la plaque de cuivre qui indique son tombeau et où se lisent ses titres nobiliaires et le détail de ses générosités posthumes. C'est Jean Le Teillier, conseiller du Roi, « natif de ceste ville de Conches ». Il avait pour devise :

NON QUAM MAGNUS SATIS

NON QUAM SATIS PARUM

A la sixième fenêtre, le Sauveur, célébrant la dernière Cène avec ses Apôtres dans un vaste temple d'une belle ordonnance, leur dévoile la trahison de Judas. Les autres Apôtres regardent avec étonnement le traître, tandis que celui-ci cherche à cacher la bourse qui contient le prix de sa félonie. Par une singulière bizarrerie, le donateur s'est fait représenter mort au bas du tableau. Son épouse, en habit de veuve, prie à ses pieds, un livre et un chapelet entre les mains. Près du défunt, une épitaphe résume ses titres et la donation du vitrail. Son nom est Pierre Martel. Il mourut en 1546. C'est sans doute son petit-fils, héritier de son nom, qui, en 1630, — s'il faut en croire une chronique du siècle passé, — « dernier gouverneur du château de Conches, eut soin de réparer le pont qui y conduisait ; il y avait une chambre où il logeait quelquefois ; il mourut en 1672 et est inhumé devant l'autel Saint-Michel ».

Les armes qui se trouvent au milieu du vitrail sont parlantes : *de gueules à trois marteaux d'or*.

Après les figures et l'institution de l'Eucharistie, voici venir sa glorification.

Le Christ, assis sous l'arcade centrale d'une sorte d'arc de triomphe très orné, bénit de la main droite un calice que sa main gauche tient appuyé sur ses genoux. A ses côtés deux anges sont en adoration, tandis qu'au-dessus de lui deux autres anges soutiennent un phylactère portant ces mots, empruntés à la prose du Saint-Sacrement : ECCE PANIS ANGELORUM FACTUS CIBUS VIATORUM. A droite et à gauche, les quatre Évangélistes sont placés dans des sortes de niches superposées, accompagnés des saints patrons du donateur et de la donatrice. Au-dessus de chaque Évangéliste, on lit, sur la frise même du monument, un texte emprunté à son Évangile, et se rapportant à l'institution de l'Eucharistie.

Dans les lobes sont encore représentées la chute de la manne et celle des cailles ; on y voit aussi David donnant du pain et une épée au grand prêtre Achimélech.

La dernière verrière, au fond du collatéral, au-dessus de l'autel dédié à saint Michel, n'appartient pas à la série que nous venons de passer en revue. Il semble qu'on y ait réuni des panneaux provenant d'autres fenêtres et restés sans emploi. On y voit : à droite, le crucifiement de saint Pierre ; à gauche, saint Antoine dans le désert ; au milieu, saint Michel. Un quatrième sujet occupe les lobes : le martyre de saint Sébastien. Ce saint était, paraît-il, spécialement honoré à Conches, et sa statue avait été placée au-dessus d'une des anciennes portes de la ville, à la suite d'une peste dont elle avait été délivrée par son intervention.

*
* *

Traversons maintenant l'église en écharpe et arrivons à l'entrée du collatéral de gauche. Les verrières qui en remplissent les fenêtres sont toutes, — nous l'avons dit, — consacrées aux mystères et à la glorification de la Vierge Marie.

La première, ainsi que celle qui lui fait face, semble quelque peu plus ancienne que les autres. Elle est connue sous le nom de vitrail de saint Romain, quoique ce saint n'en soit pas le sujet principal.

Au milieu, la Vierge, debout, tient entre ses bras l'Enfant Jésus. A sa droite, saint Adrien, sous le costume d'un seigneur jeune et riche, tient une épée et les instruments de son supplice, une hache sur une enclume, au moyen desquels ses membres furent séparés de son corps. Du côté opposé, saint Romain, archevêque de Rouen, en costume épiscopal, porte une croix à la main droite et tient captive, de la gauche, la Gargouille, ce monstre qui désolait le pays, et que le saint précipita dans la Seine.

Au bas du tableau, le donateur, quelque haut et puissant seigneur aux pompeuses armoiries, est agenouillé en face de son épouse.

Dans les lobes, se voient sainte Madeleine et des anges adorateurs.

Le tableau suivant, dont le faire semble accuser la main de Jean Cousin, représente la Présentation de Notre-Seigneur au Temple. La scène se passe dans un édifice vaste et somptueux. A travers des colonnes de marbre à chapiteaux dorés, on entrevoit un gracieux paysage, parsemé de ruines antiques. Autour du grand prêtre, qui tient entre ses mains le divin Enfant, se groupent Marie dans l'attitude de la contemplation, un jeune homme portant une torche, et une jeune femme offrant les deux tourterelles prescrites par la loi de Moïse. On voit encore saint Joseph à la droite de Marie, et un docteur montrant à deux autres personnages, dans un livre ouvert, les prophéties relatives à la venue du Messie.

A la partie supérieure, la Présentation de Marie au Temple est figurée entre l'épisode de la femme adultère et un groupe de marchands d'oiseaux.

Nous arrivons au sujet le plus en harmonie avec les préoccupations artistiques de la Renaissance, qui affectionnait la représentation des triomphes. C'étaient autant de thèmes à groupement de nombreux personnages dont les longues théories étaient habilement déroulées.

Nous voyons ici le triomphe de la Vierge.

Du Palais Virginal sort un long cortège qui se dirige, en se contournant, vers le Temple de l'Honneur, qui occupe le centre de la composition. Des hommes et des femmes, portant des palmes et sonnant de la trompe, ouvrent la marche. Viennent ensuite, représentés par des femmes reconnaissables à leurs attributs, les sept Arts libéraux, puis les Vertus cardinales et théologales, et enfin le char qui porte la Vierge Marie, et que traînent des licornes. Sous les roues se débat un monstre hideux, image de tous les vices. Derrière, marchent enchaînées plusieurs Dames captives; l'une d'elles tient par la main l'Amour enchaîné, dont le flambeau est tombé à ses pieds.

De l'entrée de son palais, à droite, Jessé montre Marie triomphante aux douze rois ses descendants et ancêtres de la Vierge.

L'inscription suivante se lit au bas du tableau et l'explique :

LA NOBLE VIERGE VA TRIUMPHANT EN BON HEUR

DU PALAIS VIRGINAL JUSQU'AU TÊPLE D'HOÑEUR

JESSÉ DE SON PALAIS, A SA VEUE ESPANDUE

POUR VEOIR LES DOUZE ROYS, DÕT ELLE EST DESCENDUE

ET LEUR DIT, NOBLES ROYS VOYLA DE DIEU L'ANCELLE,

QUI TO' VOUS ENNOBLIT ET NON PAS VOUS ICELLE.

Dans les lobes, Dieu et les anges enlèvent à la fureur du dragon l'enfant que la femme vient de mettre au monde. L'Apocalypse a fourni le sujet de cette scène.

Ce triomphe de la Vierge, daté de 1553, attribué non sans vraisemblance à Jean Le Prince, a été visiblement inspiré par une gravure qui se trouve dans l'édition du *Livre d'Heures* de Geofroy Tory, l'éditeur « au Pot cassé », publiée en 1542 par Olivier Maillard, son successeur. La disposition est différente, mais ce sont même idée et mêmes personnages. L'inscription elle-même est un fragment de celle qui accompagne la gravure.

A la fenêtre suivante, on voit l'Annonciation. C'est, paraît-il, la reproduction exacte des calques du vitrail primitif, détruit dans l'incendie des ateliers de MM. Maréchal, les peintres-verriers de Metz. Il y aurait de sérieuses réserves à faire au sujet de cette restauration.

Dans un splendide palais, ouvert sur un riant paysage que rehaussent des ruines grandioses, Marie, agenouillée devant un magnifique prie-Dieu, tourne d'une main les feuillets d'un livre de prières, et fait de l'autre un geste d'étonnement à la vue de l'ange Gabriel qui tient un sceptre et lui montre le Ciel. Au milieu du tableau, dans un vase fort riche croît un lis. Dans le haut, Dieu le Père est entouré de nuages d'or d'où s'échappent des rayons qui descendent sur Marie, et au milieu desquels se voient une colombe et une hostie sur laquelle est représentée l'Enfant Jésus portant sa croix.

Au haut de la fenêtre, trois scènes relatives à saint Jean-Baptiste : sa prédication dans le désert; Salomé dansant devant Hérode et Hérodiade; Salomé recevant dans un plat la tête du Précurseur.

Le sujet du vitrail suivant était, au XVIᵉ siècle, familier aux artistes de tout genre, et on en rencontre mainte représentation, non seulement dans la peinture sur verre, mais encore dans la sculpture sur bois, sur ivoire ou sur pierre, et parmi les gravures des livres d'heures.

La Vierge Marie, debout dans un ciel d'azur, est entourée de tous les attributs que l'Église, après la Sainte Écriture et les Pères, lui a appliqués pour sa glorification. C'est, pour ainsi parler, une sorte de litanie en action permettant à une âme simple et illettrée de saluer sa Mère du Ciel sous les titres qui conviennent le mieux à honorer ses vertus : *Cité de Dieu ; Source d'eaux vives ; Porte du Ciel.....*

L'avant-dernier tableau a pour sujet la nativité de Notre-Seigneur. Au milieu des ruines d'un temple antique, l'Enfant Jésus, couché dans un berceau de paille, est entouré par Marie, Joseph et des anges dans l'attitude de l'adoration. A droite et à gauche, sont agenouillés le donateur et la donatrice, accompagnés de leurs patrons, saint Roch et saint Nicolas. Des bergers entrent de tous côtés, et l'un d'eux, — peut-être par allusion à la parabole du Bon Pasteur, — porte une brebis sur ses épaules.

Dans les lobes, se voient l'Annonciation de la Sainte-Vierge, et saint Jean-Baptiste montrant du doigt un agneau qui se dresse contre un arbre pour en brouter les feuilles.

Au dernier vitrail, au fond du collatéral, la Vierge, assise sous un dais, est entourée de représentants de tous les degrés de la hiérarchie ecclésiastique, qui implorent son secours et sa protection en faveur des misères de cette terre. Ces dernières sont représentées par des personnages atteints de toutes sortes d'infirmités et par des scènes de guerre ou de brigandage. Un naufrage et un incendie forment le sujet des lobes. Enfin, au milieu du tableau, un ange porte sur un phylactère la supplication de l'Église pour tous ces malheureux : Sancta Maria, succurre miseris.

Il faudrait, après cette rapide revue d'une œuvre considérable, rechercher dans quel atelier elle a été produite. Ce n'est point ici le lieu de le faire. Au surplus, les artistes qui ont contribué à composer cette belle collection étaient gens modestes. Quelques dates, comprises entre 1540 et 1552, sont toutes les indications qu'ils nous ont laissées, mais pas un nom, pas même une initiale qui puisse servir à les tirer de l'oubli. Ils ont travaillé *con amore* à faire un écrin de l'église qu'ils étaient chargés de décorer, et ils y ont réussi.

J'espère, ami lecteur, si vous m'avez suivi jusqu'au bout dans mon excursion, que vous ne regretterez pas de vous être arrêté à Conches, et qu'en reprenant le chemin de la gare, vous vous promettrez de faire partager à d'autres les sentiments d'admiration sincère que j'ai tenté de vous communiquer.

L'abbé A. Bouillet.

LE CHATEAU DE CONCHES

Quel est le voyageur qui, avant d'entrer dans Conches par la route d'Évreux, n'a pas aperçu à sa droite, sur le coteau élevé qui borde la ville de ce côté, un vieux donjon dont les ruines, enveloppées d'un lierre toujours vert, présentent un aspect si pittoresque. C'est l'ancien château fort des comtes de Conches. A la vue de ces pans de murailles, de ces quartiers de tours qui se dressent encore d'une manière effrayante au-dessus de leur profond escarpement, on se sent porté à demander au passé le récit des guerres, des assauts, des belles apertises d'armes dont cette forteresse fut témoin ; mais quand nous voulons consulter nos historiens sur ces monuments des temps chevaleresques, notre curiosité est souvent peu satisfaite. Ceux qui se sont occupés de recueillir les annales de l'histoire de Normandie n'ont pu tout dire, et en voici la raison donnée par un de nos chroniqueurs : « Qui voudrait faire mencion de tous les vaillans hommes, et des vaillances qui ont esté faictes durant le recouvrement de la duché de Normandie, ce serait trop longue chose à escrire, néanmoins en faut-il aucunement faire mémoire... » (E. de Monstrelet).

Il faut donc se contenter du petit nombre de renseignements offerts sur les petites localités par l'histoire générale. Ce que celle-ci n'a pu nous dire, c'est à l'histoire particulière à nous l'apprendre. Mais pour cela faire, après avoir glané dans les chroniques, il faut fouiller dans les archives locales : heureux ! quand elles fournissent de quoi augmenter la petite portion de documents donnés par les historiens. Nous avons consulté à l'égard du château de Conches et les livres et les titres ; quelque peu nombreux que soient nos matériaux, ils en diront assez, nous le pensons, pour intéresser à ses ruines les amis de notre histoire locale.

La forteresse des comtes de Conches, dont la planche en tête de ce chapitre représente les belles ruines, se composait d'une grosse tour centrale ou donjon, de forme ronde, escortée de cinq tours liées entre elles par une épaisse muraille. Cet ensemble de fortifications, placé sur une éminence conique, au bord d'un coteau rapide qui domine à l'est la vallée, se trouvait défendu du côté de la ville par de larges et profonds fossés, et c'est par là aussi qu'était établi un pont-levis pour correspondre avec les habitants. La position de cette forteresse était tellement avantageuse que les historiens l'ont mentionnée comme une des bonnes places fortes de la province. C'est à Roger II de Toëny, IV⁰ comte de Conches, qu'on en attribue la construction (vers 1173). « Il fit aussi bâtir à main gauche, dit une histoire manuscrite, le château (d'habitation) qui déborde sur la côte. On voit encore la fenêtre et la porte de la maison basse, du côté de la fontaine. La haute muraille qui allait rendre depuis la cave jusqu'aux jardins contigus de l'église (de Sainte-Foi) est à demi abattue, et il est sûr que les quatre Toëny (comtes de Conches) et autres ont logé dans la chambre où le concierge met aujourd'hui son cheval. On croit que Roger mourut dans ce château. »

Déjà bien avant cette époque, Roger I⁰ʳ avait fait clore la ville de bonnes murailles, munies de deux portes défendues chacune par deux tours. De sorte que Conches, avec tout cet appareil de fortifications, n'était pas autrefois une pauvre bicoque, comme on pourrait le penser en voyant aujourd'hui son peu d'importance. La citadelle dont cette ville était protégée excita plus d'une fois l'envie des hauts et puissants seigneurs ses voisins. Nous allons rapporter ici succinctement la part active qu'elle prit dans nos guerres anglo-normandes, et nous contemplerons ensuite avec vénération ce vieux donjon démantelé qui, tel qu'un guerrier affaissé par l'âge et les blessures, semble se reposer des fatigues de la guerre, jusqu'à ce que le temps achève de le détruire.

A peine cette forteresse fut-elle achevée, que Philippe-Auguste vint en faire le siège. Ce monarque s'était transporté en Normandie pour enlever plusieurs places fortes au duc Richard qui avait violé le traité de 1195 (1). « Doncques Auguste tout transporté de colère et plein de mauvaises volontez, dit le curé de Meneval (2), porte tout incontinent ses armes contre le château de Conches, et le prit après quelques attaques. » Et ainsi fit-il de plusieurs forteresses.

Après la mort de Richard Cœur de Lion, Jean sans Terre, qui s'était emparé du trône d'Angleterre et avait fait avec le roi de France un traité par lequel la limite des deux États était fixée entre Évreux et le Neubourg, eut, comme dépendant du territoire normand, Conches et son château fort. Il n'en jouit pas longtemps, car cet indigne usurpateur ayant lâchement assassiné le prince Arthur duc de Bretagne, celui qui aurait dû succéder au roi Richard, les nobles seigneurs normands se soulevèrent contre le meurtrier et s'unirent à Philippe pour lui enlever toutes ses places. Le roi de France saisit avec empressement cette occasion de se rendre entièrement maître de la Normandie. Il s'y transporta avec toute son armée, *cum toto exercitu,* disent les chroniqueurs, prit Conches, *Conchas cepit,* Andely et Vaudreuil (1203).

Philippe-Auguste étant parvenu à réunir la Normandie au royaume de France (1204), prit de sages mesures pour empêcher, au moins sous son règne, le retour des Anglais dans la province qu'il venait de conquérir. Il fit raser certaines forteresses inutiles et mit la main sur toutes celles des comtes et des barons normands qui avaient soutenu le parti des Anglais. C'est ainsi que le château fort et le domaine du comte de Conches, Roger de Toëny, furent confisqués par le roi et donnés, par charte authentique de 1204, à Robert de Courtenay, bouteiller de France, son cousin. De cette maison ils passèrent, par alliance, dans celle d'Artois, sur qui ils furent encore confisqués et réunis au domaine de la couronne (3); ensuite donnés par le roi Jean à Charles le Mauvais, qui les annexa au comté de Beaumont-le-Roger. C'est alors que la Normandie, qui pendant quelques années avait joui d'un peu de calme, fut troublée par l'invasion d'Édouard III, en 1346. Les sourdes menées du roi de Navarre, ses intrigues avec l'Anglais, firent de cette province un théâtre de discordes et de guerres désastreuses. Les châteaux forts reprirent plus que jamais leur attitude menaçante; celui de Conches qui, jusque-là, était resté sans action et appartenait alors au comte d'Évreux, Charles le Mauvais, comme il a été dit plus haut, « fut moult fortifié et garni de bons gens d'armes ». Il va se présenter de nouveau sur la scène, prêtant la solidité de ses épaisses murailles et l'avantage de sa position pour soutenir le roi de Navarre dans ses pernicieux desseins.

En 1355, le roi Jean, qui faisait tous ses efforts pour chasser les Anglais de la Normandie, informé que Charles le Mauvais était allé à Avignon se concerter avec les députés d'Angleterre, profita de l'absence de son gendre pour aller surprendre ses places fortes; Conches, nullement préparé à une attaque, se laissa prendre avec son château; mais Évreux, Pont-Audemer, Cherbourg, Avranches,

---

(1) Par lequel il avait été convenu entre autres, qu'Andely ne serait pas fortifié. Mais Richard, au mépris du traité, fit construire au-dessus d'Andely, sur le bord de la Seine le formidable Château-Gaillard, dont on voit encore les ruines imposantes. La limite qui devait séparer leurs États était ainsi fixée, tout le Vexin et toute la rive droite de l'Avre à Philippe-Auguste et le reste de la Normandie au roi d'Angleterre.

(2) *Histoire générale de Normandie,* par GABRIEL DUMOULIN. Rouen, 1651, in-folio.

(3) Robert d'Artois, seigneur de Conches et de Beaumont-le-Roger, avait pris le parti des Anglais.

Mortain et quelques autres villes mieux gardées, résistèrent. « La garnison d'Évreux fit plus, dit Le Brasseur (*Histoire du comté d'Évreux*), car ayant su que les troupes du roi Jean n'étaient pas considérables, elle commença à courir sur ses terres et surprit le château de Conches. » Mais cet historien oublie de dire, avec notre chroniqueur Froissart, que ce fut avec l'assistance d'une troupe de Navarrois venant de Pont-Audemer que cette prise eut lieu, et voici ce qu'il dit : « Ceux qui, de par le roi de Navarre, estoient au chastel d'Évreux et au Ponteaudemer, pilloient tout le pays d'environ, et vinrent aucuns des Navarrois au chastel de Conches (qui estoit pour lors en la main du roi Jehan

Vue du Château de Conches.
D'après une photographie de la Collection des Monuments historiques.

de France), et le prindrent les dits Navarrois, et le garnirent bien de vivres et de gens d'armes, et plusieurs autres choses firent les gens du roi de Navarre contre les gens du roi de France. »

En 1356, le roi Jean fait arrêter Charles le Mauvais à Rouen, et pendant qu'il le tient prisonnier, il s'empare de quelques-unes de ses places fortes, dont Conches fut du nombre. — Philippe de Navarre, instruit de la captivité de son frère, écrit au roi de France pour lui reprocher d'avoir, contre les lois de l'honneur et de toute bonne chevalerie, surpris lâchement son frère au milieu d'un festin, et d'avoir fait décapiter les chevaliers qui l'accompagnaient. Il déclare qu'il renonce désormais à toute foi, service et hommage envers lui, et qu'il poursuivra de tout son pouvoir la vengeance de cette trahison et la délivrance de son frère. A cette lettre était jointe une déclaration par laquelle quatre chevaliers, sujets du roi de Navarre, renoncent pour la même cause à toute obéissance et tout service envers le roi Jean. La menace de Philippe eut un prompt effet : à sa demande, le duc de Lancastre descend sur la fin de juin de cette même année, en Normandie, où ces deux chefs ayant réuni leurs armes, traversent Lisieux et Le Bec, secourent Pont-Audemer, assiègent, pillent et brûlent Évreux, Mortagne et Verneuil. Conches, dans cette occurrence, éprouva un rude assaut ; la garnison du roi Jean fut massacrée en partie, le manoir des comtes, ainsi que l'abbaye, devint la proie des flammes.

Nous apprenons par un document que le château de Conches fut attaqué en 1363 par les gens d'armes de Bertrand Duguesclin. On ne dit pas s'il fut pris ; on sait seulement que l'église et les lieux claustraux de l'abbaye de Saint-Pierre furent ruinés.

Un an après, Conches et son château furent donnés, avec le comté de Longueville, à Bertrand Duguesclin par le roi Charles V, qui les avait confisqués sur le captal de Buch, lieutenant de Charles le Mauvais ; mais le captal ayant repris la forteresse quelques années après (1371), Bertrand vint l'assiéger. Ce fut alors un rude siège ; car le captal de Buch, qui s'y attendait, avait *moult fortifié* et muni de provisions la ville et le château. Il y avait placé une nombreuse garnison, composée de tous bons compagnons, et commandée par deux chevaliers de *grande vaillance ;* l'un était Archambault de Gresly, son oncle, et l'autre Garcie-Arnault de Salins, capitaine de Breteuil. Et les nobles chevaliers et écuyers qui devaient garde au château en temps de guerre, ou qui tenaient le parti de Charles le Mauvais, vinrent soutenir Conches de leurs épées. Le connétable Bertrand, de son côté, avait avec lui trente-un chevaliers bacheliers et deux cent dix-huit écuyers.

Il faisait beau voir tous ces vaillants hommes de guerre couverts d'armures brillantes, au nombre de près de trois cents, sans compter un grand nombre de varlets, de pages et de servants d'armes, les uns à pied, les autres à cheval, tous impatients de combattre sous les yeux du plus brave, du plus intrépide des chevaliers, leur chef Duguesclin, dont le nom était leur cri de guerre (1). Le château fut attaqué avec vigueur :

« Là eut grand assaut et dur » ;

car de part et d'autre, il y avait fine fleur de chevalerie. Il nous faudrait la plume de Froissart pour raconter les belles apertises d'armes qui se firent à ce siège. Bornons-nous donc à dire que les assiégés capitulèrent après une longue et courageuse résistance. Les nobles et vaillants défenseurs de la forteresse se retirèrent la vie sauve, et Duguesclin s'empara de la place pour le roi de France.

Depuis ce siège mémorable, le domaine de Conches fit retour à la couronne. Il en fut encore distrait à l'époque de l'invasion anglaise de 1417, où la Normandie vit tous ses châteaux forts tomber au pouvoir de Henri V. La forteresse de Conches fut gardée par une bonne garnison d'Anglais ; on s'occupa de la remettre en bon état, et nous voyons qu'en 1423, on répara le pont-levis qui communique de la ville au donjon. Guillot Delos, qui cette même année en était capitaine et gouverneur, reçoit soixante sous tournois pour son logis et ses ustensiles. — En 1424, Jean, duc de Bedfort, régent de France, commet Jehan Arthur, capitaine de Conches, pour recevoir les montres (revues) des garnisons de Dreux et de Damville. Le château, en 1438, est encore occupé par une compagnie anglaise de cinq lances équestres, cinq lances pédestres et trente archers, tous commandés par Henri Standich, écuyer.

En 1440 il est attaqué et pris par les Français ; Jean de Floques en est fait gouverneur. C'est

(1) Les gens de Bertrand s'encourageaient dans la mêlée, dans les assauts, par le cri de *Notre-Dame-Guesclin.*

ce vaillant capitaine qui enleva Beaumont-le-Roger et la ville d'Évreux aux Anglais, qu'il tailla en pièces. Mais Conches fut bientôt repris sur lui par le général anglais Talbot (1441), et la forteresse dans laquelle se trouvait, en 1445, une garnison de quatre lances équestres, six lances pédestres et vingt-deux archers, fut, en 1449, emportée d'assaut par le bailli d'Évreux, Robert de Floques, qui en chassa tous les Anglais.

Voilà quels ont été les principaux assauts du château de Conches pendant l'invasion des Anglais. Son rôle n'est pas fini; dans nos guerres civiles, il fut aussi assiégé. En 1590, c'est le comte de Tavannes, gouverneur de la Normandie pour la Ligue, qui se présente devant Conches; mais il est repoussé à coups de canon par ses vaillants habitants, qui tenaient pour Henri IV. C'est là que le seigneur de Falandres, fameux ligueur, fut tué d'une arquebusade. Dans la même année, le château supporta un nouvel assaut par les ligueurs d'Évreux : ceux-ci, au nombre de 5,000, s'étant réunis au duc de Montpensier après la prise d'Harcourt, vinrent attaquer la ville. Le château ne put leur opposer qu'une faible défense. La ville fut pillée et saccagée, ainsi que l'abbaye; ils ruinèrent le donjon et le vieux manoir des comtes.

C'est sans doute à dater de cette époque que la forteresse de Conches, qui passa avec le comté, en 1651, par contrat d'échange, dans la maison de Bouillon, ne se releva plus de ses ruines ; à moins que les guerres de la Fronde qui troublèrent encore la Normandie, en 1649, n'aient fait relever quelques pans de ses murailles et remaçonner ses tours. Toujours est-il qu'elle ne reprit plus son aspect formidable du moyen âge. Elle se reposa donc, sous les ducs de Bouillon, des pénibles fatigues de la guerre. Sa carrière militaire avait été bien remplie, et puis les temps avaient changé. Les fortifications disparaissaient de l'intérieur de la France, pour ne plus désormais se dresser menaçantes que sur les frontières. Les villes remplaçaient leurs hautes murailles d'enceinte par d'agréables boulevards; les forteresses cédaient, en beaucoup d'endroits, la place à d'élégantes maisons de plaisance; enfin s'effaçaient partout les fortifications inutiles. Conches, si bien fortifié au moyen âge, a vu renverser ses murs de défense. Son vieux donjon, abrité sous le lierre, se dressera encore longtemps pour montrer au voyageur quelle fut l'importance militaire de cette petite ville qui, autrefois, avait le titre de comté.

Alph. Chassant.

Cette notice sur le château de Conches est extraite de l'*Almanach-Annuaire de l'Eure*, de 1845, année dont il est très difficile de retrouver des exemplaires.

L'ÉGLISE DE DAMVILLE

Le canton de Damville est, au point de vue de l'art monumental, un des plus déshérités de la Normandie. Damville a bien eu un château féodal, mais il a été pris et pillé par Henri II Plantagenet, roi d'Angleterre, puis brûlé par les troupes de ce prince le 1ᵉʳ septembre 1188. Bien mieux, la ville elle-même fut détruite lors de l'invasion de la Normandie par les Anglais au XIVᵉ siècle.

De l'église primitive située en face du château-fort, il ne reste absolument rien, et les parties les plus anciennes du nouvel édifice, fondé sous l'invocation de saint Evroult, ne remontent pas au delà du XVᵉ siècle.

Cette nouvelle église a été décrite par Ange Petit dans ses *Notes historiques sur l'origine, les seigneurs, le fief et le bourg de Damville*. Elle est orientée régulièrement, et, grâce à une chapelle latérale au nord et une tour au midi, elle affecte la forme d'une sorte de croix latine. Seulement les deux bras de la croix sont inégaux en largeur.

L'unique entrée est située au midi, à peu près au milieu de la nef. C'est une double porte, divisée par un gros pilier décoré, ainsi que son entourage, de sculptures figurant des feuillages et des animaux fantastiques.

La nef, longue de 26 m. 50 cent. et large de 8 m. 60 cent., est éclairée sur les côtés par des fenêtres de style ogival flamboyant. Sa voûte en bois, soutenue par des entraits sculptés, a été peinte vers le milieu du XIXᵉ siècle.

Le chœur, long de 9 m. 50 cent. et large de 5 m. 60 cent., a été reconstruit sous le règne de Louis-Philippe.

La chapelle latérale, dédiée à la Sainte-Vierge, est réunie à la nef par deux larges ogives soutenues par un pilier. Au sommet des nervures de la voûte, on voit un écusson badigeonné de telle sorte qu'on ne peut plus distinguer les armoiries.

La tour, de forme carrée, est, avec la chapelle latérale, la partie la plus remarquable de l'édifice. Le rez-de-chaussée sert aujourd'hui de sacristie; le premier étage est éclairé par des baies ogivales, et le second par des fenêtres à plein cintre couronnées de frontons triangulaires. Le tout se termine par une charpente ardoisée et une élégante petite lanterne.

Damville a possédé, à partir de 1498, une confrérie de la Charité, fondée pour donner à tous ceux qui ont été de vie à trépas les honneurs de la sépulture.

Après l'église de Damville, on ne cite guère dans le canton, outre le château de Chambray, que le vieux manoir d'Hellenvilliers et le château moderne de Collonges, qui se distingue par ses grosses tours de briques.

JACQUES LESTRAMBE.

CHÂTEAU DE CHAMBRAY, À GOUVILLE

LE CHATEAU DE CHAMBRAY, A GOUVILLE

Le domaine de Chambray, dans un des sites les plus ravissants de la belle vallée de l'Iton, appartient depuis le XIe siècle à l'illustre famille qui porte ce nom et que l'on peut compter parmi les plus célèbres de la Normandie. La maison de Chambray est issue des anciens barons de la Ferté-Fresnel, par Simon, seigneur de Chambray, second fils de Richard II, baron de la Ferté-Fresnel et d'Emmeline de l'Aigle, des anciens seigneurs de l'Aigle, fondus dans les ducs de Bretagne. Les descendants de Simon de Chambray sont les représentants directs des la Ferté-Fresnel, dont la branche aînée est éteinte depuis longtemps.

Le château actuel s'élève sur l'emplacement de deux autres qui l'ont précédé, et dont les vestiges lui procurent un aspect grandiose et l'enrichissent de souvenirs glorieux.

Le premier château, dont il ne reste que quelques débris, occupait une partie de la ferme voisine. Il fut sans doute construit par Amaury, seigneur de Chambray, qui accompagna à la croisade de 1096 Robert, duc de Normandie. Amaury s'attacha ensuite au roi Richard, qui lui donna la charge de grand officier. Plus tard, il se révolta contre Henri II et fut assiégé dans son château de la Ferté-Fresnel. Le repentir qu'il ressentit de sa rébellion le fit entrer dans un monastère pour y finir ses jours.

Simon de Chambray voulut relever de ses ruines le château de son aïeul et protéger son domaine contre les attaques incessantes des seigneurs, ses rivaux. Il l'établit sur un bon pied de défense. C'était, comme on a tout lieu de le croire, un long parallélogramme, flanqué, à ses angles, de quatre grandes tours qui devaient le protéger, et qui lui donnaient un caractère tout particulier de grandeur et de noblesse. Deux de ces tours subsistent encore, comme un témoin des siècles passés et un défi aux âges futurs.

La grande porte d'enceinte est également toujours debout; mais ce qui charme par-dessus tout le touriste et l'archéologue, c'est cette gracieuse chapelle du XIIIe siècle, en si bon état de conservation, que Simon de Chambray et sa femme Eustache de Lombelon des Essarts firent bâtir en l'honneur de saint Laurent et qui fut dédiée en 1239.

Dès la même année, Simon de Chambray aumôna aux moines du Désert le patronage de cette chapelle. Une charte signée de lui pour l'abbaye de Lyre et scellée de son sceau représentait une *croix de Jérusalem*. Peut-être, à l'exemple d'Amaury de Chambray, fit-il à son tour partie de la croisade de 1228 ?

Notre notice deviendrait un volume, si nous voulions raconter toutes les gloires de cette illustre famille. Il en est toutefois qui, d'un intérêt plus local, ne peuvent être passées sous silence.

Après avoir cité l'abbé Le Brasseur, qui dit, en parlant de cette famille, que « c'est une des plus illustres et des plus anciennes maisons de Normandie, alliée avec la première noblesse du royaume, distinguée par sa piété et par les hautes charges qu'elle a occupées dans l'Église, à la Cour et dans l'État », je me contenterai de signaler, dans l'ordre chronologique, quelques-uns de ses membres les plus connus.

Robert de Chambray, fils de Roger, était abbé de l'abbaye royale de Saint-Étienne de Caen. Ses vertus et ses talents lui ont valu la faveur du pape Clément VII, qui lui octroya, en 1383, le droit de porter la mitre et la crosse et de se servir d'habits pontificaux, avec la transmission de ces prérogatives à tous les abbés ses successeurs.

Son frère, François de Chambray, après le siège d'Évreux, fut fait bailli et capitaine de cette ville par le roi Charles V, en 1379.

Au commencement de l'invasion anglaise, les Chambray restèrent fidèles à Charles VII et furent dépouillés de leurs biens. Le château de Chambray fut donné par lettres patentes de 1430 à Guillaume Staverton, favori de Henri V, qui le garda jusqu'en 1449. Le comte de Dunois le reprit après un siège de huit jours.

Ceux dont les ancêtres ont partagé la mission et les épreuves de la Pucelle d'Orléans sont en droit de se glorifier aujourd'hui des hommages qu'on lui rend et de ceux qu'on lui prépare. Jeanne d'Arc n'a-t-elle pas toujours voulu que ses compagnons d'armes qui avaient été à la peine soient aussi à l'honneur ?

Le roi Louis XII, qui avait grand souci du bonheur de son peuple, confia la charge de bailli d'Évreux à Jacques de Chambray, son chambellan, dont il avait su apprécier les éminentes qualités. C'était un grand ami de l'évêque Raoul du Fou, qui vint de Condé, sa maison de campagne, au château de Chambray qui en est tout voisin, pour le féliciter sur sa nouvelle dignité. Jacques de Chambray, étant tombé malade à Magny, y fit son testament qui peut passer pour un modèle de sagesse, de simplicité et de douce piété. (L'original de ce testament se trouve tout entier aux archives du château de Chambray.)

Il mourut peu de temps après, le 4 mars 1504, et fut enterré, selon son désir, dans l'église de Thevray. Plus tard, en 1532, une chapelle fut bâtie à côté du chœur de l'église, en l'honneur de saint Jacques, son patron, et son corps y fut déposé sous un mausolée fort remarquable.

Quelques monastères furent remis entre les mains des membres de cette maison. Oger de Chambray, entre autres, fut abbé de Cormeilles et prieur de Beaumont-le-Roger. — Il vivait vers 1557.

Gabriel de Chambray, fils de Nicolas, fut député de la noblesse du bailliage d'Évreux aux États de Blois ; il était, en 1578, gentilhomme de la chambre de Henri III et panetier du roi en 1580.

Henri IV, étant parvenu à la couronne et ayant apprécié sa valeur à la bataille d'Ivry, lui confia, en 1590, une compagnie de cinquante hommes d'armes de ses ordonnances ; il lui donna un commandement à Condé pendant la Ligue, et lui ordonna de négocier la reddition des ville et château de Dreux.

C'est lui qui commença à édifier le château actuel sur les fondements de l'ancien.

Son fils, Tanneguy, en fit une demeure somptueuse et dans les goûts de l'époque.

Il était chevalier de l'ordre du roi, maréchal de camp et gouverneur de Pont-de-l'Arche. Ayant consacré une grande partie de ses biens au service du roi et au luxe de sa maison, il fut obligé de vendre sa terre de Chambray, et reçut au château de Condé l'hospitalité de l'évêque d'Évreux, François de Péricard, dont il avait épousé la nièce.

Parmi les membres de la famille de Chambray, il en est qui surent unir la science à la bravoure et se faire un nom dans les lettres.

Nicolas-François, marquis de Chambray, né au château de ce nom en 1672, fut colonel d'un régiment d'infanterie qu'il leva à ses frais pour le service du roi. On a de lui un ouvrage intitulé : *Fruits de la solitude,* qui a été imprimé en 1839.

Georges, marquis de Chambray, né le 24 octobre 1783, maréchal de camp d'artillerie, officier de la Légion d'honneur, auteur de l'*Histoire de l'Expédition de Russie,* de plusieurs ouvrages d'art militaire et d'un traité des arbres résineux.

Son fils, le propriétaire actuel du domaine de Chambray, y poursuit dignement la noble tradition de ses ancêtres.

Le marquis Jacques de Chambray, conseiller général de l'Eure pour le canton de Damville, fait gracieusement les honneurs de son château, où il possède une remarquable bibliothèque, composée de nombreux ouvrages et de précieux manuscrits. Par son mariage avec une noble descendante de l'illustre famille des Le Veneur de Carrouges et de Tillières, il entretient les plus belles relations sociales, dont il use volontiers pour rendre service à ceux qui réclament sa protection ou qui attendent son appui.

Dans cette course si pleine d'intérêt et même d'attrait, au milieu d'un pays si riche en sites merveilleux et en constructions monumentales et pittoresques, on se plaît à admirer non seulement l'œuvre de la nature et de l'art, mais aussi les œuvres des hommes qui nous ont légué un passé glorieux.

L'Abbé DE LA BALLE.

LE CHATEAU DE CONDÉ-SUR-ITON

l Condé, dont le nom celtique atteste l'antiquité, fut, à l'origine, un centre important de la fabrication du fer, et l'on se plaît à reconnaître, comme autant de témoignages de l'existence des forges gauloises, les amas de laitier trouvés sur le territoire de cette commune.

Cette industrie continua vraisemblablement sous la domination romaine, et Condé se montra alors plus digne que jamais de son nom, qui signifie *confluent, jonction.* C'est, en effet, le point où aboutissaient six grandes voies romaines qui venaient d'Évreux, de Lisieux, de Paris par Dreux et Chartres, du Mans, de Jublains et de Rugles.

Condé est mentionné dans les itinéraires romains et particulièrement sur la carte des routes militaires de l'Empire, dressée au IV° siècle, à Constantinople, par l'ordre de Théodose ; puis cette localité subit une éclipse historique de plusieurs centaines d'années et n'apparaît plus ensuite qu'au IX° siècle, dans la vie de saint Leufroy, pour y jouer un assez triste rôle. Le saint n'y put trouver personne qui consentît à lui donner l'hospitalité.

Dans la seconde moitié du XII° siècle, cette bourgade avait été donnée par le duc de Normandie à l'évêque d'Évreux. Henri II Plantagenet confirma cette donation qui fut approuvée par le pape Luce, de 1181 à 1185. Au siècle suivant, Condé fut érigé en baronnie ayant droit de haute justice.

D'après un aveu du 28 mars 1400, la baronnie de Condé-sur-Iton s'étendait sur les paroisses de Condé, Séez-Moulins, Dame-Marie, Saint-Ouen d'Athez, Le Sacq et Mousseaux. On lit en outre dans le *Coutumier des Forêts de Normandie :* « Monsieur l'évesque d'Évreux a, en la forêt de Breteuil, à cause de son hostel de Condé, franchise de panage pour ses porcs, un chesne et un fou (c'est-à-dire un hêtre). — *Item* un cerf et un sanglier pris aux dépens du roy et rendu à Condé et il doit rendre le cuir du cerf aux veneurs ou payer 5 s. »

Les évêques d'Évreux avaient, en effet, en ce lieu, un hôtel où l'archevêque de Rouen, Eudes Rigaud, coucha en 1260 ; mais, au commencement du XVI° siècle, cette résidence était sans doute bien délabrée, car Gabriel Le Veneur, soixante-neuvième évêque d'Évreux, la remplaça, entre les années 1511 et 1532, par un château à tourelles qu'on voit encore et qui servit de maison de plaisance à ses successeurs.

Parmi ces derniers, on remarque Guillaume Péricard, Jaques Davy du Perron et Potier de Novion, dont la présence au château est prouvée par divers actes qu'ils y ont signés. On assure même que Davy du Perron y a composé plusieurs de ses nombreux ouvrages théologiques ou littéraires, et l'on a conservé le souvenir de l'hospitalité qu'il y offrit à son ami le baron de Médavy, après que celui-ci eut perdu son fils bien-aimé.)

Jacques Lestrambe.

Cliché Paul Robert — Lemale & Cie édit. Havre — Héliog. P. Dujardin

ÉGLISE DE BRETEUIL

Pl. N° 10

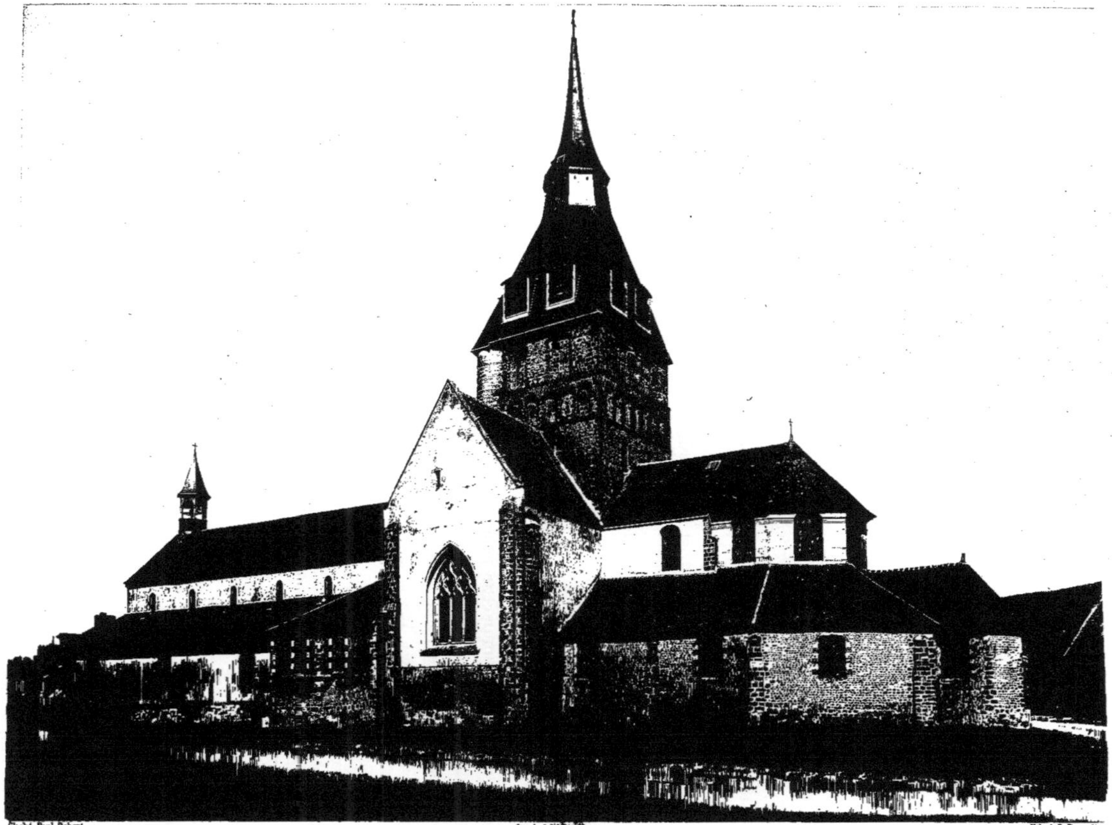

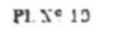

L'ÉGLISE DE BRETEUIL

Au Xe siècle, Breteuil faisait partie du domaine des ducs de Normandie. Il en fut détaché en faveur de Raoul, comte de Bayeux et d'Ivry, qui le donna à sa fille Emma, lorsqu'elle épousa Osbern de Crepon.

Celui-ci était fils d'Herfaste, frère de la duchesse Gonnor, seconde femme de Richard sans Peur. Il devint sénéchal du jeune duc Guillaume, mais il attira sur lui l'animadversion des Normands, qui ne voulaient pas se soumettre à un bâtard, et fut assassiné, en 1039, au château du Vaudreuil, dans la chambre et sous les yeux du fils d'Harlette.

Son fils Guillaume hérita de ses biens, de ses fonctions de sénéchal et de la faveur du jeune prince, dont il partageait les jeux. Vers 1050, quand le duc Guillaume voulut fortifier sa frontière du côté de la France et fit construire le château de Breteuil, dont il remplit les fossés en détournant le cours de l'Iton, il confia la garde de la nouvelle forteresse à son ami Guillaume Fitz-Osbern, déjà seigneur du lieu par droit héréditaire.

En 1065, Guillaume reconnut cette confiance en s'associant de tout cœur aux projets de son suzerain sur l'Angleterre. Il fournit des vaisseaux pour la conquête, triompha de l'hésitation des seigneurs normands à suivre leur duc dans son expédition d'outre-mer, et combattit vaillamment à Hastings, où ses vassaux, d'après Wace, se firent remarquer par leur adresse à tirer de l'arc.

Li archier du Val de Roil,
Ensemle od els cels de Bretoil,
A maint Engleiz creverent l'oil
Od li saetes acerées
K'ils aveint od els aportées.

En récompense de son aide, le fils d'Osbern reçut le comté de Hereford, puis fut envoyé par le Conquérant pour seconder la duchesse Mathilde dans le gouvernement de la Normandie et périt, le 22 février 1071, dans un combat contre Robert le Frison.

Son fils Guillaume de Breteuil, comte de Hereford et grand connétable d'Angleterre, se distingua aussi dans la carrière des armes et mourut sous le froc, à l'abbaye du Bec, le 13 janvier 1102. Il fut enseveli à l'abbaye de Lyre, que son père avait fondée et richement dotée.

Il ne laissait pas de postérité légitime, et son fils naturel Eustache ne lui succéda dans la possession de Breteuil que grâce à la protection du roi Henri Beauclerc, dont il avait épousé la fille Juliane ; mais il ne se montra guère reconnaissant.

Henri Beauclerc, qui avait pris la Normandie à son frère, Robert Courte-Heuse, avait vu se former contre lui un parti puissant, destiné à faire revivre les droits de Guillaume Cliton, fils de Robert. Ce jeune prince, confié par le roi d'Angleterre à la garde d'Hélie de Saint-Saëns, fut conduit par celui-ci à la cour de Louis VI, roi de France, qui le fit élever sous ses yeux et lui apprit le métier des armes en attendant l'heure de la vengeance. Les partisans de Guillaume Cliton, parmi lesquels se distinguait le turbulent Amaury de Montfort, comte d'Évreux, sollicitèrent Eustache de Breteuil d'abandonner le parti du roi et de se joindre à eux, si Henri ne lui rendait pas la tour d'Ivry, qui avait appartenu à ses prédécesseurs. Henri se défiait de son gendre, mais il ne voulut point l'irriter par un refus absolu. On convint que le fils de Raoul Harenc, gouverneur d'Ivry, serait confié à Eustache, comme garantie de l'engagement que prenait le roi de lui donner Ivry quand le calme serait rétabli. D'un autre côté, les deux filles d'Eustache furent remises à Henri comme gage de la fidélité de leur père.

Le seigneur de Breteuil, circonvenu par Amaury de Montfort, ne tarda pas à se repentir de cet arrangement, et résolut de rompre ouvertement avec son beau-père. Pour bien marquer son mécontentement, il ordonna qu'on lui amenât le jeune Harenc, et, sans pitié pour sa faiblesse et son innocence, il lui fit arracher les yeux et les envoya à son père.

Raoul Harenc, transporté de rage, demanda justice au roi d'Angleterre, et celui-ci se crut obligé de lui livrer les deux petites filles que lui-même avait reçues en otage. Harenc, sans se laisser émouvoir par les larmes de leur grand-père, emmena les jeunes princesses et les traita comme son fils avait été traité. De plus, il leur coupa le bout du nez.

Juliane et son mari croyaient leurs filles en sûreté sous la garde de leur aïeul. Lorsqu'ils apprirent les cruelles représailles de Harenc, leur affliction fut excessive. Eustache fit aussitôt fortifier Lyre, Glos, Pont-Saint-Pierre et Pacy, et en ferma soigneusement l'accès, afin que le roi ou ses partisans n'y pussent pénétrer. Puis il envoya Juliane à Breteuil avec les troupes nécessaires pour garder cette place.

Henri Beauclerc, appelé par les bourgeois de Breteuil, qui lui étaient restés fidèles, ne tarda pas à se présenter devant le château. Juliane conçut alors un horrible projet. Elle demanda fallacieusement un entretien avec son père, et, quand elle le vit paraître, elle tendit une baliste et lança au roi un trait, qui du reste ne l'atteignit pas. A l'instant même, Henri fit détruire le pont du château et tira de sa fille une vengeance aussi indécente que bizarre. Par son ordre, la malheureuse parricide fut forcée de se laisser glisser le long d'une corde du haut des murs, et dut descendre ainsi jusqu'au fond du fossé, en montrant ses fesses nues devant les soldats assemblés pour être témoins de ce singulier spectacle. « Cet événement, dit Orderic Vital, arriva au commencement du carême, dans la troisième semaine de février 1119, lorsque le fossé du château était rempli des eaux de la saison, et que la gelée, qui les glaçait, refroidissait d'une manière cruelle la chair délicate de la princesse, qui s'y plongea dans sa chute. »

Juliane alla rejoindre son mari à Pacy, et le château de Breteuil fut donné au Breton Raoul de Gael, qui, dès le 17 septembre 1119, eut à le défendre contre le roi de France Louis VI. Celui-ci, conseillé par Amaury de Montfort, conduisit à Breteuil de nombreuses troupes, venues de toutes les provinces de la France et de la Flandre, pour rendre à Eustache ce qu'il avait perdu et rétablir dans leurs domaines les autres seigneurs qui partageaient l'exil de Guillaume Cliton. Raoul de Gael alla au-devant de l'ennemi et le reçut à coups de lance et d'épée. Par bravade, il fit ouvrir les trois portes du château; mais, malgré cette facilité qu'il offrait, aucun des envahisseurs ne fut assez hardi pour entrer. Raoul de Gael courait d'une porte à l'autre et changeait souvent d'armure pour n'être pas reconnu. Il renversa plusieurs chevaliers fameux et donna généreusement leurs montures à ceux de ses compagnons qui en manquaient. Louis VI, rebuté par cette héroïque résistance, se décida à lever le siège.

Quelques semaines après, au mois de novembre, les rois de France et d'Angleterre eurent une entrevue à Gisors et firent la paix. Dans cette réunion, Eustache de Breteuil et sa femme obtinrent leur pardon de Henri Beauclerc, qui néanmoins ne leur rendit pas Breteuil, mais assigna à son gendre une pension de 300 marcs. Quant à Juliane, elle embrassa la vie religieuse à Fontevrault.

La vaillance et la générosité de Raoul de Gael n'avaient pu triompher de la répulsion qu'il inspirait aux gens de Breteuil à cause de son origine bretonne. Désespérant de se faire aimer d'eux, il résolut de retourner en Bretagne et d'abandonner Breteuil, Glos et Lyre à sa fille Amicie. Celle-ci devait épouser Richard, fils naturel du roi Henri; mais son fiancé périt dans le naufrage de la *Blanche-Nef*, et Amicie devint la femme de Robert le Bossu, comte de Leicester.

Eustache étant mort à Pacy, en 1136, Guillaume de Pacy, son fils, revendiqua, les armes à la main, la châtellenie de Breteuil, qu'il considérait comme son héritage; mais Robert le Bossu lui résista victorieusement.

Robert Ier fut moins heureux en 1138 contre Roger de Tosny, châtelain de Conches. Celui-ci, pour venger diverses injures, parut tout à coup devant Breteuil, avec une troupe nombreuse. Des ouvriers battaient la moisson et il y avait, devant les maisons, de grands monceaux de paille, qui propagèrent rapidement l'incendie allumé par l'ennemi. L'église de Saint-Sulpice fut réduite en cendres, ainsi que beaucoup d'hommes et de meubles des bourgeois qui s'y trouvaient renfermés. Les chevaliers de la garnison, pris à l'improviste, ne purent même se réfugier dans la citadelle et tombèrent sous les coups des agresseurs.

Cet acte de brigandage féodal se passa sous le duc Étienne de Blois, qui avait succédé à Henri Beauclerc, et dont Robert le Bossu abandonna le parti pour suivre celui de l'impératrice Mathilde, fille de Henri.

Robert avait fondé, en 1125, le prieuré de Notre-Dame-du-Désert. L'Angleterre lui doit aussi les trois abbayes de Notre-Dame de Leicester, de Garandon et d'Etona. En 1152, Robert se fit admettre comme chanoine régulier dans la première, tandis qu'Amicie prenait le voile dans la troisième.

En 1154, le roi Henri II, fils de Mathilde, attiré à Breteuil par le désir de châtier le baron de l'Aigle, investit Robert II aux blanches mains, fils de Robert Ier le Bossu, des fiefs de son père avec toutes leurs dépendances. Robert II prit part aux discussions de Henri II avec saint Thomas de Cantorbéry, et s'attacha ensuite à Henri Court-Mantel, fils du roi, lorsque celui-ci se révolta contre son père. Cette conduite attira de nouveau le malheur sur Breteuil, qui fut livré aux flammes par le roi d'Angleterre.

Robert aux blanches mains assista, le 3 septembre 1189, au couronnement de Richard Cœur de Lion, où il portait un glaive d'or, puis il partit pour la Palestine; mais il mourut pendant la traversée, en 1190, et fut enterré à Durazzo.

Son fils, Robert III, l'avait suivi à la croisade, où il se montra le compagnon dévoué de Richard. De retour en occident, il continua à lui être dévoué et résista aux entreprises de Philippe-Auguste.

Il mourut sans enfants, le 20 octobre 1204, et ses deux sœurs Amicie et Marguerite se partagèrent ses immenses possessions. Philippe-Auguste, qui venait de conquérir la Normandie, voulut avoir

Breteuil et conclut avec Amicie, femme de Simon de Montfort, un traité par lequel elle lui abandonnait le château de Breteuil en échange de celui de Saint-Léger-en-Yveline.

Cette châtellenie, où les rois de France, de Philippe-Auguste à Philippe VI de Valois, résidèrent plusieurs fois, fut cédée par Philippe VI à son fils puîné, Philippe, duc d'Orléans, puis, en 1354, par Jean II, à son gendre Charles, roi de Navarre et comte d'Évreux.

Après l'arrestation du roi de Navarre à Rouen, le 5 avril 1356, le duc de Lancastre, joignant ses forces à celles de Philippe de Navarre, se dirigea, en ravageant le pays, sur Breteuil, qu'il ravitailla. Mais le roi de France, Jean II, vint en personne assiéger la place. On voyait dans son armée, avec l'élite de la noblesse française, le comte de Douglas, Écossais, et Henri de Transtamare, bâtard de Castille, qui fuyait la colère de son frère, Pierre le Cruel. Froissart décrit ce siège, qui fut remarquable par l'emploi que les assiégés firent de l'artillerie. Avec leurs canons, ils démolirent un grand beffroi à trois étages porté sur des roues, et construit par ordre du roi Jean dans le but de dominer leurs remparts. Quand ils virent cette tour de bois s'écrouler dans le fossé, ils s'écrièrent : « Seigneurs Français, vous ne nous aurez point ainsi que vous cuidez. » Cependant, une somme d'argent leur ayant été offerte, ils consentirent à se retirer sur Cherbourg avec armes et bagages. Ensuite Jean le Bon alla se faire battre à Poitiers, le 19 septembre 1356 et, par le traité de Calais, qui fut signé le 24 octobre 1360, la châtellenie de Breteuil fut restituée à Charles de Navarre, dit le Mauvais.

Elle lui fut reprise, en 1372, par Duguesclin, puis lui fut rendue par le roi de France. Enfin, en 1378, Charles V, poussé à bout par les menées du roi de Navarre, envoya le comte d'Harcourt et Bureau de la Rivière pour s'emparer du château de Breteuil et le fit démanteler (1).

Aujourd'hui, il ne reste que l'emplacement de cette forteresse qui vit couler tant de sang, et Breteuil n'a pas d'autre monument ancien que son église, dédiée à saint Sulpice, évêque de Bourges, mort en 644. L'édifice est assez grand, et offre le type de l'architecture rustique des environs. L'appareil est en grison, sorte de poudingue très usité dans les vieilles constructions du pays d'Ouche, et qui n'admet guère l'emploi de la sculpture. Les bas-côtés de la nef font le tour du chœur et, à l'intersection du transept, s'élève une grosse tour carrée ornée d'arcatures romanes d'une grande simplicité (2). Cette tour offre les formes architectoniques du XIᵉ siècle, ce qui porte à supposer que l'incendie de 1138 l'a épargnée, tout en endommageant les autres parties de l'église, qui auraient été reconstruites au XIIᵉ siècle.

Grâce à son architecture sévère et à la couleur brune de ses matériaux, ce monument, sans s'imposer à l'admiration, ne manquait pas de caractère ; mais on a malencontreusement cherché à l'égayer, et l'abus du mortier, les enjolivements du portail et la restauration intérieure lui ont fait perdre beaucoup de son principal mérite.

JACQUES LESTRAMBE.

(1) ORDERIC VITAL. *Historia ecclesiastica*. — WACE. *Roman de Rou*. — FROISSART. *Chroniques*. — AUGUSTE LE PREVOST. *Mémoires et Notes pour servir à l'histoire du département de l'Eure*. — CHARPILLON ET CARESME. *Dictionnaire historique de toutes les communes du département de l'Eure*.

(2) Les fenêtres situées au-dessus des arcatures ont été bouchées, mais conservent leur colonnette médiane. Il y aurait peu de chose à faire pour rendre à ces baies leur aspect primitif.

TOUR DE L'ÉGLISE SAINT-GERMAIN, À RUGLES

Cliché de la Coll. des Monum. histor.   Lemale & Cie Edit. Havre   Héliog. P. Dujardin

L'ÉGLISE DE RUGLES

Rugles, petite ville de 1,700 âmes, succède à un établissement romain et borne aujourd'hui sa gloire à la fabrication et à la vente des épingles et des clous; mais au moyen âge Rugles, comme Breteuil, Damville, La Neuve-Lyre, Pacy, etc., avait un château-fort et des seigneurs belliqueux.

En 1377, le fief appartenait à Jean Le Veneur, qui était mineur et sous la garde du roi de Navarre à 40 francs par ans pour son vivre, suivant une quittance de 26 francs 13 sols 4 deniers donnée à Rugles, le 23 septembre 1377.

« Jean Le Veneur est qualifié seigneur de Rugles dans une autre quittance qu'il donna au receveur de Breteuil, de 13 livres 13 sols 4 deniers, pour les mois d'octobre, novembre, décembre et janvier derniers passés, qui lui étaient dus *à cause de son vivre pour son petit âge ;* elle est datée du 24 septembre 1378. Il en donna une troisième, le 20 octobre suivant, de 35 livres 6 sols 8 deniers, *pour cause de son vivre pour le petit âge auquel il était ci-devant,* que Pierre de Navarre, comte de Mortaing, fils et lieutenant du roi, avait fait monter à 60 livres par an, y compris 7 livres sur le four et ban de Rugles (1). »

Il paraît que ce châtelain manquait de soldats, car, devenu majeur, il voulut astreindre les habitants d'Ambenay, Marnière, Neauflès et la Vieille-Lyre à monter la garde à son château, mais ceux-ci refusèrent et obtinrent un jugement qui les dispensa de ce service.

Quelques années plus tard, la châtellenie appartint à un ministre de Charles VI, Jean Le Mercier, grand-maître de France, qui la transmit à son fils Charles, mort sans postérité en 1424. Catherine Le Mercier, sœur de Charles, lui succéda. Elle avait épousé un chevalier picard, Jean de Coustes, qui se distingua à la défense de Châteaudun et d'Harfleur en 1415. Pendant qu'il guerroyait ainsi au loin pour Charles VI, son château de Rugles se rendit aux Anglais.

Son fils Louis de Coustes, servit comme son père le roi de France et était à Chinon quand Jeanne d'Arc vint y trouver Charles VII. Louis de Coustes fut donné comme page à la vierge de Vaucouleurs et connu dès lors des gens de guerre sous le nom d'Imerguet, Menguet ou Mugot. Il accompagna la Pucelle à Orléans, à Jargeau, à Beaugency, puis à Tours, où elle alla prendre le roi pour le conduire à Troyes, à Châlons et enfin à Reims; où Charles VII fut couronné et sacré. Imerguet suivit ensuite Jeanne au siège de Paris, et y fut blessé. Après le supplice de l'héroïne, il fut entendu dans le procès de réhabilitation et témoigna des bonnes mœurs de Jeanne, de sa bonté, de sa sobriété et de son horreur pour le blasphème et l'impudicité.

Sa déposition se trouve *in integro* en latin dans l'ouvrage intitulé *Procès de condamnation et de réhabilitation de Jeanne d'Arc dite la Pucelle, publiés pour la première fois d'après des manuscrits*

(1) LE P. ANSELME, *Histoire généalogique de la maison de France.*

de la Bibliothèque royale, par Jules Quicherat, 1845. Elle a été traduite récemment par M. Joseph Fabre qui, de même que Jules Quicherat, désigne le témoin sous le nom de *Louis de Contes, écuyer, seigneur de Noyon et de Reugles.* Nous croyons cette orthographe erronée et nous présumons que le greffier a dû écrire *Coutes* pour *Coustes* et non *Contes;* mais il est facile, comme on le sait, de confondre les *u* et les *n* dans la lecture des manuscrits du XV° siècle. Quoi qu'il en soit, voici quelques passages de la déposition du sire de Rugles qui méritent d'être cités :

« A Orléans, rapporte Louis de Coustes, Jeanne était montée dans sa chambre pour y prendre du repos. Soudain elle descendit fort animée et me cria : « Ha, sanglant garçon, vous ne me disiez pas que le sang de France fût répandu ! » En même temps elle m'ordonna d'aller quérir son cheval. Pendant que j'y allais, elle se fit armer par la dame de la maison et sa fille. A mon retour, je la trouvai déjà armée. Elle me commanda d'aller chercher son étendard qui était resté dans sa chambre, et je le lui passai par la fenêtre. L'étendard une fois en sa main, elle partit au galop vers la porte de Bourgogne. « Courez après elle », me dit l'hôtesse. Ainsi fis-je. En route Jeanne rencontra quelques Français blessés, ce qui la fâcha beaucoup, puis elle se montra aux troupes qui l'acclamèrent, et surexcitées par sa présence s'emparèrent de la bastille de Saint-Loup.

« Un autre jour, à Beaugency, un Français qui conduisait quelques Anglais prisonniers, venait de frapper l'un d'eux à la tête si fortement que l'homme tomba comme mort. A cette vue, Jeanne descendit de cheval, et fit confesser l'Anglais, en lui soutenant la tête et en le consolant selon son pouvoir.

« Un autre jour encore, près de Château-Thierry, ayant aperçu, montée sur un cheval, une femme qui était la maîtresse d'un homme d'armes, elle se mit à la poursuivre, le glaive à la main. L'ayant atteinte elle ne la frappa point; mais elle l'avertit avec douceur et charité de ne plus se trouver dorénavant dans la compagnie des gens d'armes, sinon elle l'en ferait repentir.

« Jeanne avait, chaque nuit, autant que possible, une femme pour compagne de lit. Quand elle n'en pouvait trouver, elle couchait tout habillée et même armée, comme cela lui était arrivé à Blois, où elle fut fortement meurtrie par son armure. Bien des fois, en toute une journée, elle n'a mangé qu'un morceau de pain. Lorsqu'elle restait chez elle, elle mangeait seulement deux fois par jour. »

A l'époque où il faisait cette déposition, le 3 avril 1456, Louis de Coustes avait quarante-deux ans et était rentré en possession de son fief de Rugles, qui avait été repris aux Anglais, en 1449, par Dunois, le sénéchal de Gaucourt et autres, et qui se trouve ainsi décrit dans un aveu de 1455 :

« Du roy, nostre sire, au droit et regard de la chastelenie de Bretheuil, Louys de Coutes, écuyer, tient et adveue à tenir nuement et sans moyen, par foy et hommage, le fief, terre et seigneurie de Rugles, assis au bailliage d'Évreux, en la viconté du lieu de Bretheuil, en la sergenterie de Lire, le quel fief, terre et seigneurie de Rugles, est ung fief de haubert entier, tenu noblement à court et usaige, en basse justice seulement, qui se relièvc par quinze livres de plain relief, toutes fois que le cas eschiet, et est subgiet en garde en temps de minorité, selon la coutume du pays de Normendie, et du quel fief le chief est assis en la parroisse du dit lieu de Rugles, et se estent en la dite parroisse et ès parroisses de Notre-Dame de Rugles, d'Ambenay et illec environ, et est ledit chief ung chastel assis jouxte la ville du dit lieu de Rugles, et joingnant à icelle, clos de murs, de tours et de fossés, et y a une basse court semblablement close et environnée de fossés, dedens la quele basse court a ung coulombier, et auprès du dit chastel est une garenne en la quele il a des connins, et si y a une eaue et deux jardins; le tout en ung tenant, contenant trois acres de terre ou environ. Les quelz chastel, basse court, coulombier, garenne, jardins et autres choses dessus dites sont pour le propre domaine du dit escuier, et pevent ou pourroient valoir par communes années dix livres tournois de revenue ou environ. »

Antoinette, fille de Gauthier de Coustes, porta la châtellenie de Rugles à Jacques de Poysieu, baron d'Anglure, d'une famille du Dauphiné. Michel de Poysieu, leur fils et successeur, prit pour femme Catherine d'O, et celle-ci lui donna une fille, Diane-Renée; mais à la mort de son mari, elle conserva le domaine de Rugles et épousa en secondes noces Robert de la Vieuville, qui prit le titre de seigneur de Rugles.

Pendant les guerres de la Ligue, le duc de Montpensier, lieutenant-général pour le roi en Normandie, avait fait démolir le château et la grosse tour, et Robert de la Vieuville demanda inutilement une indemnité.

Sa belle-fille, Renée-Diane de Poysieu, femme de René du Plessis-Châtillon, devint châtelaine de Rugles vers 1612, et laissa cette terre à son fils André, marquis du Plessis-Châtillon. Celui-ci établit à Rugles une forge et un fourneau, et son fils Pierre du Plessis-Châtillon commença vers 1688 la construction du château moderne.

Ensuite viennent César-Antoine Ier du Plessis-Châtillon, mort en 1714 et inhumé dans l'église Saint-Germain de Rugles, et César-Antoine II du Plessis-Châtillon, qui parvint à réunir en sa possession les fiefs de Rugles, Bailli, Bois-Arnaut, l'Écureuil et Massei et à les faire ériger en comté de Rugles. Ce dernier eut pour héritière sa cousine Marie-Félicité du Plessis-Châtillon, femme de Bernard, comte de Narbonne-Pelet. Puis la série des seigneurs de Rugles fut interrompue par la Révolution (1).

Cette localité avait autrefois deux églises : Notre-Dame d'outre-l'eau et Saint-Germain. Notre-Dame, où l'on remarque des parties fort anciennes, a été transformée en une fabrique de tonneaux et de caisses d'emballage. Saint-Germain, aujourd'hui seule église paroissiale, a une petite nef qui paraît dater du XIIIe siècle, un portail qui offre l'ornementation du milieu du XVIe siècle, et une tour construite du temps de Gauthier de Coustes, c'est-à-dire dans les dernières années du XVe siècle, et vraiment digne d'une cathédrale, mais malheureusement accolée à des pauvretés architecturales, comme la porte voisine, entourée d'un encadrement de briques et surmontée d'une fenêtre en forme de cœur. Cette tour, flanquée de contreforts terminés par des pyramides à crochets, est décorée extérieurement de statues et chargée, depuis la base jusqu'au faîte, de festons, de dentelles de pierre, en un mot de tous les ornements si variés du gothique fleuri. C'est incontestablement le plus beau monument du canton de Rugles.

Citons cependant encore aux environs le manoir de Mauny, à Ambenay, et les vestiges d'un ancien château à Rebais, sur le territoire des Bottereaux (les crapauds, la crapaudière, du vieux français *boterel*). On attribue à la famille Hericr, qui était originaire d'Écosse, la création du manoir fortifié de Mauny.

Le prieuré conventuel de religieuses de l'ordre de Fontevrault, établi à la Chaise-Dieu *(casa Dei)* en 1139, a en outre laissé des constructions assez importantes dans une ferme de la commune de ce nom. Mais que sont devenues les ruines du monastère de Notre-Dame-de-Lyre, fondé par Guillaume Fitz-Osbern, vers 1045, et dont les vastes bâtiments, situés sur les bords de la Risle, à mi-côte, offraient de loin l'apparence d'un village? De cette abbaye bénédictine, il ne reste qu'un livre mélancoliquement facétieux, *Les XV joyes du mariage*, attribué aujourd'hui au P. Guillaume Alexis, le bon moine de Lyre.

(1) Auguste Le Prévost. Notes.

Le nom de Lyre rappelle en outre un fameux exégète et théologien né, pour ainsi dire, à l'ombre du clocher de la célèbre abbaye, où pourtant il n'entra pas. Nicolas de Lyre, né en 1270, mort en 1340, fit en 1291 profession chez les Cordeliers de Verneuil. D'origine israélite, il savait très bien l'hébreu et fut en état d'écrire sur l'Ancien Testament des commentaires très estimés. « Il faut, dit Richard Simon, consulter Nicolas de Lyre aux endroits où il s'agit d'éclaircir les passages du Vieux Testament et les cérémonies de l'ancienne loi. Il surpasse en cela tous ceux qui ont commenté avant lui les Écritures; il ne réussit pas aussi bien dans les questions de philosophie et de théologie. » Il fut aussi un des auteurs qui fournirent de la copie à l'imprimerie encore au berceau, et son principal ouvrage, *Postillæ perpetuæ sive brevia commentaria in universa Biblia,* en cinq volumes in-folio, fit gémir, plus de cent trente ans après sa mort, les presses de Rome, de Cologne, de Nuremberg, de Venise, de Bâle, de Lyon, de Douai et d'Anvers.

Jacques Lestrambe.

ÉGLISE DE LA MADELEINE, À VERNEUIL.

L'ÉGLISE DE LA MADELEINE, A VERNEUIL

De loin, dans la plaine où Henri Ier, roi d'Angleterre et duc de Normandie, a tracé l'enceinte de la vieille et aristocratique petite ville de Verneuil, on aperçoit, se détachant sur l'horizon, parée de son double diadème de pierre, la silhouette de la tour de l'église de la Madeleine.

Elle domine de haut, — reine incontestée, — la ville dont elle est la gloire artistique ; et lorsqu'elle aura cédé le pas à la majestueuse Tour de Beurre de la cathédrale de Rouen, et peut-être à celle de l'abbaye de Saint-Ouen de la même ville, elle pourra affronter la comparaison avec les plus belles tours d'église que virent élever, à la fin du XVe siècle et au commencement du XVIe, non pas seulement la Normandie, mais même la France entière.

Et ce n'est pas un mince éloge ! On peut, en effet, penser, avec d'éminents esprits, — M. Renan entre autres, — que l'âge héroïque du style gothique fut le XIIIe siècle ; qu'il ne fit ensuite que déchoir, et qu'en vain la richesse de l'ornementation et la minutie des détails tentèrent de suppléer à la pureté des grandes lignes et à la noblesse de l'ensemble. — Sans se contredire, on a le droit de proclamer que l'art gothique expirant brilla, dans la construction des clochers et notamment des *Tours* d'église, d'un merveilleux éclat. C'est que là, par la force des choses, le défaut de lignes est moins choquant. Le fini des détails, le fouillis des sculptures et des dentelles de pierre peuvent s'épanouir à l'aise, sans nuire à l'ensemble ou pécher contre les règles de l'art.

* *

L'église de la Madeleine de Verneuil ne mérite qu'un rapide coup d'œil. Un porche insignifiant, plaqué, à la fin du XVIe siècle, sur toute la longueur de la façade, masque la nef, accompagnée de collatéraux, qui, ainsi que le transept, est construite en *grison* et doit dater des dernières années du XIIe siècle.

A noter seulement, à l'intérieur, les arcades en tiers-point, portées par de massives colonnes monocylindriques, qui mettent en communication la nef centrale et les bas-côtés. Ces arcades sont inscrites, deux par deux, dans un arc supérieur en plein cintre, au centre duquel s'ouvrait jadis une baie aujourd'hui aveugle. Contre celles des colonnes qui supportent la retombée de cet arc, est engagée profondément une autre colonne montant vers la toiture. Sans doute, cette colonne supportait les retombées d'une voûte sur *plan carré*, peut-être à nervures, comme celle que l'on voit encore dans la partie sud du transept (1).

(1) La voûte de la nef est moderne.

Le chœur a été reconstruit au XV⁰ ou au XVI⁰ siècle. Dans l'église on remarque quelques vitraux intéressants de la même époque, de vieilles statues de pierre, un tableau de Vanloo.

Dans une chapelle à gauche du chœur, aujourd'hui fermée, se trouve un modeste monument en marbre blanc, élevé à la mémoire de l'infortuné Louis de Frotté, chef des royalistes normands, fusillé à Verneuil le 18 février 1800. Ce monument est l'œuvre du célèbre David d'Angers. On lit, dans le beau livre de M. de la Sicotière : *Louis de Frotté et les Insurrections Normandes* (1), une curieuse lettre de l'artiste, relative à son œuvre (2).

C'est à droite du portail ouest de cette église, — hors œuvre, — que s'élève la magnifique tour que la *Normandie Monumentale* est heureuse de signaler, une fois de plus, aux artistes et aux archéologues.

Sur ses trois faces, ouest, sud et est, à partir du sol jusqu'à son couronnement, trois étages constituent les grandes lignes de sa décoration. Chacun d'eux se compose de deux baies, séparées par un contrefort central.

A l'étage inférieur : deux fenêtres ogivales trilobées, à profondes voussures, dont l'extérieure, contournée légèrement en accolade, se termine par une console supportant une statue. Trois autres statues, sur les plats des contreforts, forment, avec elles, une ligne de cinq.

Un léger cordon sépare cet étage de l'étage intermédiaire, de beaucoup le plus élevé. Il est occupé par deux immenses baies aveugles, à très profond ébrasement, à l'archivolte dentelée, sommées de deux arcs en accolade, dont la courbe, d'un trop grand rayon, se termine par un bouquet de feuillages. Cet effilement a quelque chose de mou et laisse trop de vide entre l'extrados des arcs et la corniche. En vain, à ce point de son œuvre, et comme pour racheter ce défaut, l'artiste a-t-il placé, sur les contreforts, six grandes statues posées deux par deux, et les a-t-il couronnées de dais pyramidaux qui pénètrent la galerie supérieure. Pour atténuer l'élévation disproportionnée de cet étage, il l'a heureusement coupé, dans sa hauteur, par un double cordon de feuillages et d'ornements profondément fouillés qui contournent les contreforts, s'enfoncent jusqu'à l'intérieur des baies aveugles et y mettent du mouvement. Somme toute, la profondeur des baies, le glacis prononcé de leur appui donnent à cet étage une opposition vigoureuse de lumière et d'ombre.

C'est, comme d'usage, pour l'étage supérieur qu'est réservée toute la richesse et, disons-le, toute la profusion de l'ornementation. Il repose sur une corniche en encorbellement, à plusieurs rangs d'arcatures et de feuillages de chicorée, supportant une galerie défendue par une balustrade d'un motif commun à cette époque, et que l'on retrouve, notamment, à la Tour de Beurre à Rouen. Les deux fenêtres y sont plus larges qu'aux étages inférieurs. Leurs archivoltes sont aussi plus ornées. Rien de plus gracieux que leurs feuillages découpés, que les roses détachées de la voussure extérieure. Les courbes et contrecourbes sont des plus harmonieuses. Les fenêtres sont divisées horizontalement en deux parties, la partie inférieure seule est ajourée. Toutes deux sont entièrement couvertes d'un réseau continu d'arcatures conçues dans un genre absolument différent pour chaque moitié de fenêtre.

Une balustrade, portée par une corniche plus simple que la précédente, termine cette partie de la tour et protège une terrasse d'où naît, en retrait notable, une couronne circulaire, à deux étages, couverte, à profusion, d'ornements à jour et d'arcatures (en accolade au premier

---

(1) Paris, Plon, 1889, 3 vol. in-8°.

(2) Louis Regnier. *Rapport sur les Publications historiques relatives au département de l'Eure, parues en 1889.* Bernay, 1890, in-8°, p. 48.

étage, à plein cintre au second), de dentelles.....;. le tout coupé de pinacles et de clochetons délicatement fouillés.

L'ordonnance de la partie carrée de la façade nord diffère assez sensiblement de celle des trois autres côtés. Cette différence tient à la tourelle d'escalier placée à droite de cette face. Chacun des deux étages qui dominent la nef ne comprend qu'une unique et plus large baie. Celle du deuxième étage montre, dans sa partie supérieure, un quadrillé en diagonale d'un aspect assez singulier. Bien plus étrange encore est, dans la corniche qui couronne cet étage, une ligne d'*oves*, qui jure avec tout le reste de l'ornementation, et que l'on est tenté d'attribuer à une réfection. La tourelle, nue dans sa partie supérieure, offre ensuite des arcatures d'une forme tourmentée qui rappellent celles de la tourelle centrale du Palais de Justice de Rouen, puis des panneaux d'un assez heureux effet, enfin d'effilés et toutes gracieuses dentelures de pierre.

Cette tour a été construite avec des pierres provenant des carrières d'Orvaux, près Évreux (1). Sa hauteur est de 66 mètres (2).

Si, après l'avoir étudiée en détail, nous jetons un coup d'œil sur son ensemble, nous remarquons, à première vue, que l'effet en est puissant. L'épaisseur de l'œuvre, les reliefs, les profondeurs, — supérieurs à ceux d'autres monuments, notamment des tours de Rouen que nous avons citées, — lui donnent quelque chose de vigoureux et aussi l'apparence, très désirable pour un monument, de dimensions plus grandes que celles qu'il a en réalité.

Nous avons déjà critiqué l'ordonnance du second étage ; nous signalerons encore quelque chose qui nous semble défectueux dans le couronnement. D'abord, la partie inférieure de cette couronne est peut-être un peu étroite pour le plan carré qui la supporte ? Ensuite, cette forme circulaire est-elle absolument heureuse ? La plupart des clochers ou tours d'église passent du carré à l'octogone (Tour de Beurre et tour de Saint-Ouen, à Rouen ; tours de la cathédrale de Toul, tour de Rodez ; clochers de Caudebec (Seine-Inférieure), de la cathédrale d'Anvers, etc., pour ne citer que des monuments à peu près contemporains).

Cette disposition a le mérite d'offrir des points de repos à l'œil de l'observateur et l'avantage d'obtenir des jeux de lumière et d'ombre.

L'architecte de Verneuil voulut peut-être innover. Est-ce la faute de l'idée ou celle de l'exécution ? Mais cette partie a quelque chose d'un peu maigre et d'un peu indécis.

*
* *

La statuaire est des plus intéressantes. Elle a un caractère mouvementé, fougueux, assez rare et original.

Décrire une à une ces statues serait, à la fois, superflu et difficile, vu le mauvais état de quelques-unes (3). Elles représentent des personnages de l'Ancien et du Nouveau Testament. Les poses contournées de certaines d'entre elles, leurs têtes trop grosses et d'une expression forcée, leur

---

(1) Charpillon. *Dictionnaire historique de toutes les communes du département de l'Eure.* Les Andelys, 1869, in-4°, t. II, p. 965.

(2) *Dictionnaire des communes du département de l'Eure.* Évreux, Hérissey, 1879, in-8°, v° Verneuil.

(3) La description de ces statues et leur détermination ont été faites, peut-être avec un peu trop de hardiesse, dans une brochure intitulée : *Archæologie, ou description de la tour Sainte-Magdeleine de la ville de Verneuil (Eure)*, par Paul Duchêne ; chez les principaux libraires et chez l'éditeur ; 1869, in-12.

donnent un air de vie exubérante et quelque chose d'un peu fantastique. Signalons, entre autres, Ève, Caïn et Abel, quelques sibyles ou prophétesses, etc.

Dans la sculpture d'ornement, on retrouve toutes les qualités et aussi tous les défauts de l'époque. Les qualités ; — savoir : la perfection séduisante du rendu, la merveilleuse souplesse de l'outil qui, à Verneuil, est allé fouiller et refouiller plus profondément qu'ailleurs l'intérieur de la pierre, tellement que ces ornements semblent tenir à peine au monument et que l'on s'étonne presque de ne pas voir ces frêles découpures frémir au moindre vent. Mais, d'autre part, ces formes tourmentées et ces ondulations capricieuses, on l'a très bien dit, ne sont pas aussi lisibles à distance que les beaux fleurons et les bandeaux de feuillages à limbes grassement traités des époques précédentes. Ces ajourages tréflés et quadrilobés, ces nervures striées comme des troncs d'arbres, ces bandeaux dans lesquels une quantité de bestioles grouillent sous les pampres et parmi les ronces finement détachées, présentent, néanmoins, un spectacle très amusant, où l'imagier a dépensé infiniment d'esprit et de talent. La vigne et ses brindilles ne sont pas assez compliquées pour les habiles de ce temps ; le houx, le chardon, les épines, les algues aux tissus bulbeux deviennent leurs thèmes favoris, le choux surtout : le plus frisé, le plus recroquevillé est choisi pour orner les culs-de-lampe et les crosses de l'ogive, et s'étaler rayonnant et vainqueur à son sommet, en manière de souverain de tous ces végétaux contournés. Le moindre tort de cette sculpture si refouillée est de donner asile à la poussière, aux insectes, — surtout aux oiseaux, qui y établissent leurs nids dans les creux et les empâtent de leurs ordures, — et enfin de se détruire assez promptement sous l'influence des climats pluvieux (1). De là, sur la tour de la Madeleine, ces longues lacunes que l'on remarque dans les bandeaux d'ornements, effrités, corrodés par ces causes multiples et qui semblent le placage tombé, par ci par là, d'un meuble de marqueterie.

*
* *

L'aspect seul de la tour de la Madeleine suffirait pour la faire dater du premier tiers du XVIe siècle.

Les renseignements historiques confirment les conjectures de l'archéologie. Un historien de Verneuil, qui avait, sans doute, consulté des documents originaux que nous avons recherchés en vain, dit qu'elle a été édifiée entre 1506 et 1530 (2). Mais il nous apprend encore une particularité qui présente un grand intérêt, parce qu'elle semble offrir un exemple de la propagation et de la diffusion de l'art.

Arthur Fillon, natif de Verneuil et mort évêque de Senlis en 1526, n'étant encore que chanoine, avait, dit-il, donné à l'église de la Madeleine 9,500 livres « pour venir en ayde à l'édification du grant clocher d'ycelle églize (3) ». Or une note sur la vie d'Arthur Fillon est, ici, nécessaire.

Docteur en théologie, auteur d'ouvrages jadis estimés, l'un des meilleurs orateurs de son temps, maintes fois député du clergé aux États provinciaux de la Normandie, chargé de défendre

---

(1) Lechevallier-Chevignard. *Les styles Français*. Paris, Librairies-Imprimeries réunies, 1892, petit in-8°, p. 108-109.

(2) Guilmeth. *Histoire de Verneuil*, 2e édition, 1836, in-8°, p. 31.

L'auteur avait dit, dans la première rédaction de sa notice sur Verneuil (*Mémoires de l'Académie Ébroïcienne*, année 1834, Louviers, s. d., in-8°, 1re partie, p. 215), qu'il a eu communication de quelques pièces fort curieuses faisant partie des papiers d'un ecclésiastique qui avait habité longtemps Verneuil.

(3) Id. *Ibid.*, p. 33.

les intérêts de la province devant le roi de France (1), Arthur Fillon passa la plus grande partie de sa vie dans la ville de Rouen.

En 1506, il est vicaire général du cardinal d'Amboise et curé de la paroisse Saint-Maclou de Rouen (2). L'année suivante, il y est reçu à un canonicat (3). Il conserva ces fonctions et dignités jusqu'au moment de sa promotion à l'évêché de Senlis (4).

Rouen était alors dans toute l'effervescence d'un mouvement artistique et architectural auquel on doit des chefs-d'œuvre. On achevait le couronnement de la Tour de Beurre de la cathédrale (1507); et l'on commençait la réédification du grand portail (même année) (5).

Les travaux de construction du magnifique Palais de Justice étaient en pleine activité (6). L'église Saint-Maclou, dont Arthur Fillon était curé, était l'objet de travaux d'achèvement; il allait en voir célébrer la consécration (7).

En face d'un tel élan, demeura-t-il indifférent ? Fut-il un spéculateur froid et désintéressé des expressions multiples d'un art qu'il n'admirait ni ne comprenait ?

Non pas ! Nous avons des preuves nombreuses de ses goûts et de ses sympathies artistiques.

Presque immédiatement après sa réception à un canonicat de Rouen, il donne, conjointement avec d'autres chanoines, l'aigle qui décorait le pupitre de la cathédrale (8). Vers 1511, il figure dans les registres capitulaires comme l'un des donateurs de six *images* de saints destinées à orner le portail de Saint-Romain de la cathédrale (9). Cette même année, le chapitre lui confie, en même temps qu'à un autre chanoine, la mission d'examiner si le monument projeté à la mémoire du premier cardinal d'Amboise ne causera aucun préjudice à la chapelle de la Vierge, et de s'entendre, à ce sujet, avec les ouvriers (10). Après l'incendie de la flèche de la cathédrale (4 octobre 1514), lors de la grande procession qui a pour but de remercier Dieu d'avoir préservé la ville d'un embrasement général et aussi de solliciter les dons des fidèles pour réparer ce désastre, c'est Arthur Fillon qui est chargé de prendre la parole. Il prêche aussi d'exemple, et offre « trente écus d'or, huit ducats, six coupes d'argent du poids de dix-huit marcs, et six gondoles aussi d'argent » (11).

En 1518, il commande au hucher Nicolas Castille un buffet d'orgue, du prix de 250 livres, pour son église Saint-Maclou (12).

En 1520, il fait une fondation en faveur de cette église (13); et, lors de sa dédicace, il contribue à un don de chappes de damas rouge (14).

C'était donc un esprit que devaient toucher, — que touchaient, en réalité, — les choses artistiques.

<hr>

(1) Dom Pommeraye. *Histoire de l'église cathédrale de Rouen*. Rouen, 1686, in-4°, p. 27, 252, 281.

(2) *Inventaire sommaire des archives départementales de la Seine-Inférieure*, par Ch. de Beaurepaire; archives ecclésiastiques. Série G. Paris, Paul Dupont, 1868, in-4°, t. I. Introduction, p. 27. — Id.; t. II : G. 2147.

Antérieurement, il était chanoine d'Évreux; et, le 16 juin 1505, les habitants de Verneuil et Guillaume Postel le présentaient au prieuré de l'Hôtel-Dieu de Verneuil. (Charpillon, *Dictionnaire historique*..... *de l'Eure*, t. II, p. 966.)

(3) *Inventaire des archives de la Seine-Inférieure*, G. 2147.

(4) *Gallia Christiana*, Paris, 1751, in-f°, t. X, col. 1439.

(5) Abbé Cochet. *Répertoire archéologique du département de la Seine-Inférieure*. Paris, Imprimerie nationale, 1871, in-4°, col. 417, 420.

(6) Id. *Ibid.*, col. 450.

(7) Ouin Lacroix. *Histoire de l'église et paroisse de Saint-Maclou de Rouen*. Rouen, 1846, in-8°, p. 12.

(8) C'est ce que constatait une inscription datée du 15 octobre 1508. — A. Fallue. *Histoire de l'église métropolitaine et du diocèse de Rouen*. Rouen, 1850, in-8°, t. III, p. 57.

(9) *Inventaire des archives de la Seine-Inférieure*, G. 2554.

(10) A. Fallue. *Histoire de l'église métropolitaine de Rouen*, t. III, p. 69.

(11) Dom Pommeraye. *Histoire de l'église cathédrale de Rouen*, p. 27, 28.

(12) Ouin Lacroix. *Histoire de l'église Saint-Maclou*, p. 67.

(13) *Inventaire des archives de la Seine-Inférieure*, G. 6873.

(14) Id. *Ibid.*, G. 6881.

Bien qu'il ne fût pas encore évêque, il était, déjà, par sa situation, une illustration de sa petite ville natale.

Il en était, en tous cas, de beaucoup, le plus riche bienfaiteur, puisqu'il lui avait donné 9,5oo livres pour la construction du clocher de la Madeleine.

Cherchons, en effet, à résoudre ce problème si complexe et si délicat qui consiste à savoir ce que représenterait aujourd'hui cette somme. En appliquant à sa solution les règles et les bases généralement adoptées pour la double évaluation : 1° du poids intrinsèque en argent de la livre tournois, 2° du rapport entre le pouvoir ancien de l'argent et son pouvoir actuel, nous trouvons que ces 9,5oo livres équivaudraient à une somme actuelle de 237,5oo francs environ (1).

Toutes ces raisons devaient, ce nous semble, donner à Arthur Fillon une part prépondérante dans l'adoption du dessin de la tour et aussi, sans doute, dans le choix de l'architecte.

Or, d'une part, la vie de cet enfant de Verneuil s'écoula, en partie, au pied de la Tour de Beurre de la cathédrale de Rouen; d'autre part, la tour de la Madeleine de Verneuil nous paraît manifestement inspirée de sa grande aînée.

Nous ne saurions dire si c'est l'architecte qui avait achevé la Tour de Beurre qui dessina celle de la Madeleine. Mais la filiation nous apparaît certaine : — dans l'aspect général, — dans l'ordonnance des étages, la disposition identique des contreforts et la distribution de la statuaire, — et, surtout, dans le mode de couronnement.

Au moyen âge, à cette époque encore, l'architecte, le *maître des œuvres,* ne jouissait point d'une indépendance absolue. Il ne pouvait se laisser emporter arbitrairement par la fantaisie de son imagination. Un monument, c'était l'honneur d'une ville ! c'était, en partie, l'œuvre des habitants, dont l'argent subvenait à la dépense. Les habitants étaient donc consultés sur l'adoption du plan et du dessin. A Rouen, pendant sept années, on venait de discuter longuement sur le dessin de la Tour de Beurre (2). *L'aiguille* en pierre ne régnait plus, incontestée, comme dans les siècles précédents. Comment terminer la tour ? En *aiguille,* en *pavillon,* ou en *terrasse ?* Trois plans avaient été soumis au chapitre, aux experts et aux bourgeois. L'incertitude avait duré longtemps. L'aiguille avait été enfin décidément adoptée en 15o5; mais un dernier revirement faisait choisir la forme en terrasse ou couronne que l'on voit aujourd'hui (3).

C'était donc seulement après de longs débats que la question avait été jugée. A notre avis, l'exemple de la grande capitale de la Normandie, le radieux et magnifique résultat obtenu après tant de perplexités durent déterminer, sans hésitation, à décorer d'une couronne analogue la tour que l'on allait élever à Verneuil.

On a dit (4) que cette tour avait d'abord été menée jusqu'aux hautes galeries seulement, et qu'elle n'avait été achevée que longtemps plus tard, par les soins et deniers de Claude de Saintes, évêque d'Évreux de 1575 à 1591. A première vue, ce ne serait pas impossible. Il est constant qu'à la fin du XVIe siècle et même encore au XVIIe, certaines constructions commencées dans le style gothique ont été intentionnellement terminées dans le même style. Mais nous croyons que cela ne s'est pas produit à Verneuil. En effet, au haut de la tourelle d'escalier, la porte d'accès

---

(1) Voir à ce sujet : C. LEBER. *Essai sur l'appréciation de la fortune privée au moyen âge;* 2e édition. Paris, Guillaumin, 1847, in-8°, p. 22-23; tableaux *passim,* et notamment p. 104. Dans ces tableaux divers, l'auteur porte à 24 francs et quelques centimes la puissance actuelle de la livre tournois; mais considérant ailleurs (p. 104), à un point de vue général, la valeur relative du *revenu,* il estime qu'un revenu de 5,000 livres, durant le premier quart du XVIe siècle, équivaudrait, à l'époque où il écrivait, à un revenu de 135,000 francs : ce qui porterait la livre à 27 francs. Nous avons adopté pour notre calcul le chiffre de 25 francs.

(2) A. DEVILLE. *Revue des architectes de la cathédrale de Rouen, jusqu'à la fin du XVIe siècle.* Rouen, 1848, gr. in-8°, p. 45.

(3) ID. *Ibid.,* p. 45, 47. — *Inventaire des archives de la Seine-Inférieure,* G. 2147.

(4) CHARPILLON. *Dictionnaire historique. . . . . de l'Eure,* t. II, p. 965.

sur la terrasse, porte qui a été manifestement refaite, présente tous les caractères du style de la Renaissance le plus accentué : chambranle plat, pilastres à arabesques et chapiteaux fantaisistes (1). Cette reprise évidente, conçue dans le style de la seconde moitié du XVIe siècle, n'établit-elle pas, invinciblement, que tout le reste était déjà construit antérieurement ?

Je me demande même si la tour n'était pas déjà achevée à la mort d'Arthur Fillon (août 1526). Voici pourquoi : nous nous sommes procuré une copie de son testament, daté du 19 août 1526, et conservé aux archives départementales de l'Oise (2), espérant y recueillir quelque indication sur les travaux de la tour de la Madeleine de Verneuil.

Le testateur n'y a pas, en effet, oublié sa ville natale. J'y lis une disposition intéressante en faveur du *maistre des escolles* (3); puis le don de son calice, de ses chandeliers, chopinettes et paix en argent à l'église de la Madeleine de Verneuil (4); et, immédiatement après : « Item, donne à la fabrique d'icelle église dix livres tournois pour une fois payer. »

C'est bien peu…, une aumône, un souvenir *de forme*, pour ainsi dire !

Malgré sa libéralité princière d'autrefois, n'eût-il pas fait plus, dans ce moment suprême, si la fabrique eût été dans les embarras d'une entreprise aussi importante, si elle eût eu besoin d'argent? Or, n'a-t-on pas toujours besoin d'argent lorsque l'on fait bâtir… et souvent même longtemps après ?… La tour devait donc être presque achevée.

*
*   *

Faut-il, enfin, aller plus loin, et voir, dans le futur évêque de Senlis, non seulement le généreux bienfaiteur, mais encore *l'architecte* même de la tour de la Madeleine?

« Artur Fillon, dit M. Bauchal dans son *Dictionnaire des architectes*, moine, puis évêque de Senlis, aurait donné les plans de l'église Saint-Martin de cette ville en 1494. On présume qu'il aurait aussi donné ceux de la tour de l'église de la Madeleine à Verneuil (5). » L'auteur renvoie à un ouvrage de M. de la Sicotière. Celui-ci, à son tour, a emprunté à un historien de Laigle (Orne), M. Vaugeois, le passage suivant, au sujet de l'église Saint-Martin de cette ville : « ….. Deux belles tours dans le voisinage, celle de Rugles et celle de la Madeleine à Verneuil, sont bâties exactement dans le même goût….. C'est peut-être au même architecte qu'on en doit le dessin. On peut d'autant mieux admettre cette conjecture que la tour de Verneuil est du même temps que la nôtre et que l'habile artiste qui l'a construite, Artur Fillon, depuis évêque de Senlis, était né dans cette dernière ville (6). »

(1) A côté se lit, sur deux lignes, cette inscription : THOMAS MENAGER 1589. Est-ce le nom de celui qui l'a faite ?

(2) *Archives départementales de l'Oise*, série G, n° 2174.

(3) « Et touchant mon héritaige de Verneul que j'ay acquis près l'Hôtel-Dieu, le tout comme il se comporte, ayant yssue sur troys rues, je le laisse et donne à mon nepveu maistre Raoul Fillon pour d'icelluy joyr après le décès de madite seur Thiennette, et ce, à la charge d'en faire après le dit décès la somme de vingt livres tournois de rente pour le maistre des escolles dudit Verneul à l'augmentation du don que j'y ay fait…, etc. »

(4) « Item, laisse mon calice, mes chandelliers, chopinettes et paix, le tout d'argent, à l'église de la Magdeleine de Verneul pour dire les messes que y ay fondées, lesquels seront gardez dedans un coffre que j'ay fait faire ou autre lieu seur, ou par mes parens estant audit lieu, et veulx qu'ils servent à l'église quant plaira au curé et vicaire en les rendant. »

(5) Ch. Bauchal. *Nouveau dictionnaire biographique et critique des architectes français*. Paris, 1887, gr. in-8°, p. 221.

(6) De la Sicotière et Poulet-Malassis. *Le département de l'Orne archéologique et pittoresque*. Laigle, 1845, in-f°; texte, p. 221.

M. Vaugeois, dans un travail sur Verneuil, inséré dans la *Revue trimestrielle du département de l'Eure*, de l'année 1835 (Pont-Audemer, 1835, in-8°, p. 327), avait aussi écrit que la tour de la Madeleine avait été « bâtie sur le plan donné par Artur Fillon….. » — Il est à noter que cet auteur parle, dans ce travail (p. 328), d'anciens documents dont quelques fragments lui ont été communiqués à Verneuil.

Arthur Fillon a-t-il été moine ? surtout a-t-il été architecte ? Nous l'ignorons.

Il était fils d'un lieutenant général du bailliage d'Évreux, originaire de Verneuil. Il avait dû naître vers 1468 (1). Nous n'avons, il est vrai, aucun renseignement sur lui jusqu'à sa trente-cinquième année, époque où nous le trouvons déjà chanoine d'Évreux. Avait-il, pendant cette première partie de son existence, étudié l'architecture ? Cela n'est pas impossible. Mais depuis, pendant les seize années au moins de son séjour à Rouen, comment n'aurions-nous pas de traces de ses œuvres architecturales ?

Et pourtant, il nous revient à la mémoire que, sur le côté est de la tour de la Madeleine, à gauche, un peu au-dessous de la corniche, se voit, sur une console, une petite statue représentant un personnage agenouillé, qui semble vêtu d'un costume ecclésiastique. C'est Arthur Fillon, alors chanoine, dit la tradition (2). Mais, si elle a raison, est-ce bien l'*architecte* qui, comme cela s'est vu, s'est représenté sur son œuvre ? N'est-ce point seulement le souvenir d'un donateur généreux ?

D'autre part, sur la face nord, la statue d'un guerrier, tenant d'une main une épée haute, de l'autre un objet brisé, est posée sur une console formée d'un écu fruste qui paraît sommé d'une croix dont les bras sont démesurément allongés et surmonté d'un chapeau d'évêque (3). Est-ce encore un souvenir d'Arthur Fillon ? Oserais-je, alors, me demander si ce guerrier ne serait pas Arthur, le chevalier de la *Table Ronde ?*

..... Mais les pierres ne parlent pas! La tour de la Madeleine n'a pas dit le nom de son architecte. Elle dresse seulement, haut vers le ciel, un splendide témoignage des goûts artistiques et des sentiments religieux de nos pères.

GUSTAVE-A. PREVOST.

(1) C'est ce qui résulte de son épitaphe rapportée dans *Gallia Christiana*. Paris, 1751, in-f°, t. X, col. 1440.

(2) VAUGEOIS. *Op.* et *loc. cit.*

(3) Une autre statue, celle de saint-Laurent, montre à ses pieds un écu où l'on reconnaît un chevron chargé d'une pièce, et accompagné de trois autres pièces 2 et 1, qui sont, peut-être, des dauphins.

ÉGLISE NOTRE-DAME, À VERNEUIL

L'ÉGLISE NOTRE-DAME, DE VERNEUIL

Verneuil est peut-être la seule ville du département de l'Eure dont on connaisse exactement l'origine. Elle fut fondée par Henri Ier, roi d'Angleterre, pour défendre, contre les rois de France, le duché de Normandie qui, de ce côté, se trouvait exposé à toutes les attaques. Une rivière, souvent à sec, l'Avre, était la limite des deux provinces et laissait le pays ouvert à l'ennemi. Le travail fut pressé avec vigueur : les fortifications, commencées en 1120, furent terminées en 1131, et Verneuil, grâce à ses larges remparts et à ses nombreuses tours, devint une place de premier ordre. Sa tour grise, toujours debout, était réputée inexpugnable.

Dans ces temps de guerre incessante, les populations voisines, pour se mettre à l'abri, vinrent en foule se réfugier dans l'enceinte de la nouvelle ville qui compta bientôt près de 30,000 habitants. Pour répondre aux besoins religieux de cette nombreuse population, sept églises s'élevèrent en même temps que les murs d'enceinte et les tours : la Madeleine, Notre-Dame, Saint-Jean, Saint-Laurent, Saint-Nicolas, Saint-Pierre et Saint-Jacques.

Avant la Révolution de 1789, bien que la population eût considérablement diminué, six paroisses existaient encore. Deux seulement furent conservées à l'époque du Concordat, la Madeleine et Notre-Dame.

L'église de cette dernière paroisse est celle qui offre le plus de traces des anciennes constructions. Bâtie avec la pierre du pays, le grison, que l'on trouvait en abondance presque à fleur du sol, elle avait, à son origine, comme toutes les églises de cette époque, une longue nef et un chœur relativement petit. Une tour centrale, assez basse et dont la partie inférieure subsiste dans son entier, la séparait du chœur et devait être, selon toute apparence, terminée par un clocher carré, percé vers le haut de fenêtres romanes.

Le chœur n'avait qu'une travée et se terminait par une abside ronde avec arcatures ogivales, celles que l'on voit aujourd'hui. Le chœur et la tour étaient seuls voûtés, ou plutôt deux coupoles ovoïdes les surmontaient. Celle du chœur est intacte, celle de la tour a beaucoup souffert ; elle a dû nécessairement être entamée pour monter le clocher, et un incendie, dont on voit les traces, l'a fortement endommagée au commencement du XVIIe siècle.

Ces deux voûtes ou coupoles sont très intéressantes ; des nervures, formées de deux gros tores, se croisent sous un dôme surexhaussé, dont les assises, au moins à en juger par ce que l'on voit extérieurement, sont horizontales et concentriques, en allant se rétrécir graduellement jusqu'au sommet de la voûte. Y aurait-il quelque invraisemblance à rattacher ou à comparer ce système de voûtes avec les constructions similaires angevines dont Henri II, d'Angleterre, nous a laissé les types dans ces coupoles nervées, bâties la plupart de 1160 à 1170 ? Ce qui est certain, c'est que le style

Plantagenet, qui associait la coupole périgourdine à ces nervures croisées, ne se confina pas en Anjou seulement. Sans nul doute, l'influence anglaise a dû être prépondérante à Verneuil pendant cette même période.

Le déambulatoire de l'église Notre-Dame est particulièrement remarquable, et c'est peut-être l'une des parties les plus architecturales de ce monument. Dans son ensemble et ses proportions (à part l'époque de sa construction), il fait songer à la crypte des gros piliers, au Mont Saint-Michel. Il est vraiment surprenant de produire, avec des éléments aussi simples, un effet si imposant.

Quant à la nef de cette église, elle n'a jamais eu de voûte en pierre, car elle ne présente aucune trace de contreforts, que nécessite la poussée d'une voûte. Cette nef, longue et étroite, reposait sur de lourds piliers et était accompagnée de bas-côtés, étroits aussi, mais ne servant que de passage pour les processions et pour l'entrée dans la nef. Ces bas-côtés, qui se prolongeaient tout autour du chœur, avaient des voûtes à arêtes. Elles existent encore en partie et ont été restaurées telles qu'elles étaient autrefois, du moins dans le déambulatoire qui entoure le chœur.

Rien de plus simple que ce plan primitif et, malgré les embellissements et les adjonctions du XVe et du XVIe siècle, nous ne pouvons nous empêcher de le regretter.

Les fonts de baptême, vraisemblablement plus anciens que l'église, paraissent remonter au XIe siècle. Ils sont de forme ronde et taillés dans un bloc de pierre aussi dure que le granit. Douze arcatures romanes en font le tour.

Au XVe siècle, l'église perdit sa forme primitive : deux chapelles furent d'abord construites à droite et à gauche du chœur. Ces agrandissements ne parurent pas suffisants : on prit deux travées de la nef pour construire un large transept entre la nef et la tour. Toute la nef, d'après ce nouveau plan, devait être abattue et relevée dans les proportions du transept, comme l'attestent les pierres d'attente et les murs inachevés que l'on voit à l'extérieur; mais les guerres continuelles entre Anglais et Français et celles de la Ligue mirent obstacle à ce plan grandiose.

Le XVe siècle n'avait point vu terminer le transept; la partie sud était seule voûtée. Il était réservé au siècle suivant de compléter ce travail. C'est à cette époque que Notre-Dame vit s'élever les voûtes merveilleuses du côté nord et du milieu du transept, dont la délicate ornementation et les riches pendentifs peuvent rivaliser avec les voûtes renommées du chœur de Tillières : elles ont cet avantage que les sujets en sont purement religieux; malheureusement, la grande élévation ne permet pas d'en admirer tous les détails. C'est incontestablement le plus beau travail artistique qui soit dans Verneuil. Il a été exécuté, dit-on, par l'école de Jean Goujon; en tout cas, il ferait honneur au maître.

Notre-Dame de Verneuil doit à ce même siècle, le XVIe, le plus grand nombre des statues qui font sa principale richesse, entre autres saint Chrystophe, saint Denys, Notre-Dame-de-Pitié, saint Joseph, saint Martin, sainte Suzanne, saint Fiacre. Nous connaissons peu d'églises dans la contrée qui nous offrent autant de statues d'un travail si achevé. Chacune d'elles mériterait une mention spéciale. Nous nous contenterons de les signaler aux amateurs de belle sculpture. On a retrouvé dans les archives de la paroisse le nom d'un des sculpteurs, appelés alors imagiers, Gabriel Lhoste. Il était originaire de la paroisse et y tenait une école de sculpture; ce qui nous explique la présence, dans quelques églises des environs, de statues d'un grand mérite. Gabriel Lhoste vivait au milieu de ce même siècle.

En 1603, le feu du ciel tomba sur l'ancien clocher et le réduisit en cendres. Tous les paroissiens se cotisèrent pour remplacer l'ancienne toiture carrée par l'élégant clocher que nous voyons aujourd'hui. Dans ces derniers temps, ce clocher a été enrichi d'ornements en plomb martelé d'un heureux effet.

Au siècle dernier, on eut la malheureuse idée de remplacer l'ancien portail en grison par le détestable portail en briques, qui choque tant les regards ; et, pour faire ce hideux travail, on a raccourci l'église de deux travées, de sorte que, aujourd'hui, la nef, évidemment trop courte, ne répond plus aux autres parties de l'édifice.

Quoi qu'il en soit, cette église de Notre-Dame, toute simple qu'elle est, a vraiment un aspect monumental qui frappe dès l'abord. Les différentes parties de cet édifice, bien que construites à différentes époques, forment un ensemble harmonieux, et, quand on entre dans le détail de son ornementation, on est surtout frappé du nombre et de la richesse de ses grandes statues, que pourraient envier bien des cathédrales.

Puisque nous parlons des remarquables statues qui ornent cette église, peut-être n'est-il pas hors de propos d'en signaler quelques-unes, plus dignes de fixer l'attention.

C'est d'abord le saint Christophe qui se trouve à droite à l'entrée du chœur. Cette statue, qui mesure 2 m. 55 cent. de hauteur, est d'une expression saisissante. Le gigantesque passager, le bâton à la main, traverse la rivière et se détourne pour parler au petit enfant si lourd qu'il a chargé sur ses épaules. Il paraît plier sous le poids. L'Enfant Jésus, la main bénissante, est revêtu d'une large robe aux plis savamment drapés ; sa figure est d'une douceur exquise ; ses cheveux longs et crépus rappellent les anges du XVIe siècle. Le nom du saint, en majuscules fleuronnées, est gravé sur la frange du bas de sa tunique. Dans un lointain, à côté, le saint, devenu cénobite, est représenté près de son ermitage ; sur la figure amaigrie du vieillard, on retrouve les traits puissants de l'ancien passager.

De l'autre côté du chœur, et aussi à l'entrée, se dresse une autre grande statue, non moins remarquable, saint Denys, patron de la ville de Verneuil. Ce saint, il est vrai, ne tient point, comme le veut la tradition, sa tête coupée entre les mains, mais il est impossible d'y voir un autre personnage que saint Denys. L'imagier, plus réaliste que ses devanciers, a pensé qu'une statue sans tête serait trop disgracieuse : aussi s'est-il contenté de représenter son saint Denys, le crâne fendu ; les mains se portent à la tête pour la soutenir ; une vive douleur est peinte sur le visage du martyr, mais rien de grimaçant. Une ample chasuble, avec orfrois brodés et rehaussés de fleurs de lis, laisse voir la tunicelle garnie d'effilés. Le vêtement qui retombe sur les pieds en marche, est admirablement compris. Le sculpteur, par ignorance ou par mégarde, a mis le manipule au bras droit ; mais cette faute de rubrique n'enlève rien au mérite de l'œuvre.

Une statue de moyenne grandeur, près de l'autel de la Sainte-Vierge, due, selon toute apparence, au même ciseau, attire justement l'attention, Notre-Dame-de-Pitié. La Sainte-Vierge tient sur ses genoux le corps inanimé de son fils ; insensible à tout ce qui se passe autour d'elle, elle a les yeux attachés sur son précieux dépôt. On devine tout ce que ce cœur maternel renferme d'angoisse et l'on se sent ému par tant de souffrances. Peut-être le corps de Jésus, dépouillé de ses vêtements, n'a-t-il pas assez de moelleux, mais on ne pouvait demander mieux à des artistes qui n'étudiaient pas le nu. D'ailleurs, les proportions sont bien gardées et la rigidité de la mort peut expliquer cette raideur.

Il y a, dans la chapelle de Saint-Joseph, une statue de ce saint patriarche qui est un vrai trésor archéologique. Chaque siècle a eu son genre de dévotion, et si l'on peut dire du nôtre qu'il a le culte de saint Joseph, dans le moyen âge il n'en était pas ainsi. On représentait saint

Joseph avec la Sainte-Famille, mais jamais seul. Cette statue a donc au moins le mérite de la rareté. Elle en a d'autres encore : Saint Joseph, en habit d'ouvrier, la sacoche attachée à la ceinture, tient un sceptre que l'Enfant Jésus lui présente. Il est coiffé à la Tudor; un manteau jeté sur ses épaules est relevé sur les bras et forme les plis les plus gracieux. La figure imberbe respire la douceur et la bonté : un enfant ne peut qu'être attiré par ces dehors de bienveillance. Il y a loin de cette statue aux saints Joseph modernes, drapés à la romaine et dont la figure à convention ne dit rien. Ah! que nos pères avaient un autre sentiment de l'imagerie! Comme leur foi savait donner à chaque saint l'expression propre! L'Enfant Jésus qui accompagne saint Joseph n'a pas la même valeur artistique : bien que tout petit, il a les traits d'un homme; mais il n'est là que pour faire comprendre la mission de son père adoptif.

Nous aurions encore à signaler parmi tant d'autres les statues rangées en hémicycle au fond de l'abside, notamment un saint Martin et une sainte Suzanne. Seulement il est regrettable qu'elles soient si haut placées, car elles gagneraient beaucoup à être vues de plus près, tandis que l'on perd à cette distance des détails extrêmement curieux.

En résumé, il n'y a point de médiocrité dans les statues de cette église, et toutes peuvent soutenir les regards les plus difficiles. C'est à l'honneur de l'école d'imagiers qui florissait au moyen âge dans cette ville de Verneuil, autrefois si importante et aujourd'hui modeste chef-lieu de canton.

L'Abbé Dubois.

ANCIENNE ÉGLISE SAINT-JEAN, À VERNEUIL.

L'ANCIENNE ÉGLISE SAINT-JEAN, A VERNEUIL

L'ancienne église Saint-Jean mérite d'être citée après la Madeleine et Notre-Dame. Comme ses sœurs, elle date du XII° siècle et conserve des parties en grison qui témoignent de son antiquité. Comme elles aussi, elle a d'autres parties appartenant au gothique fleuri. Sa jolie tour, dont la base est de la fin du XV° siècle et le sommet du XVI° siècle, est éclairée par des fenêtres géminées, dont l'archivolte est ornée de feuillages découpés et épanouis en panaches. Le portail, qui est de même style que la tour, offre une grande ogive, deux niches surmontées d'arcs en accolade et les mêmes ornements sculptés. L'ensemble est loin de manquer d'élégance, bien que l'œil soit choqué de quelques lacunes et de certaines vulgarités. Ainsi le chœur a été abattu et ailleurs des pierres ont été remplacées par des briquetages. Des fenêtres rectangulaires très modernes ont été percées dans l'ogive du portail. Les quatre statues qui décoraient jadis la façade ont disparu. Enfin la tour est coiffée d'un chapeau d'ardoises d'un effet assez médiocre. Sur ce toit s'élève une lanterne polygonale, où se voyait autrefois un télégraphe aérien.

La pauvre église, aujourd'hui transformée en halle aux grains, ressemble à une noble damoiselle qui, réduite à accepter pour vivre des fonctions utilitaires, vaquerait à ses occupations en robe reprisée et avec les restes d'une parure désormais inutile, mais sans perdre la fierté de son port de tête et sans oublier les pompes de sa jeunesse.

D'autres monuments religieux de Verneuil ont disparu avant qu'on ait songé à en conserver le souvenir, ou n'ont pas été jugés dignes des honneurs de l'héliogravure.

Saint-Jacques a été démoli à l'époque révolutionnaire.

Saint-Pierre vient de l'être également, après avoir longtemps servi de grange.

Saint-Laurent, dont on voit les restes près de la Tour Grise, est maintenant un atelier de carrosserie. Le chœur n'existe plus; mais le portail, construit au XV° et au XVI° siècle, a des parties curieuses, notamment les deux portes. La tour passe pour avoir été très belle, mais on n'en voit plus que les premières assises.

Près de là se trouvait, avant la Révolution, l'église des Cordeliers. Ces religieux étaient depuis longtemps à Verneuil, et leur couvent fut fondé en 1315. Ils ont compté parmi eux Nicolas de Lyre, dont le portrait orne aujourd'hui la sacristie de Notre-Dame. Un autre membre de l'ordre, le R. P. de Guillerville, est l'auteur d'un sermon publié à Caen en 1628 sur les actions de grâces rendues, chaque année, dans la ville de Dreux, pour la victoire remportée en 1562 par l'armée de Charles IX sur les calvinistes.

Saint-Nicolas appartient depuis 1627 aux religieuses Bénédictines, appelées à Verneuil par Charlotte de Hautemer, comtesse de Grancey, veuve de Pierre Rouxel de Médavy, gouverneur de la ville et du château de Verneuil, qui avait rendu la place à Henri IV et, en récompense de ce service facile, avait été nommé bailli d'Évreux. Messire François de Péricard, évêque d'Évreux, ne consentit à la fondation de ce couvent que sous la condition que la fondatrice donnerait une de ses filles pour en être supérieure, et Guyonne-Scholastique de Rouxel de Médavy, âgée de dix-neuf ans, fut désignée pour remplir cette charge difficile. Malgré sa jeunesse, elle s'en acquitta si bien que huit ans après le couvent fut érigé en abbaye, et qu'une multitude de filles, attirées par la bonté et la sagesse de Madame Guyonne de Médavy, préférèrent cette petite abbaye nouvelle et mal accommodée aux plus illustres de la province. Charlotte de Hautemer voulut, avant de mourir, recevoir des mains de sa fille l'habit de saint Benoît et fut inhumée dans un caveau de l'église des religieuses. Messire François de Péricard, qui avait pris une large part à l'établissement de l'abbaye, n'oublia pas non plus à sa mort les Bénédictines de Verneuil et leur légua son cœur (1654).

Guyonne-Scholastique de Rouxel de Médavy mourut le 31 décembre 1669. Sa biographie se trouve dans les *Éloges de plusieurs personnes illustres en piété de l'ordre de Saint-Benoist décédées en ces derniers siècles*, par Jacqueline Bouette de Blémur.

« Cette excellente abbesse, y est-il dit, ne s'est jamais relâchée de sa première ferveur ; la fidélité fut sa compagne indivisible ; elle coucha toujours sur la paille comme les autres religieuses ; elle porta les chemises de serge et garda les jeûnes de la Règle de Saint-Benoist indispensablement ; ses habits estoient de grosse étoffe, filée dans le monastère ; elle avoit en horreur toute singularité ; elle servoit au refectoir, à la cuisine, à l'infirmerie avec une charité incroyable ; elle ne manquoit point un jour la semaine, pendant le caresme, de destiner tout son loisir à servir et consoler les malades ; elle leur portoit à manger ; elle preparoit leurs remèdes, jusqu'à celles qui avoient la dissenterie, le pourpre et la petite verole, et parce qu'on s'opposoit à l'excez de sa charité, elle attendoit que la communauté fût en oraison, quittant ainsi Dieu pour Dieu ; mais ce qu'elle avoit perdu de ce sacré commerce pendant le jour, elle le recouvroit la nuit après matines, demeurant à l'église au lieu de s'aller reposer.

« Monsieur de Maupas, evesque d'Évreux, prononça son oraison funèbre et tira des larmes des yeux de toute l'assistance. »

A Guyonne de Rouxel de Médavy succédèrent : sa nièce Marie-Bernarde de Rouxel de Médavy (1669-1705) ; Marie-Anne Rousselet de Château-Reynaud, fille du maréchal de France du même nom (1705-1719), et Jeanne-Catherine des Acres, dite Madame de Laigle. Cette dernière obtint du roi, en 1739, la réunion à son abbaye des monastères de Pacy et de Saint-Antoine du Pont-de-l'Arche, à qui leurs faibles ressources ne permettaient plus de se maintenir.

Après Madame de Laigle, Madame d'Héricy eut la direction de l'abbaye de Verneuil, jusqu'à la loi des 13-19 février 1790 qui abolit en France les vœux monastiques. Les religieuses durent alors quitter leur monastère, qui fut transformé d'abord en prison, puis en hospice. Après la Révolution, elles firent la classe aux enfants pauvres. Reconnues officiellement par le décret du 14 octobre 1810, elles rentrèrent dans leur abbaye, et continuèrent néanmoins à desservir l'hospice, établi dans un autre endroit. Aujourd'hui elles ont cessé leur service d'hospitalières et sont toutes cloîtrées.

L'ancienne église paroissiale de Saint-Nicolas est toujours leur chapelle. La nef, qui date du XIIe siècle, a été défigurée ; mais le chœur, qui est du XVe siècle, est bien conservé.

JACQUES LESTRAMBE.

LA TOUR GRISE

ET LES ANCIENNES FORTIFICATIONS DE VERNEUIL

Les anciennes fortifications de Verneuil, aujourd'hui détruites en grande partie, et le donjon, communément appelé Tour Grise, sont de curieuses constructions du moyen âge et ont été classés parmi les monuments historiques.

La Tour Grise, située de l'autre côté de la rivière d'Avre, est entièrement construite en grison. Bâti sur d'énormes fondations, ce donjon, parfaitement rond, s'élève à 25 mètres. Il a reçu récemment un couronnement dont on souhaiterait la disparition, mais qui cependant ne l'a pas trop endommagé. La Tour Grise avait autrefois une grande mouvance et était le chef-lieu d'une partie du Perche, qu'on nommait la Terre démembrée.

Les anciens remparts de Verneuil ont été transformés en jolies promenades, qui font le tour de la ville. Au sud-ouest, des allées plantées de tilleuls dominent des prairies, et des sapinières ombragent les fossés. Cet aspect idyllique ne peut faire oublier que la guerre a souvent grondé autour de ces remparts et que bien du sang a été versé pour leur possession.

*
* *

Verneuil a été construit par le duc de Normandie Henri Iᵉʳ Beauclerc, entre les années 1119 et 1131. La ville comprenait, outre le château, trois enceintes, séparées l'une de l'autre par une muraille et un fossé, mais communiquant entre elles. Pour compléter la défense, un canal, prenant naissance à Bourth, conduisait l'eau de l'Iton dans les fossés de Verneuil.

Cette place ne fut pas attaquée du vivant de son fondateur; mais en 1135, l'année même de la mort de Henri Beauclerc, elle fut prise et brûlée par son neveu Geofroy Plantagenet, comte d'Anjou, qui disputait la Normandie à Étienne de Blois.

Sous Henri II Plantagenet, elle fut assiégée deux fois par le roi de France Louis VII, en 1168 et en 1173. La première fois, l'envahisseur brûla les faubourgs. La seconde fois, il fut repoussé par Jean, comte de Vendôme. Ce fut à la suite du premier de ces deux sièges que Henri Plantagenet fit creuser les longs fossés qui passaient par Chennebrun, Verneuil, Tillières et Nonancourt et furent appelés les Fossés du Roi. En 1177, il se trouvait à Verneuil et fit réparer sous ses yeux les murailles et les forts.

*
* *

Le siège suivant est un épisode de la lutte qui s'engagea entre Philippe-Auguste et Richard Cœur de Lion à leur retour de la Terre Sainte.

Le duc de Normandie et roi d'Angleterre, Richard Cœur de Lion, revenant de Palestine, avait été jeté par une tempête, entre Aquilée et Venise, sur les terres d'un neveu du marquis de Monferrat dont on l'accusait, sans aucune preuve, d'avoir causé la mort. Il se cacha sous un costume de pèlerin et résolut de traverser ainsi l'Allemagne; mais, reconnu dans le village d'Erperg, aux environs de Vienne, il y devint le prisonnier de Léopold, duc d'Autriche, que pendant le siège d'Acre il avait traité de la manière la plus injurieuse. Quelques jours après, il fut livré par Léopold, moyennant la somme de soixante mille livres, à l'empereur Henri VI. Celui-ci ayant, du chef de sa femme, des droits légitimes à la couronne de Sicile, regardait comme son ennemi Richard, allié de l'usurpateur Tancrède, et pendant plus d'une année il le retint captif à Mayence, à Worms et dans le château de Trifels, en Tyrol.

Pendant ce temps, le frère du roi d'Angleterre, Jean, comte de Mortain, qui était resté en Europe, profitait de l'absence du Cœur de Lion et se rendait maître de plusieurs places en Angleterre, en Irlande et en Normandie. Philippe-Auguste crut avantageux de traiter avec Jean pendant la captivité de Richard. Il lui promit de l'aider à mettre sur sa tête la couronne d'Angleterre, à condition qu'il lui restituerait Gisors et le Vexin normand, et qu'Évreux et Verneuil seraient réunis à la France. Jean y consentit et fit hommage au roi de France de la Normandie et de tous les autres États qu'il possédait en deçà de la mer.

Philippe, en même temps, envoya en Allemagne déclarer à Richard qu'il ne le reconnaissait plus pour son vassal. Le Cœur de Lion, piqué de cette offense, songea à finir promptement son affaire avec l'empereur et acheta sa liberté au prix de cent mille marcs de pur argent. On discuta cinq mois pour fixer les conditions du rachat. Lorsqu'elles furent réglées, Philippe-Auguste écrivit au comte de Mortain, son complice : « Tenez-vous sur vos gardes, le diable est déchaîné. » Ils offrirent tous deux à Henri VI cent cinquante mille marcs d'argent pour qu'il retînt Richard en prison, mais leur proposition fut rejetée avec mépris, et le 13 mars 1194 Richard débarquait dans son royaume à Sandwich. Il assembla aussitôt les évêques, les abbés, les principaux du clergé, qui déclarèrent le comte de Mortain déchu de tous les domaines qu'il possédait en Angleterre et l'excommunièrent avec tous ceux qui avaient eu part à ses déloyales entreprises.

Richard tourna ensuite ses pensées du côté de la Normandie, y passa avec une flotte de cent vaisseaux, et marcha du côté de Verneuil, que le roi de France assiégeait depuis dix-huit jours.

« Pendant ce temps, dit Guillaume Le Breton, les habitants de Verneuil, race infiniment méchante et accoutumée à provoquer les Français avec la langue, avaient, sur la porte même du château, peint la figure de Philippe, armé d'une massue, et ne cessaient d'accabler de leurs insultantes railleries cette image muette d'un homme vivant. »

Jean de Mortain résolut alors de se réconcilier avec son frère et, si l'on en croit le même auteur, pour mériter son pardon, il ourdit une noire perfidie. Le roi de France avait déjà Évreux par un accommodement qu'il avait fait avec le comte de Mortain, contre les intentions de Simon de Montfort, qui en était seigneur. Il avait laissé cette ville à Jean et s'était seulement réservé le château, où il avait mis une garnison française. Jean invita à un festin tous les chevaliers et servants d'armes qui se trouvaient à Évreux, à l'exception d'un petit nombre que le hasard fit demeurer dans la citadelle. « Les Français ayant déposé leurs armes, le prince, après les avoir tous rassemblés dans une même maison, où ils croyaient se réunir pour dîner, appelle tout à coup, du sein de leur retraite, ses Anglais armés, et enveloppe trois cents hommes dans un même massacre. Puis, ayant fait attacher leurs têtes à des piques brûlantes, il les promène tout autour de la ville (1). » C'est ainsi que le comte de Mortain annonçait à son frère son intention de rompre avec le roi de France.

Celui-ci était sur le point d'emporter Verneuil. Déjà la brèche était à moitié faite quand on lui annonça la perfidie de Jean et la révolte d'Évreux. Profondément irrité, il partit secrètement dès la nuit suivante pour Évreux avec une partie de ses troupes, résolu à se venger sur cette ville de l'injure qu'il avait reçue et de la mort de ses officiers. Il surprit la ville le jour de la Pentecôte, tua tous les Anglais et tous les bourgeois, n'épargna ni le sexe ni l'âge, mit le feu à tous les coins de la ville, détruisit les églises et emporta les reliques des saints.

Avant qu'il fût de retour de cette sanglante expédition, les troupes laissées devant Verneuil s'émurent de l'approche de Richard, qui était déjà à Laigle, levèrent précipitamment leurs tentes, abandonnèrent machines, bagages et munitions et prirent la fuite. Elles furent poursuivies par les assiégés, qui firent un butin considérable, et le Cœur de Lion entra à Verneuil aux acclamations de la multitude.

En 1202, Jean, qui avait succédé à son frère, se trouvait à Verneuil et fit augmenter les moyens de défense de la place qui n'ouvrit ses portes à Philippe-Auguste qu'après la reddition de Rouen. Le roi de France ne garda pas rancune à la ville de cette longue résistance et lui accorda une charte communale.

*
* *

La ville de Verneuil, cédée en 1335 par Philippe VI de Valois au comte d'Alençon, fit partie des domaines de ce dernier jusqu'en 1458, mais elle passa plusieurs fois sous la domination étrangère.

Elle fut prise par les Anglais en 1356 et en 1417.

« Le jeudi 17 août 1424, dit Philippe Le Brasseur (2), le duc d'Alençon, le comte d'Aumale, le comte de Touraine, le connétable d'Écosse, le vicomte de Narbonne, plusieurs barons, chevaliers et gentilshommes de Normandie et autres des royaumes de France et d'Écosse, ayant sçu que le duc de Bethford (3), avec une armée de dix mille hommes, avoit mis le siége devant le château d'Ivry, vinrent avec six ou sept mille combattants dans l'espérance de faire lever ce siége. Mais à leur arrivée, ayant vû la situation du camp des Anglois, et qu'il n'y avait nul moyen d'attaquer leurs retranchements, ils portèrent leurs pensées du côté de Verneuil, qui était presque sans défense et avec une fort petite garnison. Ils ne se furent pas plûtôt présentés devant la place, que les bourgeois ouvrirent volontiers les portes de la ville au duc d'Alençon, qui en étoit le seigneur, et la petite garnison angloise qui étoit dedans se rendit sans faire la moindre résistance.

« Cette nouvelle vint aux oreilles du duc de Bethford, qui en fut indigné ; et toutes réflexions faites, il crut qu'il étoit de son honneur de reprendre cette ville avant que les François s'y fussent fortifiez. Il lève donc le siége de devant Ivry, s'avance à Verneuil, et se range en bataille proche de cette ville, vis-à-vis des François, qui se disposoient de leur côté au combat. Les deux armées en vinrent aux mains sur les trois heures après midi. On se chargea vigoureusement de part et d'autre, et, après deux ou trois heures de combat, les François, étant en plus petit nombre, furent entiè-

(1) Rigord raconte aussi ce massacre, mais sans l'imputer au prince Jean.
(2) *Histoire du comté d'Évreux*, chap. XXXV.
(3) Bedford.

rement défaits malgré la valeur et la bravoure qu'ils firent paroître. La plûpart furent tués sur le champ de bataille, les autres en reculant furent culbutez et noyez dans le fossé. Le connétable d'Écosse, le comte de Touraine, le comte d'Aumale, le comte d'Uglas (1), le vicomte de Narbonne et plusieurs autres seigneurs furent tuez sur la place. Le duc d'Alençon et le maréchal de La Fayette furent faits prisonniers de guerre. Les Anglois, maîtres du champ de bataille, entrèrent dans la place par la poterne du château et démontèrent dans la ville trois ou quatre cents François qui sortirent en désordre. On trouva sur le champ, après la bataille, environ 4,500 François et plus de 3,000 Anglois. »

Verneuil fut repris en 1449. « Un meusnier (2) qui avoit son moulin contre les murs de cette ville, fut battu par un Anglois parce qu'il dormoit, faisant le guet. Indigné de ce mauvais traitement, il résolut de livrer la place aux François. Comme il étoit connu du bailli d'Évreux, il l'alla trouver, et lui promit, après certaines conditions faites entr'eux, de lui livrer un passage pour entrer dans la ville. En même temps Pierre de Brézé, qui depuis fut sénéchal de Normandie, le bailli d'Évreux et quelques autres officiers s'abouchèrent et se rendirent tous ensemble, le 19 de juillet au point du jour, au pied du mur de ladite ville, jusqu'à ce que ceux qui faisoient le guet ce jour-là furent descendus du château pour aller promptement entendre la messe, parce que c'étoit un dimanche. Si-tôt qu'ils furent partis, les François conduits par ce meusnier dressèrent leurs échelles devant le moulin, et escaladèrent sans aucun danger les murailles de la ville, où il y avoit en tout cent cinquante Anglois, dont les uns furent tuez ou pris, et les autres se retirèrent dans la Tour Grise et dans le château, qui fut attaqué vaillamment et défendu de même : à la fin cependant il fut pris d'assaut. »

Le roi de France fit son entrée à Verneuil le 27 août 1449, accompagné des évêques d'Auxerre, d'Évreux et de Lisieux.

Le 10 octobre 1458, une conspiration du duc d'Alençon, auquel la ville et le château de Verneuil avaient été donnés en apanage, fournit à Charles VII l'occasion de les lui reprendre.

*
* *

En 1590, la ville tenait pour la Ligue. Henri IV la prit. Les ligueurs la reprirent. Enfin le gouverneur Pierre de Rouxel de Médavy la rendit au roi qui, en récompense, le nomma bailli d'Évreux.

En 1773, Verneuil fit partie de l'apanage du comte de Provence, depuis Louis XVIII. Le 21 juin 1786, Louis XVI, accompagné du prince de Poix et des ducs de Villequier et de Coigny, ne fit que traverser la ville pour se rendre à Cherbourg; mais le 5 août 1830, Charles X, sur le chemin de l'exil, s'y arrêta et y passa la nuit chez un des notables habitants, le chevalier Leber. Se rappela-t-il que trente ans auparavant, dans un champ situé à quelques centaines de mètres des fortifications, Louis de Frotté, le comte Du Verdun, le marquis de Saint-Florent, Martin Hudeline d'Héricourt et trois autres chauds partisans de la légitimité étaient tombés sous les balles des soldats de Bonaparte ?

JACQUES LESTRAMBE.

(1) Le comte de Douglas.
(2) Il se nommait Jean Bertin, et l'on conserve son portrait à l'Hôtel de Ville.

MAISON ANCIENNE, À VERNEUIL.

Cliché Paul Robert

Lemale & Cie Edit. Havre

Héliog. P. Dujardin

MAISON ANCIENNE, À VERNEUIL.

Eure

Pl. N° 15

MAISONS ANCIENNES, A VERNEUIL

Verneuil est une des petites villes les plus intéressantes de la Normandie. Elle eut autrefois, dans les guerres du moyen âge, une grande importance militaire; ce fut plus tard une cité aristocratique où la noblesse normande et percheronne des alentours avait ses hôtels, ses maisons d'hiver. Privée aujourd'hui de tout mouvement, elle conserve du moins un grand intérêt pour les curieux du passé. Nous n'avons à parler ici ni de sa Tour grise, ni de ses édifices religieux dont quelques-uns font, dans cette publication même, l'objet de notices spéciales. Notre rôle se borne à étudier deux vieilles maisons de Verneuil qui appartiennent à l'époque de transition entre le moyen âge et la Renaissance. Ces deux maisons, qui tranchent sur les constructions à pans de bois si nombreuses en Normandie et en particulier à Verneuil, sont des spécimens rares de l'ancienne architecture de la France. Elles offrent l'une et l'autre un intérêt de premier ordre par la charmante impression qu'elles donnent au touriste archéologue et par les importantes questions architectoniques que soulève leur examen.

L'impression, nous allons la demander à un artiste, habile à la description primesautière comme au croquis instantané (1). Il nous montrera d'abord « le plus joli coin de Verneuil, le carrefour de la rue du Canon (avec la rue de la Madeleine) en haut d'une pente. A l'angle de la rue, à côté de vieux bâtiments à pans de bois, s'élève une maison superbe et bien conservée de la fin du XV° siècle, développant sur la place une façade en damier, de pierres, briques et silex, c'est-à-dire en carrés alternativement blancs, noirs et rougeâtres, sur lesquels s'ouvrent de belles fenêtres surmontées d'accolades sculptées de feuillages et petites figurines grotesques. Sur la rue descendante, la maison présente son large pignon, également en damier, auquel s'accroche une très élégante tourelle polygonale à deux étages, décorée de sculptures et d'accolades aiguës, et coiffée d'un joli toit brandissant un épi de plomb. » La seconde maison, aujourd'hui déchue, est beaucoup moins bien conservée : le pignon seul, sur la rue du Pont-aux-Chèvres, est échiqueté de pierres et de briques; le mur goutterot présente une façade blanche (sur la rue Notre-Dame) souvent remaniée. On y retrouve encore « les restes d'une corniche ornementée sous le toit, avec une grosse gargouille en forme d'oiseau fantastique ». Mais ce qui fait tout l'intérêt actuel de cette maison, c'est, à l'encoignure, la tourelle en encorbellement. « Cette seconde tourelle serait plus jolie que la première si elle n'était par malheur bien abîmée, bien dégradée. » Elle est, comme l'autre, à pans coupés et à deux étages, mais beaucoup plus ornée. « Les fenêtres du premier étage sont décorées de sculptures et d'accolades trilobées très ouvragées, festonnées de feuillages frisés délicatement traités. Il n'y a pas (à l'étage en question) un pouce carré de cette charmante tourelle qui ne soit décoré de fines sculptures aujourd'hui rongées plus ou moins. Sous les bandeaux d'appui des fenêtres aux ornements gothiques, s'encadrent

(1) ROBIDA. *La Vieille France.*

des bas-reliefs, un peu frustes, où commencent les rinceaux de la Renaissance ; le panneau plein entre les fenêtres est divisé en damier dont chaque carré de pierre est orné d'un petit motif sculpté. L'étage supérieur a été remanié. Au sommet se lit une inscription gravée, presque effacée : « Donne ton cœur « à Dieu. » La voici exactement, avec son rébus et les initiales qui la terminent :

DONNE

TON ♥

A. DIEU

* P. A.

Quand, après ce premier coup d'œil, on réfléchit sur les caractères communs aux deux maisons et qu'on cherche dans son souvenir des édifices de comparaison, on en arrive à conclure, comme un historien de Verneuil (1), « qu'elles sont uniques dans leur style et qu'aucune ville de la Normandie, ni peut-être même de la France entière, n'en peut montrer de pareilles ». Si les édifices civils de la Renaissance ne sont pas rares dans notre province, le nombre des constructions gothiques est, au contraire, extrêmement limité. Nous ne parlons pas des monuments religieux, qui abondent; et il en est de tous les styles, depuis le roman jusqu'au jésuite, en passant par les variétés de l'art ogival et les différentes adaptations des ordres antiques. Il est vrai que l'art gothique nous a donné le merveilleux Palais de Justice de Rouen, — l'ancien Échiquier de Normandie, — qui est le chant du cygne de l'architecture civile du moyen âge (2); que le palais épiscopal et le beffroi d'Évreux, parfaitement conservés, sont de la fin du XV° siècle. Mais nous avons surtout en vue les habitations particulières, et, pour saisir tout l'intérêt des maisons de Verneuil, il convient de faire ici une distinction entre les maisons des *commerciers* ou marchands, celles des riches bourgeois et les maisons nobles ou hôtels. Ayant à parler de deux constructions urbaines, nous laissons de côté les édifices ruraux : châteaux, manoirs et logis. En Normandie, les maisons du XV° siècle sont encore nombreuses, mais elles appartiennent presque toutes à la première catégorie. Construites pour des marchands ou de petits bourgeois, elles ont souvent pignon sur rue et elles sont toutes à pans de bois, les étages étant avancés en encorbellement et la toiture en tuiles toujours très élevée. Il en est de fort jolies, avec des sculptures aux poteaux corniers et autres poutres des colombages : piliers, poitrails, sablières, jambages, goussets, charpente apparente dont les intervalles sont fermés par du torchis ou du bloc avec crépi de plâtre, ou bien imbriqués, c'est-à-dire remplis par une maçonnerie élégante, parfois recouverte de pièces de faïence ou de bas-reliefs en terre cuite. Sans aller à Rouen, à Lisieux ou à Caen, qui possèdent toute une collection de maisons à pans de bois, on peut en voir plusieurs à Verneuil même : celle de la rue des Tanneries est remarquable par ses sculptures, dans un excellent état de conservation. On s'explique que ce mode de construction ait été le plus répandu dans un pays comme la Normandie, qui produisait du bois en abondance. « On n'abandonna pas pour cela l'usage du moellon, du silex et de la brique, matériaux plus durables, mais d'un prix plus élevé au double point de vue du prix de revient et de la main-d'œuvre. L'évêché d'Évreux et les maisons à tourelles, de Verneuil, pour ne citer que des exemples empruntés aux constructions civiles du département de l'Eure, établissent nettement quelles différences considérables séparaient, sous le rapport des matériaux et des systèmes de construction, les palais et les habitations des seigneurs ou

(1) Camille Le Chat. *Histoire de Verneuil*, 1888.

(2) Pour l'architecture religieuse, on pourrait en dire autant du portail nord de la cathédrale d'Évreux. — Voir dans *La Normandie Monumentale* la notice de M. l'abbé Fossey. Voir aussi la *Renaissance en France*, de M. Palustre.

des riches bourgeois des maisons plus modestes où le bois, le torchis et le blocage de menu moellon étaient employés (1). » Les maisons de Verneuil furent-elles bâties pour des seigneurs ou pour de riches bourgeois ? M. Corroyer va nous répondre, en établissant nettement la distinction entre ces deux autres catégories de constructions. « Pendant le XVᵉ siècle (et surtout pendant le siècle suivant), on éleva de grandes habitations, des *maisons nobles* qui n'existaient guère avant ce temps, les seigneurs habitant leurs châteaux-forteresses. Ces grandes maisons seigneuriales diffèrent essentiellement des habitations du bourgeois : l'hôtel occupait un espace assez étendu, comprenant des cours et souvent des jardins ; la maison du bourgeois (comme celle du marchand) donnait directement sur la rue (2). » C'est le cas des deux maisons qui nous occupent ; non seulement elles ont pignon sur rue, mais il est à remarquer que toutes deux sont à des encoignures, comme si leurs propriétaires avaient tenu à montrer deux façades, ce qui était un moyen non seulement d'avoir vue sur le dehors par un plus grand nombre d'ouvertures, mais aussi d'affirmer et de déployer en quelque sorte sa richesse. Les nobles, ayant d'autres façons de satisfaire leur vanité (girouettes, panonceaux, écussons, etc.) et étant moins mêlés à la vie communale, se souvenaient d'ailleurs de la disposition de leurs châteaux en édifiant leurs hôtels sur les trois côtés d'une cour intérieure, dont le quatrième, bordant la rue, était réservé aux communs qui, à gauche et à droite de la grande porte, formaient devant l'habitation une sorte de défense.

Il existe encore un certain nombre d'hôtels de cette époque ; quelques-uns, comme celui des abbés de Cluny à Paris, sont des merveilles d'art. Mais combien rares les maisons des riches bourgeois ! Il faut penser d'abord qu'à cette époque, surtout dans les petites villes comme Verneuil, il y avait peu de bourgeois assez riches et assez puissants pour oser entreprendre des constructions de cette importance. Et puis, s'il en fut élevé çà et là de semblables à la fin du moyen âge, les héritiers ou les acquéreurs au XVIIᵉ siècle durent les démolir, les trouvant peu confortables et d'un goût barbare, — gothiques en un mot, — pour les remplacer par des bâtiments du style Louis XIV, sans autre caractère que, suivant l'expression de Viollet-le-Duc, « un ennui majestueux ».

Maintenant que nous avons assigné à nos deux maisons leur physionomie générale et leur destination primitive, nous allons essayer de déterminer leurs dates d'une façon plus précise, par l'étude — d'un intérêt d'ailleurs intrinsèque — de leur structure et de leur décoration.

Quels sont les éléments de ce qu'on pourrait appeler leur personnalité architectonique ? C'est d'abord l'appareil de construction, puis la forme des ouvertures, les sculptures d'ornementation et la tourelle en encorbellement. Voilà, du moins, pour l'extérieur. L'intérieur, que nous examinerons ensuite, nous fournira aussi quelques indications. La maison de la rue du Canon présente son mur goutterot et son pignon, tous deux en damier, avec cette particularité assez rare qu'il n'y figure pas seulement deux sortes de carrés : pierre et silex ou pierre et brique, mais qu'on y trouve à la fois la pierre, la brique et le silex. C'est d'un aspect agréablement varié, très chaud à l'œil. Les briques sont de mince épaisseur, presque comme des tuiles, et placées horizontalement l'une sur l'autre. Le caillou est du silex noir ou *biset*, taillé et jointif. Ce silex, que l'on extrayait des carrières de marne, fut fréquemment employé avec la pierre, à partir du XIVᵉ siècle, dans la construction des églises et des manoirs de la Haute-Normandie, d'abord par assises régulières, puis en damier, principalement au XVIᵉ siècle (3). Les *maisons* en damier sont rares dans notre pays. Nous en connaissons une autre à Bernay, moins ancienne : « ..... l'Abbatiale, construction de la fin du XVIᵉ ou du commencement

(1) G. Bourbon. *Vieilles maisons d'Évreux* (*Almanach du département de l'Eure*, 1892).

(2) Corroyer. *L'Architecture gothique*.

(3) Congrès archéologique de France, 1889 ; 7ᵉ question, note de l'abbé Porée.

du XVIIe siècle, intéressante par ses façades échiquetées d'argent et de gueules, ou, pour être plus clair, en damier de pierres blanches et de briques (1). »

« C'est à partir du XVIe siècle surtout, dit M. de Caumont, que la brique fut employée concurremment avec la pierre dans la maçonnerie (2). « Un des précurseurs de l'école normande d'archéologie, M. Delaquérière, exprime la même opinion. » La brique, dit-il (3), très en vogue sous les Romains, se trouva presque abandonnée (au moyen âge), du moins dans la partie de la France que nous habitons; mais aux XVIe et XVIIe siècles, elle reprit faveur et on la vit reparaître avec éclat, souvent mélangée à la pierre avec laquelle elle formait des compartiments variés. »

Nous allons voir pourtant, par la forme des ouvertures et par l'ornementation, que la maison de la rue du Canon est certainement antérieure au siècle de François Ier. Il faudra en conclure que l'emploi de la brique, surtout en damier, ne s'étant généralisé qu'à l'époque de la Renaissance, cette maison purement gothique fut une des premières que l'on construisit avec le mélange des matériaux dont nous avons indiqué la nature et la disposition.

A la fin du XIVe siècle, apparaît dans les constructions civiles une nouvelle forme d'arcatures. Jusqu'alors l'architecture civile et militaire avait été tributaire de l'architecture religieuse : l'ogive des cloîtres et des églises se retrouvait dans les châteaux et les maisons même les plus modestes. Mais, dès l'époque indiquée plus haut, un mouvement séculier se produit, qui s'accentue pendant tout le XVe siècle : l'arc ogival est remplacé dans les édifices civils par des arcatures surbaissées, en anse de panier ou carrées, que surmontent souvent des accolades et qu'accompagnent des contreforts avec pinacles en application, ornements empruntés encore à l'art religieux. Ajoutons que cette innovation dans la forme des ouvertures passa des palais, châteaux et maisons aux monastères et aux églises, et qu'elle constitue un des caractères du style ogival tertiaire ou flamboyant.

On remarquera que, dans la maison que nous étudions, les fenêtres du rez-de-chaussée, ainsi que la porte, sont couronnées d'un arc surbaissé et sans aucun ornement. Peut-être ont-elles été remaniées; peut-être aussi le premier propriétaire a-t-il réservé volontairement tout son luxe de décoration pour l'étage au-dessus, qui était mieux protégé contre les dégradations volontaires ou accidentelles. Il n'y a, en effet, d'intéressant ici que les fenêtres du premier étage. Une lucarne de charpente perce le toit, mais elle est sans intérêt, et nous ne la mentionnons que pour rappeler la merveilleuse élégance de certaines lucarnes de pierre, construites surtout au temps de Louis XII, et souvent reliées, comme au Palais de Justice de Rouen, par des balustrades à jour richement sculptées. Mais si les fenêtres à l'unique étage de cette maison sont les seules qui doivent retenir notre regard, au moins ont-elles tout le charme d'ornementation susceptible de captiver nos yeux. Pour terminer ce que nous avons à dire de leur structure, nous ferons remarquer que deux d'entre elles sont divisées par des *meneaux* prismatiques, montants et traverses de pierre se coupant à angle droit et qui remplacent les réseaux, les panneaux ajourés à trilobes et à redents des fenêtres ogivales. Le nom vulgaire de « croisées » donné aux fenêtres nous vient de ce croisement des meneaux (4). Le nombre des meneaux ou croisillons était variable, et nous voyons ici notamment la largeur des fenêtres et leur division défier toute symétrie. Une seule présente un meneau vertical, s'élevant perpendiculairement entre l'allège et le linteau.

---

(1) Lottin de Laval. *Bernay et son arrondissement*. Souvenirs et notices historiques et archéologiques. 1 vol. Bernay, Mlles Lefèvre, 1890.

Si les maisons de ce genre sont rares dans les villes, en revanche on trouve en Normandie un certain nombre de *manoirs* construits en damier. La plupart ont été décrits dans le *Bulletin monumental* de la Société Française d'Archéologie, dans l'*Annuaire* de l'Association Normande ou dans d'autres publications. Notons simplement ici des vestiges intéressants qui, croyons-nous, n'ont pas encore été signalés : l'ancien manoir de Cambolle, à Évreux, montre encore un peu de mur extérieur échiqueté de pierre et de silex, percé d'une grande porte dont l'arcature est en anse de panier, et d'une poterne cintrée.

(2) *Abécédaire ou rudiment d'archéologie*. (Architectures civile et militaire.)

(3) *Description historique des maisons de Rouen*, 1821. Introduction.

(4) Batissier. *Histoire de l'art monumental.*

Pour la sculpture, l'architecture civile du XV⁰ siècle est restée la vassale de l'architecture religieuse, et nous allons trouver dans la décoration de ces fenêtres les mêmes motifs que dans les monuments religieux de l'époque ogivale tertiaire. Ce n'est pas sans raison que ce style, appelé surtout flamboyant, a reçu aussi le nom de fleuri. On voit, dans les fenêtres que nous observons, que l'extrados des accolades est garni de *choux,* sortes de crosses formées de feuilles de chou frisé ou de chardon, et que ces accolades sont couronnées par un bouquet épanoui de feuillages semblables. La décoration végétale y joue donc un rôle important ; mais la figure n'a pas perdu ses droits, et aux angles du linteau, au-dessus et en dehors des consoles, les accolades se terminent par des figurines en culs-de-lampe, images de moines ou de « laïcs », qui sont comme de fausses gargouilles en relief, au pied de pinacles en application. Ajoutons que les fenêtres sont encadrées d'une riche moulure saillante et que les contreforts appliqués partent du bandeau en saillie à la base du premier étage. C'est la plus belle époque de l'ornement, le triomphe des sculpteurs ornemanistes, des tailleurs d'images, dont le rôle fut réduit, sous la Renaissance, au profit de l'architecte, le maître de l'œuvre.

La corniche qui, sur la planche ci-jointe, s'embrume forcément dans l'ombre portée par le larmier, mériterait une description détaillée. Figures, animaux, feuillages y sont supérieurement traités. Nous avons remarqué surtout une scène de chasse à courre, d'un sentiment naïf, mais d'une exécution impeccable.

Pour passer en revue les éléments principaux de cette maison, il nous reste à parler de la tourelle en encorbellement. Nous ne le ferons pas avant d'avoir pénétré dans la cour et d'y avoir vu une autre tourelle polygonale, appliquée à la maison dans l'angle droit que forme celle-ci avec la bâtisse adjacente, également ancienne, mais en charpente, comme d'ailleurs la façade intérieure du corps principal. Cette tour, qui renferme un escalier s'enroulant en spirale autour d'un noyau en grès, est à trois pans au rez-de-chaussée et à six pans au-dessus. La tourelle en encorbellement à l'encoignure des deux rues ne contient pas d'escalier. Nous n'avons point à revenir sur la description qui en a été donnée plus haut. Disons seulement que ces tourelles d'angle ont été fort en usage dans les maisons riches du XV⁰ siècle ; c'était un signe de puissance, une imitation des tours féodales et des échauguettes (1). L'étage supérieur pouvait encore servir de poste d'observation, conformément à la destination primitive. La pièce correspondante au premier étage était, le plus souvent, aménagée pour un oratoire, et ce fut probablement le cas de celle-ci, où plus d'une damoiselle du temps jadis vint sans doute lire son livre d'heures et réciter ses oraisons à la Vierge.

Si nous comparons maintenant la maison de la rue du Canon à celle de la rue du Pont-aux-Chèvres, nous y remarquons des analogies et des différences. L'appareil de construction est à peu près le même (au moins pour le pignon, comme nous l'avons fait observer) : pierre et brique en compartiments carrés, autrement dit en damier ; mais le silex fait défaut, et les briques, au lieu d'être toutes posées à plat, sont agencées suivant des lignes diverses et dont les combinaisons paraissent inspirées de l'art héraldique.

Ce qui différencie le mieux ces deux maisons, ce sont les sculptures ; et dans la seconde, comme on l'a vu, la tourelle mérite seule d'être étudiée. Des ornements gothiques s'y mêlent à des rinceaux de la Renaissance, d'où l'on peut conclure, par le mélange des deux styles, que cette construction date probablement des premières années du règne de François I⁰ʳ.

Nous n'avons pas encore assigné de date à la maison de la rue du Canon, nous contentant de la placer, à cause de son caractère exclusivement gothique, parmi les maisons du XV⁰ siècle.

___

(1) Il y avait à Évreux, place de la Cathédrale, à l'angle occidental de la rue de l'Horloge, une tourelle en colombage avec encorbellement en pierre. Cette tourelle, dont le toit très pointu était surmonté d'une statuette en bois qu'on appelait le « Bonhomme Évreux », a été démolie en 1839, et le propriétaire a fait élever avec les débris une lucarne en poivrière au sommet de laquelle il a replacé le Bonhomme Évreux — tout dépaysé.

Comme le goût de la Renaissance n'a pas pénétré partout à la fois, nous pourrions y voir même, malgré sa pureté de style national, une construction des dernières années du règne de Louis XII, ce qui en reporterait la date extrême à la première période du XVIe siècle. Mais nous allons pénétrer de nouveau dans la cour et nous y verrons, en haut de la tourelle d'escalier dont nous avons déjà parlé, l'inscription suivante :

GVILLAVME GIBOVIN MERE

DE

VERNEVIL

A

FET BASTIR CETTE MAISON EN 1402

Faut-il en croire l'épigraphe ? M. Delaquérière ne l'a pas suspectée. M. de Caumont en accepte la sincérité, tout en s'étonnant de voir la brique employée en Normandie à une date aussi ancienne, surtout en damier (1). Si cette maison est de 1402, de quels sombres événements n'a-t-elle pas été témoin ! Construite au temps de Charles VI, pendant sa folie, alors que Louis d'Orléans et Jean sans Peur se disputaient le gouvernement, elle a vu plus d'un sombre épisode de la guerre de Cent ans, l'invasion anglaise, la sanglante défaite de Verneuil qui mit en désarroi la petite armée du « roi de Bourges », et plus tard, journée glorieuse, après une longue occupation d'un quart de siècle, la délivrance : le meunier Jean Bertin ouvrant aux hommes d'armes de Robert de Floques les portes de Verneuil et, peu de temps après, Charles VII — le roi de Jeanne d'Arc — entrant solennellement dans sa cité reconquise.

Guillaume Gibouin, dont nous n'avons pas retrouvé d'autre trace dans les annales de la ville, avait-il vu, du haut de son échauguette, les Anglais victorieux rentrer dans Verneuil après la journée, ou plutôt la soirée du 17 août 1424 ? Nous pouvons le supposer sans anachronisme. Vainement, en face de lui, la cloche du beffroi, qui surmontait la porte de ville intérieure fermant alors le carrefour de la rue de la Madeleine et de la rue du Canon, avait sonné pour la victoire ; vainement, dans l'oratoire de la tourelle, la dame du logis avait récité ses plus pressantes oraisons ; l'armée du duc de Bedford venait de triompher en un suprême combat ; et, dans la plaine Saint-Denis, en face des murailles de Verneuil, entre les chemins de Breteuil et de Damville, cinq mille Français, que leurs pesantes armures avaient alourdis sans les protéger, restaient couchés sur le champ de bataille.

Qui sait si quelque vainqueur ne requit point asile dans la maison de maître Gibouin quand, après la période militante, s'organisa l'administration anglaise ? Que cette habitation, alors dans tout l'éclat de sa nouveauté, ait été occupée pendant les vingt-cinq ans qui suivirent par des Français opprimés ou par des Anglais triomphants, c'était toujours la servitude. Le jour de la libération arriva : — le 29 juillet 1449. — Mais, sans doute, le vieux Gibouin n'était plus là.

(1) M. Raymond Bordeaux ne connaissait assurément pas cette inscription quand il publiait en 1852, dans la *Normandie illustrée*, la statistique monumentale de l'arrondissement d'Évreux, où il signalait, à Verneuil, « deux tourelles monumentales du commencement du XVIe siècle, qui existent aux encoignures des rues de la Madeleine et du Pont-aux-Chèvres ». Deux ans après, en 1854, le 16 septembre, la Société française d'archéologie, qui avait alors pour directeur M. de Caumont, vint tenir une séance générale à Verneuil-sur-Avre. Le procès-verbal, rédigé par Raymond Bordeaux, nous montre que celui-ci, mieux informé, avait cessé d'assigner la même date à nos deux tourelles, et il nous révèle en même temps l'opinion de la compagnie sur les époques respectives des deux maisons de Verneuil. C'est d'abord « au coin de la rue Notre-Dame et de celle du Pont-aux-Chèvres, une charmante tourelle des premiers temps de la Renaissance, suspendue au coin d'une maison bâtie en échiquier de briques et de pierres... » Puis le narrateur, poursuivant, avec ses collègues, son exploration à travers les rues de la ville, s'exprime ainsi : « Des maisons du moyen âge d'une conservation satisfaisante se pressent à côté des églises. On admire, au coin des rues de la Madeleine et du Canon, une tourelle en encorbellement, rivale de celle de la rue Notre-Dame ; et une partie des explorateurs pénètrent dans la cour de cette *maison du XVe siècle*, aux corniches et aux chambranles sculptés, et aux murailles curieusement échiquetées... Une inscription révèle le nom de son premier maître, Gibouin, maire de Verneuil, qui la fit bâtir. »

Séances tenues à Verneuil-sur-Avre, le 16 septembre 1854, par la Société française d'archéologie. — Procès-verbal publié dans le tome XX du recueil : *Congrès archéologique de France*, 1857.

La garnison de Verneuil se composait, à cette époque, de cent vingt Anglais qui, s'imposant par la terreur, obligeaient les habitants à monter la garde et les rudoyaient si leur vigilance était en défaut. Le meunier du Moulin-des-Murailles, Jean Bertin, âgé de quarante-neuf ans, s'étant endormi pendant le guet, avait été maltraité par un chef anglais; il résolut d'en tirer réparation. Une tradition plus romanesque donne un autre motif à son ressentiment : sa fille aurait été outragée, et il aurait eu à venger l'honneur de cette innocente victime. Quel que fût son mobile, — le patriotisme de Jean Bertin suffirait pour tout expliquer, — il vint clandestinement à Évreux, où il eut une entrevue avec le bailli Robert de Floques, le hardi capitaine qui avait déjà repris aux Anglais cette ville d'Évreux et plusieurs autres cités normandes. Le 29 juillet 1449, à la première heure, Robert de Floques et Pierre de Brézé, grand sénéchal de Normandie, son beau-frère, étaient avec une petite troupe d'hommes résolus devant les murailles de Verneuil. Jean Bertin, qui les attendait, leva la vanne de son moulin, les fossés se vidèrent, les francs archers à l'aide d'échelles escaladèrent les murs, et les voilà dans la ville. C'était un dimanche, pendant la messe. Dans les rues désertes et silencieuses, la troupe du capitaine d'Évreux s'avança d'abord sans coup férir; puis avant que l'alarme fût donnée, elle surprit les Anglais et leurs partisans, dont elle tua un certain nombre. Les autres se réfugièrent dans le château et dans la grosse tour. Le lendemain, les Français prirent d'assaut le fort de la ville.

Quelque temps après, la Tour grise elle-même abaissa son pont-levis, et les trente derniers assiégés se rendirent à discrétion. Charles VII était à Chartres quand il apprit cette heureuse nouvelle; il se dirigea sur Verneuil où, le 17 août, il fit son entrée triomphale, accompagné des gentilshommes de sa suite et des évêques d'Auxerre, de Lisieux et d'Évreux. Ce dernier était Guillaume de Floques, fils de Robert de Floques, bailli d'Évreux, l'un des libérateurs de Verneuil.

Aux fenêtres de la maison de Gibouin, dans les encadrements sculptés que nous admirons encore aujourd'hui, des têtes de femmes et d'enfants se pressaient, curieuses, pour voir passer le cortège royal, tandis que le chef de famille remplissait ses devoirs de bourgeois notable, peut-être de magistrat communal, en faisant escorte au roi de France et à sa Cour, étant de ceux qui tout à l'heure, à la porte Chartraine, lui avaient offert, sur un plat d'argent, les clefs de la ville. Ce fut jour de grande liesse, de patriotique exaltation. Les cloches de toutes les églises carillonnaient; des tentures blanches piquées de fleurs couraient le long des façades; le sol était jonché de la *pavée* odorante des processions; des guirlandes traversant les rues à la hauteur des étages formaient comme un plafond de verdure ajouré où flottaient des bannières fleurdelisées. Le drapeau anglais s'était enfui. On croyait voir dans ces fières oriflammes l'étendard de Jeanne d'Arc, qui le premier avait ramené la victoire à nos armées.

Des spectacles moins pacifiques devaient plus tard s'offrir aux yeux des habitants de notre maison à tourelle, déjà ancienne, lorsqu'un siècle et demi plus tard l'armée de Henri IV donnait assaut aux ligueurs de Verneuil et que Rouxel de Médavy, gouverneur de cette ville, faisait attendre au Béarnais une soumission tardive et peu désintéressée. Il en fut de même, sous la jeunesse de Louis XIII et sous la minorité de Louis XIV, dans la révolte des mécontents et dans les agitations de la Fronde.

Ces solides anneaux, encore scellés dans le bandeau au-dessus du rez-de-chaussée et où l'on attachait les chaînes tendues en travers des rues pour déjouer les surprises de l'ennemi (1), disent bien que notre belle maison gothique, où l'art avait déployé toutes ses coquetteries, a traversé des

---

(1) « Pendant le moyen âge et jusque vers le commencement du XVII⁰ siècle, il était d'usage de placer aux angles des rues, aux portes des villes et des faubourgs, à l'entrée des ponts, des *chaînes*, qu'on tendait la nuit ou lorsqu'on craignait quelque surprise... Il devenait impossible à la cavalerie de circuler; les piétons mêmes se trouvaient ainsi arrêtés à chaque pas. » VIOLLET-LE-DUC. *Dictionnaire raisonné de l'architecture française.*

époques cruellement troublées. Elle en est sortie saine et sauve, respectée des gens de guerre, — et du Temps, — cet autre faucheur (1).

Nous ne pouvons pas suivre à travers les siècles les deux maisons à tourelles de Verneuil. Les documents nous manquent pour écrire leurs monographies et indiquer par qui successivement elles furent possédées. Nous pouvons néanmoins nous les représenter dans les premiers temps de leur existence, habitées par de riches bourgeois, maires et échevins, meublées avec tout le luxe et tout le goût de l'époque. Aux murs, des tapisseries de haute lisse, des lambris en bois de chêne ou des tentures d'or basané. Dans les vastes pièces à solives apparentes et à hautes cheminées, des bahuts et des dressoirs, des chaires et des escabelles, des armoires fleuronnées et des lits à colonnes : tout cela sorti de chez les meilleurs huchiers de la contrée. Aux fenêtres, des châssis de verre à filets de plomb, peut-être même des vitraux peints s'harmonisant au dehors avec les façades polychromes.

Dans la maison de la rue du Canon, nous lisons en haut de l'escalier cette inscription latine en lettres cursives (probablement du XVII° siècle) :

Velut ascendenti descendendum, ita et viventi moriendum (2).

Et cette autre, à l'étage supérieur de la tourelle sur la rue, avec sa traduction française et le chronogramme 1694 :

FAC BENE DICTISQ ; NE
CURES FAY BIEN ET LAISSE DIRE.

Ainsi, un lettré, un moraliste — amateur — habitait là au temps de Louis XIV. De ce contemporain anonyme de Racine et de La Bruyère, nous passons sans transition à la fin du XVIII° siècle. En 1790, la maison appartenait aux héritiers Le Forestier de la Mahardière. En 1794, elle avait pour propriétaire le « citoyen Lecerf ». A cette époque, on changea les noms des rues, sauf celui de la rue du Canon : la rue de la Madeleine devint la rue de la Constitution, la rue du Pont-aux-Chèvres fut appelée rue de l'Isle, et la rue Notre-Dame, rue de la République. Comme dans les autres villes, on leur rendit leurs anciens noms après la Révolution. La maison de la rue de la Madeleine était possédée en 1834 par M. Dagoumer et celle de la rue Notre-Dame, par M. Chéron. Elles appartiennent aujourd'hui, la première à M. l'abbé de Bournonville, aumônier de la marine, la seconde à M. Mutel. Celle-ci, louée à un débitant, a pour enseigne « Café de la Tourelle ». L'autre, qui a été occupée jusqu'en ces dernières années par un pensionnat de jeunes filles, sert provisoirement de garde-meuble à une famille noble du pays.

Souhaitons que ces antiques demeures restent longtemps encore debout pour nous parler du passé et servir d'enseignement à nos constructeurs modernes, non certes pour le confortable, mais par les délicatesses d'un art trop souvent méconnu. Elles sont bien françaises et bien normandes, filles du sol. Elles glorifient les ancêtres, fondateurs et « massons », ceux qui, simples bourgeois et simples artisans, sans grande importance alors dans l'état social, avaient à ce point l'amour et la conscience du beau.

LÉON TYSSANDIER.

(1) Il y a à Verneuil des constructions civiles beaucoup plus anciennes : les *Perrins*, édifices bâtis en grison comme les églises, mais orientés du Nord au Midi. Ils sont, dans certaines parties, contemporains de la fondation de la ville (1120). C'étaient, croit-on, des magasins militaires. L'un d'eux, situé entre la rue et la place de la Madeleine, a servi longtemps d'Hôtel de Ville.

(2) Comme celui qui monte doit descendre, de même le vivant doit mourir.

Cliché Paul Robert

Lerale & Cie, édit. Paris

Héliog. P. Dujardin

CHŒUR DE L'ÉGLISE DE TULLIÈRES

Eure

L'ÉGLISE DE TILLIÈRES

Sur une petite partie de sa frontière méridionale, le département actuel de l'Eure est séparé de celui d'Eure-et-Loir par une rivière d'assez peu d'importance, nommée l'Avre, qui coule de l'ouest à l'est. Anciennement, du temps où la féodalité était dans tout son développement, le même cours d'eau servait de limite entre le duché de Normandie et le comté de Chartres. C'est ce qui explique, des deux côtés, les précautions prises de bonne heure pour assurer la défense et permettre, au besoin, d'envahir plus commodément le pays voisin. Suivant que le sol le permettait, on opposa un peu partout forteresse à forteresse. En face de Dreux, Brezolles et la Ferté-Vidame, se dressèrent Verneuil, Tillières et Nonancourt. Ces dernières, qui commandaient directement la rive gauche, donnaient aux Normands une grande supériorité. Mieux placées pour prendre l'offensive, elles présentaient, en outre, l'avantage de former une barrière, non pas à une certaine distance, mais à l'entrée même de la province.

Régulièrement, Tillières, la seule localité dont nous ayons à nous occuper, devrait s'écrire Tuilières, car, au lieu d'une plantation de tilleuls, ainsi qu'on pourrait le croire, existait à l'origine, sur son emplacement, une vaste tuilerie. A cet égard, l'expression *tegulense castrum*, employée par Orderic Vital, ne laisse aucun doute. Un établissement industriel, qui remontait peut-être fort avant dans les âges, s'étalait sur le bord de la rivière, lorsque, vers les premières années du Xe siècle, le duc de Normandie, Richard II, songea à fortifier les hauteurs voisines. Cette précaution déplut, paraît-il, au comte de Chartres, nommé Eudes, et un terrible combat eut lieu sous les murs à peine achevés du château. Mais la victoire resta aux Normands, qui crurent probablement avoir désormais une frontière solidement assise.

Il en eût été ainsi, en effet, si quelques années plus tard le roi de France, Henri 1er, à l'instigation des successeurs d'Eudes, ne se fût imaginé de demander la destruction de tous les ouvrages établis.

seulement sous Charles VI, lorsque Tillières, depuis quelque temps déjà érigée en baronnie, passa entre les mains de Robert Le Baveux. Ce seigneur, qui ne laissa qu'une fille, Agnès, mariée à Jean Le Veneur, était frère, croyons-nous, du poète Jean de Garancières, dont le talent égala, s'il ne le surpassa, celui de Charles d'Orléans, son contemporain.

Nous ne savons si, durant la guerre de Cent ans, la domination anglaise se fit lourdement sentir à Tillières. En tout cas, Jean Le Veneur ayant été tué à Azincourt (1415), aucune résistance n'était possible de la part d'une femme et d'un enfant. Devenu grand, le nouveau baron, qui portait le prénom de Philippe, plus tard fit comme son père et alla combattre dans l'armée française. Marie Blosset, d'une illustre famille de la Haute-Normandie, qu'il épousa après la paix, vers 1455, lui donna plusieurs fils, mais deux seulement nous intéressent à cause de leurs goûts artistiques, facilités par leur entrée dans l'état ecclésiastique, où l'un et l'autre arrivèrent promptement aux plus hautes dignités. Ils ne se ressemblaient pas toutefois dans la manière de voir et de sentir, car tandis que Ambroise, évêque d'Évreux de 1511 à 1536, demeure encore fidèle à l'ancien style, ainsi qu'en témoigne le transcept nord de sa cathédrale, Jean, successivement évêque de Lisieux, cardinal, grand-aumônier de France, se montre un des partisans les plus enthousiastes de la Renaissance. Toute la partie orientale de l'église de Tillières, dont la reconstruction fut entreprise vers 1540, est en son genre une œuvre non seulement très avancée, mais encore très parfaite. La richesse la plus étourdissante s'y mêle à la conception la plus originale, et avec raison on admire surtout l'habileté déployée dans les voûtes, où l'architecte a su rapprocher de la manière la plus heureuse deux systèmes qui semblaient s'exclure mutuellement.

Comme par le passé, en effet, nous avons des arcs-doubleaux, des arcs formerets, des arcs ogives, toute l'ossature gothique en un mot, mais sur l'extrados de chacun d'eux ne reposent plus des triangles de remplissage. Ces derniers sont remplacés par de grandes dalles absolument plates, dont la partie avoisinant les murs ne s'aperçoit qu'à travers une sorte de demi-jour. Cela tient à ce que, contrairement aux dispositions adoptées, par exemple, à Saint-Pierre de Caen et à la Ferté-Bernard, les tympans des arcs ne sont pas garnis de claires-voies, mais de maçonneries pleines. En outre, comme il était important de diminuer, autant que possible, l'espace à recouvrir par chaque dalle, les nervures ont été dédoublées à leur naissance, de manière à former huit panneaux triangulaires rangés autour d'un neuvième, au centre, qui a la figure d'un losange. D'où il s'ensuit que, par travée, on ne compte pas moins de quatre clefs pendantes, qui ajoutent naturellement à la richesse de l'ensemble, vu le soin particulier avec lequel leur ornementation a été traitée.

Du reste, il faut bien dire que les sculpteurs n'ont pas seulement réservé leur talent pour les parties le plus en vue; jusque dans les angles obscurs formés par le rapprochement des nervures, se cachent de délicieux motifs, empruntés soit à la figure humaine, soit au règne végétal. Et ce qu'il y a de plus étonnant encore, c'est de découvrir çà et là des ornements placés dans de telles conditions que l'on ne sait vraiment pas, au premier abord, comment ils ont pu être exécutés. Mais tout s'explique bientôt lorsqu'on se reporte à la manière dont les artistes procédaient à cette époque. Loin de se contenter d'épanneler les pierres avant la pose, ils achevaient complètement la sculpture sur le chantier. Aussi ne connaissaient-ils pas l'opération du ravalement, qui, de nos jours, fait que les parties basses sont les dernières terminées. Le monument s'élevait régulièrement, sans qu'un point quelconque fût laissé en arrière. C'est pourquoi à Tillières, tandis que l'un des arcs-doubleaux porte la date de 1543, celle de 1546 se lit au-dessus d'un écusson au plafond de l'abside. Les travaux de sculpture ont donc marché en montant, et, par conséquent, nous sommes certain que chaque pierre n'a été mise en place qu'après avoir reçu sa décoration. Mais, s'il en est ainsi, les difficultés dont nous parlions tout à l'heure n'existent plus, car, dans l'atelier, il n'y a rien qui ne soit à la portée de la main.

Au sujet des voûtes, une autre idée nous était d'abord venue qui, du reste, ne paraissait nullement en opposition avec ce qui précède. Nous nous étions demandé si, à la mort du cardinal Le Veneur, arrivée précisément l'année même où l'on achevait de bander les arcs-doubleaux, il n'y avait pas eu de changement dans les plans suivis jusqu'alors. Rien n'empêchait qu'à cette date et à la suite de cet événement, on eût substitué aux nervures diagonales destinées à soutenir les voûtains de remplissage tout le système indiqué plus haut. De la sorte, nous comprendrions encore mieux l'intervalle de trois années écoulé entre deux parties de la construction si voisines l'une de l'autre. Mais il faut malheureusement renoncer à une explication que tout vient contredire. Et pour n'en donner qu'un exemple, si au début le plan dont nous voyons l'exécution n'eût pas été arrêté dans tous ses détails, les soffites qui couronnent les tympans des arcs ne se confondraient pas avec les voussoirs de clef. Dès lors que les premiers sont taillés dans la même pierre que les derniers, leur coexistence a toujours été prévue; aucune modification ne s'est produite dans les plans, qui ont été suivis jusqu'à la fin avec une remarquable régularité.

Au XVIᵉ siècle, les armoiries jouaient un grand rôle dans l'ornementation, mais nulle part ailleurs peut-être on ne leur a donné une place aussi importante qu'à Tillières. Non seulement elles occupent le centre des panneaux du plafond, mais tout ce qui est rangé autour d'elles, personnages de tout âge et dans toutes les positions, guirlandes de feuillages ou de fruits, ne semble avoir été disposé que pour les faire valoir. Nous ne parlons pas des cartouches sur lesquels elles se détachent, ni de leurs supports variés où figurent tantôt des anges, des hommes barbus ou des enfants, tantôt des satyres ou des chimères dont les corps se terminent en volutes feuillagées, tantôt des cerfs ailés ou des chiens. En outre, tous ces écussons étaient jadis relevés par la couleur, ce qui devait produire un effet merveilleux. On y reconnaissait les différentes alliances de la famille Le Veneur, dont il était facile de remonter ainsi la généalogie. Seulement une chose a lieu d'étonner : c'est que l'écu du cardinal, au lieu d'occuper la place d'honneur au rond-point de la nef centrale, soit relégué dans une chapelle ouverte en prolongement du bas-côté méridional. Est-ce qu'après sa mort, quelques-uns des neveux chargés de surveiller les travaux auraient trouvé bon de faire modifier les premières dispositions sur ce point? La chose paraîtrait d'autant plus probable que la chapelle en question a été évidemment terminée la dernière, puisqu'on y lit, au-dessus d'une piscine, la date de 1547.

Quoi qu'il en soit, toutes ces sculptures se recommandent par une grande habileté d'exécution. Il a été tenu compte de l'endroit où chacune d'elles devait être placée, et les déformations qui, de près, ne peuvent manquer de choquer l'observateur, disparaissent avec l'éloignement calculé par l'artiste. Toutes les proportions redeviennent alors telles que les plus difficiles peuvent le désirer et l'on se plaît à admirer le dessin élégant des figures, la grâce charmante des rinceaux et l'habile composition des motifs de pure ornementation. N'oublions pas, dans les tympans, différents personnages isolés, qu'à leurs attributs on reconnaît ici pour les Apôtres en compagnie de saint Jérôme et de saint Grégoire, là pour les quatre Évangélistes en pendant des vertus cardinales. Car si la décoration proprement dite tient la première place, elle ne règne pas seule à Tillières et, surtout, on ne saurait reprocher au sculpteur d'avoir trop largement sacrifié aux tendances peu chrétiennes de son temps.

Nous avons parlé d'une piscine placée dans la chapelle du midi. Son ornementation, très bien appropriée au sujet, mérite quelque attention. Au pourtour de la partie semi-circulaire qui fait saillie sur le mur, entre la statue de Moïse et celle de saint Philippe, figurent différentes scènes de l'Évangile, telles que le baptême du Christ, le puits de la Samaritaine, la piscine probatique. En arrière, probablement au siècle dernier, un médiocre bas-relief représentant la Résurrection a été ajouté d'une manière assez malencontreuse. Du reste, ce n'est pas le seul remaniement opéré à la même époque. Par suite d'un accident, sans doute, dans la seconde travée du chœur, une partie du plafond a dû être refaite. On le reconnaît facilement à la sculpture plus molle, au manque d'accent des contours.

Les écussons semés dans les voûtes affectent tantôt la forme en losange, tantôt là forme carrée dite en bannière. Il n'y a d'exception que pour celui du cardinal et deux autres de la chapelle méridionale qui, chose singulière ! reproduisent seuls les armoiries pleines des Le Veneur : *d'argent, à la bande d'azur, chargée de trois sautoirs d'or.* Peut-être également sommes-nous là en présence d'un remaniement postérieur. En tout cas, on n'a fait que se conformer aux partis et écartelés authentiques, figurés en maints endroits des voûtes, et La Roque se trompe certainement quand, dans son *Histoire de la maison de Harcourt,* il parle d'une bande frettée d'or.

La famille Le Baveux, communément appelée de Garancières, du nom d'un fief aux environs d'Évreux, avait trop contribué à la fortune des Le Veneur pour que tout ce qui la concernait ne tînt pas une grande place. Aussi voyons-nous leurs principales alliances successivement indiquées par des divisions où se reconnaissent l'écusson des Paynel, *d'or, à deux fasces d'azur accompagnées de neuf merlettes de gueules, 4, 2 et 3;* celui des Montmorency, *d'argent, à la croix de gueules cantonnée de seize aiglettes d'azur;* celui des Beaumont, *d'azur au lion d'or,* etc. De leur côté, les Blosset, qui portaient : *pallé d'or et d'azur, au chef de gueules chargé d'une fasce vivrée d'argent,* ne sont guère moins bien partagés et, si nous avions l'espace nécessaire, rien qu'à leur sujet Tillières fournirait matière à une bien curieuse étude généalogique. Notons seulement en passant les armoiries suivantes : Montbourcher, *d'or à trois channes de gueules;* Turpin, *losangé d'argent et de gueules;* Rouvraye, *d'azur à trois mains d'argent.* Le nombre des écussons est de trente-neuf; c'est assez dire si l'on a fait grandement les choses et fouillé tous les parchemins.

A l'exemple de ses oncles Ambroise et Jean, Gabriel Le Veneur non seulement embrassa l'état ecclésiastique, mais se montra très zélé pour les arts. Évreux, dont il fut évêque de 1531 à 1574, lui doit la transformation de la tour nord de la cathédrale. Pendant ce temps, Tillières, qui demeurait en possession du fils aîné, était érigé en comté et c'est sous ce nouveau titre que la famille continua à se perpétuer jusqu'à la fin du XVIIᵉ siècle. Mais, il faut l'avouer, l'histoire n'y gagne pas grand'-chose. Des ancêtres, les descendants n'ont conservé que les biens, et encore le vieux château rarement habité, finit-il, en assez peu d'années, par arriver à l'état de ruine où nous le voyons aujourd'hui.

Léon Palustre.

INTÉRIEUR DE L'ÉGLISE DE NONANCOURT

L'ÉGLISE DE NONANCOURT

Nonancourt occupa d'abord l'emplacement sur lequel est aujourd'hui la Madeleine de Nonancourt. En 1112, le duc Henri Beauclerc construisit sur la hauteur un château-fort avec donjon, pour s'opposer aux efforts de Gervais Ier, seigneur de Châteauneuf-en-Thimerais. Une partie de la population descendit alors dans la vallée, sur les bords de l'Avre, et s'établit au pied de la colline. Cette nouvelle agglomération ne tarda pas à former une ville.

En 1152, Louis VII, roi de France, l'assiégea. En 1196, Richard Cœur de Lion l'acquit à prix d'argent. Plus tard, Philippe-Auguste la reprit.

En outre, plusieurs entrevues de souverains y eurent lieu, dans le dernier quart du XIIe siècle, au gué de Saint-Remi, c'est-à-dire à la limite de la Normandie et du pays chartrain : en 1178, entre Louis le Jeune et Henri Plantagenet; en 1181 et 1187, entre le même Henri et Philippe-Auguste; en 1190, entre Philippe-Auguste et Richard Cœur de Lion, avant leur départ pour la croisade.

Après avoir conquis la Normandie, Philippe-Auguste céda la seigneurie de Nonancourt à la maison de Courtenay. Robert de Courtenay partit pour la Terre Sainte et y mourut peu de temps après son arrivée. Un autre Robert de Courtenay, évêque d'Orléans et seigneur de Nonancourt, suivit saint Louis en Afrique en 1270.

La seigneurie de Nonancourt passa ensuite dans la maison de Navarre; mais, en 1378, Charles de Navarre, dit le Mauvais, en fut dépouillé par Charles V, roi de France; Charles II de Navarre, fils de Charles le Mauvais, en obtint la restitution de Charles VI, puis, par le traité de juin 1404, la rendit au roi.

Sous Charles VI, la ville de Nonancourt, entièrement brûlée par les Anglais, fut complètement abandonnée par les habitants et resta déserte jusqu'en 1440.

Louis XI la donna à Tannegui du Châtel, pour le récompenser d'avoir avancé les frais des funérailles de Charles VII, puis il la retira des mains des héritiers de ce seigneur, pour la réunir de nouveau au domaine royal.

Vers 1500, les murs furent relevés.

En 1590, le 10 février, Henri IV, allant attaquer Dreux, se présenta devant Nonancourt. Les habitants lui résistèrent et tuèrent même le sire de Mignonville, qui se tenait aux côtés du Béarnais. Celui-ci fit alors établir une pièce d'artillerie dans une vigne qui, aujourd'hui encore, est connue sous le nom de Vigne du Canon. Cinquante-sept projectiles ouvrirent une brèche, la ville fut prise d'assaut et pillée, et quatre-vingt-treize habitants perdirent la vie.

La même année, le 11 mars au soir, Henri IV revint à Nonancourt et y arrêta le plan de la bataille d'Ivry, qui eut lieu trois jours après, à six lieues de là.

Le 9 novembre 1590, le maréchal de Biron fit démolir une partie des murailles et des tours
et briser les portes. Le 18 avril 1594, Henri IV permit aux habitants « de rebastir et restablir les
portes et murailles en la forme qu'elles avoient esté cy-devant et sans autres fortifications ».

En 1715, le prétendant Jacques-Édouard, fils de Jacques II, roi d'Angleterre, passa par cette
ville. Il allait en Bretagne s'embarquer pour l'Écosse. L'ambassadeur d'Angleterre, lord Stairs,
qui connaissait son itinéraire, avait envoyé à Nonancourt le colonel irlandais Douglas, avec deux
coupe-jarrets pour mettre fin à la vie et aux projets du prince; mais Jacques-Édouard fut sauvé
par la présence d'esprit de la maîtresse de poste. Voici comment ce fait est raconté dans les
Mémoires de la marquise de Créquy (1) :

« En arrivant à l'entrée du village de Nonancourt, qui n'est qu'à vingt lieues de Paris, la
chaise de poste fut accostée par une femme dont la figure était des plus honnêtes et des plus
troublées. Elle était montée sur le marchepied de la voiture qu'elle avait fait arrêter; elle dit à
voix basse au Prétendant qu'il était perdu s'il allait descendre à la poste, où on l'attendait pour
l'assassiner. Elle le supplia, les larmes aux yeux, de se confier à elle. — Il faut que vous soyez le
roi Jacques, ajouta cette femme, car les vauriens dont il s'agit sont tous des Anglais, et l'un d'eux
a parlé contre notre saint père le Pape. Elle leur proposa de les conduire chez le curé de la paroisse,
auquel elle avait eu soin de confier la découverte qu'elle avait faite, et cette honnête femme était
la maîtresse de poste de Nonancourt, laquelle avait nom Mam'selle Lhopital. Le chevalier de Saint-
Georges et ses compagnons se laissèrent conduire au presbytère, et Mademoiselle Lhopital, qui avait
eu soin d'enivrer ces Anglais et de les enfermer à double tour, s'en fut requérir la justice du lieu.
Le chef de la bande eut beaucoup de peine à s'éveiller; ensuite il s'emporta violemment contre
Mademoiselle Lhopital, en disant qu'il appartenait à milord Stairs et qu'il obtiendrait vengeance
d'un pareil outrage au droit des gens. On lui répondit qu'il ne saurait être avoué par aucun
ambassadeur, et qu'ayant organisé des guet-apens et fait des ouvertures inquiétantes pour la sûreté
des grandes routes et des voyageurs, il allait commencer par aller coucher en prison avec tous les
siens; ce qui fut exécuté fort exactement à la poursuite de Mademoiselle Lhopital. Elle expédia
sur-le-champ un de ses courriers à M. de Torcy, en lui envoyant le procès-verbal de l'arrestation
de ces Anglais, joint à sa déposition personnelle sur les propositions qui lui avaient été faites par
leur chef de file, à l'égard d'un voyageur qu'ils attendaient à Nonancourt. Elle fit partir le chevalier
de Saint-Georges dans une autre voiture et sous un autre costume, et fouette cocher sur la route
de Nantes ! La reine d'Angleterre écrivit à Mademoiselle Lhopital pour la remercier du signalé
service qu'elle venait de rendre au Roi son fils; et, ce qu'il y eut de charmant, c'est que M. le
Régent lui envoya son portrait en marque de satisfaction. Quant à milord Stairs, on lui ferma sur
le nez les seules portes cochères qui lui fussent ouvertes dans tout Paris, et qui n'étaient qu'au
nombre de deux ou trois. A la suite d'une machination si coupable et si lâche, il était devenu le
mépris et l'abomination du Régent lui-même. S. A. R. ne parla qu'avec irritation d'un pareil forfait :
elle y trouvait surtout de l'*insolence !* On voit qu'il avait de l'indulgence pour l'Angleterre, et qu'il
avait de la bonté de reste, M. le Régent ! »

(1) Ces *Mémoires* sont attribués par l'auteur des *Supercheries littéraires*, à un prétendu comte Cousin de Courchamps, dont le véritable nom était
Causeu (de Saint-Malo). On ignore sur quels documents a été rédigé cet ouvrage, qui contient d'assez nombreuses inexactitudes. Cependant nous croyons pouvoir
lui emprunter un récit qui est confirmé par les *Mémoires du duc de Saint-Simon.*

* *

Il y avait à Nonancourt, en 1133, deux églises : la Madeleine et Saint-Martin, que le roi d'Angleterre, Henri Ier, donna alors à Ouen, évêque d'Évreux, pour le salut de son âme et de l'âme de ses père et mère et de la reine Mathilde, sa femme. Toutes deux étaient exemptes des visites archidiaconales.

L'église Saint-Martin qui avait le titre de fille aînée de la cathédrale d'Évreux, était celle de la nouvelle agglomération. Elle a été reconstruite presque entièrement, en 1511, dans le style ogival flamboyant (1).

Cet édifice, dont l'axe est légèrement incliné vers le nord-ouest, se compose d'une nef, de deux collatéraux et d'un chœur polygonal. Un déambulatoire fait le tour du chœur et se rétrécit derrière la travée centrale de l'abside, ce qui donne à celle-ci un aspect irrégulier. Il n'y a ni transept ni triforium. De chaque côté de la nef les ogives des grands arcs reposent sur des piliers avec fûts arrondis. Les clefs centrales des travées sont masquées par des médaillons circulaires offrant des écussons armoriés soutenus par des anges, des sauvages, des lions, ou entourés de feuillages. L'arc doubleau placé à l'entrée du chœur, est décoré de pendentifs, d'arcades trilobées et de petits personnages nus.

Vers le milieu du XVIe siècle, une chapelle dite de la Vierge ou du Rosaire fut bâtie sur un plan à peu près carré au sud du chœur, avec lequel elle communique par deux arcades. Elle est recouverte par une voûte en bois, enduite de plâtre. Les quatre fenêtres en plein cintre qui l'éclairaient étaient trop spacieuses et ont été bouchées, trois jusqu'à la moitié de leur hauteur et la quatrième complètement.

La tour quadrangulaire qui se dresse au milieu du portail, est un reste de l'ancienne église, et appartient à la première moitié du XIIIe siècle. Elle est appareillée en pierre sur sa face antérieure et en cailloux sur les trois autres côtés. Elle est flanquée de contreforts et surmontée d'une haute flèche octogonale, couverte en ardoises, et accompagnée de clochetons en encorbellement. Cette flèche ne remonte qu'au règne de Henri IV.

A l'angle nord-ouest de la tour s'élevait une tourelle d'escalier probablement circulaire, qui a été remplacée au XVIe siècle par une tourelle polygonale garnie à sa partie inférieure d'accolades ornées de crochets de feuillage.

Dans le mobilier de l'église, on remarque le buffet d'orgues placé dans l'arcade ouverte sur la face orientale de la tour. Il date de la première moitié du XVIe siècle et le soubassement, décoré de quatre figures d'anges jouant de divers instruments tels que : mandoline, orgue à main, harpe et violoncelle, est d'au moins vingt ans postérieur aux autres boiseries.

La chaire en bois sculpté, de style gothique flamboyant, a été exécutée en 1853. Les fonts baptismaux, en pierre, sont encore plus modernes et ont été faits en 1873.

Il y a dans la chapelle du Rosaire des statues du XVe siècle : une Vierge à l'Enfant et sainte Anne instruisant la Sainte-Vierge. Une autre statue représente une reine en costume de la fin du

---

(1) Pour faire connaître ce monument, nous ne pouvons mieux faire que résumer la monographie très complète écrite avec une parfaite compétence par M. Louis Régnier. (Typographie Firmin-Didot et Cie, à Mesnil-sur-l'Estrée, 1894.)

XIVe siècle, tenant un livre dans sa main enveloppée d'un pan de son manteau. Cette chapelle contient en outre une *Descente du Saint-Esprit sur les Apôtres*, grande toile peinte par G. Hubert en 1650.

Mais l'œuvre d'art qui recommande particulièrement Saint-Martin de Nonancourt, ce sont ses verrières datant de la première moitié du XVIe siècle et restaurées en 1862 à l'aide de secours accordés par le département. Elles reproduisent divers épisodes de la vie de Jésus-Christ, de la Vierge, de saint Martin, les martyres de saint Jean-Baptiste, de saint Sébastien, de sainte Suzanne de Rome, la messe de saint Grégoire, le triomphe de l'Église, etc.

M. Louis Régnier, qui donne une description très détaillée de ces vitraux, n'a trouvé aucune signature, aucun monogramme indiquant à quels artistes ou à quel centre artistique il convient de les attribuer. Voici en quels termes il les caractérise :

« Les grandes fenêtres se distinguent, en général, par une certaine sécheresse de dessin, que compense fort heureusement une grande entente de la composition : ce sont, pour la plupart, des tableaux où l'air circule et où les personnages se meuvent à l'aise. Quant à la coloration, elle est souvent éclatante : les tons vifs et francs, affectent parfois même une certaine crudité. Dans les fenêtres basses, tout au contraire, des teintes lourdes et sans relief, des personnages trapus, dessinés d'une façon assez incorrecte, témoignent d'une moins grande habileté des peintres-verriers. Si cette deuxième série sort bien évidemment d'un seul et même atelier, on y remarque cependant des différences sensibles qui dénotent la main de plusieurs ouvriers. Le vitrail de saint Martin, dans le bas-côté nord, rapproché des deux premières fenêtres du même côté, peut servir de justification à cette opinion. On reconnaît, dans les verrières supérieures, un faire procédant directement des traditions gothiques, avec certains indices d'influences en réalité assez mélangées, tandis que les panneaux des bas-côtés feraient penser plutôt à des gravures allemandes grossièrement interprétées. »

*
* *

L'Hôtel-Dieu de Nonancourt remonte au moins au XIIIe siècle. En 1278 les administrateurs cédèrent au maire et à ses pairs un bâtiment pour y exercer la justice. Le 4 mai 1697, Louis XIV réunit à cet établissement les maladreries de Saint-Barthélemy et d'Avrilly, ainsi que le bureau des pauvres de Nonancourt. Les statuts et règlements furent alors dressés par le maire et les échevins et approuvés, le 25 août 1697, par Monseigneur de Novion, évêque d'Évreux. En 1698, deux dames hospitalières de Mortagne y soignaient les malades.

De cet Hôtel-Dieu dépendait la chapelle de Notre-Dame-de-Pitié, située sur le chemin de Saint-Germain-sur-Avre. Elle fut détruite en 1822 et l'image fut recueillie dans l'église Saint-Martin de Nonancourt.

Quant à la chapelle Saint-Roch, à l'Hôtel-Dieu, abandonnée depuis 1793, elle n'existe plus depuis 1849 (1).

---

(1) Charpillon et Caresme. *Dictionnaire historique de toutes les communes du département de l'Eure.* — Auguste Le Prevost. Notes.

*
* *

Le bibliophile anglais Frognall Dibdin, qui passa par Nonancourt en 1818, trouve à la campagne environnante « l'aimable aspect d'un paysage anglais ». Il insiste pourtant sur un détail très peu britannique, la culture de la vigne en plein air.

Nonancourt, en effet, partage en Normandie avec Vernon le privilège d'avoir des vignobles. C'est peut-être faire honneur à ces crus que de les comparer à celui d'Argenteuil. Aussi quand, dans leurs agapes annuelles, les Normands lèvent des coupes de vin en l'honneur de la pomme et du cidre, ce n'est pas de vin de Nonancourt qu'ils les emplissent.

Le canton est limité au sud par le cours de la rivière d'Avre, aujourd'hui amoindrie par la captation de plusieurs sources dont les eaux ont été conduites à Saint-Cloud par un aqueduc sensiblement parallèle à la ligne du chemin de fer de Granville à Paris.

Ces fontaines sont celle du Breuil, située sur le territoire de Verneuil (Eure), et celles du Nouvet, d'Érigny, des Graviers et de Foisy, dont la jonction à Rueil-la-Godelière (Eure-et-Loir) forme le ruisseau de la Vigne, ancien affluent de l'Avre. Leur débit est de 12,000 litres par seconde.

L'eau provenant de la craie blanche recouverte par les terrains tertiaires est, dit M. Louis Figuier, fraîche, pure et agréable au goût. Elle contient par litre un peu moins de 1 milligramme de matières organiques et sa température est de 10 degrés.

Mais pour l'amener à Paris, il a fallu faire d'importants travaux, dont on trouve le détail dans l'*Année scientifique*, la *Nature*, l'*Illustration*, etc. Les dépenses se sont élevées à la somme totale de trente-cinq millions, y compris le montant des indemnités accordées aux riverains de l'Avre et de la Vigne pour privation d'irrigations et de force motrice, et les frais d'entretien annuel et de personnel sont évalués à cinquante mille francs (1).

JACQUES LESTRAMBE.

(1) Louis FIGUIER. L'*Année scientifique et industrielle*, 1893.

L'ABBAYE DE MESNIL-SUR-L'ESTRÉE

Aux environs de Nonancourt, était l'abbaye cistercienne de l'Estrée *(Strata)*, ainsi appelée de la voie romaine qui allait d'Évreux à Dreux.

Le *Neustria pia* ne nous fournit guère sur ce monastère d'autres détails que la date de sa fondation (1144). Le cartulaire de l'abbaye contient, en outre, divers actes de donation.

Par exemple, en 1221, Aubin Potin donna aux moines de l'Estrée cinq sous parisis de rente à prendre sur les revenus « des Autex », qui lui étaient acquittés par Philippe le Maire « des Autex » et, en 1242, le même Aubin Potin, du consentement de sa femme Aalcis ou Alice, ajouta à ce don huit livres tournois de rente, à prendre sur Guillaume, dit le chevalier « de Puteis », et sur ses tènements et revenus de Pinçon, d'Heudreville et « de Altaribus in Dourgesin ».

Ce nom « de Altaribus » ou « des Autex », orthographié ailleurs « des Authieux », et dont la signification est « des Autels », se retrouve sur divers points de la Normandie et se réfère aux origines chrétiennes du pays. Il rappelle le temps où des autels furent dressés çà et là avant qu'il fût possible de construire des églises, ce que le malheur des temps et l'irruption des hommes du Nord rendaient alors presque impossible. Cette dénomination a donc précédé celles qui sont tirées de noms de saints. Les Authieux dont il est question dans les chartes précitées sont probablement le village de ce nom qui est situé près de Saint-André.

Quant à Heudreville *(Hildrevilla)*, c'est une localité comprise aujourd'hui dans la commune du Mesnil-sur-l'Estrée et où il y avait un prieuré de Saint-Martin. Ce prieuré était de l'ordre de Saint-Benoît et dépendait du monastère de la Sainte-Trinité de Tiron, au diocèse de Chartres. Il était affermé, dans les derniers temps, environ dix mille livres.

Auguste Le Prevost, dans ses *Mémoires et Notes pour servir à l'histoire du département de l'Eure*, cite un accord intervenu au XIIe siècle devant Rotrou de Warwick, évêque d'Évreux, entre Étienne, abbé de Tiron, et Gervais, abbé de l'Estrée, au sujet des dîmes d'Heudreville.

L'archevêque Eudes Rigaud raconte, dans son *Regestrum visitationum*, qu'il a passé par l'abbaye de l'Estrée le 29 avril 1250 et le 7 juillet 1255 et qu'il y a été reçu aux frais du monastère. Il mentionne aussi quatre visites au prieuré d'Heudreville : le 30 avril 1250, le 5 juillet 1255, le 11 mai 1258 et le 3 mai 1269. Il y trouva des moines qui faisaient l'aumône trois fois par semaine à tous venants, mais ne se préoccupaient guère de la règle de saint Benoît.

La maison Didot a établi à Mesnil-sur-l'Estrée une imprimerie et une fabrique de papier à filigrane. Là mourut, le 24 avril 1836, Firmin Didot, l'inventeur de la stéréotypie, c'est-à-dire du clichage, et du procédé pour exécuter typographiquement les cartes géographiques. En souvenir de cet homme éminent, tous ses descendants ont fait précéder leur nom de famille du prénom de Firmin.

Jacques Lestrambe.

EGLISE DU BREUIL-BENOIT.— RUINES DU CHŒUR

L'ABBAYE DE BREUIL-BENOIT

« Ce n'est pas dans les lieux élevés que se fondent les monastères cisterciens, a écrit Viollet-le-Duc, mais dans les vallons marécageux, le long des rivières. C'est là que la culture pourra fertiliser le sol, en convertissant des marais improductifs en prairies arrosées par des cours d'eau (1). »

Sans doute, telle dut être la transformation opérée au XIIᵉ siècle dans cette partie de la vallée d'Eure située entre les villages de Marcilly, Louye et Saint-Georges.

Au mois de mai de l'année 1137, une colonie de moines cisterciens détachés de l'abbaye des Vaux de Cernay, du diocèse de Paris, venait sur les instances de Foulques, seigneur de Marcilly, fonder le monastère de Breuil-Benoit : ruche nouvelle d'où sortirent bientôt les premiers religieux de la Grande Trappe de Mortagne.

Cette dernière maison ne descend, en effet, de Clairvaux qu'au cinquième degré de génération, étant fille du Breuil-Benoît, petite-fille des Vaux de Cernay, et arrière-petite-fille de Savigny, dont Clairvaux est la mère immédiate. Mais tandis que, de nos jours, les Trappistes continuent au diocèse de Séez, l'austérité religieuse et les travaux agricoles des Cisterciens, l'abbaye du Breuil est habitée par un de ces intelligents amis des arts et des doux souvenirs, qui essaye de rendre du caractère et de la vie à ce qui n'en avait plus. Si au XIIᵉ siècle, conformément aux règlements du sévère Bernard, les moines devaient repousser le luxe de leur temple et de leurs cellules, aujourd'hui l'antique sanctuaire se dédommage en s'enrichissant comme un musée, de même les vastes salles, en se parant des trouvailles sans nombre d'un infatigable collectionneur.

En 1842, lorsque M. le comte de Reiset fit l'acquisition des bâtiments de l'abbaye, ceux-ci étaient dans un état lamentable.

Voici le tableau qu'en fit alors M. Berger de Xivrey, dans ses *Recherches historiques* : « Sur le sol du sanctuaire, encombré d'épais buissons de ronces et d'épines qui s'entrelacent en tous sens, s'élèvent çà et là, au milieu des chardons et des orties, quelques arbres, venus sans doute des graines tombées du bec des oiseaux. Au delà de cet espace, à l'extrémité orientale, sont encore debout, mais sans aucun toit pour les protéger, les colonnettes, les élégants piliers et les arcs en ogive du chevet. La seule partie de l'église Notre-Dame du Breuil qui subsiste encore avec solidité est la nef, qui heureusement, pendant qu'on abattait les transepts, fut respectée par l'intérêt, comme offrant toutes les meilleures conditions d'une immense grange (2). »

Maintenant, cette nef, fermée par un mur formant chevet à la naissance du transept, est de nouveau livrée au culte. Derrière elle se dressent au milieu du gazon, un pan de mur du transept, les

(1) *Dictionnaire raisonné de l'architecture française*, tome 1ᵉʳ, p. 265.
(2) J.-B. DE XIVREY. *Recherches historiques sur l'abbaye du Breuil-Benoît*, p. 33.

piliers découronnés du chœur et les chapelles absidales que leur infatigable propriétaire entreprend de transformer en petits oratoires bien abrités et garnis de vitraux.

Nous allons essayer de donner quelques dates à ces constructions si intéressantes, et de les décrire brièvement.

*
* *

L'église abbatiale du Breuil, consacrée à Notre-Dame, comme toutes les abbayes cisterciennes, est un monument de la fin du XIIe siècle et du commencement du XIIIe. Remontant ainsi à l'époque des croisades, il n'est pas étonnant qu'il y ait à la première page de son histoire, une de ces gracieuses légendes orientales qui ne doivent point être passées sous silence, car elles ajoutent leur poésie au charme des fleurs qui s'épanouissent sur le fond grisâtre des ruines.

Le fils du fondateur de l'abbaye, Guillaume de Marcilly, s'étant croisé, eut le malheur de tomber aux mains des musulmans. Enfermé par les infidèles dans un coffre étroit qui lui servait de prison, il fit le vœu, s'il obtenait sa délivrance, de construire une église dans le monastère fondé par sa famille. Or, une nuit, comme les chevaliers de Notre-Dame de Liesse, il se sentit soulevé avec l'instrument de son supplice, et après avoir traversé les mers, se trouva déposé près de l'église de Saint-Eutrope, à Saintes. Le chevalier Guillaume, sorti vivant de cette bière d'un nouveau genre, vint dans son domaine du bord de l'Eure, accomplir un vœu si miraculeusement exaucé.

Le plan de la nouvelle église comprenait une nef de six travées, couverte de voûtes barlongues sur croisée d'ogives, et flanquée de collatéraux; un transept dont chaque croisillon offrait 4 mètres de saillie sur les bas-côtés, un chœur d'une seule travée terminée par une abside, et entouré d'un déambulatoire et de chapelles rayonnantes.

Le chœur, au sens liturgique, comprenant les rangées de stalles, devait s'étendre dans le carré du transept et peut-être même envahir la nef, comme dans la plupart des églises monastiques.

Extérieurement, la façade occidentale est divisée, dans sa largeur, en trois corps par deux épais contreforts. La porte du milieu, qui a reçu au temps de la Renaissance différents médaillons sculptés, existe seule maintenant, et est divisée en deux baies par un trumeau central.

De simples boudins décorent l'archivolte, et rien dans le tympan ne rappelle ces richesses d'imagination que les sculpteurs prodiguaient à cette époque.

Dès l'entrée, on reconnaît la simplicité tant recommandée par saint Bernard. L'étage supérieur de la façade est éclairé par trois lancettes encadrées sous un grand arc et ornées de gros tores portant sur des colonnettes.

Des arcs-boutants reposant sur de hautes culées, mais dépourvus de tout ornement, soutiennent le long de la nef, la poussée des grandes voûtes.

L'intérieur de la nef témoigne également d'une grande simplicité. Point de triforium ni de tribunes, mais un simple cordon courant sous le glacis des fenêtres. Toutefois, en un point assez important, le plan des piliers s'écarte de la mode cistercienne.

Le massif cylindrique de chacune de ces grosses piles est cantonné de quatre colonnettes octogones telles qu'on en trouve dans le pays chartrain, aux bas-côtés de Saint-Pierre de Dreux, et dans les parties hautes de la nef de la cathédrale d'Évreux. Les chapiteaux sont garnis de crochets sous un tailloir carré, mais la colonnette médiane n'en a point reçu, et se termine par un socle qui supporte trois colonnettes plus minces, portant à leur tour les nervures de la voûte et dont la médiane est encore octogone. Les bases ont un profil caractéristique. Elles se composent de deux tores séparés par une doucine et portant sur un socle dont les arêtes sont rabattues.

L'intrados des grands arcs qui comprennent deux rangs de claveaux, est méplat. Plus gracieux sont les doubleaux des voûtes, où se dessinent trois tores, celui du milieu étant légèrement aminci.

Actuellement, comme nous l'avons dit, cette nef est fermée au levant par un mur formant chevet, et dans lequel s'ouvrent deux fenêtres géminées surmontées d'une grande rosace, comme devaient en posséder les façades latérales du transept.

Dans les lobes variés de cette rose scintillent les armoiries des différents abbés.

Le chœur est ainsi ramené aux formes cisterciennes; car on sait combien les moines constructeurs relevant de Cîteaux, cherchaient de combinaisons pour simplifier les moyens employés alors dans la construction des absides. Le pourtour du chœur où, dans les églises bénédictines, les formes multiples, les courbes nombreuses, les voûtes habilement combinées entraînaient à des dépenses considérables, était habituellement remplacé par un chevet droit, et les chapelles ne s'ouvraient que sur le transept. D'après MM. de Montalembert, F. de Verneilh et Alb. Lenoir, il y eut peu d'exceptions à cette règle.

Il semblerait pourtant qu'elle n'est dominante que dans les contrées méridionales; tandis qu'à Cîteaux le chœur est terminé par un chevet, celui de l'abbaye de Clairvaux, bâti également pendant la seconde moitié du XII⁰ siècle, est fermé par une abside. De même, dans notre contrée, les deux plans furent indifféremment adoptés.

L'abbaye de Bonport, dans la vallée de la Seine, possédait, comme celle du Breuil, une abside arrondie à la mode bénédictine, tandis que celle de la Noë, dans la vallée de l'Iton, bâtie vers la même époque, avait imité le plan carré de l'abbaye-mère, comme il ressort d'une description écrite au siècle dernier, et publiée récemment par M. Bourbon : « Le sanctuaire avait 30 pieds de long sur pareille largeur, le dit sanctuaire éclairé dans son pignon au levant, de cinq vitraux de différentes grandeurs (1). »

Ce qui reste en dehors de la nef du Breuil-Benoît fermée maintenant, comme nous venons de le voir, comprend le mur occidental du transept et le rond-point jusqu'à la hauteur du premier étage.

Le transept possédait-il autrefois des chapelles du côté du levant comme à la Noë? Nous ne le croyons point; car cette disposition n'allait de pair qu'avec les absides carrées. Le déambulatoire, en effet, continuant les bas-côtés de la nef, prenait la place de ces chapelles.

L'abside en ruines garde encore assez d'élégance pour nous faire admirer l'œuvre du moine architecte du XII⁰ siècle. Six piliers monocylindriques, d'un module assez mince, soutiennent les arcades en tiers-point, fortement surhaussées. La corbeille des chapiteaux est peut-être d'une hauteur exagérée, mais sa garniture de crochets est noble et sévère.

On doit remarquer le plan particulier des chapelles rayonnantes. Elles sont carrées, ce qui nuisait à la perspective en leur ôtant un peu de profondeur, mais cette fois une des modes cisterciennes est rappelée. Cette disposition est, en effet, imitée de l'abbaye de Pontigny, qui, elle-même, fut une réduction de Clairvaux à la fin du XII⁰ siècle.

Les travaux de construction furent terminés dans le premier quart du XIII⁰ siècle, et au mois de juin 1224, Richard, évêque d'Évreux, assisté de Gautier, évêque de Chartres, célébra la dédicace solennelle de l'église abbatiale.

(1) Ap. *Bullet. de la Soc. des Amis des Arts de l'Eure*, 1893.

Au commencement du siècle, quelque moine imagier y avait déjà sculpté la statue tombale du légendaire fondateur.

Il était représenté couché, revêtu de son armure, son bouclier au bras, les pieds appuyés sur la levrette traditionnelle. On y lisait cette inscription :

> Cy gist monseigneur Guillaume de Marsilly, fondeur
> de ceste chapelle fils de monseigneur Eoulque jadis
> seigneur de Marsilly fondeur de ceste abbaye qui
> trespassa l'an de grâce mcq.

Un fragment du tronc de cette statue colossale a été retrouvé par M. le comte de Reiset, et replacé dans la nef. On distingue encore une partie du chevron gravé comme armoiries sur l'écu.

D'après un dessin des portefeuilles de Gaignières, on peut se faire une idée du cloître et des bâtiments qui l'entouraient depuis la fin du XVe siècle, et accompagnaient le sanctuaire du côté septentrional.

« Devant la façade de l'église, un vaste espace irrégulier entouré de murs, comprenant à gauche le colombier féodal, servait à la fois d'entrée à l'église et au couvent, situé à gauche de celle-ci. Du côté opposé au couvent, une porte ouvrait, au midi, sur la campagne. La porte principale aboutissait à l'avenue qui conduit à la route de Marcilly.

« Les bâtiments claustraux consistaient en deux corps joints à angle droit, l'un partant perpendiculairement du latéral gauche de l'église, le second se ralliant à celui-ci en retour d'équerre, s'avançait à l'ouest au delà de la ligne de la façade. Cet édifice était percé de vingt-quatre fenêtres, douze à chaque étage. Le long de celles du rez-de-chaussée, régnait le cloître sous un toit en auvent supporté par des colonnes. Des côtés opposés aux deux corps du couvent, la cour du cloître était fermée, à l'ouest, par un bâtiment plus petit, et, au midi, par un mur qui s'alignait comme prolongation des parois extérieures de la basse-nef du nord, et séparait la cour du cloître de la grande cour d'entrée commune à l'église (1). »

La plupart de ces bâtiments conventuels existent encore, et les cellules des religieux sont devenues des musées. Des blasons aux ors éclatants scintillent partout le long des couloirs et au-dessus des portes.

Non loin de ces constructions monastiques s'élève le château actuel de M. le comte de Reiset, qui n'est autre que l'ancien manoir abbatial, restauré au commencement du XVIIe siècle par Denis Hurault de Cheverny, neveu du chancelier de Henri IV et abbé du Breuil. Il comprend un corps de logis flanqué de deux tours arrondies et très peu engagées. Les fenêtres de l'étage supérieur ont leur couronnement en saillie sur le grand comble.

Nous n'osons entreprendre une description, même sommaire, des richesses artistiques abritées dans cet antique manoir, car nous ne saurions quand nous arrêter. Une visite dans ces longues galeries peut seule en donner une idée.

Souhaitons, en terminant, que rien ne se perde de ces richesses accumulées, et que le même amour pour les souvenirs des siècles passés se trouve encore dans les propriétaires de l'avenir.

L'Abbé J. Fossey.

(1) J.-B. de Xivrey. *Op. cit.*

FONTS BAPTISMAUX DE BRETAGNOLLES

LES FONTS BAPTISMAUX DE BRETAGNOLLES

Bretagnolles est une petite commune du canton de Saint-André, située sur la lisière occidentale de la forêt de Mercy, qui la sépare de la vallée d'Eure. Seul dans cette grande plaine, l'obélisque commémoratif de la fameuse victoire de Henri IV, dite bataille d'Ivry, était signalé dans les *Guides*. Mais en 1859, un archéologue infatigable, M. Raymond Bordeaux, qui ne dédaignait aucune des reliques artistiques de nos pères, découvrait dans ce modeste village, puis signalait dans une publication populaire (1), des fonts baptismaux à édicule, et d'autres boiseries fort intéressantes. Néanmoins ces fonts, d'une disposition bien rare aujourd'hui, sont encore trop peu connus. M. l'abbé Corblet les donne comme datant de la Renaissance (2), mais ne parle point du baldaquin qui les couronne et en constitue tout l'intérêt. Ils eussent mérité une mention dans le bel ouvrage de M. Léon Palustre. Du moins, M. Bonaffé ne les a pas oubliés (3).

En entrant dans l'église de Bretagnolles, dont la nef, dépourvue de bas-côtés, est assez courte, on est, dès l'abord, frappé par la vue de l'édicule en bois sculpté, qui occupe tout l'angle nord-ouest. Sa situation, sans doute, est voulue par des raisons symboliques qui ont déterminé les règles de la liturgie, mais rarement les fonts baptismaux sont traités avec tant de respect. Ils prennent ici une importance proportionnée à celle que le sacrement de baptême tient dans la vie chrétienne. Comme les baptistères étaient, au temps de Constantin, des annexes considérables par rapport aux basiliques, ainsi les fonts de Bretagnolles sont, dans l'église elle-même, un petit monument. Ce ne serait pas d'ailleurs être trop téméraire, que d'y voir une réminiscence des monuments primitifs à colonnes, si communs encore aujourd'hui en Italie.

« Quand un élément constructif, dit M. Paul Saintenoy, tend à disparaître par une circonstance ou une autre, cette disparition ne s'opère pas sans que l'élément supprimé ne laisse pendant longtemps des traces de son existence passée. La pratique de construire des édicules au-dessus des fonts s'est maintenue fort tard (4). » Il s'en trouve un fort riche datant du XVIIe siècle, dans la cathédrale de Durham (Angleterre), mais c'est une pyramide d'un genre spécial.

L'édicule de Bretagnolles date du règne de François Ier. La Renaissance avait remis en honneur cette coutume pieuse de placer sur les fonts de la régénération, un baldaquin analogue au ciborium qui s'élevait sur les autels.

A défaut de baldaquin en pierre ou en marbre, on suspendait à la voûte un dais en bois ou

(1) *Almanach-Annuaire de l'Eure pour 1859.* Évreux, Hérissey. Cet article a été réédité dans les *Miscellanées d'archéologie normande*, 1880, p. 14.
(2) *Histoire dogmatique, liturgique et archéologique du sacrement de baptême.* Paris, Palmé, 1882, t. II, p. 125.
(3) *Le meuble en France au XVIe siècle.* Paris, J. Rouam, 1886, p. 46.
(4) *Prolégomènes à l'étude de la filiation des formes des fonts baptismaux (Annales de la Société d'archéologie de Bruxelles*, vol. V, 1891).

en étoffes précieuses. Comme le remarque M. l'abbé Marsaux (1), « le dais est essentiellement une marque d'honneur. Au moyen âge, dans les banquets, la chaise du seigneur était couverte d'un dais. L'église prescrit le dais dans plusieurs circonstances : 1º pour abriter l'autel; 2º pour la procession du Saint-Sacrement; 3º pour la table de communion; 4º pour les fonts baptismaux; 5º pour le Souverain Pontife et les Évêques ».

Le baldaquin des fonts baptismaux de Bretagnolles est à huit pans, et repose sur quatre colonnettes. Sous les angles libres sont suspendus des marmousets portant des phylactères. Au-dessus du dais, court une riche galerie à jour, formée d'enroulements terminés par des dauphins ou des feuillages, et coupée aux angles par des lampadaires d'amortissement. Sur la frise, entre un cordon de grosses perles et les moulures de la corniche, on lit l'inscription suivante en belles lettres majuscules bien en relief :

SI QUIS SITIT VENIAT AD ME ET DABO EI AQUAM VIVAM

ET FLUENT DE VENTRE EIUS AQUIE VIVE *(sic)* FONS ISTE

NISI QUIS RENATUS FUERIT EX AQUA ET SPIRITU SANCTO

NON POTEST INTROIRE IN REGNUM DEI.

QUI BIBERIT EX HAQUA *(sic)* NON SITIET IN ETERNUM.

Dans le ciel du dais se dessinent de gracieuses arabesques, et au point d'intersection des poutrelles qui divisent les compartiments, est sculpté, dans un médaillon formé de nuages, le baptême de Notre Seigneur dans le Jourdain.

Les colonnettes qui supportent le baldaquin sont ornées de fuseaux, de fruits, de rinceaux feuillagés dont les tiges extrêmement ténues descendent tout le long du fût cylindrique.

Celui-ci est coupé aux deux tiers de sa hauteur par un nœud composé de masques reliés ensemble.

Une clôture à hauteur d'appui, coupée par les deux portes, soutient les colonnettes à la base desquelles s'épanouit un large mascaron. Elle est divisée en plusieurs compartiments égaux par des colonnes trapues à demi engagées, et reposant elles-mêmes sur de petits pilastres à cannelures. Chacun des compartiments embrevés dans les montants de ces colonnettes, porte en bas-relief sur un panneau inférieur, un losange mouluré avec fleurons au centre et dans les écoinçons, tandis que la partie supérieure forme des fenestrages gothiques complètement évidés.

Cette dernière disposition et l'ornementation des colonnettes dont le galbe disparaît sous les arabesques, volutes, rageurs, dauphins buvant dans des vasques feuillagées, et se terminant en rinceaux.... rappellent absolument le *screen* ou clôture en bois de la chapelle Saint-Nicolas, dans la nef de la cathédrale d'Évreux. Ces deux œuvres semblent être de la même main. Au moins appartiennent-elles à la même école. M. l'abbé Porée l'a remarqué lui-même. Et, se demandant de quel foyer artistique sont sortis de pareils chefs-d'œuvre, il propose à son tour une opinion que nous accepterions volontiers.

« On a émis, dit-il, l'hypothèse d'une école de huchiers dont le centre aurait été la petite ville de Saint-André. Après les vérifications faites par M. Bourbon, archiviste départemental de l'Eure, et par M. le comte de Reiset, M. Bonnaffé, dans sa très remarquable monographie *Le Meuble en France au XVIᵉ siècle*, a pu faire bonne justice de cette supposition qu'aucun document ne venait appuyer.

<hr>

(1) Dais d'autel de Sérifontaine (Oise), *ap. Bulletin monumental*, 1891-92, VIᵉ série, t. VII, p. 519.

Et pourtant, il nous paraît indéniable que les boiseries Renaissance de la cathédrale, celles de l'église de Chavigny, l'admirable clôture des fonts baptismaux de Bretagnolles, les stalles de l'ancienne abbaye de la Noë, aujourd'hui conservées dans l'église d'Ormes, sont sorties d'un atelier établi dans le pays d'Évreux. Et pourquoi Évreux ne pourrait-il pas revendiquer l'honneur d'avoir été le centre principal de cette école de sculpteurs, lorsque des évêques, amis des arts comme les deux Le Veneur, font exécuter dans leur cathédrale ou dans leur diocèse d'aussi importants travaux de sculpture et d'architecture? » (1)

L'édicule de Bretagnolles a conservé sa coloration azur avec rechampis blancs. Quelques fruits semés dans les rinceaux sont couleur pourpre.

Comparés au charmant édicule qui les abrite, les fonts eux-mêmes offrent un moindre intérêt. Ils se composent d'une cuve octogone en pierre, moulurée d'une gorge assez profonde où court un rinceau de lichens mêlé de grotesques pauvrement sculptés. Cette cuve repose sur un pédicule également octogone et dépourvu de socle et de base.

Dans la classification des fonts baptismaux, les fonts monopédiculés sont encore ceux qui présentent le plus de types conservés jusqu'à nos jours, mais la cuve est plus souvent circulaire que polygonale.

L'église de Bretagnolles peut encore montrer aux visiteurs d'autres boiseries fort curieuses. Nous avons déjà signalé le dais en bois sculpté qui demeure suspendu au-dessus de l'autel. Il est de forme rectangulaire, et mesure près de 3 mètres dans le sens de la largeur. Le ciel en est décoré de moulures qui rappellent par leur tracé la projection des voûtes de la dernière période gothique, avec liernes et tiercerons. Un rebord très saillant est découpé en fenestrages gothiques. Le tout a conservé aussi son ancienne coloration.

Nous devons mentionner encore l'escalier à vis situé dans la tour, au nord du chœur. Cette boiserie, malheureusement en très mauvais état, peut être un peu plus ancienne que celle des fonts. Le noyau cylindrique repose sur une base octogonale. La balustrade en hélice qui porte la rampe, est ornée de fenestrages gothiques complè-

Escalier à Bretagnolles.

D'après une photographie de M. Paul Robert.

tement évidés au-dessus de panneaux plissés. L'ensemble est charmant, et il est à regretter que ce meuble précieux soit condamné à une prochaine destruction par les vers et le salpêtre.

A remarquer aussi, une assez belle armoire près des fonts baptismaux, une crédence en pierre du XV⁰ siècle, et enfin le rétable de l'autel, construit dans le style du XVII⁰ siècle, qui a laissé dans la contrée tant et de si curieux monuments de ce genre. On y retrouve les colonnes torses autour desquelles grimpent des ceps de vigne becquetés par des oiseaux.

Toutes ces boiseries, on le voit, méritent le plus grand intérêt, et il était juste que leur description prît place parmi celles des beautés architecturales de la Normandie.

(1) L'abbé Porée. *Les clôtures des chapelles de la cathédrale d'Évreux.* Évreux, Hérissey, 1890, p. 19-21.

L'Abbé J. Fossey.

IVRY-LA-BATAILLE

Tous les monuments anciens qui faisaient la gloire et la richesse d'Ivry-la-Bataille, ont à peu près disparu.

Son château-fort, bâti sur la crête de la montagne, ne conserve plus que les ruines de ses murs d'enceinte, et quelques vestiges de l'ancienne chapelle Saint-Ursin.

De l'abbaye, fondée vers 1071 par Roger d'Ivry, échanson de Guillaume le Conquérant, il ne subsiste qu'un portail très intéressant, dont les colonnes et les voussures sont ornées de statues d'anges et de saints.

Une importante maison en bois, du XVIe siècle, dite la maison de l'Ange, se fait encore remarquer par la richesse de ses sculptures. La tradition nous rapporte que Henri IV y passa la nuit après sa victoire sur le duc de Mayenne.

Mais le monument le plus complet et le mieux conservé est l'église paroissiale d'Ivry, dédiée à saint Martin.

Située vers le milieu du coteau que dominait l'ancienne forteresse, elle semble avoir été placée pour être entre la ville basse et la ville haute bâtie autrefois sur le même plan que le château.

Ce que l'on sait de plus ancien sur cette église, lisons-nous dans la notice de M. Mauduit (1), c'est qu'elle existait déjà en 1315. Par son patron, saint Martin, on peut lui supposer une plus haute antiquité.

Ce n'est pas sur le style de sa construction actuelle que l'on pourrait appuyer son jugement,

Maison dite de l'Ange.

(1) M. Mauduit, né à Ivry, décédé à Neufchâtel-en-Bray, a laissé par testament, à la Société libre de l'Eure, tous ses documents pour servir à une histoire complète d'Ivry-la-Bataille.

car elle paraît avoir été construite à différentes époques et n'avoir conservé que quelques parties peu importantes de sa construction primitive.

Ce qui forme l'ensemble de l'édifice est du XVI° siècle; mais il ne fut pas élevé d'un seul jet et offre, par conséquent, une divergence de style ou du moins une transition fort brusque. Toutefois, tout porte à croire que cette église, ainsi que la tour qui l'accompagne, fut élevée sur un plan d'ensemble qui date de la première moitié du XVI° siècle. Peut-être ne fut-elle pas achevée, ou bien fut-elle détruite en partie par les guerres que le pays eut à subir. Mais, ce qu'on attribue à Diane de Poitiers, dame d'Anet et baronne d'Ivry, n'est que la reconstruction intérieure de la grande nef, sur les plans de Philibert de l'Orme, ainsi que le portail du midi.

L'ensemble de l'église, de construction plus ancienne, paraît bien avoir été terminé en 1537; c'est la date qui se lit sur l'une des pierres extérieures de l'édifice, au côté nord du chevet.

Vue d'ensemble de l'Église.

D'après une photographie de M. Paul Robert.

Puis, la cloche, fondue sans doute pour cette nouvelle église, et que l'on possède encore, porte la date de 1538; ce qui permet de conclure que l'église était achevée à cette époque.

« Or, en 1537, dit le chroniqueur, Charlotte d'Estouteville, veuve de Charles de Luxembourg, était baronne d'Ivry ; et l'un de ses enfants, Jean de Luxembourg, en était abbé. »

C'est à l'abbé d'Ivry qu'appartenait le droit de patronage et de présentation à la cure de l'église de Saint-Martin. Est-ce un motif de croire que c'est à la pieuse libéralité de la famille de Luxembourg qu'on doit la construction de l'église d'Ivry ? Il est permis du moins de le supposer.

Dans la suite, Diane de Poitiers ne devait pas se laisser vaincre en générosité. Devenue, en 1547, baronne d'Ivry, elle acheva ou releva de ses ruines la partie de l'église que l'on attribue à l'inspiration de Philibert de l'Orme, qui fut abbé d'Ivry, de 1548 à 1560.

Au milieu des guerres de religion, en 1563, les calvinistes firent invasion à Ivry et pillèrent l'église Saint-Martin.

« Le jour de la fête de saint André, en 1688, vers une heure après minuit, un ouragan épouvantable, lisons-nous dans la chronique, emporta la voûte de l'église et la flèche qui surmontait alors la tour. Le plomb qui la recouvrait fut déchiré par la violence du vent et emporté au loin. Les dégâts furent considérables. Les paroissiens, pour en obtenir les réparations, furent obligés de poursuivre contre les abbés un gros procès qui ne se termina qu'en 1769. »

C'était presque à la veille de la tourmente révolutionnaire, qui n'épargna pas l'église d'Ivry.

Cette église venait à peine de s'enrichir des dépouilles de l'abbaye, qui avait été vendue à démolir en 1791, que les terroristes s'acharnèrent à tout dévaster le 28 janvier 1794. Au milieu des plus atroces blasphèmes, ils brisèrent les statues et mirent en lambeaux les tableaux et autres ornements du culte, qui provenaient de l'abbaye. Ils établirent dans le chœur et les sous-ailes, des forges pour y ferrer les chevaux, et commirent toutes les indécences inimaginables.

Enfin, le 1er avril 1795, la liberté du culte étant rendue aux catholiques, la messe fut célébrée solennellement le jour de Pâques, par dom de Beaussard, ci-devant prieur de l'abbaye, qui avait obtenu de demeurer à Ivry, en consacrant son temps et ses soins à l'instruction de la jeunesse.

Dom de Beaussard, après avoir installé le nouveau curé, M. Picquenot, se retira à Verneuil, où il mourut dans un âge fort avancé.

Les cloches de l'église avaient été descendues pour être envoyées au district; mais on accorda aux habitants d'Ivry la faveur de conserver leur plus ancienne cloche, du poids de 3,000 livres, qu'ils possèdent encore, et qui avait sonné, en 1590, la victoire de Henri IV.

Aujourd'hui l'église de Saint-Martin d'Ivry vient de subir une importante restauration, due au zèle et à la sage intervention de M. Tremblay, curé de la paroisse.

La tour, qui jusque-là avait paru inébranlable, ressentit en 1882, par suite d'infiltrations imprévues, un mouvement important, un tassement qui produisit un surplomb de 80 centimètres sur une hauteur totale de 28 mètres.

Cette masse de pierre en s'inclinant, entraîna la dislocation d'une partie des trois nefs, se lézarda elle-même, broya arcs-doubleaux et piliers adjacents et mit en ruine tout le bas de l'église. Pendant huit jours que la tour fit son triste travail d'affaissement, on vit des hommes, remarquables d'adresse et de sang-froid, venir au milieu des sinistres craquements de la tour, des arcades, des piliers et des voûtes, dresser des étais énormes, pour arrêter, s'il était possible, avec la chute de la tour, celle de toute l'église.

La tour, actuellement maintenue par des travaux aussi solides qu'ingénieux, demeure toujours penchée, mais, comme d'autres, elle peut défier les siècles.

Le grand portail, refait complètement dans le style de la tour, fait également l'éloge de l'architecte.

A l'intérieur, l'église a retrouvé sa décoration pleine de richesse et de bon goût. Les magnifiques verrières dont elle est embellie sont presque toutes modernes et sortent des ateliers de M. Duhamel, d'Évreux. On remarque particulièrement celle de la bienheureuse Hildeburge, épouse de Robert d'Ivry, fondateur de l'abbaye de Notre-Dame d'Ivry. Elle mourut en odeur de sainteté, l'an 1115. Un autre vitrail représente Jeanne d'Arc, que le dernier curé, M. Marage, s'est plu à faire représenter, en souvenir de son compagnon d'armes Ambroise de Lorey, baron d'Ivry, qui combattit souvent aux côtés de la Pucelle.

La petite ville d'Ivry a tout lieu d'être fière de son église, si pleine de ces souvenirs qui lui redisent ses gloires politiques et religieuses.

L'Abbé DE LA BALLE.

L'OBÉLISQUE D'IVRY-LA-BATAILLE

Henri IV assiégeait depuis quelque temps déjà la ville de Dreux, quand il apprit que le duc de Mayenne avait passé la Seine avec une grosse armée et que son avant-garde marchait sur Ivry, sous la conduite du duc d'Aumale. « Sitôt que je fus averti que mes ennemis avaient passé la Seine, écrit le roi de Navarre, et qu'ils tournaient la tête vers moi, je me résolus de leur venir audevant. » Le lundi, 12 mars 1590, le Béarnais se mettait en route; le lendemain, il se trouvait en face des ligueurs, mais, jugeant imprudent d'engager la bataille, il s'en tint à quelques escarmouches. « La nuit, dit-il, nous contraignit chacun de nous loger; ce que je fis aux villages les plus proches (Brétigny et Foucrainville). Les ligueurs bivouaquèrent vis-à-vis, en quelques méchants hameaux (Boussez, La Haie, Épieds), sans qu'il y eût ruisseau, colline ni barricade entre les deux armées. »

Le moment était décisif. Des deux côtés on était décidé à lutter avec acharnement. Selon son habitude, Henri IV passa devant le front des troupes pour les encourager.

— Ils sont plus nombreux que nous, lui dit un reître.

— Tant mieux! Plus de gens, plus de gloire! D'ailleurs, la cavalerie défaite, nous aurons beau jeu de ces gens de pied.

Comme centre de ralliement après la charge, le roi indiqua à ses officiers trois poiriers, formant une masse distincte en arrière de l'aile droite ennemie :

— C'est là qu'il faudra se réunir, mes compagnons, leur dit-il, j'y serai, et si vous perdez vos cornettes, ralliez-vous à mon panache blanc.

Vers midi seulement la bataille commença, par une canonnade de l'artillerie royale. Aussitôt le duc de Nemours lança les six cornettes de Brunswick contre les batteries de Henri IV. « Mais, dit Sully, à trente pas, ces reîtres, qui étaient quasi tous de la Religion, tournèrent court sans vouloir combattre, tirant leurs pistolets en l'air. » Leur fuite jeta le désordre dans l'aile droite de Mayenne. Une charge de chevau-légers ligueurs ne réussit pas à rétablir les positions. C'est alors que le comte d'Egmont fit charger ses gendarmes wallons qui s'emparèrent de l'artillerie. L'escadron du roi ayant voulu la reprendre, un combat sanglant s'engagea. « Les deux troupes furent tête à tête un quart d'heure durant, frappant à qui mieux mieux, avant que nul cédât et que les escadrons ployassent; enfin les wallons firent jour et presque toute l'aile gauche de l'escadron royal s'enfuit. » Henri IV, entouré de ses fidèles Navarrais, se vit attaqué par l'escadron de Mayenne, et courut quelque temps un très grand danger. Heureusement, le maréchal de Biron, qui avait réuni quinze cents cavaliers, vint au secours du roi. Son attaque fut si furieuse que les gendarmes wallons épuisés, leurs lances brisées, durent s'enfuir, entraînant avec eux le reste de la cavalerie de Mayenne. Henri IV voulut poursuivre les fuyards, mais ne se voyant suivi que par treize gentilshommes, il s'arrêta sous les trois poiriers où ses cavaliers vinrent le rejoindre. Ayant reformé son escadron, le roi attaqua ce qui restait de la cavalerie ennemie, trois cornettes flamandes. Après avoir résisté vaillamment, les Flamands s'enfuirent vers le pont d'Ivry.

Henri IV, recru de fatigue, se reposa un instant à l'endroit même où avait eu lieu le choc principal. Une tradition veut qu'il s'y soit endormi; mais la chose est peu probable, car les nombreux récits que nous possédons de la bataille d'Ivry nous montrent le roi de Navarre se remettant en marche dès deux heures de l'après-midi et ne s'arrêtant qu'à neuf heures du soir, après avoir atteint Rosny. Quoi qu'il en soit, c'est à l'endroit même où Henri IV avait pris ces quelques minutes de repos que le duc de Penthièvre fit placer un bloc de grès de 3 mètres de haut, avec une inscription constatant que le roi s'était tenu là le jour de la bataille.

Allant à Évreux, en octobre 1802, Bonaparte visita le champ de bataille d'Ivry. Pour commémorer ce fait d'armes, le premier Consul ordonna l'érection d'une pyramide sur l'emplacement des trois poiriers, où Henri IV avait été rejoint par ses cavaliers après la fameuse charge. C'est un monument très simple qui fut inauguré le 24 octobre 1804.

CHARLES LE GOFFIC.

ÉGLISE DE PACY-SUR-EURE. _VUE INTÉRIEURE

L'ÉGLISE DE PACY-SUR-EURE

Les monuments qui ont pu défier les injures du temps et des hommes, je veux dire les dégâts de la vétusté et les ravages des guerres et des révolutions, ont bien droit à notre attention. La plupart même sont dignes d'être admirés. La vallée d'Eure, si fertile et si gracieuse avec ses prairies verdoyantes et ses bosquets ombreux, ne les compte pas, elle les révèle successivement et discrètement aux regards du touriste enchanté, en le faisant avancer de surprise en surprise.

La radieuse petite ville de Pacy-sur-Eure possède aussi dans son écrin un joyau bien digne d'admiration, c'est son église.

Ne vous hâtez point de la juger sur son extérieur, car sa beauté, comme celle de la fille du roi, est toute au dedans.

On voudrait connaître qui nous a légué un monument si digne des âges de foi qui l'ont vu s'élever, et savoir qui en a deviné et exécuté les proportions si harmonieuses, mais le nom du fondateur comme celui de l'architecte, nous reste inconnu.

Par l'époque que nous révèle le style de l'édifice, on peut facilement bien augurer du personnage qui présida à cette si intéressante construction.

Pacy, déjà entre les mains de ces fameux comtes de Breteuil et de Leycester, aussi renommés par leurs largesses que par leurs possessions considérables en Normandie comme en Angleterre, ne pouvait manquer de s'enrichir de monuments dignes de ses souverains.

Eustache, comte de Breteuil et de Pacy, avait, dès 1118, relevé de ses ruines le château qu'avaient bâti les premiers Normands; il l'avait doté d'une chapelle sous le vocable de saint Eustache, son patron, et en même temps, il faisait entourer sa ville de hautes murailles. Il mourut à Pacy en 1136.

Quand Robert II, comte de Breteuil-Leycester et seigneur de Pacy, eut pris la croix à Gisors, en 1188, pour accompagner en Palestine Richard Cœur de Lion, c'était l'époque où s'élevait la nouvelle église de Pacy, dédiée comme l'autre à saint Aubin, évêque d'Angers.

Les seigneurs d'alors, qui se croisaient, avaient coutume de multiplier leurs bienfaits avant leur départ, soit pour attirer les bénédictions du ciel sur leur entreprise, soit pour le rachat de leurs péchés s'ils devaient mourir en route.

Or il nous est bien permis de croire que Robert II, comte de Leycester, n'oublia pas de doter généreusement cette construction naissante pour en activer l'achèvement.

Le roi de France Philippe-Auguste, par le traité du Goulet en 1199, devint possesseur du domaine de Pacy, et, soit que cette résidence lui fût agréable en elle-même, soit qu'elle fût favorable par sa situation à l'administration de cette partie de son royaume, il y résida fréquemment.

C'est en venant de quitter Pacy pour se rendre à Paris, qu'il mourut subitement à Mantes, en 1223.

Il avait pris à cœur de continuer les traditions de bienfaisance envers ses suzerains, et de libéralité envers les églises et les maisons religieuses, dont le comte de Leycester avait donné l'exemple.

La nouvelle église ne pouvait donc manquer de s'élever rapidement avec l'espoir de se terminer bientôt.

Quand saint Louis fut monté sur le trône, il n'eut qu'à y mettre la dernière main. Lui qui semblait faire de son comté d'Évreux un séjour de prédilection, y multipliait à l'envi ses largesses et ses œuvres de justice et de charité. Le saint roi qui résidait souvent à Pacy, avait hâte sans doute de s'agenouiller dans ce nouveau temple dédié à saint Aubin et plus digne de la gloire de Dieu.

Vue d'ensemble

D'après une photographie de la Collection des Monuments historiques.

Qui sait si l'archevêque de Rouen, Eudes Rigault, qui s'y rencontrait avec saint Louis, ne fit pas la dédicace de cette église ?

Les rois et les princes de la maison de France firent successivement séjour dans leur chère ville de Pacy.

Philippe le Bel s'y trouvait en 1293, et Jeanne de France, femme de Charles le Mauvais, comte d'Évreux et roi de Navarre, quitta la Cour de France en 1351 pour se retirer à Pacy, qui faisait partie des domaines de son mari. Cette princesse, aussi vertueuse que son mari était pervers, préférait sans doute cette résidence plus modeste aux splendeurs du nouveau château de Navarre.

Jusqu'au petit roi d'Yvetot, paraît-il, dont Pacy agrandit un moment le domaine et la puissance, Jean Baucher, prince de ce minuscule royaume, était, en 1480, seigneur de Pacy.

Ce qui fait l'éloge des seigneurs et des habitants de Pacy et en même temps notre admiration, c'est que leur église élevée d'un seul jet, comme par enthousiasme, a pu résister à toutes les guerres, sièges et pillages dont elle a été le témoin, et qu'elle nous est conservée pour ainsi dire intacte depuis son origine.

Le château royal de Pacy n'eut pas le même sort. Il se vit plusieurs fois démantelé, et il n'en reste plus aujourd'hui que quelques pierres qui indiquent la place qu'il occupait.

La grande Révolution elle-même, pourtant si avide de pillage et de destruction quand il s'agissait de châteaux et d'églises, sut sinon respecter, du moins conserver l'église de Pacy. Après avoir servi à la fabrication de la poudre, elle fut rendue au culte le dimanche 8 thermidor an III (26 juillet 1795). Mais les vases d'or et d'argent et autres objets du culte avaient été portés au district de la Convention nationale le 24 pluviôse (12 février 1794).

Trois prêtres qui n'avaient point quitté Pacy y reprirent l'exercice de leur ministère : c'étaient Jean Postel, ancien prieur de l'Hôtel-Dieu; Ramier et Julien Duhais, ex-curé de Chambray. Mais ce ne fut que le 21 frimaire an XI (1803), que Fulgence Bourlet, nommé à la cure de Pacy, fut installé par le maire dans le chœur de son église rendue à sa religieuse destination.

Arrêtons maintenant nos regards sur ce monument si digne d'intérêt par son intelligente édification et son intégrale conservation. Je ne saurais en faire une monographie plus exacte et plus savante que celle que M. l'abbé Quesnel en a donnée dans ses *Études archéologiques* de 1881.

C'est donc à lui que j'emprunterai la plupart des considérations qui vont suivre :

« L'église de Pacy-sur-Eure, dans son ensemble, est un monument de la seconde moitié du XII° siècle, qui peut être considéré comme le type le plus complet de la période romane de transition. L'homogénéité de son style prouve que les travaux furent poussés avec vigueur, et à moins de supposer que ce monument n'ait été en retard sur son époque (ce qui paraît difficile à admettre dans un pays où le style ogival a pris des développements si rapides), il faut croire que la nef, les collatéraux et la plus grande partie du chœur et du transept étaient terminés avant le XIII° siècle. Si le XIV° et le XV° siècle ont laissé des traces dans les voûtes du transept, elles sont si peu apparentes qu'elles n'ont en aucune façon altéré la physionomie de l'édifice. »

Peut-être même ont-elles remplacé de premières voûtes détruites ou provisoires.

Ainsi la voûte de la nef majeure vient seulement d'être construite. L'église aurait encore son cachet primitif sans les restaurations des dernières années, qui ne sont pas toutes également heureuses. Dans le bras septentrional du transept une porte ancienne a été murée, et (par compensation sans doute), une autre a été pratiquée au fond du collatéral gauche où jamais on n'aurait dû en ouvrir. Le pilier central du portail de l'ouest a été depuis longtemps supprimé; la deuxième travée du bas-côté droit sert malheureusement encore de sacristie; enfin, on a eu le tort de modifier les lancettes primitives de la dernière travée du bas-côté gauche. Ces réserves faites, c'est une des rares églises qui ont subi jusqu'à nous le moins de transformations.

Le plan est une croix latine, inscrite dans un parallélogramme irrégulier. Cette forme de la croix, quoique nettement accusée à l'intérieur, ne se fait remarquer au dehors que par le retour d'équerre formé de côté et d'autre de la nef par la ligne du transept. Tandis que dans presque toutes les églises romanes, nous voyons les transepts très développés, ici, contrairement à cette disposition, les bras de la croix ne font aucune saillie en dehors des nefs latérales ou du corps même de l'église.

Deux rangées de piliers divisent l'intérieur en trois nefs; cette disposition est parfaitement marquée à l'extérieur par les trois divisions verticales de la façade principale ou gable de l'ouest, différentes en hauteur selon les nefs auxquelles elles correspondent. Leur largeur est déterminée par deux contreforts à quatre retraits buttant le mur de la grande nef, et deux autres contreforts à deux retraits qui buttent les murs des basses-nefs et limitent la façade.

Entre les deux grands contreforts s'ouvre le portail principal.

C'est un arc ogival, de moyenne grandeur, à voussures formées de moulures toriques, supportées par deux colonnes dont les chapiteaux sont de la plus grande élégance. La flore murale du XIIIe siècle n'a jamais rien produit de plus parfait. La base de ces colonnes est formée de deux tores séparés l'un de l'autre par une gorge profonde ressemblant assez à un petit canal.

Des espèces de feuilles sortant de dessous la moulure forment empâtement sur le socle : cette disposition se fait remarquer à la base de tous les piliers.

A la naissance du tympan, qui semble n'avoir jamais reçu de sculpture, sont des animaux fantastiques servant de supports.

Ce portail est surmonté de deux lancettes géminées très élancées, dont les proportions sont heureuses. L'ogive est toujours à moulures toriques, qu'une colonnette unique reçoit à leur point de jonction; deux autres colonnettes reçoivent la retombée des arcs à leur point opposé. Les bases et les chapiteaux reproduisent les particularités de ceux du portail. Le talus de ces lancettes est muni à sa base d'une forte moulure qui le sépare de l'étage inférieur, et le tout se termine par un pignon aigu percé, au milieu, d'une étroite ouverture à angle droit.

Les parties de la façade correspondant aux basses nefs n'offrent qu'une lancette étroite sans moulure, dont l'évasement à l'intérieur est beaucoup plus large qu'à l'extérieur. Cette façade, simple et sévère, est d'une grande pureté de lignes et assez soigneusement appareillée, tandis que celles du nord et du midi n'offrent à l'œil qu'un grossier blocage noyé dans du mortier et consolidé de distance en distance par des poutres jetées dans l'intérieur de la maçonnerie. On n'y a employé la pierre que dans les parties saillantes et architecturales; par exemple, pour les contreforts, les fenêtres et les corniches des bas-côtés et du grand comble, qui présente une série de petits modillons à têtes plates, billettes, têtes de clous et autres ornements de l'époque.

Le transept à pignon aigu est percé d'une fenêtre sans style et sans caractère, refaite ces dernières années. Elle est enfoncée dans une arcade plein cintre en surplomb. A la place de cette fenêtre, primitivement, peut-être existait-il comme au chevet trois lancettes dont celle du milieu était plus haute que les deux autres...... Les deux bras du transept, le chevet et chacune de ces parties, en particulier, par la disposition de leurs fenêtres reproduisaient aussi le nombre symbolique, trois, dont la signification est bien connue. Le transept septentrional était percé d'une porte, aujourd'hui murée. Deux autres portes latérales existent encore au sud et au nord. Cette dernière est peu curieuse; l'autre est une ogive garnie de dents de scie, dont la retombée se fait sur des têtes curieuses malheureusement mutilées.

A l'intersection de la nef et du transept s'élève un clocher octogone en charpente recouverte d'ardoise. Ce clocher moderne, qui affecte de loin la forme poivrière, n'a rien d'intéressant et semble provisoire.

L'intérieur de l'église est particulièrement remarquable. Le caractère de cette architecture est plutôt la force du style roman que l'élégance et la légèreté du style ogival du XIIIe siècle. On est impressionné par la noblesse de ces formes, quoique cette impression ne résulte point de la grandeur des proportions.

Six travées seulement, y compris le chœur et le transept, mesurant ensemble 33 mètres, font la longueur dans œuvre. Il est à remarquer que ces travées augmentent de largeur à proportion qu'elles s'éloignent du portail de l'ouest. La largeur est à peine de 18 mètres, dont 8 pour la nef, du milieu de l'épaisseur des piliers, et 5 pour chacun des bas-côtés. La hauteur sous clef de voûte est de 15 mètres. Les arcades sont fort basses; le clérestory n'a qu'une élévation très médiocre; on voit que l'architecte a tout réservé pour la partie intermédiaire ou triforium.

Les deux premiers piliers de la nef sont formés l'un et l'autre d'une colonne monocylindrique très trapue, reposant sur un socle octogone, et chaque colonne est couronnée d'un chapiteau à feuilles nervées, terminées par un fleuron. Un peu au-dessus de l'abaque de ce chapiteau s'élance une svelte colonnette, presque entièrement détachée, dont la base est remplacée par un cul-de-lampe à feuilles recourbées un peu en crochet. Son chapiteau, accosté de deux pendentifs, reçoit la retombée des voûtes. Les autres piliers sont ordinairement composés de quatre colonnes cantonnées, à moitié engagées, supportant les arcs-doubleaux. Elles sont, du côté de la nef, flanquées de deux colonnettes destinées à recevoir les arcs diagonaux des voûtes. Dans les basses nefs ces colonnes, très irrégulièrement groupées, sont quelquefois remplacées par des têtes grimaçantes ou de simples culs-de-lampe à feuillage. Les piliers du transept présentent aussi des groupes de colonnes dont quelques-unes sont à huit pans; plusieurs d'entre elles sont engagées au quart à peine de leur circonférence.

La voûte de cette partie de l'église est du XVIᵉ siècle. Elle porte à la clef l'écu de France, — *d'azur à trois fleurs de lys d'or,* — soutenu par deux anges.

Le chœur n'occupe qu'une travée, laquelle n'a point de triforium. Au-dessus de l'arcade, la muraille est percée d'une fenêtre à deux baies, dont le tympan est rempli par un immense trilobe.

Le chevet est percé de trois fenêtres à plusieurs voussures à deux étages de colonnettes superposées. Cette partie nous paraît être un peu plus avancée que le reste de la construction et pourrait être rapportée au XIIIᵉ siècle.

Le triforium n'existe que dans la nef. Le transept n'offre à la hauteur du premier étage d'un côté qu'une forte saillie supportée par des corbeaux de pierre. Cette saillie est assez large pour former trottoir. Le triforium très développé, comparativement à l'élévation des arcades et du clérestory, est composé, par chaque travée, de trois ogives robustes, renfermées dans un plein cintre. Les chapiteaux des colonnes, toutes monolithes, ont leur tailloir carré; ils présentent une très grande variété quant à leur ornementation, qui est particulièrement soignée.

Le clérestory n'offre qu'une série de petites fenêtres géminées, très courtes, sans moulures. Les basses nefs sont éclairées par de simples lancettes.

De chaque côté du chœur la construction se complète par deux chapelles faisant suite au transept. Mais l'une, celle de droite, a été murée pour servir de sacristie. Il faut espérer que cet état provisoire, qui dure malheureusement depuis trop longtemps, prendra fin, et que cette chapelle en retrouvant sa destination première rendra à l'église ce coup d'œil d'ensemble qui en complètera le charme.

Nous ne trouvons à signaler dans le mobilier de l'église que les boiseries du chœur qui datent de Louis XIII; quelques tableaux et une statue de sainte Anne, du XVIᵉ siècle; la frange de la robe porte en caractères très ornés l'inscription suivante, brodée de deux rangs de perle : SANCTA ANNA, ORA PRO NOBIS. L'autel de la Mère de Dieu possède une statue de la Vierge, du temps de Louis XIV, qui est assez remarquable.

Le trésor de l'église a disparu comme tant d'autres au temps de la Révolution, pour aller enrichir la Convention nationale. Un seul objet a été épargné, c'est une paix en argent qui représente le crucifiement; la Sainte Vierge et saint Jean sont debout auprès de la croix; derrière on lit le nom du donateur : MESSIRE BINET, ESCHEVIN DE LA CHARITÉ EN 1716.

Aux yeux des savants archéologues, l'église de Pacy ne pouvait passer inaperçue; aussi, sur les instances de M. Léopold Delisle, elle a été classée parmi les monuments historiques.

L'Abbé DE LA BALLE.

LE CHATEAU ET L'ÉGLISE DE MÉNILLES

En suivant cette belle vallée où serpente la rivière d'Eure, vous avez à peine quitté la jolie petite ville de Pacy que votre regard est attiré par la riante colline où se trouvent bâtis la bourgade de Ménilles et son château. Ce gracieux édifice rappelle le temps où les seigneurs et les princes du sang royal cherchaient dans le charme de la solitude et dans les beautés de la nature la plus luxuriante, le repos des agitations politiques et des guerres incessantes. Il a été construit sur l'emplacement de l'ancien manoir des seigneurs de Ménilles, dont la race s'est éteinte dans Jehan de Ménilles dont la fille Jehanne épousa Guillaume Le Cesne, qui prit possession du fief. (Aveux du 10 avril 1450, arch. de l'Emp., p. 308, fol. 31.)

Si ce château fut commencé sous le règne de François Ier, il n'a dû s'élever qu'au temps de Henri II, comme le témoignent les écussons et les chiffres entrelacés de Diane de Poitiers et du roi Henri, qui font son ornementation. Ce n'était point un domaine royal. Aussi peut-on s'étonner de ce genre de décoration, et chercher à se l'expliquer, ou par une fantaisie de l'architecte, ou par une flatterie de Guy Le Cesne, seigneur de Ménilles, qui le faisait construire. Peut-être se proposait-il, comme le fit plus tard l'intendant-général Fouquet pour Louis XIV, de recevoir son roi en lui offrant une gracieuse hospitalité, en compagnie de Diane sa favorite. Le vestibule, remarquable par son ampleur et sa disposition, reçoit la plus grande richesse de son ornementation, de son grand escalier monumental avec ses rampes de pierre aux sculptures ajourées, qui rappelle le bel escalier du château de Blois.

Le grand salon, restauré depuis quelques années, a repris sous une main habile le cachet de son style primitif et ses grands airs d'autrefois.

La terrasse elle-même, qui entoure le château, n'a rien perdu de son élégance et de son originalité. Elle accompagne avec ampleur cette gracieuse construction, devant laquelle s'ouvre une vaste et longue avenue de tilleuls, qui appellent le regard vers les horizons lointains et multiples de notre belle vallée.

Un parc d'une grande étendue (presque une forêt), s'étend sur tout le coteau jusqu'au sommet et fait de cette demeure un domaine presque princier.

Ajoutez à cela la fertilité de son territoire et l'excellence de ses vins et vous ferez de ce petit pays un séjour vraiment enchanteur.

Les premiers seigneurs de Ménilles eurent leur illustration. Un d'entre eux, qui vivait au XIIIe siècle, fut religieux de l'ordre de Saint-Dominique. Il était un des plus éloquents et des meilleurs prédicateurs de son siècle. Il est plus connu sous le nom de Guy d'Évreux.

Il faut croire que ce séjour prédisposait à la vie contemplative, car nous retrouvons, au XVIIIe siècle, un Le Cesne de Ménilles, auteur ascétique renommé, qui mourut en 1770.

Au moment de la Révolution de 1789, la seigneurie de Ménilles appartenait au comte Joseph de Puisaye, marié à Louise Le Cesne de Ménilles.

Le comte de Puisaye, général vendéen, qui fut d'abord lieutenant du fameux Félix de Wimpfen, commandant en chef de l'armée des côtes de la Manche, s'était mis à la tête du mouvement insurrectionnel de la Bretagne et de la Normandie. Il commandait l'armée fédéraliste, lors de la déroute de Brécourt. Il avait installé son quartier général au château de Ménilles. Le peu d'honneur qu'on lui fait, c'est de supposer qu'il dormait profondément pendant que ses soldats cherchaient leur général, et qu'il ne s'est réveillé que le lendemain, 14 juillet, pour rejoindre les fuyards à Évreux. Parmi eux se trouvait l'abbé Gohier de Jumilly, qu'on appelait le volontaire de Brécourt. On nomma cette équipée la bataille sans larmes, parce que, suivant les uns, il n'y eut pas une seule goutte de sang de versée. Mais ils ne quittèrent point la place sans avoir mis le château au pillage.

Le château de Brécourt appartenait alors à Madame la marquise Jubert de Bouville.

Le château de Ménilles était resté la propriété de la famille Le Cesne jusqu'au 7 mars 1778, date à laquelle il passa entre les mains de Louise Le Cesne de Ménilles, mariée au comte Joseph-Geneviève de Puisaye, dont la fille Joséphine-Louise de Puisaye mourut en 1809.

A sa mort, elle légua le château à l'abbé d'Auxais, son parent, dont l'héritier le vendit, pour la première fois depuis sa construction, au baron de Rœderer.

Madame la marquise de Montalembert, née de Choiseul-Praslin, en fit l'acquisition en 1874, et le céda à son second fils à l'époque de son mariage : c'est le jeune comte de Montalembert d'Essé qui l'habite actuellement.

Le blason des Montalembert est : *d'argent à la croix ancrée de sable.*

Église de Ménilles, portail Ouest.

D'après une photographie de la Collection des Monuments historiques.

L'église de Ménilles, toute voisine du château, attire également l'attention des visiteurs par son beau portail à voussures d'une si riche ornementation.

Tout est séduisant pour les yeux et captivant pour l'esprit dans cette ravissante vallée.

A quelques milles de distance, l'œil se repose immédiatement sur le gracieux château de Cocherel qui, par son style et sa situation, n'a rien à envier que sa grandeur à celui de Ménilles.

Il est habité par Madame la comtesse Crucius de la Croix.

Ce pays fut le théâtre d'exploits fameux au temps de l'âge de pierre et au moyen âge.

On a découvert, à mi-côte, sur le territoire de Cocherel, un ossuaire gaulois, dans lequel il y avait des os brûlés et des cendres, des flèches, des hachettes montées en os, et une vingtaine de squelettes étendus parallèlement et dirigés vers le midi; le tout recouvert de grandes dalles de pierre. Ce monument curieux n'est pas entièrement détruit.

La célèbre bataille du 16 mai 1364, qui a pris le nom de Cocherel, eut lieu dans cette vallée.

L'armée française avait pour chef Duguesclin, et celle des Anglais et des Navarrois était commandée par le captal de Buch, Jean de Grailly. Les Français, venant de la Croix-Saint-Leufroy, où les moines de l'abbaye leur avaient donné l'hospitalité, passèrent un pont qui existait alors à Cocherel et se portèrent sur la rive gauche dans la prairie, restant maîtres du pont ainsi que du village. Ce fut par ce pont que Duguesclin, voulant attirer l'ennemi à sa poursuite, commença une retraite simulée. Un corps d'Anglais, quittant les hauteurs qu'il occupait, et que l'on appelle encore la *Côte aux Anglais,* se hâta de le poursuivre; mais les Français firent volte-face, repassèrent le pont et se rencontrèrent avec les troupes navarroises. On combattit corps à corps, à coups de hache et d'épée, et l'avantage resta aux Français.

Jean Jouel, chef anglais, tomba blessé mortellement. Guy de Gauville et Pierre de Sacquenville, autre chef navarrois, furent faits prisonniers avec Jean de Grailly.

Pendant ce temps, le pennon du captal fut abattu et la victoire fut complète.

Le lieu de la mêlée est connu sous le nom de Croix-de-la-Bataille, parce qu'il y a eu longtemps une croix, aujourd'hui détruite.

Non loin de là, un autre monument, encore debout, redira aux âges futurs le courage et la gloire de Bertrand Duguesclin.

L'abbé DE LA BALLE.

ÉGLISE DE VERNON — PORTAIL OUEST

L'ÉGLISE NOTRE-DAME DE VERNON

Un voile épais semble avoir été jeté sur les origines de cet édifice.

Un ancien curé de Vernon, Jean Theroude, auteur de la *Vie de saint Adjutor*, publiée en 1638, prétend, sans en fournir la preuve, qu'en l'an 1052 : « Estoit prince de Vernon Guillaume premier, qui fit rebastir l'église Notre-Dame, et la dédier puis après par Gislebert évesque d'Eureux. Il donna à cette Eglise de Vernon la terre nommée la Couture du Pré de Giverny. »

Un peu plus loin, cet auteur ajoute : « En l'an 1145, ou environ, le collège des Chanoines de Vernon fut fondé par Guillaume II du nom, seigneur de Vernon, et fut donné audit collège par ledit Guillaume la quatrième partie de la forest. »

Millin, dans ses *Antiquités nationales*, à l'article : Monuments de Vernon, a donné les premières lignes d'une charte en latin, où l'on fait dire à Richard, fils de Guillaume II, et dernier seigneur châtelain de Vernon, qu'il « confirme le don de la terre de la Couture du pré de Giverny fait par le premier Guillaume, son antécesseur, à l'église Notre-Dame, lorsque Gilbert, évêque d'Évreux, en fit la dédicace ». Cette charte, ou plutôt sa copie, aurait été trouvée par Millin à l'abbaye de Lire.

Les assertions de Jean Theroude, au sujet de l'ancienneté de l'église de Vernon, ne sont pas plus croyables que le passage de la charte, évidemment apocryphe, que nous venons de citer. Nous en trouvons la preuve dans une épitaphe latine gravée sur l'un des côtés du monument érigé sur la tombe de Guillaume II de Vernon, dans la nef de Notre-Dame et devant le chœur.

En voici la traduction littérale :

SEIGNEUR DE VERNON

A QUI LA VILLE A DONNÉ SON NOM,

CETTE PIERRE RECOUVRE TES RESTES REGRETTÉS O GUILLAUME

ET, TANDIS QUE FONDATEUR DE CET ÉDIFICE, TU

EN RÉUNISSAIS LES MATÉRIAUX, LA

PARQUE IMPITOYABLE A TRANCHÉ LE FIL DE TES JOURS

PAR UN FUNÈBRE DEUIL, EN

1100, PLUS 60 ANS, TANDIS QUE BORÉE EST AU MILIEU

DE LA COURSE DES POISSONS.

Jean Theroude ne pouvait ignorer l'existence de cette épitaphe dans son église. Il devait connaître aussi un *registre velu* dont, en écrivant ces lignes, nous avons sous les yeux une copie faite par un chanoine en 1730, et sur la première page duquel nous lisons : « *Inuentaire des Tiltres de l'Eglise*

Royale et Collégiale de Nostre-Dame de Vernon, fidelement copié et transcript de l'original en veslin en dapte de l'an 1434. »

Eh bien, dans cet inventaire, la première pièce que l'on rencontre, c'est-à-dire la plus ancienne, et qui porte la date de 1186, est précisément la charte de confirmation de Richard de Vernon, dont Millin a cité le commencement dans son ouvrage; mais au lieu de confirmer le don du premier Guillaume, elle « confirme le premier don fait par Guillaume de Vernon son antécesseur, duquel le corps repose en la dite église de Vernon, et qui, en outre, donna à la dite église la quarte partie de toute la forêt de Vernon ». Il n'est pas parlé de la dédicace faite par l'évêque d'Évreux.

Ainsi, des deux documents que nous venons de produire, il paraît résulter que c'est bien Guillaume II qui a fait le premier don, c'est-à-dire donné la terre de la Couture du pré de Giverny à l'église Notre-Dame; c'est encore lui qui créa le collège des chanoines et qui donna le quart de la forêt de Vernon; c'est lui, enfin, qui mourut en 1160 et qui fut inhumé devant le chœur, dans la nef de Notre-Dame.

Ce fait établi, il reste à savoir pourquoi le *Vieux registre* fait Guillaume l'antécesseur de Richard et non son père. Il y a là une substitution de mot qui ne peut être le résultat d'une erreur. Il ne serait pas impossible que l'*Inventaire de l'Église collégiale de Vernon* eût été modifié en certaines parties lorsqu'on en fit la copie en 1730.

Sans insister davantage sur ce point, nous allons procéder à la description de l'église.

*
* *

Le chœur de l'église de Vernon, ou du moins la partie appelée sanctuaire, paraît remonter au temps de Guillaume II. Il appartient au style roman. M. Raymond Bordeaux croit, comme nous, qu'il est contemporain du chapitre. Les bas-côtés font complètement le tour du chœur; or, on sait que le prolongement des ailes autour de l'hémicycle ne commence à être fréquent qu'aux approches du XIIe siècle. Les colonnes rondes qui entourent ce sanctuaire sont ornées de chapiteaux plutôt gravés que sculptés, et supportent des arcades, les unes en plein cintre, les autres à cintre surhaussé, très curieuses par leur ancienneté et les reprises qui y ont été faites, dans des temps plus rapprochés, pour les consolider.

Il nous paraît utile d'ajouter que les fenêtres qui éclairent cette partie de l'église sont ogivales, et que ce n'est que vers la fin de la seconde moitié du XIIe siècle qu'on employa l'ogive concurremment avec le plein cintre.

M. l'abbé Cochet, dans ses descriptions d'églises, cite souvent des comptes de fabriques, ou des documents faisant connaître les dates des réparations dont il parle, et les noms des modestes et habiles ouvriers qui y ont travaillé. Nous serions très heureux de pouvoir l'imiter, mais, malheureusement, il n'existe aucun renseignement de cette nature pour l'église qui nous occupe. La seule chose que nous ayons rencontrée, se trouve dans l'*Inventaire* dont nous avons parlé ci-dessus; la voici :

« Item, en une boëtte ronde, signée xxj, est un procès devant l'abbé de Saint-Magloire, meu entre le chapitre de Vernon et Me Jean Autabour, maçon, maistre des œuvres pour le Roy, à cause du cuer de l'église dont lors fut marché fait avec ledit maistre Jehan d'abattre la vieille maçonnerie des voustes du chœur et reediffier; lesquelles choses sont plus au large contenües en dit procès, et ne fut pas la dite ouvrage faite ainsy que le marché le contenait et peut estre gardé pour autre avis sur la perfection de l'ouvrage encommencé, si on la voulait parfaire, et fut iceluy procès mis et discuté devant le dit abé de Saint-Magloire, comme juge donné à l'église de Vernon par vertu de la bulle cy devant enregistrée et cottée en la boëtte cy devant xvij. Lequel procès fut mis devant ledit abé l'an 1380. »

Ainsi, en 1380, Jean Autabour, maître maçon, a procédé à la réfection des voûtes du chœur. La première travée est à plein cintre, et soutenue par quatre piliers engagés, surmontés de chapiteaux.

Cette partie du chœur est, croyons-nous, moins ancienne que le sanctuaire dont le sol est un peu plus élevé, mais, comme elle a été presque entièrement reconstruite il y a quelques années, il serait difficile de déterminer à quelle époque elle appartient. Avant la Révolution, un jubé séparait le chœur de la nef. Le duc de Penthièvre le fit réparer et l'une des deux tribunes qui s'y trouvaient lui était réservée. Ce jubé fut démoli en 1790, lorsque, de collégiale qu'elle était, Notre-Dame devint seulement paroissiale.

C'est au-dessus de la première travée du chœur que s'élève le clocher carré de Notre-Dame. Il a deux étages. Le premier est une grande et belle salle voûtée, éclairée, sur ses quatre côtés, par deux hautes mais étroites fenêtres ogivales en lancette. Au milieu du plancher et de la voûte de cette pièce, on aperçoit une ouverture, en forme de cercle, destinée à donner passage aux cloches qu'on voudrait monter au beffroi, ou en descendre.

Le second étage est éclairé de nos jours, sur trois de ses faces, par deux ouvertures ogivales accouplées, renfermant chacune deux arcades géminées en lancette.

Au dehors, le premier étage du clocher est orné d'arcatures simulées entrelacées et séparées à certaines distances par des colonnettes saillantes. Un rinceau de feuillages court au-dessus de cette ornementation, laquelle, ainsi que la forme de ses fenêtres, paraît remonter au XIIIᵉ siècle.

Ce clocher devait sans doute être surmonté d'une flèche, mais il est simplement recouvert d'un très modeste toit à quatre pentes, au-dessus duquel le vent fait tourner un coq anciennement doré.

Lorsque Millin, l'auteur des *Antiquités nationales*, visita l'église de Vernon, on y voyait encore le tombeau du maréchal de Belle-Isle.

Ce tombeau était « sur un pilier à gauche, près des marches du grand autel; il était dans un encadrement de marbre blanc, surmonté d'une tête de mort ailée d'où partaient des voiles funèbres. Le médaillon du maréchal était attaché à un palmier au-dessus duquel étaient des trophées militaires. Le cénotaphe était chargé de l'écusson écartelé de quatre écus. Le premier et le quatrième *d'argent à l'écureuil rampant de gueules*, armoiries de la maison de Fouquet; le second et le troisième *d'or chargé de trois écussons de sable.*

Au-dessus étaient deux flambeaux éteints. Sur une plinthe, entre des triglyphes, une table de marbre portait trois épitaphes.

*
* *

La Nef. — La nef de l'église de Vernon paraît remonter au milieu du XIVᵉ siècle. Elle est contemporaine du chœur d'Évreux dont elle rappelle le style et, par un singulier hasard, dit M. Raymond Bordeaux, la nef d'Évreux a, comme le chœur de Vernon, des arcades romanes.

Cette nef comprend cinq travées d'égale largeur et une sixième plus petite. C'est dans cette dernière, adossée au grand portail, que se trouve le buffet d'orgues. On ignore à quelle époque ces orgues remontent. Les chanoines les firent réparer vers le milieu du XVIIIe siècle. Il y a quelque trente ans que M. Moulin, curé de Vernon, les fit restaurer et augmenter. Enfin, elles le furent encore en 1891, par MM. Krischer et fils, de Rouen.

Les huit piliers de la nef sont fasciculés et leurs colonnettes se raccordent, à la retombée des voûtes, avec les arcs doubleaux, les nervures, les formerets et les arêtes des collatéraux.

Cette nef n'est pas la partie la plus curieuse de Notre-Dame, mais elle en est assurément la plus belle. Sur ses deux côtés, et dans toute sa longueur, un *triforium* dessine ses gracieuses arcades,

Triforium.

D'après une photographie de la Collection des Monuments historiques.

soulignées par un rinceau de feuilles. Au-dessus, cinq hautes et larges baies ogivales, et une sixième plus étroite, l'éclairent au levant et au couchant. Une chose nuit, cependant, à l'effet de cette belle partie de l'édifice : c'est la différence d'élévation existant entre le vaisseau du chœur et celui de la nef qui a le double de sa hauteur. Il résulte de cet état de choses, qu'entre le dessus de la première voûte et le dessous de la seconde, on aperçoit une grande muraille blanche et nue, séparant, au-dessus du chœur, le haut de la nef de la salle qui se trouve au premier étage du clocher. On a tenté de remédier à cet inconvénient, en plaçant sur cette muraille un beau Christ en croix, sculpté et donné à l'église en 1664, avant Pâques, par Jean Drouilly, statuaire, né à Vernon. Ce Christ est flanqué à droite d'une statue de la Vierge, et à gauche de celle de sainte Madeleine. Cette décoration n'est pas suffisante ; il faudrait la compléter en faisant ouvrir dans ce mur les deux fenêtres ogivales qui ont été murées et qu'une mince couche de plâtre masque du côté de la nef. En ornant ces deux fenêtres de verrières, la nudité du mur ne serait plus remarquée, et si, en même temps, on tamisait la lumière répandue avec trop de profusion dans la nef par le *clerestory*, en y plaçant des verres dépolis et de couleur, on obtiendrait cette obscurité transparente, ce demi-jour mystérieux qui porte l'âme au recueillement et à la prière.

En 1635, « la nef de l'église Nostre-Dame de Vernon estant basse et incommode, les doyen et chanoines la firent rehausser et réparer, et pour ce faire, on démolit le sépulchre de Guillaume, prince de Vernon, élevé en pierre, au milieu de la nef, devant le crucifix, dont les ossements furent trouvés dans un petit cercueil de plastre, et y furent reposés le 30 décembre 1642, après vespres, au son des cloches, les doyen et chanoines célébrans l'office des morts, et le lendemain, la messe en grande dévotion et cérémonie (1) ».

C'était sur ce tombeau que se trouvait l'épitaphe latine que nous avons citée ci-dessus, et la « réprésentation » de Guillaume II, qui alors était couverte d'un tapis de cuir noir qu'on ne levait que pour la faire voir aux curieux.

(1) Le Batelier d'Aviron. *Mémorial historique des Evesques, ville et comté d'Évreux.*

*
* *

Chapelles. — Occupons-nous maintenant des chapelles et commençons par celles qui se trouvent dans le collatéral à droite en entrant dans l'église.

La première est placée sous le vocable de saint Joseph. La muraille du fond est cachée par une boiserie avec panneaux à plis et sculptés. En face de l'autel, on voit un bas-relief en pierre, consacré à la mémoire d'un curé de Vernon, M. Moulin, qui a laissé dans le cœur de ses paroissiens des souvenirs impérissables de bonté, de dignité et de bienfaisance. Cette chapelle fut rendue au culte en 1866, par ce tendre et vénérable pasteur. Au-dessus du bas-relief, on a placé une sculpture sur bois représentant une Vierge entourée de rayons et les pieds sur un nuage. La statue de saint Joseph et celles de sainte Geneviève et de saint Augustin sont au-dessus de l'autel. Une verrière moderne montre aux fidèles les images de sainte Luce, saint Guillaume, sainte Geneviève et saint Augustin.

La chapelle qui suit est celle de l'*Immaculée Conception*. Les murs sont recouverts d'une boiserie à moulures. De petites cariatides soutiennent les nervures de la voûte, et d'anciens vitraux, assez habilement restaurés, donnent, en huit panneaux, des scènes de la vie de Jésus et de saint Jean-Baptiste. Au-dessus de ces vitraux, dans la partie ogivale de la baie, des meneaux curvilignes, style flamboyant, encadrent de vieux vitraux dont on ne peut reconnaître les sujets.

La troisième chapelle est celle de saint Mauxe, patron de Vernon. La statue de ce saint, peinturlurée et dorée sur toutes les coutures, domine un tableau placé au-dessus de l'autel et représentant une descente de croix. Des vitraux modernes offrent l'image de sainte Élisabeth, de saint Louis, de saint Mauxe et de sainte Barbe.

La chapelle de la Madeleine, qui vient après celle de saint Mauxe, a sur son autel un tableau de sa repentante patronne. Dans les vitraux restaurés de la baie qui l'éclaire, on voit les disciples d'Emmaüs, et Jésus marchant sur les flots. Chacun de ces deux sujets est surmonté d'un dais resplendissant. Le fond et les deux côtés de cette chapelle sont recouverts d'une boiserie à moulures avec traverses cintrées.

La cinquième chapelle est entourée d'une belle boiserie où l'on voit deux rinceaux de feuilles de vigne avec des raisins. Un cadre en chêne, formé dans le haut, d'un segment de cercle élégi de plusieurs moulures, et soutenu par deux colonnes avec socles et chapiteaux sculptés, entoure une assez jolie grisaille représentant saint Vincent, jeune diacre, martyrisé au IVᵉ siècle.

La sixième chapelle est plus haute et plus grande que les autres et forme transept de ce côté de l'église. Au dehors, sur la rue du Chapitre, elle est surmontée d'un pignon. Au-dessus de l'autel, on voit, dans un cadre en bois délicatement sculpté, un tableau paraissant représenter l'institution du saint Rosaire. Une statue de Marie est placée au-dessus de cette peinture qui, comme le tableau et l'autel, se trouvait, avant 1877, dans la chapelle de la Vierge.

La baie qui éclaire ce transept est dépourvue de vitraux. Les meneaux curvilignes qui ornent la partie en ogive, sont bien supérieurs à ceux des autres fenêtres. On trouve encore dans cette chapelle une élégante piscine et une tapisserie représentant un épisode de la vie de saint Ambroise.

En sortant de cette chapelle, et en se dirigeant vers le fond de l'hémicycle, on rencontre d'abord une porte basse, avec panneaux à plis, donnant accès à un escalier conduisant à la salle capitulaire, et ensuite au clocher.

La salle capitulaire, assez bien conservée, et éclairée par deux fenêtres ogivales, se trouve au-dessus de la sacristie, dont la porte est ornée de deux colonnes, avec chapiteaux supportant une frise sculptée, au-dessous de laquelle on voit trois rangs de moulures. Ce petit et gracieux portail nous paraît appartenir à la Renaissance.

La chapelle de la Vierge est de forme pentagonale et éclairée par cinq baies renfermant chacune

Vue de l'abside.

D'après une photographie de M. Paul Robert.

deux ogives géminées surmontées d'un cercle avec contre-lobes. Tous ses vitraux sont modernes. Elle a été très intelligemment réparée en 1877. On y remarque une charmante piscine à plein cintre, ornée de deux colonnettes avec socles et chapiteaux sculptés. Au-dessous des fenêtres, un rinceau de feuilles de chêne chargées de glands, court sur les cinq côtés de la chapelle.

Entre la chapelle de la Vierge, qui forme l'abside de l'église, et la chapelle Sainte-Marguerite, règne un mur de quelques mètres de longueur dans lequel se trouve une fenêtre encadrant une belle verrière moderne, représentant le martyre de saint Étienne, diacre, donnée en mémoire d'Abel-Étienne-Louis Transon, ingénieur en chef des Mines, officier de la Légion d'honneur, mort en 1876.

La première chapelle du collatéral opposé à celui que nous venons de parcourir, après avoir contourné l'hémicycle, est celle de Sainte-Marguerite. Elle fut fondée en 1441, par Jacques de

Bordeaux, fils de Hue, écuyer, seigneur du Buisson de Mai et de Marville, et par Jeanne Le Boucher, son épouse. Par une bulle, en date du 6 octobre 1442, le pape Eugène IV autorisa cette fondation. Jean de Bordeaux mourut en 1646 et fut enterré, ainsi que sa femme, dans cette chapelle que Madame Froidefond de Florien, née de Bordeaux, fit restaurer assez modestement en 1845.

Entrons maintenant dans la chapelle de Sainte-Geneviève. En face de l'autel se trouve une grande et belle copie de la *Résurrection du Christ*, d'Annibal Carrache, donnée à l'église en 1843, par M. Eugène Bréauté.

Au-dessus de l'autel, sur un socle de pierre scellé dans le mur, se trouve une charmante statue de sainte Geneviève. La jeune et douce pastourelle est représentée debout, le corps légèrement tourné à droite, les yeux fixés sur un livre dans lequel elle paraît lire avec dévotion. Le haut de son bras gauche s'écarte un peu de sa poitrine et l'avant-bras s'élève, en s'écartant aussi, à la hauteur de son visage. La main, à demi fermée, semble s'appuyer sur un objet qu'on n'aperçoit pas et qui empêche de comprendre la position de ce membre. Il faudrait placer dans cette main le manche d'une houlette dont le bas toucherait le sol, c'est-à-dire le socle qui soutient la statue. C'est ainsi qu'on la voyait encore vers 1842, gardant des moutons de pierre sur un rocher factice, où des ronces poussaient entre les roches, et où s'élevaient quelques arbrisseaux. Cet intéressant rétable (j'allais dire décor) était anciennement placé sur le maître-autel de l'église Sainte-Geneviève de Vernon, et, après la démolition de ce temple, on l'avait exposé au fond du sanctuaire de Notre-Dame, assez haut pour être vu au-dessus du grand autel. Cette installation avait masqué deux fenêtres, sauf leur partie élevée qui éclairait splendidement ce rétable, et produisait une telle illusion qu'on s'attendait à voir marcher la sainte et ses brebis.

Lorsque, vers 1842, on procéda à d'importantes réparations dans Notre-Dame, les architectes chargés d'en surveiller l'exécution, estimant sans doute que la lumière des deux fenêtres à demi bouchées, serait préférable, dans le chœur, au charmant tableau qu'offrait le vieux rétable, firent démolir ce curieux morceau. Ils employèrent sans doute les pierres formant le rocher dans les réparations de l'église. Quant aux pauvres moutons, ils les parquèrent dans le jardin du presbytère; puis ils firent placer sainte Geneviève où elle est aujourd'hui, après lui avoir retiré sa houlette, dont elle n'avait plus que faire, son troupeau lui ayant été pris.

En pensant à ces malheureux moutons si cruellement séparés de leur bergère, on se prend à dire, avec Madame Deshoulières, ces vers si connus :

> Dans ces prés fleuris
> Qu'arrose la Seine,
> Cherchez qui vous mène,
> Mes chères brebis...

Après la chapelle de Sainte-Geneviève vient celle du Sacré-Cœur, qui de ce côté forme transept et est semblable à celle de la rue du Chapitre. Toutes deux ont la hauteur et la largeur de la première travée du chœur. Au-dessous de la grande baie qui l'éclaire se trouve un panneau de chêne, sur lequel un ciseau exercé a tracé finement un paysage représentant une scène de la vie des saints. A gauche, on aperçoit la mer et une galère; au milieu, une forteresse et, à l'une des fenêtres, une tête de femme à laquelle un ange, placé sur un nuage, donne la sainte communion; à droite, deux soldats romains.

Après cette chapelle vient celle de la Charité, qui ne présente aucun intérêt.

Ensuite, on trouve une large baie, séparée en deux parties par un trumeau. Ces deux portes conduisent sous un porche donnant sur la rue Saint-Sauveur, dans laquelle on arrive en descendant quatre marches.

Ce porche est charmant; une photographie seule peut en faire connaître les gracieux détails. Un rinceau de feuilles court au-dessus de la baie et descend, de chaque côté, jusqu'à la moitié de sa hauteur.

Sous l'arcature qui surmonte les deux portes se trouve d'abord un beau rinceau de feuilles de

Porche de Saint-Sauveur.

D'après une photographie de M. Paul Robert.

vigne avec raisins pendants, puis des niches avec dais semblables à ceux qui ornent la voussure placée sous l'arcade de la rue.

Ce porche doit remonter au XIV° siècle.

En 1429, Gieuffroy du Grand Nouyen, demeurant à la Roche-Guyon, « gageait xxx s. et deux cappons de rente, sur une maison assise devant le portail de l'église Nostre-Dame de Vernon, où l'on chrétienne les enfans, maison tenant d'un costé à la rue Mallot qui va à la boucherie ».

Après la porte conduisant à la rue Saint-Sauveur, on trouve la chapelle de Saint-Vincent-de-Paul, où l'on aperçoit une superbe figure de marbre.

C'est « un tombeau d'une excellente exécution, dit Millin, dans les *Antiquités nationales*. Il représente Marie Maignard, fille de Charles Maignard de Bérinières, président du Parlement de

Normandie, épouse d'Alphonse Imbert d'Arcquency, président de la Cour des Aides de Normandie. Cette femme, qui paraît avoir été belle, et qui, si l'on en croit ses épitaphes, possédait toutes les vertus, mourut le 10 octobre 1510, à vingt-trois ans.

Avant d'être dans cette chapelle de Notre-Dame, cette statue se trouvait dans l'église Sainte-Geneviève de Vernon.

Ce fut le mari de Marie Maignard qui « fit élever ce monument de sa tendresse et de sa douleur ». Il est très bien exécuté.

« Elle est représentée à genoux devant un prie-Dieu armorié, et avec un chiffre; ses cheveux sont bouclés; elle a une longue robe si bien sculptée, qu'on croit sentir la soie. »

Sur deux autres faces de ce monument, il y a encore trois épitaphes en vers que nous ne croyons pas utile de reproduire.

La chapelle qui vient ensuite est celle des Fonts. On la nommait anciennement chapelle de la Madeleine. Millin nous apprend qu'avant la Révolution, la baie qui l'éclaire était ornée d'une verrière représentant : 1° un chevalier agenouillé devant un prie-Dieu; 2° cinq femmes agenouillées l'une derrière l'autre; 3° une femme seule, également à genoux.

Des armoiries placées devant le chevalier étaient *d'azur aux trois besans d'or;* les trois besans s'apercevaient aussi sur l'écusson du prie-Dieu des femmes.

Ces vitraux ont disparu pendant la tourmente révolutionnaire. Le tombeau du maréchal de Belle-Isle fut aussi démoli, sur la demande réitérée de la Société populaire. Les quatre cloches qui existaient dans les tours Notre-Dame furent envoyées à Romilly pour être fondues.

L'église devint alors le *temple de la Raison et de la Philosophie,* et la Société populaire fit inscrire sur la façade de Notre-Dame : *Le peuple* français reconnaît l'Être Suprême et l'immortalité de l'âme.

*
* *

LE PORTAIL. — Ce serait, croyons-nous, vers le milieu du XV° siècle, qu'il conviendrait de faire remonter le portail actuel de l'église de Vernon. Cette église n'étant que paroissiale et collégiale, le chapitre ne put élever sur sa façade ces lourdes et fastueuses tours que les églises cathédrales et abbatiales pouvaient seules posséder. Pour dissimuler cette marque d'infériorité, on remplaça les tours colossales par deux élégantes tourelles de forme octogonale, aux sommets couronnés de sveltes pinacles dont les frêles silhouettes se découpent finement sur l'azur du ciel.

Dans l'espace existant entre le bas de ces deux tourelles, s'ouvre une baie qu'un trumeau divise en deux parties donnant accès dans la nef. Au-dessus de cette baie, on voit un bas-relief représentant l'Adoration des Mages. Le tympan, de forme ogivale, est encadré par un double rang de voussures composées de niches surmontées de dais ne recouvrant plus que des ruines, car les personnages qu'ils abritaient jadis, ont été stupidement mutilés par les iconoclastes de 1793.

Entre la partie supérieure du tympan et le dessous d'une galerie avec balustrade ajourée, permettant d'aller extérieurement de l'une à l'autre tourelle, règne une rangée de légères arcatures.

Entre la galerie dont nous venons de parler et une autre semblable, située à la base du pignon, s'arrondit une grande rosace flamboyante, occupant l'espace compris entre les deux tourelles.

Le pignon est de forme élancée avec gables sans ornements. Au milieu s'ouvre une petite rosace composée d'un cercle à quatre contre-lobes.

En dehors des tourelles, et dans l'axe de chacune des nefs latérales, se trouve une fenêtre renfermant deux ogives géminées, avec cercles à cinq contre-lobes dans l'intrados.

L'église Notre-Dame de Vernon, mutilée en 1793, est le seul monument religieux qui nous reste. Elle existe depuis plus de sept siècles et n'est point encore terminée. Le sera-t-elle un jour? Qui peut le dire? Le vent d'indifférence et de destruction qui souffle à notre époque, tantôt modérément, tantôt en tempête, détruira-t-il ces pures et belles doctrines du Christ, véritable code de l'humanité sur la terre? Non! rien ne saurait prévaloir contre le christianisme. Il règnera jusqu'au moment où, dans bien des siècles, notre globe, cessant de décrire l'orbite elliptique que le doigt du Très-Haut lui traça dans l'espace, sera projeté hors de son cercle d'attraction, et tombera en poussière dans le gouffre immense, l'abîme insondable de l'éternité.

THÉODORE MICHEL.

PORTE D'UNE ANCIENNE MAISON

RUE BOURBON-PENTHIÈVRE, A VERNON

A trois kilomètres environ, au-dessous de Vernon, au milieu d'un parc de peu d'étendue et sur une colline dont les pieds baignent dans la Seine, s'élève un château flanqué d'une chapelle dont on voit de bien loin,

> Comme un point dans l'espace,
> Le clocher qui dépasse
> Les arbres les plus hauts de ce riant séjour.

Ce lieu charmant a nom : LA MADELEINE. On l'appelle ainsi parce que Adjutor, troisième fils de Jean, seigneur châtelain de Vernon, y aurait fait élever, vers l'an 1129, une chapelle dédiée à la sainte de ce nom. La tradition rapporte que cette grande pécheresse et saint Bernard de Tiron, auraient pris ce jeune croisé dans les prisons de Jérusalem, et, en une seule nuit, l'auraient transporté, chargé de ses fers et menottes, à la dite Madeleine, où, avant son départ pour la Palestine, il avait fait construire un pavillon de chasse qu'il appelait sa maison du Mont.

Il paraît qu'en ce temps-là, il y avait, en cet endroit, un gouffre dans la Seine. Beaucoup de bateaux s'y étaient perdus corps et biens. Adjutor, vivement affligé de ces fréquents naufrages, appela vers lui l'archevêque de Rouen, pour lui donner aide et soula-

Porte d'une ancienne maison de la rue Bourbon-Penthièvre, à Vernon.

D'après une photographie de M. Dufour.

gement en sa douleur. Le vénérable prélat répondit à son appel; puis, dès qu'une messe du Saint-Esprit eut été célébrée par l'archevêque, tous deux montèrent dans un petit bateau et tirèrent vers l'endroit redouté, où un violent courant les entraînait. Au moment où ils allaient l'atteindre, Adjutor pria le prélat de donner la bénédiction au gouffre, de faire le signe de la croix et d'y jeter de l'eau bénite, ce que l'archevêque épouvanté s'empressa de faire. Ensuite, Adjutor y ayant jeté une partie des chaînes dont il avait été lié, le gouffre se remplit incontinent, et les eaux s'aplanirent. « Et depuis ce temps on ne s'est vu faire aucun naufrage. »

C'est cet épisode de la vie de saint Adjutor, que le ciseau d'un tailleur d'images a retracé au-dessus du linteau de la porte d'entrée d'une petite maison de Vernon. La gravure qui accompagne ces quelques lignes reproduit fidèlement le travail du sculpteur.

La légende de saint Adjutor remonte à peine aux premières années du XVe siècle. L'ornementation de la porte dont il s'agit est donc postérieure à cette époque. Ce qui nous étonne, c'est que Jean Theroute, ancien curé de Vernon, n'ait rien dit de cette naïve et curieuse sculpture dans la *Vie de saint Adjutor*, qu'il publia en 1638.

Théodore Michel.

TOUR DES ARCHIVES, À VERNON

LA TOUR DES ARCHIVES

Le donjon de l'ancien château de Vernon, connu, de nos jours, sous le nom de *Tour des Archives*, domine, de plus de la moitié de sa hauteur, le vieux mur d'enceinte de la ville, dans lequel il est encastré. Il faut monter cent deux marches pour arriver sur ses créneaux.

De cet endroit, l'œil jouit d'une vue ravissante. En se tournant vers l'est, on a la ville sous ses pieds, puis, au delà de la Seine, Vernonnet qui s'étend au bas du mont Roberge, du grand et du petit Roule, et les contreforts du fleuve, depuis Giverny jusqu'à la Madeleine. Du côté opposé, vers le sud, la belle vallée de Vernon est fermée par un coteau qui, du Grand-Val d'Arconville à la pointe du Goulet, c'est-à-dire sur une longueur de dix kilomètres environ, se déroule en forme d'hémicycle, ou, si l'on veut, comme un arc immense dont la Seine serait la corde un peu détendue. Sur ce coteau s'élèvent plusieurs villages et hameaux que la fertilité du sol et la culture de la vigne avaient groupés les uns près des autres et qu'on appelait anciennement Longueville.

Comme les donjons de Domfront et de Falaise, celui de Vernon a été attribué au XI° siècle; mais la chronique de Robert du Mont rapporte qu'en 1123, Henri Ier, roi d'Angleterre, fit refaire ce donjon et les murs d'enceinte du château. D'un autre côté, un historien anglais, Raoul de Diceto, a donné la liste des châteaux que le roi Henri fit reconstruire sur les frontières de Normandie, et celui de Vernon n'y figure pas.

Quant à nous, nous serions assez porté à croire que ce donjon fut construit par Guy de Bourgogne, aussitôt après que Guillaume-le-Bâtard lui eut donné les villes de Brionne et de Vernon.

Il n'y a dans ce donjon que deux pièces placées l'une au-dessus de l'autre : celle du bas a 4 m. 6o cent. de diamètre; celle du haut, 5 m. 48 cent.

La différence existant dans le diamètre des deux salles s'explique par l'épaisseur du mur qui va en décroissant graduellement de bas en haut.

Au premier étage de la tour, le mur a une épaisseur de 3 mètres.

Sans plus rechercher la date à laquelle le donjon fut construit, nous rapporterons qu'en 1254, Louis le Jeune, roi de France, investit Vernon, et qu'il fit tout ce qu'il put pour prendre le château. Robert du Mont dit, à ce sujet, qu'il avait attiré de tout son royaume une puissante armée et qu'il assiégea le château pendant quinze jours. Il tenta plusieurs assauts et employa sans succès des machines de toute espèce. Enfin, découragé par tant d'échecs, et le comte de Flandre, sur les nombreuses bandes duquel il comptait, étant désireux de se retirer, le roi, ne voulant pas décamper sans gloire, convint, par une convention secrète et promesses faites à Richard de Vernon, fils de Guillaume II, seigneur châtelain de la ville, que son étendard serait arboré sur le donjon dont la garde serait commise à Goël de Baudemont, fils de Baudri, qui, en raison de sa tenure, fut soumis au roi de France et à Richard. Jusqu'au mois d'août suivant, le château de Vernon resta sous l'autorité du roi; puis il fut restitué avec Neufmarché à Henri d'Angleterre.

En 1193, sur l'ordre et avec le consentement du roi d'Angleterre, Richard de Vernon, alors châtelain, renonça, en faveur de Philippe, roi de France, à tous ses droits sur Vernon qui devint ville française.

Philippe-Auguste et Richard Cœur de Lion, roi d'Angleterre, guerroyaient constamment l'un contre l'autre. Après la mort de Richard, il en fut de même avec son successeur Jean sans Terre. Le roi de France résidait souvent au château de Vernon. C'est là, qu'en 1195, il reçut le serment de fidélité de Baudouin VI, comte de Flandre et, en 1198, celui de Thibaut III, comte de Troyes, au nom du comte de Blois.

Vers le commencement du mois de juin de l'an 1200, Philippe-Auguste, Jean sans Terre, et le jeune et malheureux Arthur de Bretagne, étaient réunis à Vernon, où ce dernier fit hommage à son oncle, roi d'Angleterre, pour son duché de Bretagne. Philippe-Auguste fut nommé tuteur du jeune prince, avec le consentement de son oncle Jean. Avant d'arriver au château de Vernon, ces trois personnages avaient assisté, à Portmort, au mariage de Louis, fils de Philippe-Auguste, avec Blanche de Castille, fille d'Alphonse Sanchez, dit le Bon, l'un des plus grands rois d'Espagne.

Saint Louis fit aussi de fréquents séjours au château de Vernon et il dut monter souvent sur le donjon pour admirer le beau paysage qu'on y découvre. Un enfant du pays, connu seulement aujourd'hui sous son nom de religion, le pénitent Jean-Marie de Vernon, a écrit et publié, en 1662, une *Vie de saint Louis*. Dans cet ouvrage, qui n'est pas sans mérite, Jean-Marie énumère tous les bienfaits dont son pays est redevable à Louis IX. Il ne peut croire que le saint roi eût été attiré à Vernon par la beauté du paysage, la pureté de l'air, les commodités de la vie ou les plaisirs de la chasse, « ce qui se trouve en ce pays plus qu'en tous autres ». Le château était assez vaste pour le loger commodément avec sa cour; cette résidence renfermait, en outre, tout ce qui est nécessaire à la subsistance d'un grand nombre de princes et de seigneurs; mais, selon Jean-Marie, cette ville n'était agréable à Louis IX qu'à « cause des lieux de dévotion qui sanctifiaient son territoire et les environs ».

En 1231, Louis IX, pendant un séjour qu'il fit à Vernon, manda, au château de cette ville, Thibaut d'Amiens, archevêque de Rouen, qui s'était refusé à comparaître, en matière civile, devant l'échiquier de Normandie. Le prélat déclina l'autorité du roi, comme ne tenant pas de fief de la couronne, et ne voulut répondre à aucun grief du ressort spirituel. Il retourna ensuite dans son palais de Rouen.

Un des plus austères prélats de ce temps-là, Eudes Rigaud, archevêque de Rouen, eut de fréquents entretiens avec Louis IX, dans le château de Vernon. Tous deux voulaient réformer les abus que repoussaient leurs sentiments religieux et rétablir la discipline ecclésiastique qui s'était beaucoup relâchée.

En 1305, le mariage de Louis, fils de Philippe IV, avec Marguerite de Bourgogne, fut célébré à Vernon dans la chapelle des Cordeliers, qui attenait au château. Ce jour-là, il dut y avoir des cris de joie dans le donjon et dans la ville. Dix ans après, en avril 1315, la pauvre Marguerite, accusée, peut-être à tort, d'adultère, fut, sur l'ordre de son mari, étranglée dans le château Gaillard, où elle était renfermée depuis deux années, et son corps était inhumé, selon son désir, chez les Cordeliers de Vernon.

Un an après, Philippe-le-Bel se trouvait encore au château de Vernon. Il était accompagné de son premier ministre, Enguerrand de Marigny, lequel, avant d'arriver à ce poste, avait été chambellan du roi, comte de Longueville, châtelain du Louvre et surintendant des finances. En regardant du donjon le lieu patibulaire de la ville, et en songeant aux inimitiés que ses hautes fonctions lui avaient suscitées de la part des grands du royaume, jaloux de son pouvoir, l'esprit d'Enguerrand n'eut-il pas la perception qu'un jour, après la mort du roi Philippe, il serait jugé iniquement, condamné à mort, et pendu au gibet de Montfaucon qu'il avait lui-même fait construire?

En 1349, Philippe VI réunit au château de Vernon la noblesse de France, pour obtenir son concours dans la lutte qu'il était sur le point d'engager avec les Anglais.

Le 19 mars 1352, le roi Jean donna, au château de Vernon, un mandement pour le mariage de sa fille Jeanne de France, avec Charles-le-Mauvais, comte d'Évreux et roi de Navarre.

Le roi Jean II mourut le 16 mai 1360. Le dauphin, Charles, apprit cette nouvelle au Goulet, où il se trouvait. Il vint aussitôt à Vernon et prit le nom de Charles V.

Ce prince paraissait attacher une grande importance à la possession de Vernon.

Le 16 mai 1364, jour où Duguesclin gagna la célèbre bataille de Cocherel, le captal de Buch, chef de l'armée navarraise, fut amené captif au donjon de Vernon. Il y passa la nuit, et, le lendemain, on le conduisit à Rouen, avec les autres prisonniers.

Au mois de juillet, même année, « le chastel de Vernon avait pour capitaine Jehan de la Rivière, chambellan du roi, et Hue de Chastillon, maître des arbalétriers, en remplacement de Beaudouin d'Ennequin, tué à la bataille de Cocherel. En 1369, le capitaine du château était Guy du Bus, puis Hase de Chambly, et Lancelot de Bière.

Le 24 mars 1370, Charles V était au château de Vernon. L'année suivante, au mois de mars, il s'y rendit encore. Le roi de Navarre devait y venir aussi pour traiter avec lui. Le 25 du même mois, Duguesclin, alors connétable de France, sortit de Vernon, accompagné de trois cents hommes d'armes, et se dirigea vers Évreux où se trouvait le roi de Navarre. Il amenait avec lui les otages qui devaient rester à Évreux pendant le séjour de Charles-le-Mauvais à Vernon. Ces deux monarques s'inspiraient réciproquement bien peu de confiance. Les otages étaient : Guillaume de Melun, archevêque de Sens, l'évêque de Laon, le sire de Montmorency, le comte de Pouthiers, le sire de Garencières, Guillaume de Dormans, seigneur de Blainville, maréchal de France, le sire de Blaru, Robert de Châtillon, Robert, fils du comte de Saint-Pol, Jehan de Vienne, Claudin de Harenvillers, chevalier, huit bourgeois de Paris et quatre de Rouen.

Le roi de Navarre fit bon accueil aux otages qui, tous, furent logés au château. Aussitôt après, il partit avec le connétable et arriva à Vernon un peu avant la nuit, accompagné de son cousin, le comte d'Étampes. Il se rendit auprès du roi. Dès qu'il l'aperçut, il s'inclina et mit presque un genou à terre; puis s'étant approché de Charles V, il s'agenouilla à ses pieds. Alors le roi le prit par le bras et lui dit qu'il était le bienvenu, mais il ne le baisa pas. On apporta des torches, du vin et des épices.

Après avoir bu et mangé, le roi prit Charles-le-Mauvais par la main et l'emmena dans sa chambre où le souper était servi. Le roi de Navarre ne soupa pas ce jour-là, et se retira avec le comte d'Étampes, dans la chambre qu'on lui avait préparée. Lorsque Charles V quitta la table, il alla le rejoindre et ils restèrent seuls ensemble. Le roi de Navarre s'agenouilla plusieurs fois pendant leur conversation, et ceux qui le voyaient ne savaient pourquoi il se prosternait ainsi.

Le mercredi et les jours suivants, ils eurent de longues conférences. Le lundi, le roi de Navarre rendit à Charles V hommages pour toutes les terres qu'il possédait en France et lui promit « foi, loyauté et obéissance envers tous et contre tous, en l'assurant qu'avec lui voulait vivre et mourir ». Depuis l'avènement de Charles V au trône, c'était la première fois qu'il lui rendait hommage. La nouvelle en fut bien accueillie dans le pays. Le même jour, Charles-le-Mauvais quitta le château de Vernon et le connétable l'escorta, comme il avait fait en l'y amenant, et ramena les otages restés à Évreux.

Le onzième jour d'avril 1371, Charles V étant au château de Vernon, il lui fut délivré deux pièces de drap d'or en champ blanc qu'il donna à Notre-Dame de Paris.

Hue de Villers, chevalier, était capitaine de Vernon en septembre 1372.

A cette époque le donjon et le château avaient, paraît-il, grand besoin d'être restaurés. Charles V avait mandé au vicomte de Rouen de se transporter à Vernon et de faire hâtivement les réparations nécessaires. Au lieu d'obéir, le vicomte s'excusa en disant que l'argent lui faisait défaut, et, de là, grande colère du roi qui, le 18 janvier 1374, écrit au dit vicomte : « Si vous mandons et recommandons de rechief, tant expressement et tant estroitement comme nous pouvons, que, tantost ces lettres reçues, vous aliez au dit lieu Vernon et très hastivement et diligemment, faites réparer le dit chastel, telement qu'il ne nous en conviegne à vous en plus recrire. Et voulons que vous sachiez que si aucun défaut y a, nous nous en prandrons à vous et non à autre : car, quelque fiance que vous en doiez faire, soit nostre ou vostre, nous voulons commant qu'il soit, que le dit chastel soit tantost et sanz plus de délay très bien réparé. Et ce faites par l'ordonnance de notre amé varlet tranchant Jehannet d'Estouteville, capitaine au dit chastel, auquel nous avons sur ce pleinement dit nostre voulonté, et pour que vous sachiez que nous avons très grand désir et affection à la reparacion d'iceluy chastel, nous avons signé ces lettres de notre propre main. Douné à Paris le XIIIe jour de janvier. Charles. Et au-dessous de la signature, ce post-scriptum de la main du roi : « Gardez que il n'y ait défautay. »

Le 20 mars 1375, Charles V était à Vernon. En considération de la pauvreté de l'Hôtel-Dieu de cette ville, et sachant que les religieuses, prieuré et couvent dudit hôtel ne faisaient aucun commerce, exception faite des vins « qui croissaient sur leur héritage », et qu'elles vendaient pour acheter autres choses et faire tout ce que nécessite le « gouvernement et l'entretien dudit hôpital et des pauvres qui y étaient hébergés, octroya aux prieuré et religieuses du couvent, par grâce spéciale, pour l'amour de Dieu, et en aumône, que les vins et autres biens qui sont crus et recueillis sur leurs héritages, et qu'elles vendront pour acheter autres choses nécessaires à leur maison ne paieront aucune imposition ou autre subvention quelconque ».

Deux jours après, le 22 mars, par une charte datée de Vernon, le même roi donne au même établissement tous les feutres (couvertures) qui « demeureront en ses lits et en ceux de ses successeurs, rois de France, toutes les fois qu'ils partiront de Vernon, pour faire les lits des pauvres et pour qu'ils soient mieux et plus aisément couchés, ou pour autrement faire le profit dudit Hôtel-Dieu ».

Charles V mourut le 16 septembre 1380, après avoir rendu à la France le rang qu'elle devait occuper parmi les nations.

Il eut pour successeur son fils, Charles VI, qui, deux ans à peine après son avènement au trône, tomba en démence. Alors commencèrent les luttes sanglantes des maisons d'Orléans et de Bourgogne. La guerre ayant repris avec les Anglais, la France fut réduite aux dernières extrémités. Henri V, roi d'Angleterre, ayant épousé Catherine de France, fille de Charles VI, conclut le traité de Troyes qui lui assurait la régence du royaume pendant la vie de son beau-père, et, après la mort de ce dernier, la couronne de France.

Henri V, maître de Paris, battit plusieurs fois les partisans du dauphin, et s'empara de la Normandie.

Le roi d'Angleterre entra dans Rouen le 18 janvier 1419, après un siège de sept mois. Aussitôt après le duc de Clarence marcha sur Vernon qui se rendit à composition.

Henri V mourut le 31 août 1422. Cinquante jours après, le malheureux Charles VI rendait le dernier soupir à Paris.

Après la mort de Charles, Henri VI, fils de Henri V et de Catherine, fut proclamé roi de France et le duc de Bedfort chargé de la régence.

De son côté, le dauphin, Charles, fils de Charles VI, s'était fait proclamer roi de France. Jusqu'à l'apparition de Jeanne d'Arc, il n'éprouva que des revers, mais à partir de ce moment les choses changèrent de face et le régent Bedfort qui, après la délivrance d'Orléans, pressentait que les Anglais seraient forcés de quitter la France, s'allia avec le duc de Bourgogne dont il épousa la sœur.

Aussitôt après la célébration de son mariage, il vint au château de Vernon avec sa femme, où « il fit grand joyes. Et là furent grand quantité de seigneurs et de bourgeois de Rouen ».

Le 20 août 1449, une armée française, commandée par Dunois, parut devant la ville.

Le 30 du même mois, les soldats anglais évacuaient Vernon, dont les Français prenaient possession, à midi.

Dès qu'il eut recouvré la place de Vernon, Charles VII en donna les revenus à Dunois, puis il les lui reprit, moyennant une indemnité, et cette châtellenie qui, du temps des Anglais, avait été l'apanage de Catherine de France, veuve de Henri V, fut offerte à la belle Agnès Sorel, « dame de Beauté, de Rochessere, d'Issoudun et de Vernon-sur-Seyne ».

Elle aussi avait poussé Charles VII à la guerre :

« Je vais combattre, Agnès l'ordonne
« Adieu repos, plaisirs adieu !
« J'aurai, pour venger ma couronne,
« Des héros, l'amour et mon Dieu... »

a dit Béranger, notre grand chansonnier national trop oublié de nos jours, mais dont le nom survivra à ceux de certains de ses contemporains, que l'esprit de parti a placés à des hauteurs où leur mérite ne saurait atteindre.

Louis XI, fils et successeur de Charles VII, vint au donjon de Vernon le 22 octobre 1467, et « demeura illec depuis par certain temps, durant lequel arriva par devers lui monseigneur le connestable, lequel trouva moyen que le roy bailla et donna trève entre lui et monseigneur de Charrolais, jusques à six mois lors après en suivans, sans en ce y compréandre les villes et pays de Liège, qui déjà estoient mis sus et en armes à l'encontre du seigneur de Charrolais, en espérance d'avoir l'aide et secours du roi, ainsi que promis leur avoit esté, et à cette cause demourèrent ou tout habandonner. Et puis après ce que dit est ainsi fait, le dit monseigneur le connestable s'en retourna par devers monseigneur de Bourgogne leur porter nouvelles des dites trèves.

« Et ce fait, maistre Jehan Balue, cardinal d'Évreux, maistre Jehan de Ladriesche, et maistre Jehan Prévost retournèrent devers le roy audit lieu de Vernon, qui est avant alez en Flandres de l'ordonnance du roy par devers ledit de Bourgogne, et tanstôt après ledit retour fait, le roy se partit dudit lieu de Vernon et s'en alla à Chartres. »

Vers l'année 1479, un des plus grands personnages du royaume de France était emprisonné au château de Vernon. Son père, Pierre de Brezé, sous le règne de Charles VII, avait été le plus grand ennemi du dauphin, Louis, et lorsque ce dernier, peu enclin au pardon des injures, fut parvenu au pouvoir suprême, il s'empressa de faire arrêter Pierre, qui fut jeté dans un cachot. La famille de Brezé était très puissante et possédait de grands fiefs en Normandie et dans plusieurs autres parties de la France. Louis XI eut quatre sœurs naturelles, filles de Charles VII et d'Agnès Sorel. L'une d'elles, Charlotte, la cadette, si l'on doit en croire le P. Anselme, était née en 1434. Des difficultés paraissant inhérentes à sa personne, rendaient son mariage difficile. Elle était très aimée du roi qui voulait lui donner un époux riche et de haute lignée.

Louis XI trouvant que Jacques de Brezé, fils de Pierre, serait un bon parti pour sa sœur, fit entamer des pourparlers avec son prisonnier, lequel, pour sortir de sa captivité, s'empressa de consentir à l'union proposée.

Jacques ne parut pas moins heureux que son père. Louis XI lui remit comme dot de Charlotte de France, 40,000 écus d'or (environ quatre millions) et peu de temps après, grâce au crédit de sa femme, il obtint la charge de grand sénéchal de Normandie. Quinze années s'écoulèrent, durant lesquelles cinq enfants naquirent. Puis on apprit que des scènes violentes s'élevaient fréquemment entre les deux époux. Jacques, jaloux et non sans raison, obligeait Charlotte à demeurer près de lui, et celle-ci n'avait quelque liberté que quand son mari se voyait forcé de la conduire à la cour.

« Le samedi 31 mai 1477, veille de la Trinité, Jacques estoit à son château de Rouvres, à trois kilomètres d'Anet. Il passa toute la journée à la chasse, dans la forêt où il avait commandé à sa femme de l'accompagner. Le soir, ils revinrent ensemble souper à la ferme de la Couronne qui servait de rendez-vous de chasse et qui estoit située près du presbytère de Rouvres. Après le repas, le sénéchal se retira dans sa chambre et dit à sa femme de le suivre. Celle-ci s'en excusa en prétextant qu'il fallait auparavant qu'elle nettoyât ses cheveux que la poussière de la journée avait souillés ; à quoi le sire de Brezé lui répondit : « Bien », et s'en fut seul se coucher, pensant que Charlotte ne tarderait pas à le retrouver. Il s'endormit bientôt, et après environ la mye-nuyt, disent les lettres de rémission de 1486, ledit de Brezé fut esveillé par un vieux serviteur et maistre d'hostel, nommé Pierre l'Apoticaire, et par son barbier, qui lui vindrent dire que ladite Charlotte meue de lescherie désordonnée, avait tiré et amené avecques elle un gentilhomme du pays de Poitou, nommé Pierre de la Vergne, lequel estoit veneur de la chasse dudit sénéchal, lequel elle avoit fait coucher avec elle, dans la chambre qui estoit au-dessus de celle où estoit couché ledit sénéchal. Pourquoi iccelluy seigneur, meu de grand ire et déplaisance dudit cas, se leva soudainement de son lit, et de chaude colère, print une espée et vint à la chambre où estoient ledit Pierre et ladite Charlotte ; et fut bouté l'uys de ladite chambre, qui estoit fermée en dedans. En laquelle chambre ledit sénéchal trouva ledit La Vergne en chemise, auquel de prime face, il bailla un ou plusieurs coups de ladite espée, tant d'estoc que de taille, tellement que ledit La Vergne en mourut en la place. Et ce fait, s'en alla en un cabinet joignant ladite chambre, où il trouva sa femme cachée dessous la couste d'ung lit où estoient couchez ses enfans, laquelle il prinz et la tira par le bras à terre ; et en la tirant à bas, luy frappa de ladite espée parmy les épaules, et puis, elle descendue à terre et estanc à deux genoux, luy traversa ladite espée parmi le sein et estomach, dont incontinent elle alla de vie à trépas, puis l'envoya enterrer dans l'abbaye de Coulons, et fist faire un service, et fist enterrer ledit veneur en ung jardin au joignant de l'hostel où il avoit esté occis (1). »

Ces choses faites, Jacques de Brezé se rendit à Paris. Lorsqu'un huissier du Parlement vint, au nom du roi, lui ordonner de se constituer prisonnier à la Conciergerie, il s'y rendit à l'instant persuadé qu'il était que ses juges ne manqueraient pas de l'absoudre. Mais, il avait compté sans la vieille animosité de Louis XI contre sa famille.

Le roi craignant que le grand sénéchal ne gagnât son procès devant le Parlement, eut recours à des moyens extra-judiciaires. Le 24 novembre 1477, sur les cinq heures du soir, il le fit extraire de la Conciergerie et le fit conduire en barque à Saint-Cloud. Deux ans après, il fut transféré au château de Nemours, puis à Vincennes et de là à Vernon, où il resta deux ans. Enfin, après environ quatre années d'emprisonnement, il fut condamné à la peine capitale et tous ses biens furent confisqués; mais le roi convertit le criminel en civil et réduisit son châtiment à cent mil écus d'or.

En 1486, Jacques obtint du roi Charles VIII des lettres de rémission, en vertu desquelles il rentra dans ses biens et ses titres, neuf ans après le meurtre qui l'en avait privé.

A l'âge de cinquante-cinq ans, Jacques de Brezé épousa, en secondes noces, Diane de Poitiers. Le grand sénéchal de Normandie était un mari prédestiné.

Si l'on doit en croire Jean Bodin, célèbre publiciste du XVIe siècle, auteur de la *République* et de la *Démonomanie*, le donjon et le château de Vernon étaient fréquentés par des sorcières qui « *s'y assemblaient en guyse d'un nombre infini de chats. Il se trouva quatre ou cinq hommes qui résolurent d'y demeurer la nuit où ils se trouvèrent assaillis d'une multitude de chats, et l'un des hommes y fut tué, les autres bien marqués, et néanmoins, blessèrent plusieurs chats, qui se trouvèrent après mués en femmes, et bien blessés. Mais, d'autant* (ajoute Bodin) *que cela semblait incroyable, la poursuite fut délaissée.*

En 1590, le 14 mars, Henri IV gagna la bataille d'Ivry, pendant laquelle, dit Philippe de Mornay dans ses *Mémoires*, des soldats de la garnison de Vernon harcelèrent l'armée royale et pillèrent les bagages dudit Mornay. Le lendemain, Henri IV entrait à Vernon et couchait au château, où il resta quelques jours. C'est de là qu'il écrivit aux Bordelais pour leur annoncer sa dernière victoire.

Le château de Vernon, lorsqu'il se rendit, était occupé par le régiment du marquis de Pienne. Henri y laissa des troupes sous les ordres de Lancelot de la Garenne, seigneur de Mercey.

Du 7 au 20 décembre 1593, Henri IV séjourna à Vernon. Il y revint en 1596, et, en 1603, il était au château avec Marie de Médicis et toute la cour.

En 1718, les domaines de Gisors, d'Andely et de Vernon, passèrent par échange au maréchal de Belle-Isle, petit-fils du fameux Fouquet, surintendant des finances. En 1721, le maréchal acheta à M. André-Jubert de Bouville le marquisat de Bisy, domaine relevant du roi par foi et hommage.

A cette époque, le vieux château de Vernon tombait en ruines. Le 8 juin 1743, il fut convenu entre le maréchal de Belle-Isle et M. de Conches, qu'il serait bâti une maison avec jardin, à frais communs, dans une partie du terrain du château, suivant un plan fait par un sieur de Chèze; que M. de Conches en aurait la jouissance et qu'elle reviendrait, après sa mort, au maréchal.

Le 7 septembre 1751, le maréchal de Belle-Isle fieffait à la ville de Vernon un terrain dans le vieux château, pour y faire construire des écuries destinées à loger la brigade de cavalerie des gardes du roi.

Le maréchal de Belle-Isle mourut le 26 janvier 1761, âgé de soixante-seize ans. Il fut inhumé

(1) MERLET.

dans le chœur de Notre-Dame de Vernon. Avant sa mort, il avait vendu le domaine de Bisy à Louis XV, en s'en réservant la jouissance.

Avant la mort du maréchal, la municipalité de Vernon, avec l'agrément de ce dernier, avait fait ouvrir, sur les terrains du vieux château, une rue de 24 pieds de largeur, que l'on nomma d'abord rue *Neuve-du-Château*, puis rue des *Écuries-des-Gardes*. Elle partageait la cour en deux parties et mettait l'intérieur de la ville en communication avec le dehors. Dans le même temps, le maréchal avait fait déposer dans le donjon du château les archives du domaine. C'est depuis ce moment que le donjon fut nommé *Tour des Archives*.

Cette tour fait partie des monuments historiques de France. Si elle n'y eût pas été classée, elle n'existerait plus depuis longtemps, car toutes les municipalités qui se sont succédé depuis le commencement du XIX⁰ siècle ont paru atteintes de manie destructive. Après la chute du second Empire, un entrepreneur de bâtisses, enrichi pendant la durée des grands travaux qui s'effectuèrent à Vernon sous l'administration du duc d'Albuféra, et qu'on avait choisi pour remplir les fonctions d'adjoint, répondit à un de ses administrés lui reprochant d'avoir fait abattre une porte de la ville : « Il ne faut pas regretter des vieilleries qui rappellent des temps *d'ignorance et de barbarie* ».

Or, ce brave adjoint était complètement illettré. Il savait signer, cependant, mais quelle signature ! un hiéroglyphe que Champollion n'aurait pu déchiffrer.

THÉODORE MICHEL.

CHÂTEAU DE VERNONNET

LE CHATEAU DE VERNONNET

Lorsque, après avoir parcouru Vernon, admiré ses belles promenades et visité sa vieille église, le touriste, débouchant de la rue d'Albufera, arrive à l'entrée du pont, ses regards sont subitement attirés sur la rive droite de la Seine, par quatre tours coiffées de poivrières ardoisées, dont les pointes se découpent nettement sur la verdure sombre du versant du mont Roberge et du Grand Roule.

Ces tours et le bâtiment carré aux quatre angles duquel elles sont soudées, sont tout ce qui reste de l'ancienne forteresse de Vernonnet. Les degrés par lesquels on accède aux étages de ce château, contemporain de celui de Vernon, se trouvent dans le bâtiment central.

Vers la fin du XVIIIᵉ siècle, les quatre tours étaient encore couronnées de créneaux qui disparurent pour faire place aux poivrières.

Nous ne pouvons décrire l'intérieur de ce « chastel ». Il fait partie d'une propriété privée, et celui qui la possède refuse de la laisser visiter, prétextant qu'il y aurait danger d'y entrer. Est-ce un moyen de se débarrasser des curieux? Peut-être. Mais que faire? Charbonnier est maître chez lui. On ne peut violer la consigne. Cette détermination ne laisse pas que d'inquiéter ceux qui s'intéressent aux vieux monuments de la ville. On se demande de quelle nature sont les dangers qu'on redoute? Les murs seraient-ils si délabrés que leur écroulement soit à craindre? Des sorciers y tiendraient-ils leur sabbat, comme, jadis, les chats dans le donjon de Vernon? On ne sait qu'en penser. Quoi qu'il en soit, cette interdiction ne présage rien de bon. On redoute la destruction de ces tours qui produisent un si bel effet dans le paysage. Ce serait, véritablement, un attrait de moins pour la ville, et la propriété où elles se trouvent y perdrait beaucoup aussi, car elles en sont le CLOU, si l'on veut bien nous permettre de nous servir de cette expression de théâtre.

Il n'y a rien de bien curieux à dire sur le château de Vernonnet. Son histoire est, à peu de choses près, celle de la Tour des Archives.

Le 9 avril 1364, Charles V mandait de Pontoise aux gens de ses comptes d'allouer au maître de sa chambre aux deniers la somme de 16 livres 10 sous parisis qu'il avait donnés, par son ordre, pour paiements « à plusieurs fossants et charpentiers, auxquieux il avoit fait faire certains fossez et habillement devant Vernonniel ».

Le 31 décembre 1374, Charles V mandait de Paris : « Nous confians à plain du sanz et de la loyauté et diligences de nostre aimé vallet tranchant, Johannet d'Estouteville, ycelui avons fait et establi... capitaine et garde du chastel de Vernon, duquel a esté et estoit nagaires capitaine nostre amé et feal chevalier Huc de Villers, lequel nous avons fait capitaine de nostre chastel de Vernonniel au bout du pont de Vernon, et avons ordené qu'il ait et tiegne en la dicte garde continuelement cinc hommes d'armes et six arbalestriers, et que, tant pour leurs gages comme pour l'estat du dict Johannet, ycelui Johannet ait seize cents francs par an. »

Ce Johannet d'Estouteville, étant capitaine des châteaux de Vernon et de Vernonnet, avait fait mettre en prose un poème sur la vie de du Guesclin, ayant pour titre : *Le Rommans de Bertrand du Guesclin, jadis chevalier et connestable de France, en vers,* par TRUELLER, ou, plutôt, par Cuveliers.

Cet ouvrage, ainsi transformé, en 1387, fut publié en un volume in-4°, à Paris, en 1618. Il avait pour titre : *Histoire de messire Bertrand du Guesclin, connestable de France, duc de Molines, comte*

Château de Vernonnet et le Pont fortifié.

D'après une photographie de la Collection des Monuments historiques.

de Longueville et de Burgos, contenant les guerres, batailles et conquestes faites sur les Anglais, Espagnols et autres durant le règne des rois Jean et Charles V. Escrit en prose à la requeste de Jean d'Estouteville, capitaine de Vernon-sur-Seyne, et nouvellement mis en lumière par Claude Mesnard, conseiller du roy, et lieutenant de la prévosté d'Angers.

Le manuscrit portait cette inscription :

> En mon temps qui a Yver nom,
> Du château rival de Vernon,
> Qui yst aux champs et à la ville
> Fit Johannet d'Estoutcville,
> Dudit chastel lors capitaine,
> Aussi de Vernonnel-sur-Seyne,
> Et du roy escuier de corps,
> Mettre en prose, bien m'en recors,
> Ce livre cy extrait de ryme,
> Complet en mars dixneusyme,
> Qui de l'an la dapte ne scept
> Mil trois cens quatre-vingt-sept.

Il ne nous reste plus rien à dire sur le château de Vernonnet, sinon qu'en 1793, pendant la Terreur, il servit de prison aux quelques personnes qui furent arrêtées à Vernon. Elles n'eurent pas beaucoup à souffrir de leur captivité et furent mises en liberté peu de temps après.

THÉODORE MICHEL.

ÉGLISE DU GRAND ANDELY — CÔTÉ MÉRIDIONAL.

Pl. N° 25

PORTE DE L'ANCIENNE ÉGLISE DE VERNONNET

Lorsqu'on se rend à la nouvelle église de Vernonnet, arrivé au bas des degrés qui y conduisent, on remarque, à sa droite, la porte d'un petit bâtiment servant à remiser le corbillard de la paroisse.

Cette porte est cintrée, ses côtés sont ornés d'une colonne et d'un pilastre cannelés, d'ordre dorique.

Au-dessus de la frise qui la surmonte, et sous un fronton triangulaire, se trouvent deux bas-reliefs finement sculptés, représentant saint Marc et saint Jean. Entre ces deux saints existe une surface unie qui, peut-être, était destinée à recevoir une inscription. Deux autres bas-reliefs, ceux de saint Mathieu et de saint Marc, sont placés entre les deux angles de la baie et l'extrados du cintre.

Chacun de ces quatre évangélistes a près de lui son attribut caractéristique, c'est-à-dire l'un des quatre animaux symboliques de l'Apocalypse, qui sont, on le sait, l'homme, le lion, l'aigle et le bœuf.

Cet intéressant morceau d'architecture et de sculpture, encadrait l'entrée de l'ancienne église de Vernonnet, dont la démolition remonte déjà à un certain nombre d'années. Lui aussi devait tomber en pièces sous le marteau des démolisseurs, mais il fut sauvé par un vieil antiquaire vernonnais qui,

Porte de l'ancienne Église de Vernonnet.

D'après une photographie de M. Duval.

après bien des démarches et des supplications, parvint à le faire placer à l'endroit qu'il occupe aujourd'hui.

THÉODORE MICHEL.

LE CHATEAU DE BRÉCOURT

Le château de Brécourt est situé sur un plateau s'étendant de la vallée de la Seine à celle de l'Eure, à peu près à mi-chemin entre Vernon et Pacy.

Ce château se compose d'un corps de bâtiment flanqué de deux pavillons, s'alignant avec lui sur le parc, et formant, du côté opposé, deux ailes encadrant une partie de la cour d'honneur. Aux deux extrémités de la façade du parc, l'architecte a accroché deux tourelles aériennes, de forme carrée, surmontées d'un toit aigu à quatre eaux.

Le rez-de-chaussée manque d'élévation, mais le premier étage, avec ses sept grandes croisées, est d'une belle ordonnance, ainsi que le second, dont la partie supérieure des fenêtres s'élève au-dessus du bas de la toiture, et se transforme en lucarne.

Bien que n'étant pas *maison forte*, le château de Brécourt et sa cour d'honneur sont entourés de douves larges et profondes. La grille d'entrée est placée sur le chemin allant de Douains à la Heunière. Elle donne accès dans l'avant-cour, qu'un terre-plein relie à la cour d'honneur.

On ne sait à quelle époque ce château a été construit. Les fossés qui l'enserrent permettraient de supposer qu'il remonte au temps de la Ligue, époque pendant laquelle on avait besoin de se mettre en garde contre les surprises que pouvaient tenter les partisans de l'une ou l'autre des deux factions qui se disputaient la France.

Brécourt (anciennement *Bréencourt* et Braencourt) était une paroisse. Son église était placée sous l'invocation de la Sainte-Vierge. Elle existe encore et sert de chapelle aux châtelains, qui l'ont fait restaurer avec beaucoup de goût. Elle se trouve à quelques mètres du château, dans le parc, où l'on voit aussi l'ancien presbytère. Devant le chœur, à fleur des dalles, une pierre tumulaire donne, tracée à la gouge, la représentation de deux chevaliers. Le frottement des pieds a malheureusement effacé, en plusieurs endroits, ce curieux dessin, ainsi que l'épitaphe latine qui se trouve au bas et qui est illisible.

Un Geofroy de Brécourt, dans le XIIe siècle, signe, comme témoin, une charte de Robert de Leycester. En 1205, Eudes et Jean de Brécourt déposent dans une enquête sur les droits des usagers dans la forêt de Mercy.

Nous pourrions citer plusieurs autres seigneurs de Brécourt, mais il nous paraît préférable d'arriver à l'époque de l'invasion anglaise en Normandie. Brécourt fut alors donné, avec d'autres fiefs, à Hervé Le Cornu, chevalier, qui devint Anglais.

Plus tard, Brécourt fut rendu à ses légitimes propriétaires, Simon Louvel, puis à Charlot de Garennes, enfin à Jean Chartier, dit *Limoges*, écuyer, vicomte d'Évreux, qui avait épousé la fille de Charlot de Garennes.

En 1482, le commandeur de Chanu présentait à la cure de Brécourt; mais vers 1531, Jean Lecomte, possesseur de ce fief, voulut y nommer au préjudice dudit commandeur.

La même année, Henri Jubert achetait Brécourt, qui donna son nom à une branche de cette maison. Ce seigneur possédait une grande fortune. Nous serions assez disposé à croire que c'est lui qui fit construire le château.

Vers 1540, Michel Jubert, son fils, lui succéda. Il présenta à la cure de Brécourt, concurremment avec Nicolas Fouquesoles, prieur de Chanu. Puis, à la mort de Michel, Brécourt passa à son frère, Henri Jubert II, qui fut père de Jean. Chailly appartenait aussi aux deux frères.

Vers 1652, Anne Jubert remplaça Jean, son père.

Un président à la Cour des Aides de Rouen, Alphonse Jubert, seigneur de Bouville, de la branche aînée de sa famille, possédait la terre de Brécourt vers la fin du XVII° siècle. Sa veuve, Madeleine Legrand, mourut en 1706, laissant Brécourt au marquis François de Mousseaux-d'Axy.

Le fief de Brécourt, après avoir appartenu à Claude Daniel, seigneur de Bois-d'Ennemets, fut racheté par la famille de Bouville. En 1764, Nicolas-Louis Jubert de Bouville obtint l'érection de Brécourt en marquisat, sous le nom de Bouville; mais, comme en 1708, Jubert, marquis de Bisy, avait vendu la terre de Bouville au sieur Grossin, conseiller au Parlement, celui-ci, qui se faisait appeler M. de Bouville, attaqua cette érection et parvint à faire admettre son opposition.

Le 14 juillet 1793, un semblant de combat eut lieu, sur le territoire de Brécourt, entre les confédérés de l'Ouest et l'armée conventionnelle.

Les confédérés s'étaient réunis à Caen, sous le commandement en chef de Wimpffen, ancien député de la noblesse. Cette armée se composait d'environ deux cents volontaires fournis par la ville de Caen; de deux bataillons bien équipés et connaissant le maniement des armes, venus du département d'Ille-et-Vilaine; d'un petit corps des dragons de la Manche; d'un autre corps, peu nombreux, de chasseurs à cheval, et de six petits canons servis par des artilleurs inexpérimentés.

De son côté, la Convention, informée de tous les mouvements des confédérés, fit marcher sur Vernon un corps de troupes d'environ deux mille hommes. C'était à peu près le chiffre de l'armée que les conventionnels avaient à combattre. Il y avait dans ce corps des volontaires de la garde nationale parisienne, des grenadiers de la Dordogne, des canonniers de l'Yonne, et un peloton de hussards de la liberté.

Le chef de brigade Humbert commandait ces troupes.

Les 11 et 12 juillet, les confédérés occupaient Pacy-sur-Eure, et les conventionnels, Vernon. Ils firent des reconnaissances autour de ces villes et répandirent, les uns des exemplaires de la Constitution, les autres la proclamation de Wimpffen.

Ce dernier, craignant sans doute de trop engager sa personne, ne voulut pas « *marcher vers Paris, pour Paris, et non pas contre Paris* ». Il donna le commandement de son armée à Joseph Puisaye, ancien député de la noblesse à la Constituante, royaliste militant qu'on croyait propre à diriger un corps de partisans.

Le 13 juillet, entre trois et quatre heures de l'après-midi, Puisaye et ses troupes marchèrent sur Vernon. Arrivés à Brécourt, ils s'emparèrent du château où ils ne trouvèrent que le concierge et sa femme. On fit halte. Il était six heures du soir. La soif tourmentait les hommes. Ils vidèrent les caves du château et les celliers des villages voisins. Il fallait passer la nuit à Brécourt. Puisaye se rendit à Ménilles, à environ trois kilomètres de là, dans un château appartenant à sa femme.

« Vers le soir, au moment où commence le long crépuscule de juillet, l'armée parisienne arrivait sur la lisière de la forêt de Bizy. Une reconnaissance, exécutée par un peloton de hussards rouges, renseigna Humbert sur la position de ses ennemis, et il fit avancer son artillerie.

« L'apparition des hussards avec leur éclatant uniforme avait jeté l'alarme dans le camp des calvadosiens. Parmi les soldats, quelques-uns étaient ivres, d'autres, couchés dans les grands blés, étaient déjà à moitié endormis. Le cri : *Aux armes!* se fait entendre; mais un affreux tumulte se produit. On appelle le général de tous côtés, et le général ne paraît pas. Pourtant, Leroy, avocat de Bayeux, qui avait dans l'armée le titre de colonel, ayant pris le commandement, quelques rangs commencent à se former, lorsque trois coups de canon éclatent et un boulet vient briser, au-dessus de la tête des insurgés, les branches d'un pommier. C'en fut assez pour décider du sort de la campagne (1). » Infanterie, cavalerie, artillerie, toute l'armée prit la fuite, et, chose incompréhensible, les conventionnels, au lieu de la poursuivre, s'enfuirent précipitamment et rétrogradèrent jusqu'à Mantes.

Cette affaire est connue sous le nom de *déroute de Brécourt*, et aussi de *bataille sans larmes.* Il n'y eut pas de blessés; seuls, les caves du château et les celliers de Douains et de la Heunière, eurent à souffrir en cette occasion.

Théodore Michel.

(1) M. L. Boivin-Champeaux. *Notices pour servir à l'histoire de la Révolution dans le département de l'Eure.*

LE CHATEAU DE CHAMBRAY-SUR-EURE

Ce qui fait le charme du château de Chambray, ce n'est pas l'élégance de sa construction : s'il est du XVII° siècle, époque où l'architecture produisait encore ses merveilles sous l'habile inspiration de Mansart, il ne reste que peu de chose de son ordonnance primitive et les murailles sont aujourd'hui recouvertes d'un enduit de plâtre et d'un badigeon qui leur enlèvent tout caractère. Bien que ses toits élevés, ainsi que les encadrements des fenêtres et les cordons en pierre de taille de la façade principale lui aient conservé un aspect particulier, c'était surtout à son origine, qu'il était digne d'être remarqué, à l'époque où, moins important sans doute, il semblait sortir des eaux du fleuve qui l'entouraient et qui, par une canalisation habile et gracieuse, baignaient ses murs de fondation comme pour leur servir de rempart et rafraîchir l'atmosphère ambiante.

C'était alors le séjour du marquis de Crève-Cœur, Adrien de Hanivel, baron de Chambray, dont la sœur Madeleine de Hanivel avait épousé Georges Langlois de Colmoulins, fils du baron de la Croix-Saint-Leufroy. Son autre sœur, Louise de Hanivel, épousa François Aubert, sieur de Vertot, dont elle eut un fils, René-Aubert de Vertot, qui devint si célèbre dans la littérature sous le nom d'abbé de Vertot.

Nous ne sommes pas surpris que Mademoiselle des Houllières (non pas Madame des Houllières comme plusieurs l'ont prétendu) ait chanté dans ses vers les agréments de la vallée d'Eure. Ses belles relations avec l'abbé de Vertot ne pouvaient manquer de l'attirer au château de Chambray, où le marquis de Crève-Cœur lui offrait la plus gracieuse hospitalité. Quand elle voulut célébrer la paix de Ryswick, elle dut son inspiration à la générosité de ses hôtes ; l'ambassadeur à la paix de Ryswick était Nicolas-Auguste de Harlay, seigneur de Bonneville, le père de Claude-Elisabeth de Harlay, qu'Adrien de Hanivel, marquis de Crève-Cœur et baron de Chambray, avait épousée en 1690. C'est donc du séjour de Chambray qu'elle parlait, en 1697, quand dans ses stances sur la poésie elle débute ainsi :

« Dans un de ces beaux lieux chéris de la nature,
« Où règne de tout temps l'innocence et la paix,
« Sur un lit émaillé de fleurs et de verdure,
« D'un tranquille sommeil je goûtais les attraits... »

Le domaine de Chambray passa bientôt dans les mains de François-Joseph, comte de Clermont-Tonnerre, qui avait épousé Marie de Hanivel, fille d'Alexandre et seule héritière des biens de cette famille (Moreri la dit fille d'Adrien).

Philippe-Armand, comte de Clermont-Tonnerre, chevalier de Saint-Louis, lieutenant-colonel au régiment d'Anjou, hérita des titres de son père et devint baron de Chambray ; il épousa, le 30 décembre 1706, Geneviève-Armande de la Rochefoucauld de Roye, dame de compagnie de la duchesse d'Orléans. Il n'eut que trois filles, et donna l'une, Marie-Charlotte-Félicité, à Hyacinthe-Gaëtan, comte de Lannion, qui devint possesseur du domaine de Chambray, le 20 décembre 1745.

C'est sans doute au comte de Lannion que l'on doit la construction de ces importantes dépendances qui semblent avoir été aménagées pour mener un train de maison presque royal. Il y créa une chapelle pour recueillir les restes vénérés des ancêtres, et une riche bibliothèque composée des meilleurs auteurs du XVIIIe siècle et des éditions les plus illustrées et les mieux soignées. Il mourut gouverneur de Port-Mahon en 1762, à l'âge de quarante-quatre ans. Sa veuve vendit la terre de Chambray à Marie-Thérèse de Mondray, veuve de M. de la Pouplinière, en 1769. Un an après, celle-ci la remit entre les mains du marquis de Kerhoent. La marquise de Kerhoent, qu'on appelait la bonne marquise parce qu'elle nourrissait, chauffait et habillait tous les indigents du village, se retira dans son château d'Abondant et légua par testament sa terre de Chambray à sa cousine Pulchérie-Tranquille de Lannion, marquise de Pons, dont la fille, Augustine-Éléonore, épousa le marquis de Tourzel.

Charles-Louis-Yves du Bouchet de Sourches, onzième marquis de Tourzel et dernier grand prévôt de France, était le fils de Madame de Tourzel, qui fut la gouvernante des Enfants de France dans ces jours désastreux où avec sa fille, Mademoiselle Pauline de Tourzel, elles faillirent payer de leur tête leur dévouement sans bornes aux royales victimes de la Révolution.

La première fois que la marquise de Tourzel vit la reine en sa qualité de gouvernante, elle en fut saluée par une de ces paroles où l'infortunée Marie-Antoinette savait mettre toute la gracieuse délicatesse de son cœur : « Madame, lui dit-elle, j'avais confié mes enfants à l'amitié, je les confie maintenant à la vertu. »

La marquise de Kerhoent et le sire de Pons ne purent échapper au massacre, et le domaine de Chambray fut livré au pillage. Tous les meubles du château furent vendus à vil prix, et on emporta à Vernon dix voitures à quatre chevaux remplies de munitions pour l'armée (Isambart, t. II, p. 261).

Quand on vit renaître des jours meilleurs, la marquise de Tourzel revint chercher dans la solitude et le calme que pouvaient lui offrir les frais ombrages et les gracieux horizons de la campagne, l'oubli de tant d'horreurs et l'espoir d'un avenir plus heureux. Le château subit alors une restauration complète et des agrandissements qui lui donnèrent un aspect plus riant que monumental. Sa façade tout entière se reflète dans une large pièce d'eau dont les bords arrivent jusqu'à ses pieds. D'habiles travaux de transformation firent, en même temps, du parc un des plus beaux de la Normandie.

Un pont de briques, d'une légèreté incomparable, que l'on appelle encore le pont Tourzel, fut jeté sur un des bras dérivatifs de l'Eure. Il agrémente délicieusement le paysage et l'on ne sait trop ce que l'on doit le plus admirer de la hardiesse ou de l'élégance avec lesquelles il fut construit.

Le mobilier du château qui ne consiste guère que dans les épaves oubliées par la Révolution, n'offre rien d'artistique ni de remarquable, si ce n'est une galerie de portraits de famille très intéressants et de grandes tapisseries fort estimées.

La chapelle, dédiée à la Sainte-Vierge, possède une statue de la Mère de Dieu, qui n'est pas sans mérite; elle n'a pour ornementation que les épitaphes des tombeaux qu'elle renferme.

La visite royale des duchesses d'Angoulême et de Berry vint embellir encore ce séjour l'an 1826. Un sentiment mêlé de vive reconnaissance et de réelle sympathie devait rapprocher Madame Royale de celle qui avait été pour elle une gouvernante si affectueuse et si dévouée.

Madame de Tourzel laissa ce beau domaine à sa fille Léonie qui avait épousé le duc de Lorges; et aujourd'hui leur fille, Marie de Lorges, devenue par son mariage princesse de Croy, conserve avec honneur l'héritage de ses ancêtres, non seulement celui de leurs domaines, mais aussi celui de leurs vertus.

La famille de Croy blasonnait : *écartelé au 1 et 4 à 3 fasces de gueules, au 2 et 3 d'argent à 3 doloires de gueules, les 2 en chef adossées.*

L'Abbé DE LA BALLE.

ÉGLISE DU GRAND ANDELY — CÔTÉ NORD

ARRONDISSEMENT DES ANDELYS

L'ÉGLISE NOTRE-DAME DES ANDELYS

Il ne manque pas en Normandie de villes auxquelles convient le mot de Tacite : *Parva nunc civitas,*
sed gloria ingens. Les Andelys sont de ce nombre. C'est aujourd'hui une ville de 6,040 habitants; il
s'y fait un commerce de blé considérable; elle possède une École militaire préparatoire d'infanterie;
des quartiers neufs ont été bâtis depuis une quinzaine d'années; elle va tout à l'heure être dotée d'un
chemin de fer. Mais cette vitalité croissante, qui frappe les regards du voyageur et du passant, ne saurait
leur faire oublier les souvenirs séculaires de la cité de sainte Clotilde et de Richard Cœur de Lion.

Le sol andelysien a donné lieu à d'intéressantes découvertes préhistoriques; les époques
gauloise et romaine ont également fourni un appoint précieux à l'histoire de ces temps reculés.
Toutefois, l'histoire proprement dite d'Andely s'ouvre par la fondation due à sainte Clotilde, dans
les premières années du VI⁰ siècle, d'un monastère de religieuses. Au dire de l'historien Bède le
Vénérable, les nobles anglo-saxons envoyaient à Chelles et à Andely leurs jeunes filles pour y être
instruites ou se consacrer à Dieu. Ce monastère fut détruit pendant les invasions normandes. Ce fut
sur ses ruines que s'éleva l'église Notre-Dame, mentionnée au commencement du XII⁰ siècle par
Orderic Vital. Elle était le siège d'une collégiale ou chapitre de chanoines.

A partir de cette époque, Andely commence à jouer un rôle dans l'histoire des luttes sanglantes
entre les rois de France et d'Angleterre. Placé sur les limites de la France et de la Normandie, il fut
souvent l'enjeu que se disputèrent avec acharnement les deux rois ennemis.

Depuis un temps immémorial, Andely faisait partie du domaine des archevêques de Rouen.
Livré par trahison à Louis le Gros, il rentra au pouvoir de l'archevêque, qui, désespérant de réussir à
le garder, l'échangea, pour d'autres domaines, avec Richard Cœur de Lion. Ce prince, malgré la clause
contraire du traité de Louviers, avait construit, sur les roches qui dominent la Seine, la fameuse
forteresse du Château-Gaillard.

En 1204, sous le règne de Jean sans Terre, Philippe-Auguste parvint à s'en emparer après un
long et terrible siège. La Normandie allait devenir province française.

En 1419, le Château-Gaillard est pris par les Anglais et repris par les Français en 1429; puis
il retombe au pouvoir de l'Angleterre, qui le garde jusqu'en 1448.

En 1651, Henri II créa un Présidial siégeant à Andely.

La ville renfermait un certain nombre de couvents et de communautés religieuses : des Pénitents du Tiers-ordre de saint François, établis en 1346; des Capucins en 1545; des Bénédictines en 1635; des Ursulines en 1641.

Un collège fut fondé en 1684 par deux riches bourgeois, Gabriel Le Prevost, docteur en médecine et lieutenant d'élection, et Roland du Val, sieur de Viennois, avocat.

Les Andelys sont fiers d'avoir vu naître Nicolas Poussin; les deux Corneille y prirent femme, et Thomas, devenu veuf, vint y mourir.

A la mort du comte d'Eu, la seigneurie d'Andely, ainsi que celles de Gisors, de Lyons et de Vernon, échut à son cousin-germain, Louis-Jean-Marie de Bourbon, duc de Penthièvre. On doit à cet homme de bien la fondation de l'hôpital situé sur les bords de la Seine, au Petit-Andely. Le duc de Penthièvre mourut en son château de Bizy, le 4 mars 1793.

L'église de Notre-Dame des Andelys est un des beaux monuments de l'art gothique en Normandie. Il est vrai que toutes ses parties ne sont pas du même style, mais les divers architectes qui travaillèrent successivement à cet édifice, ont su si bien relier leurs constructions aux œuvres antérieures, que ces soudures sont des chefs-d'œuvre d'habileté et d'harmonie.

La majeure partie du monument, c'est-à-dire le grand portail, la nef, le chœur et les bas-côtés, paraît dater du milieu du XIII⁰ siècle. L'église formait alors un long vaisseau, un peu étroit, avec un transept qui ne devait pas s'étendre au delà du mur des collatéraux.

Au XV⁰ siècle, on ajouta, à l'intersection des transepts, une tour peu élevée, dont les faces, ornées de baies sculptées, sont en partie dissimulées par les combles. Vers la fin du même siècle, on construisit le transept méridional, puis, au commencement du XVI⁰, le portail qui le termine. Ce portail, dit de la Cour de Rouen, parce qu'il s'ouvrait sur le manoir de l'archevêque, fut élevé à l'aide des dons de plusieurs seigneurs du pays, les Picart de Radeval, les Le Pelletier de Longuemare et les Jubert du Thil, ainsi que l'indique la présence de leurs blasons sculptés sur les pieds-droits de la porte. Les chapelles méridionales datent également du commencement du XVI⁰ siècle.

Le portail nord, appelé portail de Saint-Nicolas, les deux chapelles qui l'accompagnent et le transept intérieur jusqu'à la hauteur des bas-côtés, ont dû être construits entre 1550 et 1575.

Toute la partie supérieure du portail nord, la coupole intérieure élevée à la jonction des transepts, et les autres chapelles septentrionales sont de l'époque de Louis XIII et de Louis XIV. La reprise des travaux est fort apparente à l'intérieur, à la hauteur des arcades aveugles placées au-dessous des hautes fenêtres. Depuis nombre d'années l'édifice entier menaçait ruine, lorsqu'en 1860 une restauration complète fut entreprise par M. Alphonse Durand, architecte du gouvernement. L'église du Grand-Andely a retrouvé sa jeunesse et sa splendeur d'autrefois, et l'on peut espérer que bien des générations pourront encore admirer ce monument, que l'on avait cru voué à une destruction certaine.

Après ce coup d'œil sur l'histoire architecturale de Notre-Dame, il sera plus facile de faire l'analyse du monument.

Le portail principal est percé au rez-de-chaussée d'une large baie partagée par un pilier-trumeau auquel est adossée une statue de la Mère de Dieu; dans le tympan, on voit l'Annonciation, la Visitation, la Nativité, l'Adoration des Mages, la Présentation au Temple, le Couronnement de la Vierge. Toutes ces sculptures sont modernes. L'archivolte de la porte se compose de quatre voussures reposant sur des colonnettes derrière lesquelles se profile une arcature aveugle. Un avant-corps se projetant en avant des tours forme un triple porche dans l'axe de la nef et des collatéraux : il rappelle beaucoup celui de la cathédrale de Soissons.

Au-dessus du portail, le mur de la nef apparaît percé d'une grande baie en arc brisé; la rosace, refaite au commencement du XVIe siècle, se trouve inscrite dans une archivolte retombant sur trois colonnes détachées.

De chaque côté de la façade s'élèvent deux tours semblables; elles sont flanquées de contreforts plats et d'une tourelle d'angle carrée renfermant un escalier. Le rez-de-chaussée des tours, percé sur le côté d'une longue fenêtre en lancette, est voûté à la hauteur des bas-côtés; le premier étage possède également une voûte et des ouvertures sur les quatre faces. Le second étage, qui renferme le beffroi des cloches, prend jour par quatre fenêtres à un meneau.

Le portail du croisillon sud, ainsi que tout ce côté de l'église, offre une vue des plus pittoresques. Le style gothique fleuri s'y retrouve dans toute sa richesse et son élégance. C'est une broderie de pierre où se dessinent capricieusement gables sculptés, rinceaux de feuillages peuplés d'oiseaux, pinacles et clochetons ornés de choux frisés ou de feuilles d'eau en crossettes. Un pilier-trumeau, jadis orné d'une statue et couronné d'un dais élégant, sépare les deux portes. Le tympan ajouré est inscrit dans une voussure profilée seulement de moulures prismatiques. Des niches surmontées d'arcs en accolade feuillagés attendent des statues. Au-dessus du tympan règne une balustrade où l'on remarque des fleurs de lis. La muraille méridionale du transept est entièrement occupée par une large rosace aux innombrables pétales, qui s'appuie sur une galerie vitrée. Une seconde balustrade fleurdelisée court au-dessus d'un rinceau feuillu et relie les deux contreforts que surmontent des pinacles à crossettes. A droite du portail s'élève une tourelle d'angle renfermant un escalier.

Le transept nord se termine par un portail moins riche, plus froid, mais fort intéressant à étudier, car, sous son revêtement classique, il a conservé la distribution et l'ordonnance de l'époque gothique.

Au centre s'ouvre une haute arcade cintrée avec voussure profonde, ornée d'un bandeau imbriqué et de modillons; elle abrite deux portes en plein cintre flanquées de colonnes cannelées d'ordre ionique. Deux cariatides soutiennent la grande voussure, et quatre plus petites les arcades des portes. Ces belles statues, de l'école de Jean Goujon, sont admirablement drapées et n'ont certainement pas la notoriété qu'elles méritent; quelques-unes ont malheureusement beaucoup souffert. Quatre grandes colonnes cannelées d'ordre ionique, dont les bases sont garnies d'encadrements avec cartouches contournés, supportent l'entablement et la frise que décore une guirlande de fleurs d'ornement, en bas-relief. Des niches accompagnent ces colonnes; mais, comme à l'étage supérieur, les statues manquent. Dans les angles, sur l'extrados de l'archivolte, deux Victoires sculptées en très bas-relief sont assises et distribuent des palmes et des couronnes. Au-dessus de la corniche, que domine une balustrade, s'élève l'étage supérieur qui paraît, au premier coup d'œil, d'une époque plus récente que le portail proprement dit. Une grande rose à meneaux rayonnants s'épanouit au-dessus d'une galerie ajourée. De chaque côté, deux colonnes fort rapprochées, d'ordre composite, et bracelées vers leur milieu, supportent deux petits frontons triangulaires reliés par une galerie à balustres. Les escaliers d'angle sont renfermés dans deux tourelles coiffées d'une calotte de pierre, et le pignon, percé d'une petite rose, a pour amortissement un vase d'où s'échappent des flammes. Toute la partie haute de cette façade a été renouvelée, ou plutôt entièrement faite à neuf, lors de la restauration de l'église.

L'aspect intérieur de l'église est à la fois gracieux et imposant. Au premier coup d'œil, on se croirait dans un monument tout entier du XIIIe siècle; ce n'est que peu à peu que l'on s'aperçoit de la diversité des styles. De riches vitraux de la Renaissance répandent une lumière colorée et viennent réchauffer les tons uniformes de la pierre. L'église de Notre-Dame mesure, dans œuvre, 84 mètres de longueur, y compris la chapelle de la Vierge; la longueur de la nef seule est de 42 mètres, celle du chœur de 25 mètres. La largeur totale d'un mur à l'autre est de 25 mètres, dont 7 m. 60 cent. pour le chœur et la nef. Le transept a 8 mètres de largeur, et les bas-côtés 4 m. 50 cent. La hauteur sous voûte à la nef et au chœur est de 21 mètres.

Dix piliers isolés et quatre autres engagés dans les massifs des tours et des transepts, soutiennent les élévations latérales de la nef. Ils sont cantonnés de douze colonnettes, dont trois grosses et six petites, et trois autres groupées qui s'élancent jusqu'à la retombée des voûtes. Les bases des colonnes ont des griffes à leurs angles; les chapiteaux à tailloirs carrés sont tous ornés de feuillages à crochets, sauf le deuxième pilier nord de la nef, sans doute refait à la fin du XIV⁰ siècle, et qui porte un tailloir octogonal. Un bandeau de feuillages capricieusement fouillé, règne, comme à Amiens, au-dessus des grands arcs; mais celui des Andelys ne paraît pas beaucoup antérieur au XV⁰ siècle; celui du côté nord n'a même été achevé que dans la restauration de 1860. Le triforium a été entièrement refait au XVI⁰ siècle, ainsi que les grandes fenêtres. Une inscription placée à la base de la dernière

Portail.

baie, près du transept nord, nous apprend que les trois dernières fenêtres de la nef ont été achevées aux frais de la fabrique, en 1644. Toutes sont divisées par trois meneaux supportant une tracerie flamboyante.

Les voûtes sont partagées en travées simples par des arcs doubleaux formés d'un bandeau et de deux tores; les arcs diagonaux supportent, à leur point de section, de jolies clefs en forme de disques ornés de feuillages peints en vert sur fond d'ocre rouge ou jaune.

Aux quatre angles de la partie centrale du transept, des piliers de forme irrégulière montent jusqu'à la voûte et supportent une coupole basse en pierre. Sur l'arcade faisant face à la nef se trouve le millésime de 1675. Cette coupole porte à la base et au sommet un bandeau couvert d'ornements fleuronnés. Sa calotte est divisée, en huit compartiments semés de fleurs de lis, par des bandeaux décorés de rosaces. Le centre est percé d'un œil qui servait à introduire les petites cloches, autrefois placées dans le beffroi de la flèche.

L'architecte du croisillon septentrional a tenu à conserver l'ordonnance gothique, et cependant cette partie ne remonte pas au delà des XVIᵉ et XVIIᵉ siècles; on ne sera pas surpris d'y rencontrer des formes bâtardes et quelque peu étranges, comme l'arc ellipsoïdal qui donne entrée dans les bas-côtés. La voûte est en plein cintre et s'appuie sur de massives nervures. On remarquera sur ses clefs, ainsi que sur les vitraux incolores des grandes fenêtres, les armoiries de la famille d'Amboise. Il est pourtant bien certain que ni l'un ni l'autre des cardinaux de ce nom n'ont rien à voir dans la construction de la partie haute du transept; mais nous ne serions nullement surpris que les travaux d'ensemble aient commencé sous l'épiscopat du cardinal Georges, deuxième du nom, qui mourut le 26 août 1550.

Le croisillon méridional, construit vers la fin du XVᵉ siècle, est une des parties architecturales de l'église les plus parfaites; il a une élégance et une pureté que l'on ne retrouve pas toujours dans le gothique de cette époque. Les deux travées reposent sur des piliers à moulures prismatiques dépourvus de chapiteaux et cantonnés d'un groupe de colonnettes qui reçoivent les nervures des voûtes. Un entablement à feuillages soutient un triforium de même aspect que celui de la nef, mais beaucoup plus élancé et de meilleure proportion. De petits rinceaux de feuillages entablés couronnent cette galerie; au-dessus s'ouvrent les grandes fenêtres. La voûte, en arc aigu, porte à son sommet deux pendentifs.

De chaque côté de la porte, des niches sculptées encadrent deux statues en bois de Notre-Seigneur et de la Sainte-Vierge; cette dernière est assez remarquable. Au-dessus règne une balustrade qui relie les galeries du triforium. La rose occupe par son réseau élégant toute la muraille jusqu'à la voûte. Ses vitraux, d'un coloris trop froid, sont parsemés d'étoiles, de soleils, et embordurés de fleurs de lis et d'hermines couronnées.

Le chœur comprend quatre travées aboutissant à un chevet droit. Les dispositions architectoniques sont identiques à celles de la nef, sauf que l'écartement des piles est sensiblement plus large. On remarquera que la dernière travée septentrionale du chœur n'a point été, comme les autres, remaniée au XVIᵉ siècle. Elle peut donc donner une idée de ce qu'était l'église au commencement du XIVᵉ siècle. Le triforium se composait d'une colonnade avec trèfles lancéolés entre chaque arcade; et la fenêtre, de dimensions beaucoup plus restreintes, n'avait qu'un seul meneau supportant un tympan quadrilobé.

Le mur du chevet est percé d'une immense fenêtre divisée par trois meneaux et coupée au milieu par une arcature trilobée; le tympan est orné de trois roses à redents. Cette disposition d'un chevet droit, très commune dans les petites églises du XIIIᵉ siècle de la Normandie et de l'Ile-de-France, est beaucoup plus rare dans les grandes; nous ne connaissons guère, ainsi terminées, que les cathédrales de Laon, de Dol et de Poitiers, tandis qu'elles abondent en Angleterre.

A la fin du siècle dernier, on abattit un jubé en bois, construit en 1682 à la place d'un autre beaucoup plus ancien et qui menaçait ruine. De chaque côté de la porte du chœur on plaça un autel; ils encadraient une fort belle grille monumentale en fer forgé, du XVIIIᵉ siècle, qui a disparu à son tour; elle sert aujourd'hui de porte d'entrée au presbytère.

En 1466, un huchier andelysien, Nicolas Lechevalier, fut appelé à Rouen pour travailler à l'achèvement des stalles de la métropole. On voudrait croire que celles de la collégiale d'Andely sont du même artiste; toutefois leur style semble plutôt les rapprocher de l'extrême fin du XVᵉ siècle et même du commencement du siècle suivant. Elles n'ont plus leurs hauts dossiers stupidement détruits à l'époque de la Révolution; mais, dans leur état actuel, on peut encore étudier les curieux sujets des accotoirs et des miséricordes, où les animaux les plus bizarres, les figures les plus grotesques témoignent de l'imagination et de la hardiesse du ciseau des huchiers du moyen âge.

Le grand autel, en bronze doré, est une œuvre remarquable. Il est sorti des ateliers de M. Chertier, à Paris, et exécuté d'après les plans de l'architecte Alphonse Durand. En avant du tombeau de l'autel, se profile une rangée de colonnes en onyx avec bases et chapiteaux en bronze doré. Le tabernacle, sur la porte duquel apparaît la figure du Christ bénissant, est accoté de deux gradins surmontant quatre médaillons quadrilobés à fond bleu peints sur lave. Une flèche élégante s'appuie sur quatre colonnes de bronze; elle est flanquée de deux superbes reliquaires en forme d'église.

On remarque dans la chapelle des fonts un grand Crucifix en bois peint, avec les animaux et l'ange évangéliques sculptés aux extrémités dans un quadrilobe; les fleurs de lis terminales ont été

Panorama de l'Église.

D'après une photographie de M. Bertholle.

mutilées. La Vierge et saint Jean, qui l'accompagnaient, ont malheureusement disparu depuis quelques années; ils méritaient d'être conservés avec plus de soin, car ce groupe formait un ensemble d'une réelle valeur archéologique. Les personnages, de grandeur naturelle, ayant bien conservé leur polychromie primitive, offraient un fort curieux spécimen de la sculpture sur bois de la fin du XIVe siècle.

L'Eure est peut-être le département où l'on rencontre les plus nombreuses et les plus belles séries de vitraux de la Renaissance. Conches, Pont-Audemer, Gisors, Pont-de-l'Arche, Bernay, Beaumont-le-Roger, Nonancourt en possèdent de fort remarquables. Les Andelys ne sont pas moins bien partagés, et c'est à juste titre que M. Palustre, dans son magistral ouvrage *La Renaissance en France*, proclame ces vitraux le plus bel ornement de l'église Notre-Dame (1). On aimerait à savoir quels sont les artistes du XVIe siècle qui ont peint ces vingt et une verrières. Jusqu'ici un seul nom a pu

(1) Palustre. *La Renaissance en France*, p. 251.

être mis en avant avec certitude, celui de Romain Buron, qu'on lit dans l'une des fenêtres du chœur. Les Buron avaient un atelier à Gisors. On connaît quatre artistes de ce nom qui ont travaillé à la vitrerie de Saint-Gervais et Saint-Protais de cette ville : Jean, de 1528 à 1559; ses deux fils Guillaume et Romain, et Pierre qui vivait à la fin du XVI⁰ siècle.

Une particularité assez étrange frappe le regard dans l'église des Andelys : le côté méridional seul est pourvu de vitraux. A quelle cause faut-il attribuer cette anomalie ? On peut objecter que les chapelles du côté septentrional ont été presque toutes refaites au commencement du XVIIᵉ siècle; mais les hautes fenêtres du chœur et de la nef, sauf trois, étaient, dès le siècle précédent, en état de recevoir des verrières peintes, et elles ne paraissent pas en avoir jamais reçu. Les troubles, la misère, les ruines engendrées par les guerres religieuses et par la Ligue pourraient bien expliquer cette brusque interruption dans la décoration de l'église. C'est, du reste, une observation qui se peut faire ailleurs; il existe fort peu d'églises qui possèdent des vitraux datés des dernières années du XVIᵉ siècle. A cette époque, les fours des verriers durent s'éteindre pour ne se rallumer qu'à la fin du règne de Henri IV. Malheureusement, les grandes traditions des écoles de Beauvais, de Rouen, de Gisors, avaient eu le temps d'être oubliées, et le genre nouveau, pour agréable qu'il pût être, n'en était pas moins très inférieur aux œuvres du siècle précédent; quelques verrières du XVIIᵉ siècle des chapelles septentrionales de Notre-Dame en sont la preuve.

La vitrerie de l'église des Andelys forme un cycle déterminé dans lequel le choix des sujets, aussi bien que leur enchaînement, montre que l'exécution n'en fut pas laissée au hasard, mais certainement dictée et imposée aux donateurs par la volonté du chapitre. Toutes les scènes représentées dans la haute nef sont tirées de l'Ancien Testament. Dans la première fenêtre, on voit Dieu créant successivement tous les êtres inférieurs et terminant son œuvre par la création d'Ève. Cette verrière fut donnée par la Charité, confrérie fondée le 8 janvier 1539. Dans la partie inférieure, on voit les confrères, vêtus de longues robes et de chaperons bleus, porter un mort en terre. La seconde verrière offre l'histoire d'Adam et d'Ève, de Caïn et d'Abel. Dans la troisième, on voit le Déluge et l'Arche de Noé; dans la quatrième, des scènes de la vie d'Abraham, d'Isaac et de Jacob, de Joseph et de Moïse; dans la cinquième, le Passage de la mer Rouge, la Manne dans le désert; dans la sixième, Moïse et les soixante-dix vieillards d'Israël; Coré, Dathan et Abiron engloutis dans les flammes. L'une de ces verrières, la quatrième, porte la date de 1560. Plusieurs sont accompagnées de quatrains explicatifs empruntés à quelque édition française des *Figures de la Bible* d'Holbein.

Trois des verrières du chœur renferment les douze Apôtres, debout, de grandeur naturelle, tenant un phylactère sur lequel se trouve inscrit un article du Symbole. La troisième est signée ROVMAIN BVRON dans la draperie verte, au-dessus de la tête de saint Mathieu. La fenêtre qui se trouve à l'entrée du chœur représente saint Romain conduisant la gargouille; Jésus-Christ sauveur du monde; sainte Catherine d'Alexandrie et saint Nicolas, évêque de Myre. Ce vitrail, d'une richesse de tons extraordinaire, a dû être exécuté vers 1550 et donné par Henri II, car on voit dans le tympan les armoiries qui rappellent les différents titres que ce roi a successivement portés, d'abord comme gouverneur de la Normandie et de Rouen en 1531, ensuite comme dauphin en 1536, enfin comme duc de Bretagne et roi de France en 1547.

Deux fenêtres du transept méridional renfermaient autrefois des scènes de la vie de Notre-Seigneur : l'Annonciation, la Nativité, l'Adoration des Mages, Marie au pied de la croix, Jésus entre les larrons. Tous ces panneaux, incomplets d'ailleurs, ont été restaurés et placés dans la chapelle du Sacré-Cœur.

Les plus remarquables verrières sont celles qui décorent les chapelles méridionales. Les trois premières, à droite du chevet, racontent l'histoire de saint Pierre : 1° la Pêche miraculeuse, la Vocation de saint Pierre et de son frère André; saint Pierre guérissant un paralytique devant la Porte Spécieuse; 2° saint Pierre et Simon le Magicien; la Prédication de saint Pierre; saint Pierre guérissant les malades par son ombre; Jésus-Christ remettant à saint Pierre, sous l'emblème des clefs, son pouvoir spirituel; Jésus-Christ apparaissant à saint Pierre après sa résurrection; 3° le Sacre symbolique de saint Pierre comme premier pape; saint Pierre délivré de sa prison par un ange; saint Pierre fuyant la persécution rencontre Jésus-Christ qui lui ordonne de rentrer à Rome pour subir le martyre; le Martyre de saint Pierre à Rome. Toutes ces scènes se détachent vigoureusement sur des fonds ardoisés, étoffés d'élégants édifices et de légers campaniles. On retrouve à Rouen, dans l'une des verrières de Saint-Vincent, ces mêmes épisodes traités dans une gamme un peu différente; mais la similitude du dessin est telle que les mêmes cartons ont été évidemment utilisés pour les deux églises. Cependant, à Saint-Vincent, les fonds bleus ont plus de charme et de finesse.

Dans la chapelle la plus rapprochée du croisillon méridional se trouvent : saint Sébastien, saint Jean-Baptiste, la Mère de Dieu, un saint archevêque, peut-être saint Évode qui mourut à Andely, sainte Madeleine. Toutes ces figures sont encadrées dans des niches avec pilastres Renaissance d'un goût exquis.

Deuxième chapelle. L'Annonciation; l'Assomption de la Sainte-Vierge; Théophile, économe de l'évêque d'Adana en Cilicie, qui avait fait un pacte infernal, est délivré par la Vierge des griffes du démon. Ce vitrail est daté de 1540, chef-d'œuvre splendide que M. Palustre attribue à Jean Le Prince (1).

Troisième chapelle. Vie de sainte Clotilde. La partie carrée du vitrail est moderne et ne vaut pas la petite scène du tympan : c'est une procession des reliques de sainte Clotilde au XVIᵉ siècle, traitée avec une souplesse de pinceau et une entente de la perspective assez rares dans la peinture sur verre.

Quatrième chapelle. Vie de saint Léger, évêque d'Autun. Cette verrière ne comprend pas moins de neuf scènes qui révèlent chez l'artiste une grande science de la composition et un sentiment vrai de la couleur.

Cinquième chapelle. Vie de sainte Clotilde. Ces deux verrières, qui renferment chacune deux sujets, sont pour ainsi dire l'épopée complète de la sainte reine dont le nom est toujours populaire aux Andelys. Le premier vitrail est inférieur au second, tant pour la correction du dessin que pour la splendeur des costumes et la richesse des architectures qui encadrent les scènes principales. « Quant aux fonds d'architecture et de paysages de cette verrière, dit M. Édouard Didron, ils sont extrêmement jolis et d'une belle exécution. Sous ce rapport, les peintres verriers de la Renaissance avaient un talent remarquable, et les vitraux d'Andely ne le cèdent pas aux plus beaux de cette époque » (2).

Il nous reste à signaler dans les chapelles septentrionales trois verrières à fond blanc du commencement du XVIIᵉ siècle, spécimens assez rares des premiers temps de la décadence de la peinture sur verre. L'une, portant la date de 1611, renferme trois scènes (modernes) de la vie et du martyre du diacre saint Vincent; la seconde, de 1616, avec le Christ en croix sur un fond fleurdelisé. La troisième, sans date, mais qui peut bien être de la fin du règne de Louis XIII, présente trois petites scènes peintes en couleurs d'émail d'une extrême finesse : la Nativité de Notre-Seigneur,

---

(1) PALUSTRE. *La Renaissance en France*, p. 252.
(2) E. DIDRON. *Les vitraux du Grand-Andely*, p. 7.

le Calvaire, la Pentecôte. Toutes ces verrières sont encadrées de charmantes bordures en camaïeu.

Les vitraux de Notre-Dame des Andelys fournissent, pour l'étude de l'histoire locale, une importante contribution par les nombreux blasons que l'on y rencontre, et les donateurs aux curieux costumes dont l'effigie a été conservée. On voit, pour ainsi dire, défiler sous ses yeux la vieille noblesse andelysienne du XVIe siècle : Jean Basset, seigneur de Normanville, chambellan de Louis XII et de François Ier et grand bailli de Gisors, et sa femme Isabeau Roussel ; Jean Le Pelletier, seigneur de Longuemare, Geneviève Jubert du Thil et leurs cinq enfants ; Jean Picart, seigneur de Radeval, bailli de Gisors, et Geneviève Basset ; Alexandre La Vache, seigneur du Saussay, conseiller au Parlement de Rouen, et Marguerite Hallé d'Orgeville.

En 1862, lors des travaux de restauration de l'église, on dut supprimer le grand orgue pour établir à sa place un porche intérieur en pierre, destiné à étrésillonner les deux tours, dont la solidité était gravement compromise. Après trente ans d'absence, les orgues de Notre-Dame viennent de reparaître aux yeux émerveillés du public.

Le nouvel instrument, œuvre de M. Aristide Cavaillé-Coll, de Paris, a été solennellement inauguré le 15 novembre 1892. La partie instru-

Grandes orgues.

D'après une photographie de M. Courret, de Paris.

mentale se compose de vingt-quatre jeux complets distribués sur deux claviers à mains, d'un pédalier et de onze pédales de combinaison; en tout mille trois cent cinquante-deux tuyaux.

Le buffet a été exécuté, ou du moins achevé, en 1573, comme l'indique le millésime inscrit sur un petit cartouche placé au milieu de la frise inférieure. Le plafond de la tribune est décoré de caissons octogones, encadrés par des poutres et des entretoises moulurées, avec des losanges intermédiaires ; tout le champ est rempli d'arabesques entremêlées de dauphins. Les panneaux de la balustrade, au nombre de quatorze, sont séparés par une petite colonne cannelée à chapiteau corinthien. Ils présentent, personnifiés par des femmes debout sous un portique carré à caissons, des vertus chrétiennes, les arts libéraux, des divinités mythologiques dont les noms sont gravés au-dessous, sur la frise inférieure. Il serait difficile d'établir le rapport qui existe entre les figures et les noms qui leur ont été attribués.

Pour les décrire, nous commençons par le premier panneau à gauche du spectateur : 1° ASTRONOMIE, jouant de l'orgue; 2° GRAMATIQVE, jouant d'une longue flûte droite; 3° ARITHMETIQVE, jouant du basson; 4° MINERVE, tenant un étendard, à ses pieds une chouette et un bouclier à tête de Méduse; 5° RETORIQVE, jouant de la viole, à ses pieds trois livres; 6° DIALECTIQVE, jouant du cornet, près d'elle un fourneau allumé; 7° GEOMETRIE, jouant du triangle, près d'elle un sablier et une petite tablette portant les millésimes 1573, 1568, 1452, 1359. Au milieu de la tribune se trouve le petit édicule semi-circulaire où se tenait autrefois l'organiste. Les trois panneaux qui l'enveloppent figurent la Vierge tenant l'Enfant Jésus, accostée de deux anges céroféraires : c'est au-dessous de l'encorbellement ajouré que se trouve la date 1573; 8° THEOLOGIE, jouant des cymbales, à ses pieds deux livres et une mandoline; 9° MVSIQVE, jouant de la mandoline, à ses pieds un compas, une règle, une équerre, des pierres taillées et une base de colonne; 10° PHISIQVE, jouant de la lyre, à ses pieds une viole et une guitare; 11° PALAS, coiffée d'un turban, tenant de la main droite une trompette et de la gauche un étendard, à ses pieds un carquois, un coq, un bouclier et un tambour; 12° SAPIENCE, elle chante, à ses pieds une guitare; 13° PRVDENCE tenant une sphère céleste de la main gauche, s'appuie sur une contrebasse; 14° ESPERANCE, jouant de la guitare, près d'elle des balances.

Au fond de la tribune se trouve le buffet proprement dit. Sa partie inférieure est remplie par cinq grands panneaux figurant des personnages de l'Ancien Testament. Ce sont : 1° à gauche, DANIEL, coiffé d'une petite tiare tronquée, la figure rasée, à l'exception d'une mince moustache relevée; l'artiste a donné à ses traits un type persan d'une justesse remarquable; 2° SAMVEL, coiffure à visière retroussée, longue barbe; 3° DAVID, l'auteur des Psaumes, barbu, portant une couronne fermée, joue de la harpe; 4° EZECHIEL, coiffé d'un turban, tient un livre; 5° SALOMON, avec une paire de gants dans la main droite; il est vêtu d'une houppelande à collet évasé et à manches découpées en queue d'écrevisse. Tous ces costumes rappellent, avec une certaine exagération, ceux des personnages du temps de Charles IX, gravés dans le Recueil de Tortorel et de Périssin.

Au-dessus s'élèvent les quatre tourelles renfermant les gros tuyaux de montre; celles des extrémités, de forme polygonale, sont portées par un groupe de sept cariatides en volutes terminées par un pendentif central; les deux autres, de forme semi-circulaire, ont un encorbellement de volutes feuillagées.

Les faisceaux de tuyaux sont séparés par d'étroits montants garnis sur leur face antérieure de cariatides à gaine aux coiffures empanachées, de mufles de lions et de petits pilastres cannelés. Entre les tourelles se trouvent trois grands panneaux ajourés offrant des trophées d'instruments de musique; cette partie de l'ornementation est évidemment postérieure au reste du buffet; nous pensons qu'elle aura pris place lors des travaux de restauration et d'augmentation exécutés par le célèbre facteur rouennais, Jean-Baptiste-Nicolas Le Fèvre, de 1761 à 1764. La frise supérieure du buffet est ornée de mufles de lions et de rinceaux de feuillages; le couronnement des tourelles vient d'être entièrement refait, ainsi que les moulures qui enserrent les gros tuyaux de montre.

Il n'est pas de touriste visitant l'église des Andelys qui n'ait été frappé de la beauté grandiose d'un groupe de statues colossales placé sous la tour du sud et figurant la Mise au tombeau de Notre-Seigneur. C'était une surprise, presque une découverte. Dans quel livre consacré à l'art français faisait-on aux Andelys l'honneur de mentionner son Sépulcre? Toute l'admiration des artistes et des archéologues s'en allait à Chaumont, à Saint-Mihiel, à Pontoise, à Solesmes. Et pourtant, le groupe des Andelys, dont nul ne parlait, ne le cède à aucun de ses similaires. Depuis quelques années un revirement s'est fait; on vient voir le Sépulcre des Andelys, on l'admire; on l'a photographié; il vient d'être reproduit par la gravure dans un splendide ouvrage sur *Les Sculptures de Solesmes*. Nous n'en sommes pas étonné; il y a dans le corps du Christ une souplesse si vraie et dans ses traits une majesté si sereine, dans la sainte femme qui est debout, portant un vase de parfums, une telle grandeur, dans Joseph et Nicodème tant de robustesse, en un mot, dans le groupement des personnages tant

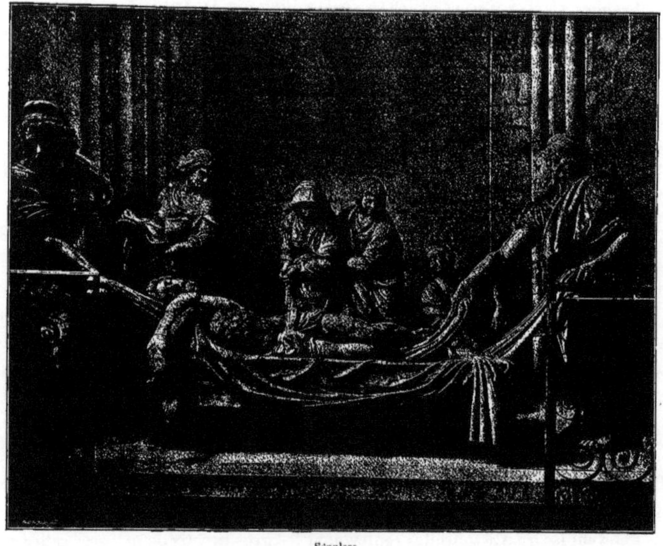

Sépulcre.

D'après une héliogravure publiée dans *Les Sculptures de Solesmes*, par le R. P. de la Tremblaye.

d'aisance et de simplicité, qu'il faut bien sentir là la pensée et la main d'un maître. Mais ce maître, quel est-il? Jusqu'à cette heure on l'ignore. Des archéologues attribuent cette œuvre à l'époque de Louis XIII. Nous pensons qu'il faut remonter plus haut et rechercher l'artiste parmi les élèves de Germain Pilon et les contemporains de Barthélemy Prieur. Ce groupe vient de la Chartreuse de Gaillon qui fut fondée, en 1571, par le vieux cardinal de Bourbon, archevêque de Rouen.

A quelques pas de ce Sépulcre, on a relégué une dalle tumulaire des plus intéressantes, que ses beaux dessins au trait et le personnage qu'elle représente rendraient assurément digne d'être mise au grand jour et dans un lieu plus apparent. C'est celle de Richard de Saint-Laurent, qui était doyen de la collégiale en 1245, lors de la réforme capitulaire entreprise par l'archevêque Eudes Clément, et auteur de plusieurs traités de théologie mystique. Richard de Saint-Laurent est représenté à genoux aux pieds de la Vierge assise et tenant l'Enfant Jésus dans ses bras, au milieu d'un encadrement d'inscriptions en très beaux caractères.

Si la ville des Andelys est justement fière de posséder dans son Musée un tableau de Nicolas Poussin, *Coriolan se laissant fléchir par les prières de sa mère*, l'église Notre-Dame a la bonne fortune de conserver trois curieux tableaux de Quintin Varin, qui, se trouvant aux Andelys en 1612, eut l'honneur d'être le maître du plus illustre peintre de l'école française.

L'un des tableaux de Varin est connu sous le nom de *Regina cœli*. La Sainte-Vierge s'élève vers le ciel, entourée d'un cortège d'anges dont les uns chantent le *Regina cœli lætare alleluia* noté sur un feuillet de musique, tandis que d'autres les accompagnent en jouant de divers instruments, harpe, flûte, viole, mandoline. Quelques-unes de ces figures sont d'une grâce ravissante. Le coloris est fin, avec des nuances claires et argentées, mais les traits de la Vierge ont de la lourdeur et manquent d'expression. Signature : *Quintinus Varinus inven. et pingeb. Mens. Jul.* 1612.

Le *Martyre de saint Clair* est de plus grande dimension. Le saint, à genoux, les mains jointes, attend le coup qui va lui trancher la tête; au second plan, dans un paysage aux tons bleuâtres, saint Clair porte sa tête dans ses mains vers la chapelle où il veut être enterré, sur les bords de l'Epte. Aux angles du tableau, divers épisodes de la vie du saint. Signature : *Qvintin varin inven : et pinx.*

Le troisième tableau retrace le *Martyre de saint Vincent*. Il est étendu sur un gril embrasé, pendant que quatre bourreaux sont occupés à le torturer. Dans les angles, quatre scènes du martyre du saint diacre. Signature : *Quintin Warin invenieb. pingeb.* 1612.

Après avoir quitté les Andelys, Varin se rendit à Paris; sa renommée grandissait. Marie de Médicis eut la pensée de l'employer à la décoration de son palais du Luxembourg. Anne d'Autriche lui commanda une *Présentation au temple* pour l'église des Carmes Déchaussés de Paris. Quintin Varin a peint un grand nombre de tableaux religieux en France et en Belgique. Né à Beauvais vers 1575, il mourut vers 1628.

Dans la chapelle de la Sainte-Vierge, derrière le chœur, le rétable de l'autel encadre une toile fort belle représentant l'*Enfant Jésus retrouvé au milieu des docteurs*. Ce tableau, qui provient de la Chartreuse de Gaillon, n'est pas signé. Diverses attributions ont été proposées. La plus probable est celle qui fait à Jacques Stella l'honneur d'avoir peint cette scène un peu froide, mais vraiment noble, savamment dessinée et d'une couleur excellente.

Le Chanoine Porée.

L'HOTEL DU GRAND-CERF

Il est difficile de fixer une date absolument précise pour la construction de cette maison. Par son ornementation extérieure et certains détails des boiseries de l'intérieur, on peut la rapporter à la première moitié du XVI° siècle.

M. de Ruville indique, sans en citer la source, une généalogie de la famille Duval du Viennois, dressée en l'année 1675, où il est dit que l'hôtel du Viennois, situé au Grand-Andely, rue Machacre, proche l'hôtel du chevalier de Pienne (1), est possédé, de temps immémorial, par les sires du Viennois.

Nous trouvons dans les registres de l'église Notre-Dame des Andelys, l'acte de naissance de Marie-Catherine, fille de Charles Duval, auditeur en la Chambre des Comptes de Normandie, et de Catherine Turgis, son épouse, née au Grand-Andely, le 23 février 1694.

L'acte de mariage figure dans les registres de l'église Saint-Sauveur des Andelys, à la date du 21 juin 1735 : le conjoint est messire Charles-Nicolas-Henri Langlois, conseiller du roi, lieutenant-général au bailliage et président au présidial des Andelys.

Ce dernier, ayant perdu sa femme, vendit, le 18 octobre 1749, au nom de ses enfants encore mineurs, son hôtel du Viennois au sieur Nicolas Lefevre, cuisinier-pâtissier.

A cette époque, l'hôtel n'avait pas encore subi de transformations; mais l'acquéreur disposa cette demeure privée pour les intérêts de son commerce, et des modifications regrettables y furent faites.

Tout récemment, en 1892, la maison subit encore de nouvelles modifications.

Nous signalerons, d'abord, la cave qui occupe toute la partie inférieure de l'édifice; elle est construite en pierres de taille, avec arceaux en saillie. Le soubassement du rez-de-chaussée est formé de pierres dures du pays, et, comme dans beaucoup de constructions de cette époque, l'élévation est composée en pans de bois.

Le rez-de-chaussée, alors comme aujourd'hui, se composait de deux parties :

1° Le logement du concierge, avec une grande porte ogivale et une cheminée, espace occupé aujourd'hui par le couloir qui fait communiquer la cour avec la rue; 2° à côté, une grande pièce de 7 mètres de largeur sur 8 de longueur et 4 de hauteur. Cette pièce, où l'on se tenait tout le jour, devait servir à la fois de salle à manger et de salon de réception, d'après les descriptions que nous lisons dans les auteurs du temps. Il n'y avait primitivement à cet appartement qu'une seule porte ouvrant sur la cour ; cette porte est décorée d'une première rangée de quatre panneaux sculptés représentant l'aigle à double tête et aux ailes éployées, tandis que les deux zones du bas sont formées de panneaux dépliés. Cette porte se trouve masquée à l'intérieur par un élégant tambour semi-circulaire composé de quatre zones horizontales, surmontées d'une belle frise à jour touchant presque au plafond ; chaque zone est elle-même divisée en sept panneaux par d'élégants

Tambour de la porte d'entrée.

Dʼaprès une photographie de la Collection des Monuments historiques.

pilastres tors, tous variés de décor. Les deux zones du bas sont formées par des panneaux dépliés ; au milieu s'ouvre une porte dans laquelle on a récemment pratiqué une fenêtre. Les deux zones supérieures sont formées de magnifiques panneaux Renaissance très variés et décorés de vases d'où s'échappent des feuillages.

Une autre porte donne accès à l'escalier ; quant à la porte sur la rue, elle a été ouverte vers le milieu du XVIIIe siècle.

On ne peut préciser comment cette pièce était éclairée primitivement : un vieux dessin indique de petites fenêtres rectangulaires qui nous paraissent en désaccord avec toutes les autres ouvertures qui étaient ogivales ; elles n'auraient pu suffire à éclairer cette grande pièce.

Du pavage primitif, on ne voyait plus avant les derniers travaux que de rares spécimens qui avaient été remplacés par un dallage de pierres et des carreaux en terre rouge. Le plafond est supporté par deux gros sommiers, lesquels s'appuient sur des corbeaux en pierre. Des solives moulurées remplissent les intervalles des sommiers. Les murs étaient couverts de tapisseries en droguet, et les lambris formés de panneaux repliés et réunis par des colonnettes gothiques.

A l'est, l'extrémité de la pièce est ornée par une vaste cheminée dont le soubassement est formé par des colonnes gothiques à chapiteaux ornés d'écussons aux armes de France et à celles des Duval. Dans l'âtre se voient trois paires de beaux landiers en fonte, des pelles, pincettes, grils, un tournebroche, une crémaillère fleurdelisée et une belle plaque aux armes de Robert de Croismare, archevêque de Rouen, allié à la famille Duval. La hotte, faite de tuiles, est ornée d'une belle frise en bois où des enfants nus jouent au milieu de rinceaux, de coupes et de chimères ; au centre de cette frise se voit un écusson portant deux coqs en tête et un en pointe accompagnant une rose. Le sommet de la hotte se relie au plafond par une frise, et sur le devant par une arcature ogivale surmontée d'une statuette en bois doré de la Vierge.

En sortant de cette pièce, la plus intéressante de toutes, nous gravissons quelques marches et pénétrons dans l'escalier par une ancienne porte décorée de deux rangs de panneaux dépliés, dont le trumeau est orné, au haut et au centre, par des chiens et des singes encadrant une jolie serrure gothique. Contre les murs de l'escalier sont appliqués des clochetons et des lambris gothiques.

En arrivant au premier étage, nous trouvons au bord du palier qui surplombe le rez-de-chaussée, une rampe en bois décorée des mêmes armoiries aux coqs observées sur la cheminée ; mais ici elles sont surmontées d'une couronne de marquis : ces sculptures paraissent postérieures au reste de l'édifice et peuvent avoir été faites à la fin du XVIᵉ siècle.

Les chambres, qui ont subi de nombreuses transformations, n'ont plus d'intérêt, aujourd'hui qu'elles sont privées de leurs belles tapisseries de Beauvais décorées de scènes pastorales, récemment dispersées aux enchères.

Du palier on accède au grenier, éclairé par deux lucarnes qui ont conservé une partie de leur aspect primitif. Ce grenier n'est plus habité aujourd'hui que par les chauves-souris et les chouettes, qui s'y donnent des rendez-vous avec leurs voisines de l'église. Après avoir servi de séchoir aux plus opulentes lessives, ces combles eurent un instant de célébrité. Pigault-Lebrun, l'aïeul d'E. Augier, y joua la comédie sous la

Cheminée de la salle à manger.

D'après une photographie de M. Brault.

Terreur avec d'autres artistes nomades ; il a retracé cet épisode dans un chapitre de son roman intitulé *Monsieur Botte*.

Après avoir décrit l'intérieur, nous dirons quelques mots de la façade ; quoique bien mutilée, elle a conservé un certain cachet.

Entre le rez-de-chaussée et le premier étage se trouve une frise gothique ornée de choux fleuris et de figurines, au milieu de laquelle apparaissent les têtes des cinq sommiers, terminés en consoles : ils sont ornés d'animaux et de clochetons gothiques, au-dessus desquels se trouvent une tête ailée, une salamandre, une oie, et un personnage à tête de porc agitant deux sonnettes. Des meneaux décorés de torsades, de cannelures, d'écailles et de perles, divisés par deux autres plus petits, ornent le premier étage sur lequel s'ouvrent quatre fenêtres, terminées primitivement par des ogives flamboyantes dont on voit parfaitement les insertions dans les montants.

Cinq autres sommiers apparaissent à deux reprises au milieu d'une magnifique frise, qui est tout l'ornement de cette façade. Sur ceux du bas se trouvent des têtes grotesques, dont deux sont casquées.

Les consoles se prolongeaient jusqu'au milieu des fenêtres ; elles étaient ornées d'anges ailés qui ont été grattés lors de la Révolution. Sur la console de droite, un écusson était tenu par deux personnages. Ensuite vient un bandeau d'entrelacs gothiques, et au-dessous cinq consoles représentant les quatre phases de la vie : un homme soignant un jeune arbre, ensuite l'élaguant, puis se reposant à son ombre lorsque l'arbre s'est développé, coupant ensuite les branches mortes et enfin l'abattant avec sa cognée.

Avant de terminer la description de cet hôtel, nous dirons quelques mots du musée que son ancien propriétaire, M. Leroy-Chicaneau, avait créé pendant les quarante années de sa carrière d'hôtelier : collection qui, du reste, avait contribué à populariser le local. Les murs et les meubles étaient littéralement couverts de bibelots, faïences, boiseries, tableaux, armes, dinanderie..., etc. Il faut ajouter que cet encombrement faisait penser à une vaste maison de brocanteur. Mais le temps et la fumée avaient déposé une patine rousse qui harmonisait l'ensemble, atténuait les notes criardes de certaines faïences et donnait aux toiles médiocres des tons rembranesques.

Cet ensemble artistique attirait une foule de touristes, et sur un album, aujourd'hui disparu, comme toutes les mille choses curieuses de cet hôtel, on retrouvait de nombreux autographes d'hommes célèbres. Nous citerons, à la date du 21 janvier 1827, celui de Walter Scott, inscrit d'une manière étrange. La maîtresse d'hôtel hésitant à écrire le nom anglais du romancier archéologue, celui-ci s'aperçut de son embarras et le lui traduisit ; elle écrivit avec conviction sur son registre : « Monsieur Gaultier l'Écossais ».

Vingt ans plus tard, le 1er octobre 1847, Victor Hugo paya, *dit-on*, sa bienvenue en laissant les deux vers suivants :

> La vaste cheminée à l'écusson altier,
> Dévore en nous chauffant un chêne tout entier !

À ce distique inharmonique, nous préférons la stance qu'il avait écrite vingt ans plus tôt pour les *Odes et Ballades*, et que voici :

> Pourvu que blasonnée
> D'un écusson altier,
> La vaste cheminée,
> Béante, illuminée,
> Dévore un chêne entier !...
> . . . .

Ou encore la description de la cheminée de l'hôtel de Metz, à Sainte-Menehould, dans son *Voyage aux bords du Rhin*.

Peu après, en 1849, on relevait le nom de Lord Bruce ; puis, en 1851, lors de l'inauguration de la statue de N. Poussin, furent inscrits ceux d'H. Vernet, Coignet, R. Bonheur, Schnetz. On n'a plus conservé depuis, les noms des visiteurs.

Aujourd'hui que l'hôtel est dépouillé de ses vieux meubles, il ne reste plus que la cheminée et le tambour dans un intérieur rajeuni. Le confortable y a peut-être gagné, mais la note artistique, si chère au touriste, ne s'y trouve plus.

L. COUTIL.

ÉGLISE DU PETIT ANDELY. — VUE DE L'ABSIDE

L'ÉGLISE SAINT-SAUVEUR, AU PETIT-ANDELY

Si, jusqu'à présent, nous n'avons pu trouver la date précise de la construction de cette église, nous savons cependant que les travaux n'ont pas duré plus d'une cinquantaine d'années. La première pierre de ce monument a dû être posée vers l'année 1215; les premiers travaux ne dépassèrent pas le chœur et son déambulatoire, les quatre doubleaux de la croisée, l'étage inférieur des croisillons et de la façade, ainsi que les murailles des bas-côtés de la nef.

Cette église était terminée en 1245, et celle du Grand-Andely se trouvant en construction dans le même temps, il ne serait pas impossible que le même architecte eût dirigé leurs travaux ; car on retrouve dans les deux édifices certaines parties entièrement semblables, quelques chapiteaux feuillagés, les tailloirs circulaires et les pilastres de l'étage qui supportent les contreforts. Dans l'église du Grand-Andely, le chœur cependant diffère entièrement, et le déambulatoire n'existe pas.

Quant à l'architecte qui a pu diriger ces deux travaux, M. Régnier, qui étudie si attentivement depuis plusieurs années nos édifices normands, croit qu'on pourrait en attribuer le plan à Jean d'Andeli, dont M. Charles de Beaurepaire a retrouvé le nom parmi les maîtres de l'œuvre de la cathédrale de Rouen.

L'étage inférieur de ces deux édifices offrant des rapprochements avec les dernières travées occidentales de la nef de la cathédrale dont il s'agit, cette hypothèse n'a rien que de très vraisemblable.

Une autre mention de cette église se trouve dans une relation de visite faite par Odon Rigault, archevêque de Rouen, au chapitre d'Andely, le V des nonnes d'octobre 1254 ; on y voit que l'un des quatre vicaires de la Collégiale chantait tous les jours à la Couture, qui devint plus tard Andeli-le-Jeune.

Ce n'était alors qu'une chapelle, où les sacrements étaient donnés par le chapitre du Grand-Andely et autour de laquelle Philippe le Bel, au mois de septembre 1330, permit d'établir un cimetière ; mais l'archevêque Jean de Marigny n'autorisa la bénédiction et la dédicace de l'église elle-même que le 31 décembre 1348.

Le pape Clément XI, par une bulle donnée à Rome le 14 septembre 1717, accorda des indulgences à ceux qui, le jour de la Transfiguration, visiteraient l'église Saint-Sauveur d'Andeli, ses chapelles et ses autels.

Deux arrêts de la cour de Rouen, l'un daté du 20 juillet 1770 et le second du 13 août 1771, défendent aux habitants du Petit-Andely de qualifier leur église de paroissiale, mais seulement de succursale de Notre-Dame ; le desservant de cette église ne devait prendre une autre qualité que celle de vicaire perpétuel de Notre-Dame, desservant l'église succursale de Saint-Sauveur.

Un arrêté du 1ᵉʳ juillet 1791, conservé aux archives de l'Eure, autorise enfin la cité à prendre le titre de paroisse, qui était sollicité depuis si longtemps ; mais, six ans après, l'église servait de magasin pour les armes, en vertu d'un arrêté du Conseil de préfecture en date du 27 brumaire an VI (17 novembre 1797). On y déposa aussi les cloches qui avaient été enlevées aux églises des environs.

Depuis, conservant son titre de paroisse, elle est desservie par un seul prêtre, qui exerce en outre son ministère dans la chapelle de l'Hospice, construit par le duc de Penthièvre au siècle dernier.

L'église Saint-Sauveur frappe surtout l'attention du visiteur par ses proportions parfaites, quoique ses dimensions en soient très modestes. Les longueurs du transept et de la nef, qui sont égales, lui donnent la forme d'une croix grecque. Une flèche élancée, partant de l'intersection des deux bras, accentue l'élégance de ses formes.

Elle est construite en pierre blanche de Vernon de moyen appareil.

Les murs inférieurs sont maintenus par d'épais contreforts ; quant à l'étage, il est soutenu par des arcs-boutants assez gracieux s'appuyant sur des pinacles quadrangulaires anciennement surmontés d'anges, dont un seul existe aujourd'hui.

On ne remarque aucune décoration extérieure, sauf à la corniche du grand chevet, qui est ornée de deux rangs de billettes et d'une rangée de trèfles aveugles.

La façade est formée par un mur à simple pignon. Au rez-de-chaussée, se trouve une large baie ogivale servant d'entrée principale. Nous ignorons si cette entrée a toujours été aussi dénuée d'ornements ; mais l'architecte qui a entrepris la restauration de l'église en 1869, trouvant peut-être que le porche actuel cachait le portail, a entièrement sacrifié ce dernier. L'ogive est en partie bouchée par un mur d'aplomb avec la façade et séparé dans la moitié inférieure par un trumeau contre lequel est adossée une statue en pierre du XIVᵉ siècle représentant le Christ, tenant dans la main droite le globe terrestre et bénissant de la main gauche ; cette statue était autrefois dans l'église.

Le porche-auvent, de forme carrée, est composé d'un soubassement en pierre avec moulures et ornements du XIVᵉ siècle. La charpente est recouverte d'ardoises ; elle n'a aucun style et peut avoir été placée au début du XVIIᵉ siècle, si on en juge par les restes de peintures décoratives qui se voient encore à l'intérieur du fronton.

A gauche du portail se trouvait, jusqu'en 1891, une cage à horloge qui était assez pittoresque et faisait accepter la rusticité du porche.

En avant du collatéral de droite se voyait aussi un bâtiment dans le même style ; il avait servi, paraît-il, de morgue pendant plusieurs siècles : sa disparition dégage heureusement l'église.

La nef se divise de chaque côté en deux arcades ogivales, soutenues par deux piliers engagés et un pilier isolé, tous cantonnés de colonnes.

Les chapiteaux des piliers engagés sont à crochets avec tailloir carré, et ceux des colonnes du pilier isolé sont à feuilles entablées, avec abaques à plusieurs pans ; une grosse colonne, dont le chapiteau est à feuilles frisées et à tailloir prismatique, s'élève au-dessus du pilier central pour recevoir les arcs formerets et les retombées des arceaux de la voûte.

Les fenêtres sont semblables à celles de la partie extrême du transept ; les arcs d'arête et les clefs de la voûte sont également semblables à ceux des croisillons, celui à la tête d'homme excepté.

EGLISE DU PETIT ANDELY.—VUE DU CHŒUR

On doit remarquer que le pilier engagé de droite, qui forme l'angle du transept, a, dans sa moitié inférieure, une partie qui fait saillie sur l'aplomb du haut; cela provient de ce que l'on a dû consolider et refaire ce pilier qui n'était plus assez solide.

Appuyé au mur de façade, se trouve le buffet d'orgue, installé seulement depuis 1793 et supporté par deux colonnes corinthiennes en pierre; c'est un curieux débris de l'abbaye du Trésor; il a dû être construit au commencement du XVII⁰ siècle.

Un instrument beaucoup plus ancien existait avant celui-ci; mais on ne sait ce qu'il est devenu, et si les boiseries étaient intéressantes.

Avant la restauration de 1869, on voyait quelques pierres tumulaires des XV⁰ et XVI⁰ siècles : il n'en existe plus qu'une dans le collatéral de gauche; d'autres ont été divisées pour servir au pavage de la nef; on peut les voir dans la travée de gauche.

Les murs des collatéraux étaient revêtus, jusqu'à l'appui des fenêtres, de lambris du XVII⁰ siècle, qui ont aussi disparu à cette époque.

Les croisillons du transept sont éclairés, à leur extrémité, par deux fenêtres superposées, et, sur chaque côté, à la partie supérieure, par une seule fenêtre. Elles sont toutes divisées par un meneau central ogival, simple ou trilobé, surmonté d'un œil-de-bœuf, simple ou quadrilobé.

Une petite baie en anse de panier, pratiquée dans un des angles de chaque croisillon, sert d'entrée latérale.

La voûte du croisillon de gauche est soutenue par quatre arceaux toriques avec clef ornée d'un fleuron au centre et de feuilles circulaires à la circonférence.

La voûte du croisillon de droite est divisée en deux compartiments : les arceaux qui les soutiennent ont pour point d'appui, de chaque côté des mêmes retombées, une console représentant, l'une une tête de lion, l'autre une tête de singe.

La première clef de voûte forme un disque sur lequel se détache un homme nu jusqu'aux reins, ayant la partie inférieure du corps en arabesques; à sa droite et à sa gauche, se voient deux anges. La seconde clef représente quatre feuilles entourées d'une guirlande d'autres feuillages.

A l'entrée du chœur et sur chacun des murs des croisillons, se trouve : 1° Contre le mur de droite, une copie médiocre de la Descente de Croix de Jouvenet, que Léonard fit en 1701, du vivant de l'auteur.

En face de ce rétable, se voit le banc de la confrérie de charité du Saint-Sacrement, décoré d'une peinture sur bois représentant la procession au XVII⁰ siècle, le jour de la Fête-Dieu... Les frères sont revêtus de l'ancien chaperon et portent de longues torches. Cette antique confrérie remonte à l'année 1316; on peut lire ses statuts au-dessous de ce tableau.

Près de l'autel et contre le mur, on voit une fresque bien effacée, du XVI⁰ siècle, qui représente l'apôtre saint Jacques, et en avant de laquelle se trouve une intéressante statue en pierre du XVI⁰ siècle, représentant une sainte quelconque.

2° Contre le mur de droite, existe un autre rétable tout doré et d'un travail plus parfait : il est du commencement du XVII⁰ siècle et ses colonnes torses sont décorées de pampres. Un tableau assez bon, mais qui a beaucoup souffert de l'humidité, orne le rétable; il représente l'adoration des bergers : on a prétendu que Philippe de Champaigne en est l'auteur; mais ce n'est qu'une bonne copie de l'original, conservé à la cathédrale de Rouen.

La base des colonnes est décorée sur trois de ses faces d'esquisses exécutées en tons bistrés. Nous pensons, avec M. l'abbé Porée, que cet autel vient de l'abbaye de Mortemer, car il offre une certaine analogie avec l'autel principal de Pont-de-l'Arche qui provient de cette abbaye. Mais notre version n'est malheureusement pas plus certaine que celle de M. de Ruville, qui le fait sortir d'un des anciens couvents des Andelys.

La chaire à prêcher, qui se trouve à l'angle gauche du transept, est de la même époque que ce rétable.

Le chœur est certainement la partie la plus intéressante de cette église : c'est un polygone à sept faces, dont trois de chaque côté, et une rectiligne au fond. Il est supporté par six piliers ronds ayant 3 mètres de hauteur et 1 m. 70 de circonférence ; les chapiteaux alternent comme décoration, et sont ornés de feuilles entablées et en volute. Sur le tailloir de chaque chapiteau et entre les retombées des arcades, faisant face au chœur, une figure humaine, vue à mi-corps et presque horizontalement, supporte une colonnette qui s'élève jusqu'à la retombée des voûtes : ces figures représentent un vieillard, deux femmes et une tête ornée d'une couronne ; les bras sont repliés sur la poitrine, dans l'attitude de la prière. Une disposition identique se retrouve, pour les piliers et le triforium, dans l'église de Neufchâtel-en-Bray, mais la partie extrême du déambulatoire est fermée.

Sur les deux piliers de l'intertransept, au premier quart de la hauteur, on remarque aussi deux figures entières d'enfants soutenant des colonnes : l'un sourit, l'autre paraît souffrir. Des figures de même style se voient sur le portail de l'église du Grand-Andely. Le triforium est formé de deux arcades géminées, supportées par une colonnette avec chapiteau à crochets différant de ceux du bas, avec un quatrefeuille aveugle entre les ogives : les deux premières travées du côté du transept sont à trois arcades reposant sur deux colonnettes.

Tout le chœur était primitivement peint, il reste assez de traces sur les pierres pour pouvoir se figurer ce qu'était l'ensemble, et ces tons effacés ne manquent pas de charme : une restauration complète ferait trop ressortir les défauts de ces fresques. Les chapiteaux du bas étaient peints primitivement en ocre jaune, avec fond vert tendre et quelques détails en noir. Toutes les parois étaient en rouge avec fleurs de lis noires ; au fond, sur le côté de l'abside, se trouvaient, de chaque côté de l'ogive et immédiatement au-dessus de l'autel, deux anges en prière.

A chacune des ogives du triforium correspond un personnage peint à fresque. En commençant par le côté gauche, la première figure peinte est celle d'un évêque ; la troisième et la sixième, qui représentent saint Jean, ont des têtes très expressives. Le nom des apôtres se trouvait primitivement sur l'entablement du triforium, mais il a disparu presque partout.

Au centre de l'abside, au-dessus de l'autel, se voit le Christ en croix, ayant à ses côtés, à gauche la Sainte-Vierge, et à droite saint Jean.

Les personnages de droite sont un peu moins soignés. Il est à remarquer que les têtes sont généralement belles, mais que les draperies, moins heureuses, manquent de simplicité ; il est du reste difficile de se prononcer sur ces détails qui ont beaucoup souffert. Ces peintures doivent dater du XVe siècle.

A l'étage supérieur, les grandes fenêtres comprennent deux baies avec un tympan quadrilobé. Elles étaient autrefois garnies de vitraux également du XVe siècle, représentant des personnages debout ; mais à la restauration de l'édifice ils ont subi une véritable transformation. La fenêtre du centre de l'abside représente à droite saint Sauveur, ce panneau est moderne ; mais à gauche, le Christ mort supporté par Joseph d'Arimathie est ancien. La fenêtre de droite représentant saint Paul et saint Mathieu n'a d'ancien que les personnages. Dans la fenêtre de gauche, saint Philippe et saint Pierre sont également anciens ; mais généralement tous les fonds d'architecture de ces verrières sont modernes.

Le pourtour du chœur s'ouvre à droite et à gauche par une arcade en tiers-point et se subdivise en sept travées supportées, d'un côté, par les piliers cylindriques du chœur et, de l'autre, par des piliers engagés dans le mur de soutènement.

Les piliers engagés sont cantonnés de trois colonnettes, dont celle du milieu porte un abaque rond d'origine normande (les similaires se retrouvent à la cathédrale de Lisieux), tandis que les autres abaques sont carrés.

Les arcs d'arête des voûtes sont toriques et possèdent des clefs enguirlandées de larges feuilles.

Il est à remarquer que, pour donner plus de force à ces voûtes et soulager les piliers très grêles du chœur, on a fait les nervures des voûtes du côté des murs plus élevées que celles qui retombent sur les piliers du chœur. L'aplomb des murs fait saillie et forme contrefort : cette disposition se remarque aussi pour les quatre piliers d'angle du transept; le voisinage de la Seine et ses fréquentes inondations la justifient pleinement.

Les verrières des collatéraux et du déambulatoire sont toutes en grisaille et décorées dans le goût du XIII⁰ siècle par des médaillons représentant les stations du Chemin de la Croix.

Le chœur est fermé par des grilles assez simples, de style rocaille.

Le maître-autel est surmonté de six beaux chandeliers en cuivre ciselé dans le style du XVIII⁰ siècle : ils proviennent, ainsi que la lampe du chœur, de l'ancien couvent de Saint-Jean du Grand-Andely; sur l'un de ces chandeliers, on lit l'inscription suivante : Fait par O. de Rouvroy et L. Regnard, maîtres fondeurs, rue des Arcis, à la cloche Saint-Nicolas, à Paris, 1742.

Des deux côtés du chœur, dans la première travée, se trouvent plusieurs ouvertures.

A gauche, la porte du bas donne accès à la sacristie; elle date peut-être de la fondation, si on en juge par ses ferrures gothiques. Un escalier en bois donne accès à l'étage supérieur, qui sert de vestiaire à la Confrérie de charité.

La porte à droite du chœur s'ouvre sur l'escalier en spirale, qui est assez curieux. Le dessous de chaque marche, jusqu'à l'étage, est supporté aux deux extrémités par deux consoles quadrangulaires formant des chapiteaux ornés de feuillages aux motifs très variés. Au-dessus de l'étage, les consoles se poursuivent seulement au bord de la rampe et ne sont pas ornées. Cet escalier conduit aux combles et à la flèche où se trouve la sonnerie, composée de trois cloches placées au-dessus de la voûte. La plus petite, qui est fêlée, provient de l'église du Thuit; elle porte l'inscription suivante :

R. N. C. A. DE MAVPOV CH^{er} CHACELLIER DE FRANCE SEIGNEUR DV TVIT

A. T. DE BROV DE MANPLOY. GAVLTIER CVRÉ. FRANCOIS

LEMOINE TRESORIER EN 1783. POISSON AINÉ MA FAITE.

Le diamètre de cette cloche est de o m. 76.

La seconde cloche, qui est au centre, a un diamètre de o m. 98; elle porte l'inscription suivante :

Ian mil v⁰ xliii faicte fust pour le commun horloge av Petit Andely mise av nom de Dieu en son Eglise - Raovl Bvret me fist

Il est à remarquer que ce fondeur est l'ancêtre d'une série de praticiens du même nom; en effet, la grosse cloche actuelle de l'église du Grand-Andely, qui porte le nom de Croheult, est signée N. Juppin et N. Buret, à la date de 1636, et à la fin du XVII⁰ siècle, un certain Gabriel Buret avait refondu une cloche, aujourd'hui disparue, pour l'église du Grand-Andely.

On voit sur les flancs de la cloche, d'abord, au milieu de l'inscription, une tête de profil, coiffée d'un bonnet, et, plus bas, un crucifix au-dessous duquel se trouve la marque du fondeur ; on voit aussi un bel écusson circulaire représentant la mise en croix, avec de nombreux personnages en perspective.

La troisième cloche porte une inscription fort longue et les caractères n'en sont pas bien formés ; en voici la légende :

Monsieur maistre George Delamotte conseiller du Roy en son Conseil destat et president en la Cour de parlement de Normandie. Pierre Alorge escuier S⁰ de Hardenville lieutenant general et president presidial au baillage de Gisors. Jacques Lemonnier conceiller au ciege presidial. Catherine De la Porte femme du dit S⁰ lieutenant general maistre. Damoiselle Marie De la Porte femme du dit S⁰ president. Damoiselle Antoinette Le Lou femme de M⁰⁰ Jehan Ghenu receveur de taille. Lan mil vi⁰ Pierre Gverin.

Cette cloche mesure 1 m. 32 de diamètre ; ses flancs portent comme ornements un crucifix et quelques feuilles disséminées.

Beaucoup plus haut, dans la flèche, se trouvent deux carillons ainsi qu'une petite cloche qui compte les heures ; elle mesure seulement 0 m. 72 de diamètre et porte l'inscription suivante :

lan mil cccc lxii s. sauveur dandeli ysambart de vesillon et s. mordant tresories

Nous ne connaissons dans notre département que deux cloches datant du XV⁰ siècle : celle du Beffroi d'Évreux, qui est de 1406, et celle de Saint-Sauveur, de 1462 ; cette dernière a été fondue par un véritable artiste qui, aux qualités du son, a su encore ajouter des motifs très intéressants. L'inscription gothique en est tracée en caractères bien lisibles et élégants : elle est, de plus, ornée de quatre petits sujets délicatement modelés, représentant :

1⁰ Une croix sur les bras de laquelle se trouve l'inscription : ihs maria ;

2⁰ Sous un baldaquin gothique, la Vierge et l'Enfant Jésus assis ;

3⁰ Sous le même décor, saint Michel terrassant le démon : l'archange est couvert d'une armure dont la poitrine est décorée d'une large croix, ainsi que le bouclier qui occupe la main gauche étendue au-dessus du démon, tandis que la droite est élevée et tient une lance terminée par une croix : le démon a la forme d'une grosse salamandre ;

4⁰ Un sceau ovale, au milieu duquel se voit une cloche entourée d'une légende où doit se trouver le nom du fondeur, qui est peu lisible ; la seule partie qui se lise est celle-ci : S. Garel.

Nous dirons, pour terminer, que cette église mérite mieux que l'abandon dans lequel on la laisse. En 1892, lorsque l'administration municipale se décida à recouvrir les toits, il y avait plusieurs années que les voûtes recevaient l'infiltration des pluies. A l'heure actuelle, on attend l'allocation de crédits pour recouvrir la flèche dont la charpente, privée de ses plombs, apparaît sur plusieurs points : voici près de cinq ans que le bois supporte toutes les intempéries des temps !

Il faudrait bien peu d'argent pour ces réparations urgentes ; mais le budget des villes est parcimonieux lorsqu'il s'agit de l'entretien des vieux édifices.

L. Coutil.

RUINES DU CHÂTEAU GAILLARD

LE CHATEAU-GAILLARD

Orderic Vital nous apprend que, vers la fin du XIᵉ siècle, on voyait au Grand-Andely, sur la rive droite du Gambon, non loin de l'église, un manoir seigneurial avec fortifications, appartenant à l'archevêque de Rouen, Guillaume Bonne-Ame. Ce manoir fut pris par Louis le Gros, qui en chassa les troupes de Henri Iᵉʳ, roi d'Angleterre, en 1119, peu de temps avant la bataille de Bremulle.

L'année suivante, par le traité de Gisors, Andely revint aux Anglais; mais, en 1167, Louis VII incendia la ville pour en chasser les troupes de Henri II, roi d'Angleterre. La lutte reprit avec plus d'ardeur sous Philippe-Auguste et Richard Cœur de Lion. Par le traité de paix signé le 5 décembre 1196, les deux monarques remirent le fief d'Andely à l'archevêque Gautier de Coutances, sous certaines conditions.

Ce prélat n'admettant pas le traité, jeta l'interdit sur cette partie de la Normandie; mais, comme il ne put s'entendre avec Richard sur le partage de ce qui leur revenait, tous deux sollicitèrent l'intervention du pape, Célestin III, qui leva l'interdit le 29 avril 1197.

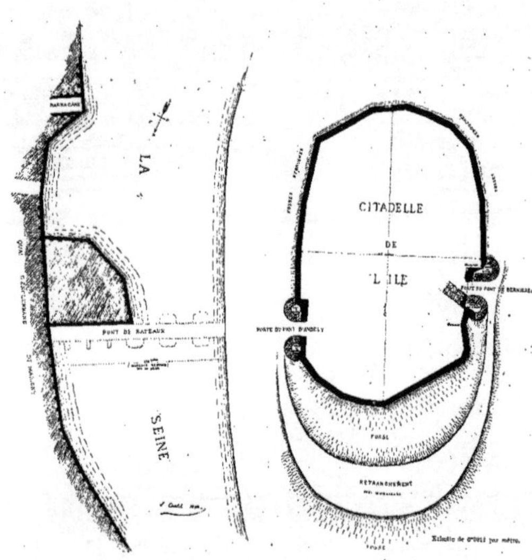

Plan du Château de l'Ile.

Pendant les négociations, Richard avait fait des retranchements et jeté les fondations de la forteresse qui devait s'appeler plus tard le Château-Gaillard. L'archevêque de Rouen céda le domaine d'Andely à Richard et, par le traité du 16 octobre 1197, il reçut en échange les domaines de Dieppe, Bouteille, Louviers, la forêt d'Aliermont et les moulins de Rouen qui appartenaient au roi d'Angleterre : cet échange fut approuvé par une bulle du pape Innocent III, datée du 26 avril 1198.

Richard commença par donner plus d'importance aux retranchements que l'archevêque Gautier avait établis dans une île en face du Petit-Andely ; il y fit faire des logements pour une garnison, le tout entouré d'une enceinte de murs de 1 m. 60 d'épaisseur, formant une ligne brisée de vingt-deux côtés : dans le sens de la longueur, le diamètre de la citadelle mesure 70 mètres, et dans la largeur 47 mètres. Les murs entourés de fossés, aujourd'hui rebouchés, étaient protégés à l'ouest par une haute palissade sur talus, au centre duquel devait exister un petit mur se reliant aux portes ; on voit encore le fossé et ce talus, qui renferme des fondations en moellons dont la présence serait difficile à expliquer autrement. Un pont de bois jeté sur les deux bras du fleuve, pour unir l'île aux deux rives, et deux portes défendues chacune par deux tours, permettaient à la garnison d'aller et de venir. Nous avons pu retrouver l'emplacement de ces tours, qui sont aujourd'hui recouvertes de près d'un mètre de terre. Par les très basses eaux on voyait encore, il y a quelques années, une pile qui servait à attacher contre l'île le pont du côté de Bernières.

On voit également, un peu au-dessus du niveau du cours de la Seine, la base de l'éperon qui servait à maintenir l'autre partie du pont contre le quai du Petit-Andely : cet éperon mesurait 21 mètres de longueur et 20 de saillie ; sur le côté sud était un escalier qu'on retrouverait sous les terres d'alluvion : cet escalier et cet éperon, qui gênaient le halage des bateaux, furent rasés en 1850.

Sur le terre-plein fermant la vallée du Gambon, Richard fit tracer, en 1196, une vaste enceinte qui renferma bien vite quelques milliers d'habitants. Elle répondait à peu près au Petit-Andely actuel, mais à cette époque elle portait le nom de la Coulture, qui devint ensuite Andely-le-Jeune.

C'était un quadrilatère défendu à l'ouest par la Seine : le mur de ce côté allait du pied de la falaise, c'est-à-dire de la porte Saint-Jacques, au pied du Château-Gaillard.

La route de Vezillon se trouvait fermée en cet endroit par la porte Pinaude, dite Hasard : elle était défendue par deux tours dont les fondations existaient encore vers 1850. Le mur d'enceinte remontait à angle droit pour se rattacher, près de la tour du Colombier, à l'ensemble de la forteresse ; mais une autre partie s'avançait à 40 mètres plus loin, jusqu'au chemin qui conduit au pont actuel : on a construit récemment sur ses fondations un mur qui sert de limite aux jardins conquis sur l'ancien bras du Hamel. Le long de ce bras de la Seine et le mur existait un chemin pavé qui a été retrouvé en 1893 ; il était à 1 mètre en contre-bas de la route d'aujourd'hui.

A l'est, le mur était défendu par le Vivier, qui couvrait toute la partie inférieure de la vallée et dont les eaux se déversaient dans la Seine par deux bras traversant le Petit-Andely et passant sous deux ponts, qui furent encastrés dans le quai construit au commencement du XIV° siècle par Enguerrand de Marigny. L'un correspond au pont actuel de l'hospice, et à 50 mètres de l'éperon du Pont-de-l'Isle, se trouvait un autre canal voûté portant encore, dans ces dernières années, le nom de barbacane ; quant à l'autre, c'est le pont actuel sous lequel débouche le Gambon dans la Seine. Cette embouchure était primitivement près de la rue du Quai ; elle fut modifiée par Richard lorsqu'il établit le moulin converti récemment en scierie.

Près de ce pont et du moulin, on voit encore les vestiges du mur d'enceinte qui remonte le long du chemin du Château-Gaillard. Une chapelle était adossée à ce mur ; elle servit de prison jusqu'à la Révolution. Un peu plus haut, on voit les fondations d'une tour carrée dont la partie haute a été transformée. Le mur d'enceinte redescend, mais il se perd près du cimetière du Petit-Andely.

Ces quelques murailles n'auraient pas suffi à arrêter une armée nombreuse ; c'est pourquoi Richard avait choisi la colline abrupte qui prit, à cause de sa situation, le nom de Château de la Roche.

Il fit d'abord pratiquer dans le promontoire qui communique avec la plaine une large tranchée de 16 mètres de large et d'environ 13 mètres de profondeur. A l'extrémité sud et en dedans du fossé, il éleva une première enceinte triangulaire de 47 mètres de longueur sur 28 de largeur, ayant à ses trois sommets et sur ses flancs de fortes tourelles et des murs de 2 m. 60 d'épaisseur.

Au Sud-Est, dans la grosse tour qui porte, on ne sait pourquoi, le nom de tour de la Monnaie, on voit au centre les traces d'une porte de 1 m. 10 de largeur, ainsi qu'un escalier en spirale dont les marches avaient 0 m. 90 de largeur : il était construit dans l'épaisseur du mur et devait servir aux défenseurs à porter rapidement au sommet des murs les projectiles destinés à défendre ce point, le plus vulnérable de toute la forteresse : c'est le seul escalier en maçonnerie dont on ait retrouvé les traces.

Le diamètre de cette tour est de 3 m. 80 et l'épaisseur des murs de 4 mètres ; près de cette tour on voit encore une large fenêtre à embrasure.

Dans l'angle Est de l'ouvrage existait une porte de 2 m. 50 de largeur, défendue par une petite tour de 2 m. 90 de diamètre, qui lui était accolée et qui a pu servir à abriter un escalier ; dans ses murs on voit encore la cheminée qui servait à chauffer le corps de garde attenant. Cette porte avait l'orientation et les dimensions de celle qui se voit dans la seconde enceinte. On se demande où pouvait s'appuyer le pont qui couvrait le fossé, lequel a près de 20 mètres de largeur ; on ne voit pas non plus de traces pour le passage des flèches de bascule, ce qui ferait croire qu'à cette

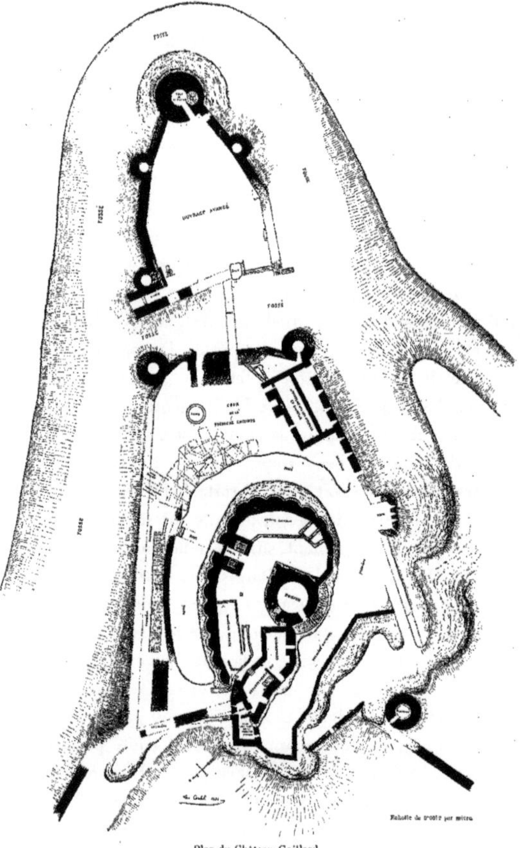

Plan du Château-Gaillard.

porte, comme à celle de la seconde enceinte, on avait établi un pont volant en bois qui pouvait être détruit à la première alerte.

Près de cette porte, M. Malençon a découvert, en 1885, les bases d'un escalier en hélice qui conduisait aux murs supérieurs.

Quant à l'angle ouest de cet ouvrage, il pouvait être défendu par une tour ; mais les démolitions opérées au début du XVIIe siècle ont tellement altéré même les fondations, qu'il est impossible de s'y reconnaître. Néanmoins, puisque le côté opposé est resté plat à l'est, on peut aussi supposer qu'il n'y avait rien à l'ouest; les deux tours d'en face suffisaient, du reste.

A l'intérieur de cet ouvrage avancé existaient quelques logements dont on retrouve les fondations et une sorte de silo de 4 mètres sur 3 mètres.

Un large fossé de 10 mètres de largeur séparait ce premier ouvrage de la forteresse proprement dite; ce fossé fut continué sur le flanc ouest pour rendre cette partie du coteau tout à fait inaccessible; un pont volant en bois reliait l'ouvrage avancé avec la citadelle. Guillaume le Breton en parle dans sa Philippide, et d'après les ruines qui existent aujourd'hui, nous avons cru devoir le faire figurer en pointillé sur le plan.

La partie de la première enceinte de la citadelle située le long de ce fossé avait une épaisseur de près de 9 mètres et de 2 m. 60 seulement sur les côtés; les angles étaient protégés par des tours très épaisses de 3 mètres de diamètre : on reconnaît parfaitement leurs fondations à l'est, tandis qu'à l'ouest, les deux moitiés des murailles s'appuient l'une contre l'autre.

Le mur se prolongeait à l'ouest, en ligne droite, jusqu'en face du donjon, où il s'insérait à la moitié d'une tour carrée de 6 mètres de côté avec des angles abattus, percés de meurtrières évasées. Le mur longeait ensuite à peu près parallèlement la base de la seconde enceinte, à 5 mètres de distance.

Presqu'en face du donjon devait se trouver une petite porte permettant de descendre à la Seine par un chemin taillé dans le roc. De ce côté, on voit encore un pan de mur s'insérant dans les rochers près des tours carrées : quoique ce côté soit abrupt, on l'avait rendu imprenable au moyen de ces murailles.

C'est contre ce mur et près de la tourelle que se voient plusieurs logements, destinés sans doute aux officiers; la partie supérieure est désignée, dans la Philippide, comme ayant servi de chapelle. L'ensemble de ces constructions occupe un espace de 19 m. sur 10. Elles étaient éclairées par une double rangée de fenêtres dont trois petites et une quatrième plus large. Suivant Guillaume le Breton, cet édifice était le plus haut du château, et il avait été construit par Jean sans Terre.

La première enceinte se poursuivait à l'est, mais c'est à peine si les fondations apparaissent au bord des fossés. Une tour carrée pouvait protéger le pilier d'abatage du pont de la seconde enceinte et faire pendant à celle qui existe à l'ouest. De même qu'au nord, à 20 mètres environ de son point d'insertion avec les tours carrées, il pouvait se trouver une tour; mais dans l'éboulis et les larges fondations, il est impossible de la reconnaître. Le point de contact de cette première enceinte se voit encore très distinctement, ainsi que les corbeaux de pierre qui soutenaient le chemin de ronde se rendant par la petite poterne, dans la seconde enceinte.

Au-dessus de la pile d'abatage du pont, on voit un chemin pavé qui s'arrête en face de la porte de la seconde enceinte et se trouvait encastré entre deux murailles; il va de ce point vers le nord sur une longueur de 27 mètres; il a été découvert en 1885, lors des fouilles de M. Malençon.

Au fond du fossé qui sépare la première de la seconde enceinte et dans la paroi sud existent encore de très belles caves taillées dans le roc et supportées par dix-huit piliers dont l'un est octogonal : de chacun de ses côtés partent, en rayonnant, des arcs-doubleaux. Ces caves très pittoresques ont un véritable attrait pour le visiteur; elles portaient primitivement le nom de Basse-Cour. Deux caveaux plus longs, aujourd'hui bouchés par des éboulements, se voyaient dans la partie ouest; M. Deville, dans son *Histoire du Château-Gaillard,* prétend les avoir vus en 1820. Au-dessus et en arrière de ces caves, dans la cour, se voit une cavité rebouchée : c'est là que se trouvait le puits destiné à alimenter la garnison, et dont la profondeur devait être d'environ 80 mètres. Il en existait un semblable dans la citadelle, non loin de la porte.

La seconde enceinte est remarquable par ses bossages, qui sont au nombre de dix-sept : ce sont des segments de cercle ayant 3 mètres de corde et qui sont séparés par des portions de courtine ayant 1 mètre, et formant à l'intérieur une série de pans coupés. Ces murailles, de 4 mètres d'épaisseur et qui devaient avoir au moins 10 mètres de hauteur, étaient surmontées de mâchicoulis ou de bretèches. On retrouve sur quelques points des consoles de pierre qui ont dû servir à supporter des chemins de ronde en bois.

Cette disposition en bossages a été employée également au XIIe siècle à Cherbourg.

La porte d'entrée principale mesure 2 m. 50 cent. de largeur et environ 4 m. 50 cent. de hauteur; elle était défendue par une double herse, ainsi que par des vantaux et gardée par deux postes intérieurs encore très bien conservés. Cette porte est formée d'une arcade en tiers-point, ornée d'un simple rang de claveaux à l'extérieur et de quatre rangs de voussures prismatiques à l'intérieur. Primitivement, on franchissait le fossé sur une arche naturelle ménagée dans le roc, nous dit Guillaume le Breton; plus tard, Philippe-Auguste la démolit et la remplaça par un pont mobile en bois; c'est ce qui explique pourquoi on ne voit pas les ouvertures pour le passage des flèches de bascule du pont-levis.

La pile que M. Malençon a retrouvée en face de la porte a pu servir à supporter ce pont de bois, pour lui donner une portée un peu moins longue, cette distance étant d'environ 7 mètres.

Pour pénétrer dans cette enceinte, on a installé, vers 1860, un escalier qui monte à une petite poterne destinée primitivement à la faire communiquer avec le chemin de ronde de la première enceinte. Cette porte se compose d'une archivolte en ogive, d'un tympan uni et d'un linteau supporté par deux consoles à moulures reposant sur deux pieds-droits carrés.

Les dernières marches du haut, qui sont taillées dans le roc, datent de la construction et conduisaient à droite aux deux appartements du gouverneur; ils avaient un second étage. On remarque encore deux cheminées et la seconde rangée de fenêtres du second étage. On pouvait descendre, du côté ouest, à la première enceinte, par un escalier de dix-neuf marches taillées dans le roc, ou descendre au moyen d'une échelle dans les tours carrées du nord et de là gagner la tour du Pigeonnier.

Près de la petite poterne, on voit encore deux tours carrées; le rez-de-chaussée de la première était affecté aux besoins intimes, tandis que le premier étage, éclairé par deux meurtrières, communiquait avec l'appartement du gouverneur et lui permettait de surveiller et de défendre le côté nord, la première enceinte et la poterne. Une tour plus large était adossée sur le devant; elle faisait saillie sur la première enceinte; à l'intérieur se trouvait un escalier permettant de descendre sous la première enceinte du côté de l'ouest et de se rendre au Pigeonnier.

Il est bien difficile d'attribuer une destination aux appartements qui occupaient toute la cour et qui figurent sur le plan; leurs fondations ont été retrouvées en 1885, lors des fouilles de M. Malençon. A droite de la porte, dans les tas de terre et de blocage provenant des démolitions, il découvrit plusieurs squelettes et des débris de poterie en grès du XIe ou XIIe siècle, ainsi qu'une vingtaine de disques en métal uni qui ont pu servir de poids, si on en juge par les points qui devaient correspondre à des numéros.

Pour compléter la défense, un donjon circulaire fut construit à l'intérieur de la cour; il est composé d'une tour engagée à l'ouest dans le mur de la seconde enceinte; sa partie Est, renforcée par un éperon rectangulaire, est située en face de la porte. Le mur de ce donjon a environ 6 mètres d'épaisseur sur ce point et 4 mètres dans les autres parties. De plus, on remarque des contreforts dont la forme, d'après Viollet-le-Duc, serait due à Richard; ils sont plus larges au sommet qu'à la base, s'appuient sur une surface inclinée de haut en bas, et vont en s'élargissant à la partie inférieure, ce qui favorisait les ricochets des projectiles.

Un escalier faisait communiquer le donjon avec les appartements du gouverneur par la porte-fenêtre du premier étage. Le rez-de-chaussée était éclairé par une seule fenêtre en tiers-point située à l'ouest, et le premier étage avait deux fenêtres semblables, séparées chacune par un meneau en pierre et divisées par des barreaux de fer dont on voit encore les scellements.

Au niveau du premier étage partait le chemin de ronde crénelé qui dominait les murs et contournait le logement du gouverneur.

D'après Viollet-le-Duc, un second étage existait au donjon et contenait les munitions; enfin un troisième étage, crénelé et couvert, commandait le chemin de ronde et servait de poste d'observation; ces trois étages étaient séparés par des planchers et on y accédait par un escalier en bois. C'est sans doute du haut de ce donjon que Richard, émerveillé de son travail et voyant l'étendue de terrain qu'il dominait, se serait écrié : « Qu'elle est belle, ma fille d'un an ! »

Au pied du château et perpendiculairement au mur qui descend du Pigeonnier, existait une muraille très épaisse au pied de laquelle était un chemin pavé, tous deux retrouvés en 1894, le long de la route actuelle. Un peu en avant du mur se trouvait la porte Pinaude dont nous avons parlé précédemment. Pour empêcher les bateaux de descendre la Seine, Richard fit planter dans le fleuve, à partir de ce point, une triple rangée de pieux.

Afin d'augmenter encore l'importance de ces fortifications, une motte fut créée en amont de Cléry ; elle porte aujourd'hui le nom de Muret. Sur le milieu s'élevait une tour construite en moellons et silex avec angles en pierre ; son diamètre était de 20 mètres ; un pont venait s'abattre sur un terre-plein édifié au nord ; il a été en partie nivelé. On distingue encore les fondations de cette tour ; le fossé qui l'entoure est aujourd'hui rempli d'eau de source.

La motte de la Bucaille et plusieurs autres vigies voisines situées : dans le bois de la Vieux-Ville, à Nézé et sur plusieurs points du Vexin et qui portent des débris de maçonnerie en blocages, ont été utilisées vers cette époque comme postes d'observation.

La forteresse que nous venons de décrire s'appelait primitivement le Château de la Roche, nom qui devint successivement le Château-Gaillard, Galard, Guallard et Gaillard, parce que, peu après sa construction, Richard s'était écrié, paraît-il, à la vue de cette hardie construction : « C'est un château gaillard. »

Philippe-Auguste, averti de la dérogation faite au traité d'Issoudun, accourut et installa un fort dans l'Ile aux Bœufs, en face Notre-Dame de l'Isle. On en voit encore les fossés et les talus. Cette forteresse portait le nom de Goulet (Guletus, Goleton), nom qui est resté au village construit en face, sur la rive gauche de la Seine. Ce fortin fut démoli en 1422 par Henri V, roi d'Angleterre.

Pour répondre aux menaces de son rival, Richard fit construire à 4 milles du Petit-Andely, à la limite des deux provinces, au bord de la Seine, un petit fort auquel il donna le nom de Boutavent. Certains pans de murs se voient encore non loin du château moderne et en face du donjon rectangulaire de l'île de Tosny.

En septembre 1198, Philippe-Auguste vint mettre le siège devant le Château-Gaillard; mais il fut surpris par Richard auprès de Courcelles en Vexin, et poursuivi jusqu'à Gisors.

Dans leur fuite, les troupes du roi se pressaient tellement en arrivant à Gisors que le pont se rompit et le roi fut précipité avec ses hommes dans l'Epte où il faillit se noyer.

Par le traité de paix signé aux environs de Port-Mort, le pape Innocent III obtint des deux monarques une trêve de cinq années.

A peine Richard avait-il tourné ses pas du côté de l'Aquitaine que Philippe-Auguste construisit, sur la falaise qui fait face au village de Notre-Dame-de-la-Garenne, un fortin qui prit le nom de Château-Neuf et dont on retrouve encore quelques pans de murs.

Quelque temps après, Richard mourait en avril 1199, blessé au siège de Chaluz, dans le Limousin. Suivant l'usage du temps, le corps du roi, après avoir été privé de ses intestins, fut salé et enterré près de celui de son père, à l'abbaye de Fontevrault; son cœur fut placé dans une urne de plomb et déposé à la cathédrale de Rouen.

Gautier de Giscborn et J. Ravencau, moine de Saint-Wandrille, ont prétendu que Richard aurait été tué devant le Château-Gaillard qui avait été pris par surprise par Philippe-Auguste en 1199. Mais cette version nous paraît rien moins que certaine. Le Château-Gaillard n'avait pas changé de mains, puisque Jean sans Terre, frère de Richard, a daté une charte de la Roche d'Andely au mois d'août de la même année et que, le même jour, il eut une entrevue près de Port-Mort avec Philippe-Auguste.

Jean sans Terre ayant refusé de comparaître devant Philippe-Auguste à la suite du meurtre d'Arthur de Bretagne, le roi en profita pour le citer à sa barre, et n'ayant pas reçu de réponse, il se servit de cet acte de félonie pour venir assiéger Boutavent, dont il s'empara après trois semaines, en août 1203, et qu'il détruisit de fond en comble.

Pour faire diversion, il prit successivement les châteaux de Longchamp, Lyons, Gournay, Argueil, La Ferté en Bray, Conches et Verneuil. Ayant ainsi isolé le Château-Gaillard, il se présente devant cette forteresse; son armée était massée entre Bernières et Tosny. Le pont qui faisait communiquer les deux côtés de la rivière fut détruit aussitôt par les Anglais.

Afin de permettre à ses bateaux de descendre la Seine, Philippe-Auguste fit rompre, sous les traits des assiégés, la triple palissade qui barrait le cours du fleuve. A l'aide de péniches coulées à fond et de pieux, il parvint à reconstruire un pont un peu au-dessous des remparts du château, à la pointe de l'île, et fit passer sur la rive droite une partie de son armée pour aller se ravitailler dans le Vexin. Il installa ensuite en face de cette enceinte, sur quatre gros bateaux, de hautes tours d'où ses hommes criblaient de flèches l'intérieur de la forteresse.

Jean sans Terre, remis de sa première émotion, vint à bout cependant de rallier ses vassaux et de former une armée destinée à ravitailler le fort de l'île et à briser le ponton. Il profita de la nuit pour attaquer, près de Bernières, le camp de Philippe-Auguste, dont l'escorte, qui était en état d'ivresse, ne résista pas.

Cependant le roi survint, aidé de ses lieutenants, et rallia les fuyards; mais les Anglais voulaient rompre le pont, et c'est avec beaucoup de peine qu'à la lueur des torches et, après des efforts inouïs, Philippe parvint à repousser l'ennemi. A peine l'armée française avait-elle pu se reposer quelques heures, qu'aux premières lueurs du jour, les sentinelles annoncèrent la flotte anglaise qui remontait rapidement la Seine. Se tenant au milieu du fleuve, elle put s'approcher du ponton, et, sans des prodiges de valeur et de grosses poutres qui furent lancées des tours sur les bateaux et les firent couler, c'en était fait du ponton. Aussitôt quelques braves, dont Gaubert était du nombre, poursuivirent les bateaux anglais et arrivèrent à prendre deux navires. Ce guerrier, qui s'était déjà signalé, vint rendre le plus grand service. Ayant garni de bitume des charbons ardents qu'il enferma dans des vases et les ayant attachés autour de lui, il plongea secrètement et vint les placer à la pointe orientale de l'île sur la double palissade de pieux qui entourait la forteresse. Le vent aidant, ces pieux s'embrasèrent si bien que le feu gagna les tours, et la fumée, chassée dans les murs, força les assiégés de sortir. Ceux-ci se précipitèrent dans des barques vers le Petit-Andely ; mais poursuivis immédiatement par les Français, tous sont faits prisonniers ; les autres, qui étaient demeurés dans l'intérieur des murs, se rendirent.

Aussitôt, le roi fit éteindre le feu, et son premier soin fut de faire réparer les dégâts occasionnés au château par le siège ; il y mit ensuite une garnison.

Les habitants du Petit-Andely, voyant ces préparatifs et peu confiants dans leurs remparts, abandonnèrent leurs maisons et montèrent s'enfermer dans la citadelle.

Philippe alors s'empara de la ville et y logea une partie de son armée ; il fit ensuite creuser un double fossé à une certaine distance pour entourer la forteresse.

Ces fossés, existent encore sur les arêtes des deux coteaux voisins et dans le petit bois qui domine le château. Entre ces fossés, sur un massif de terrain, s'élevaient à égale distance quatorze tours de bois ; le roi les garnit de soldats ainsi que les intervalles, où le reste de l'armée se construisit des huttes pour hiverner.

Ainsi cerné, le gouverneur de la citadelle, Roger de Lasci, fit sortir une première fois cinq cents personnes dont la présence était inutile pour la défense ; quelque temps après, un pareil nombre de bouches inutiles subit l'expulsion.

Philippe-Auguste informé, décida qu'à l'avenir on ne laisserait sortir personne afin qu'en consommant ses vivres la garnison fût amenée à se rendre plus vite.

Cependant les ressources diminuaient si rapidement que le gouverneur, après avoir examiné ceux qui pouvaient seuls lui être utiles, fit encore sortir douze cents personnes de tout âge et de tout sexe. A peine ceux-ci avaient-ils dépassé les portes, qu'elles se refermèrent sur eux et qu'ils furent repoussés du camp opposé par les flèches des assaillants.

Les malheureux vinrent heurter aux portes pour rentrer, mais ils furent tenus à distance des murs à coups de pierre. Alors commença pour eux pendant trois mois une existence atroce ; chassés des deux côtés, sans vivres et sans abri, sous la pluie et le froid, ils se réfugièrent au fond d'un vallon étroit où ils furent réduits à se nourrir d'herbes, puis de chiens ; ils en vinrent même à dévorer un enfant dont une malheureuse femme était accouchée.

Un jour Philippe-Auguste, en venant de Gaillon, passa auprès d'eux en inspectant les travaux du blocus : ils se jetèrent à ses genoux et le supplièrent de mettre fin à leurs misères. Le roi, saisi de pitié, ordonna de leur distribuer autant de vivres qu'ils en désireraient et de leur donner leur liberté ; mais leur estomac avait tellement souffert de la faim que beaucoup moururent.

Cependant, lassé de voir les opérations traîner aussi longtemps, le roi ordonna de tenter l'assaut ; pour cela il fit établir un chemin couvert, de façon à s'approcher de la grosse tour située au sud et fit combler les fossés du château avec des fascines et des mottes de gazon, en ayant soin de protéger les ouvriers par des palissades. Il fit construire, avec de gros arbres abattus dans les bois voisins, un beffroi monté sur quatre roues ; du haut de cette tour, qui dominait même les murailles de la forteresse, Blondin, Périgues et d'autres archers très habiles criblaient les assiégés de traits meurtriers.

D'autres, munis de leurs frondes, lançaient des pierres ; le roi lui-même encourageait leur ardeur et revint plus d'une fois son bouclier tout hérissé de flèches.

De l'intérieur du château, un pierrier et un mangonneau lançaient sur les assaillants des grêles de pierres et les archers renvoyaient les flèches qui leur étaient adressées.

Lorsque le fossé fut à peu près comblé, les assaillants appliquèrent leurs échelles vers l'autre bord du talus, au-dessus duquel était bâtie la grosse tour d'angle dont nous avons parlé ci-dessus. Mais les échelles se trouvèrent beaucoup trop courtes même pour arriver au pied des murailles. Alors, fichant leurs poignards dans la pierre, ils arrivèrent à se hisser jusqu'au pied des murailles; puis, se couvrant de leurs boucliers, ils aidèrent leurs amis à monter et commencèrent à miner le pied des murs, les soutenant avec des pièces de bois pour empêcher qu'ils ne vinssent à s'écrouler sur eux. Dès que la brèche fut assez profonde, ils mirent le feu aux boiseries et se retirèrent. Quelque temps après, l'enceinte s'écroulait avec un fracas formidable. Cadoc, un des plus braves officiers de Philippe, se précipita alors sur les ruines au milieu de la poussière, et planta sa bannière sur le point le plus élevé.

Mais, malgré leur élan, les assaillants furent arrêtés par un fossé et une autre enceinte dans laquelle la garnison de Roger s'était précipitamment enfermée.

Cependant les servants d'armes, Bogis, Eustache, Manassés, Ori, Gravier et autres, cherchaient le moyen de pénétrer dans ces murs.

A l'ouest, le roi Jean avait fait construire, l'année précédente, un bâtiment contigu à la muraille; la partie basse servait à divers usages et l'étage supérieur de chapelle. Justement, dans la partie basse s'ouvrait une large fenêtre.

Bogis, se hissant sur le dos de ses collègues et s'accrochant aux pierres, arrive à la fenêtre, et, pénétrant dans l'appartement, attache une corde pour faciliter l'escalade du reste de la troupe. Mais les portes étant fermées, ceux-ci les frappent avec leurs épées en poussant de grands cris.

Pour chasser les assaillants, des fascines sont mises contre les murs et contre les portes : les flammes montent jusqu'aux toits, mais brusquement le vent les pousse dans l'enceinte.

Les portes étant tombées sous l'action des flammes, les assaillants se précipitèrent dans l'enceinte.

Aveuglés par la fumée et les flammes, les assiégés se réfugièrent en toute hâte dans les caves, près des fossés.

Pendant ce temps, Bogis et ses compagnons coupent les attaches du pont-levis, ce qui permet aux assiégés d'envahir l'enceinte et de forcer ceux qui s'étaient réfugiés dans les caves de se sauver et de regagner en toute hâte la seconde enceinte.

A la suite de ces divers assauts, la garnison de Roger se trouva réduite à cent quatre-vingts hommes.

Les assaillants, excités par leurs succès et les pertes de leurs adversaires, lancent aussitôt des poutres contre la porte qui donnait accès dans la dernière enceinte; mais une mine faite par les assiégés les force à se retirer.

Cependant Philippe fait approcher d'abord un mantelet pour couvrir ses mineurs et une catapulte, laquelle, à force de battre les murs, les disloque, et élargissant la mine que les assiégés avaient faite, arrive à faire une brèche qui permet de tenter l'assaut. Il fut aidé dans ce travail par le pont taillé dans le rocher que Richard avait malheureusement laissé : sans cette erreur, il eût été moins facile de s'approcher de la porte.

Un corps à corps général se produisit : accablé par le nombre, Roger fut obligé de se rendre, le 6 mars 1204.

A cause de sa bravoure, il obtint du roi, lui et ses compagnons, sa liberté sous condition. Aussitôt la bannière royale aux fleurs de lis d'or, en se déployant au sommet du donjon, annonça que cette forteresse était passée aux mains des Français.

Guillaume le Breton, l'historiographe de Philippe-Auguste, dont le poème nous a servi pour établir la présente relation, dit que les diverses enceintes souffrirent beaucoup du feu et de la mine; cependant, après la prise du château, le roi fut peu de temps à le remettre en état de défense, ce qui prouverait que les dégâts n'étaient pas très importants.

Le roi d'Angleterre, à la nouvelle de cet échec, fit démanteler les forteresses de Pont-de-l'Arche, de Moulineaux et de Montfort, et ayant fait ses adieux à ses troupes, il s'embarqua pour l'Angleterre.

*
* *

Après la prise du château, un certain nombre de faits intéressants se passèrent dans ses murs jusqu'à l'époque où la garnison cessa d'y séjourner.

On voit, dans le recueil des historiens des Gaules, que la reine Marguerite de Provence, épouse de Louis IX, séjourna au Château-Gaillard entre la Chandeleur et l'Ascension de l'année 1234. A son retour de la croisade, en mars 1256, le roi y vint encore et y signa une charte en faveur d'un de ses sergents. Au mois d'août de la même année, il y revint encore, ainsi qu'aux mois d'août 1261 et 1262, où il signa de nouvelles chartes.

Le roi Philippe IV, dit le Bel, séjourna aussi au Château-Gaillard en août et septembre 1306 et en juin 1311. En 1314, ses trois belles-filles furent accusées d'adultère : Jeanne de Bourgogne fut reconnue innocente, mais ses belles-sœurs Marguerite et Blanche furent enfermées au Château-Gaillard, recouvertes de vêtements grossiers, tondues et jetées dans un cachot.

Louis X le Hutin, étant monté sur le trône et ayant voulu se remarier, le clergé n'admit pas son mariage avec Clémence de Hongrie. Mais, après quelques intrigues avec le pape, il ne résolut rien moins pour recouvrer sa liberté que de faire mourir sa femme Marguerite. Il envoya donc quelques émissaires dévoués qui, s'étant introduits auprès d'elle, et malgré ses vingt ans, sa beauté, ses larmes et ses prières, l'étranglèrent avec le drap qui devait lui servir de linceul.

Les pénitents d'Heurgival, près Vernonnet, vinrent prendre le corps de la reine et lui firent de pompeuses funérailles dans leur chapelle.

Cette mort tragique a été contestée, quoique la plupart des historiens du temps la confirment.

Charles IV, étant devenu roi, obtint son divorce avec Blanche, sa femme, en juin 1322; quatre mois après, il épousait la fille de l'empereur Henri VII. Blanche resta encore quelque temps au Château-Gaillard, qu'elle ne quitta que pour se rendre au château de Gavrai, en Basse-Normandie, et de là à l'abbaye de Maubuisson, près Pontoise : lieu qui avait été le théâtre de ses amours adultères ; c'est là qu'elle mourut en 1326. Quant à Philippe et Gautier d'Aulnay, séducteurs des deux jeunes princesses, ils furent écorchés vifs sur la place publique de Pontoise; les autres personnes qui avaient été accusées d'avoir favorisé ces amours criminelles subirent la torture.

En 1334, David Bruce, fils de Robert Bruce, roi d'Écosse, jeune homme d'environ treize ans, et sa femme, sœur du roi d'Angleterre, furent conduits secrètement en France pour éviter les poursuites de leurs adversaires, le roi d'Angleterre et Édouard de Bailleul. Le roi de France, Philippe de Valois, qui les reçut, fit faire pour eux quelques réparations au Château-Gaillard, où ils demeurèrent sept ans.

En 1355, le roi Jean ayant fait saisir Charles II le Mauvais, roi de Navarre et comte d'Évreux, le fit enfermer aux Andelys.

Après avoir été occupée pendant deux siècles par les Français, cette forteresse retomba aux mains étrangères. Le 18 janvier 1417, après la prise de Rouen, le roi d'Angleterre, Henri VI, vint l'assiéger ainsi que la Roche-Guyon ; cette dernière se rendit après deux mois de siège ; mais le Château-Gaillard résista seize mois, grâce au courage du capitaine Olivier de Mauny et des comtes Huntingdon et de Kent : ceux-ci ne se rendirent que lorsque toutes les autres places fortes se furent soumises.

La garnison dérisoire qui était affectée à la défense se composait, en 1423, de onze hommes d'armes, dont six à cheval et cinq à pied ; trente-trois archers, douze à cheval et vingt et un à pied, sous les ordres d'un capitaine élu généralement pour un an et sous la direction du duc de Bedfort.

Mais il se commettait tant de brigandages aux environs que le roi de France vint mettre le siège de nouveau devant la forteresse, après une douzaine d'années d'abandon.

Malgré les précautions employées par les Anglais pour la défense, ils en furent chassés quelques semaines après par Estienne de Vignolles, dit Lahire, qui, sorti de Louviers avec ses hommes, escalada les murailles en 1429.

Quoique la garnison laissée par le vainqueur fût très faible, le duc de Bedfort, qui vint assiéger la forteresse, ne s'en empara que par la famine, après sept mois de siège (1429-1430).

Nous arrivons enfin au moment où les Anglais furent définitivement chassés, non seulement de la Normandie, mais aussi de toute la France, sauf Calais.

Partant de Louviers, le roi Charles VII vint mettre le siège devant le Château-Gaillard un lundi du mois de septembre 1449. Le sénéchal de Poitou, Pierre de Brezé, messires Philippe de Culant, maréchal de France, Jean de Brezé, Denys de Chailly, se distinguèrent dans ces opérations. Tous les soirs, le roi retournait à Louviers, et revenait diriger pendant la journée les travaux de fortification et des bastilles. Pierre de Brezé et de Chailly restaient à garder les travaux de défense pendant la nuit, avec cent archers.

Le dimanche 23 novembre 1449, les Anglais se rendirent au roi après six semaines de siège.

Le capitaine du château recevait, à la date de 1460, deux cent six livres par an.

Le 20 juillet 1468, l'ancien favori de Louis XI, Charles de Melun, fut emprisonné et jugé dans cette forteresse par le grand prévôt Tristan l'Ermite, entouré de deux assesseurs, Thomas Triboulet et Jean Mautonnet. Le 22 août, il eut la tête tranchée sur la place du Petit-Andely.

Le 16 avril 1562, la garnison du Château-Gaillard fut sommée par le comte de Montgommery, lieutenant du prince de Condé, de se rendre aux protestants.

Le 23 avril 1575, le roi Henri III passant par les Andelys pour gagner la Basse-Normandie avec son armée, réquisitionne tout le pays.

Malgré les offres faites au mois de mars 1590 par Henri IV à la ville des Andelys, qui avait pris le parti des Ligueurs, celle-ci n'avait pas voulu se rendre au roi ; mais, le 6 juin 1591, la ville de Louviers s'étant rendue, le gouverneur du Château-Gaillard, Moy de Richebourg, en ouvrit les portes à Henri IV, le 10 du même mois, et le soir même le roi vint coucher dans cette forteresse.

Des tentatives furent faites par les catholiques pour la reprendre ; aussi le 2 décembre 1598, les États de Normandie firent des remontrances au roi pour le supplier de faire démolir le Château-Gaillard et la forteresse de Pont-de-l'Arche.

Dès le 11 février de l'année suivante, le roi, se rendant aux vœux des États, fait don à Charles de Bourbon, archevêque de Rouen, des démolitions du Château-Gaillard pour être employées tant à son château de Gaillon qu'à la Chartreuse de Bourbon, peu éloignée.

Le 13 juin 1603, mêmes faveurs sont accordées aux Capucins du Grand-Andely pour des réparations à faire à leur couvent, ainsi qu'aux clôtures de l'église.

Le 8 mai 1610, les Pénitents du Petit-Andely obtinrent par lettres patentes de participer au partage des démolitions du Château-Gaillard.

Mais les Capucins n'ayant pu s'entendre avec les Pénitents de l'ordre de Saint-François sur ce qui devait revenir à chacun d'eux dans les démolitions de la forteresse, ceux-ci en référèrent à Louis XIII qui leur expédia des lettres patentes datées du 17 novembre 1610, donnant aux requérants le privilège de prendre les premiers, dans les pierres, charpentes, tuiles, ce qui pourrait leur convenir.

Malgré la lettre très explicite du roi, ils n'en tinrent aucun compte et, des difficultés nouvelles étant survenues, les Capucins, pour éviter d'en venir aux mains, durent céder leurs privilèges à leurs confrères. Le 12 janvier 1611, sur les ruines mêmes, les pères Capucins et les pères du Tiers-Ordre de Saint-François signèrent une convention pour le partage des démolitions ainsi désignées : « ... toutes les pierres abattues qui sont dans les fossez du Grand-Andeli... depuis la brèche et tranchée qu'ont faict les pères du 3ᵉ ordre, dans le dit fossé et remontant en amont de Cléri, jusqu'aux grosses murailles qui sont encore debout vis-à-vis desquelles les pères Capucins ont aussi faict un chemin pour jectter leurs pierres au pied de la coste... et l'abattage de deux tours et de deux pandz de murailles,... sans comprendre la grosse tour dite de l'espéron,... etc. » Par cet accord, les Pénitents s'étaient fait la part du lion ; les Capucins s'en aperçurent trop tard. En effet, ils ne pouvaient prendre les pierres tombées qui, cependant, étaient en très grand nombre ; on les forçait de les enlever aux murs encore debout, ce qui était pénible et dangereux.

Le syndic et les échevins du Petit-Andely, pour rappeler aux Pénitents la permission accordée par Louis XIII en 1610, les citèrent le 19 août 1611 devant le lieutenant général du bailli de Gisors séant aux Andelys, pour s'entendre condamner à une amende. Le 20 août, les Pénitents furent de nouveau assignés, parce qu'ils continuaient à enlever des matériaux pour leur couvent de Rouen, aujourd'hui le Lycée.

Les Pénitents en appelèrent devant le Parlement de Rouen qui, naturellement, leur donna gain de cause par arrêté du 2 mai 1614. Permission leur fut octroyée, à eux et aux Pénitents de Rouen, d'enlever les matériaux du Château-Gaillard et défense fut faite de les troubler dans leur œuvre.

Malgré cette défense, les habitants du Petit-Andely s'emparèrent des matériaux et s'opposèrent par menaces et injures à la continuation des constructions faites par les Pénitents de leur ville.

En 1603, on avait à peine touché aux ruines et on ne s'était attaqué qu'à l'ouvrage avancé et aux crètes des remparts ; dans les années qui suivirent, les Pénitents et les Capucins attaquèrent la première enceinte. Sans les menaces des habitants du Petit-Andely, très probablement nous ne verrions plus aujourd'hui la seconde enceinte.

Le roi, craignant de voir tomber entre les mains de ses ennemis la vieille forteresse, encore redoutable malgré ses mutilations, écrivit de Tours, le 5 février 1616, aux membres du Parlement

Cliché S. Berthaud d'Évreux — Héliog. P Dujardin

RUINES DU CHÂTEAU GAILLARD

de Rouen pour les charger d'en poursuivre la complète destruction : ceux-ci s'assemblèrent les 22 et 24 sans résultat.

Le 15 janvier 1649, ordre est donné par la Cour du Parlement de Rouen aux échevins d'Andely de mettre une garde bourgeoise dans le Château-Gaillard pour le service du roi.

A partir de cette époque jusque pendant le règne de Louis XIV, on voit souvent des dignitaires prendre le titre de gouverneur du Château-Gaillard et des Andelys ; mais rien ne prouve qu'une garnison y subsistât encore.

Le 7 octobre 1677, le gouverneur du château nomma à l'ermitage voisin de la forteresse le frère Jacques de Saint-Anthoine, « à condition... de ne laisser entrer... femmes ny filles dans la chambre ny cellule du dit hermitage ».

Dans l'expertise de la seigneurie des Andelys, faite au mois d'avril 1719, pour servir à l'évaluation des domaines échangés en faveur du comte de Belle-Isle, il est dit : « Quant à ce qui reste des vestiges et débris des bâtiments de Château-Gaillard tombés en ruines, ils n'ont aucune valeur. »

Nous sommes donc bien certain qu'à cette époque, la forteresse n'était pas capable d'abriter une garnison. Cependant, en 1765, Pierre de Rémon, seigneur de Suzai, de Farceaux et de Neuville, prend encore le titre de gouverneur des Andelys et du Château-Gaillard.

Le 20 janvier 1774, permission est donnée à une dame Cuési, veuve de Mengin de Bionval, de faire établir des moulins à vent au Château-Gaillard sur un espace de 5 acres, 2 vergées, 34 perches, mais en réservant l'emplacement du donjon. Ces moulins devaient servir lorsque les inondations d'hiver ou les grandes sécheresses empêchaient les moulins du Gambou de marcher.

Fort heureusement, cette autorisation ne fut pas suivie d'exécution, et nous retrouvons aujourd'hui, après deux siècles, les ruines à peu près dans l'état où les ont laissées les Pénitents et les Capucins sous le règne de Louis XIII. Malgré la rigueur des hivers, c'est à peine si quelques pierres se détachent de cet ensemble pourtant bien maltraité au XVIIe siècle.

Vers 1860, quelques réparations urgentes furent apportées aux tours carrées qui dominent la Seine, ainsi qu'au pigeonnier qui demanderait encore à être consolidé. Mais, il faut bien l'avouer, on n'a tenté aucun travail d'entretien, et encore moins de restauration.

A la même époque, M. Charpentier fit quelques fouilles le long des murs; nous croyons qu'il n'a pas été fait de procès-verbal des fouilles. Depuis, en 1885 et 1886, M. Malençon, architecte à Paris, a entrepris pour le Ministère de nouvelles recherches, qui ont porté un peu sur tous les points et spécialement sur le flanc ouest de l'ouvrage avancé, mais qui ne lui ont rien donné d'affirmatif, les fondations n'ayant pas même été respectées. Il a retrouvé un chemin pavé, la pile d'abatage du pont de la seconde enceinte et quelques murs dans l'intérieur de cette enceinte : son procès-verbal et ses plans sont déposés au ministère de l'Instruction publique.

Mais ces quelques terrassements n'ont même pas changé les lignes du coteau. Une morne solitude plane aujourd'hui sur ce roc, témoin de tant d'événements. Aux cris des soldats, à la voix des chevaliers, au bruit des machines, aux gémissements de tant d'infortunés, a succédé un calme profond. A peine est-il interrompu par le bruit du grillon, le croassement des corbeaux ou par la voix du berger qui, par hasard, se risque à y conduire son troupeau.

On ne rencontre plus sur ces escarpements belliqueux que le touriste ou le peintre attiré par le spectacle grandiose qui s'y déroule de tous côtés. L'immense et sinueuse vallée de la Seine avec les plateaux qui la surmontent, encadrés eux-mêmes de coteaux boisés, se déroule dans un cercle d'une dizaine de lieues, depuis les hauteurs fuyantes des Rotoirs au fond de l'horizon, avec les clochers de

Saint-Pierre-du-Vauvray, Gaillon, Aubevoie, Villers, Venable, Heudebouville ; sur la droite, Andé, Muids et la Roquette, et cette rive de la Vacherie surmontée de falaises si élégantes, malheureusement déformées lors du tracé du chemin de fer. Il nous suffira de dire que ces sites ont toujours heureusement inspiré les maîtres du paysage moderne, Th. Rousseau, Daubigny, Nozal, Yon, Péraire, etc.

Si le touriste est encore très vivement impressionné par ces ruines, on peut se représenter les aspects pittoresques que devaient offrir, vus de la vallée ou des hauteurs voisines, ces murailles terminées par leurs créneaux et leurs promenoirs, dont on retrouve des vestiges dans la partie Est de l'ouvrage avancé ; ces tours surmontées de toits effilés recouverts de larges tuiles, et tout cet ensemble imposant par sa masse, décourageant pour ceux qui en tentèrent le siège.

Il est fâcheux que les municipalités qui se succèdent aux Andelys négligent tous ces vestiges merveilleux et ne s'inspirent pas des édiles de Gisors qui ont su protéger et conserver jusqu'à nous des ruines qui, certes, n'ont pas l'importance historique et n'offrent pas le côté architectural et pittoresque du Château-Gaillard.

L. Coutil.

Cliché Paul Robert.

Héliog. P. Dujardin

RUINES DE LA FORTERESSE DE CHÂTEAU-SUR-EPTE

Eure

Pl. N° 31

LES RUINES DE LA FORTERESSE DE CHATEAU-SUR-EPTE

Château-sur-Epte est situé presque en face de Saint-Clair-sur-Epte, qui n'appartient pas à la Normandie, mais rappelle un fait capital de l'histoire de cette province : l'entrevue de Rollon et de Charles le Simple.

On sait dans quelles circonstances le roi et le pirate s'abouchèrent. Le pays, ravagé par les incursions des hommes du Nord, était désert et les terres abandonnées ne produisaient que des ronces et de l'ivraie. Le roi Charles, ému des plaintes de ses sujets, se décida à traiter avec le chef des envahisseurs et chargea l'archevêque de Rouen, Francon, de sonder les intentions de Rollon. Celui-ci prêta l'oreille aux propositions du prélat, et Saint-Clair-sur-Epte fut choisi pour lieu des négociations.

C'était une terre appartenant à l'abbaye de Saint-Denis, mais sur laquelle devait exister une de ces demeures royales, comme les Mérovingiens et les Carlovingiens aimaient à en avoir sur les rives de la Seine et de l'Oise.

On montre encore une tour à peu près ruinée, mais laissant voir les débris d'un four à pain, et, en avant de cette tour, l'entrée voûtée d'un château flanquée de deux énormes contreforts de forme hexagonale.

C'est là, vraisemblablement, que le roi de France se rendit avec les évêques et les principaux de sa cour et, parmi eux, Robert, duc de France, qu'un secret penchant poussait vers Rollon.

> El terme qui fu miz, Rou sa gent asemla,
> E li roi à Saint Elev toz sis barons manda
> Rou fut decha sov l'Ete, é li roiz fu delà (1).

Les messagers passaient et repassaient l'Epte, allant de l'un à l'autre des contractants. Le chef des Normands était tenace dans ses exigences territoriales. Il envoya Francon dire au roi que les terres qu'on voulait lui abandonner étaient improductives, puisqu'elles n'avaient pas subi la charrue depuis longtemps, qu'elles étaient sans troupeaux, qu'enfin il ne lui serait pas possible d'y faire vivre les siens et qu'il lui en fallait d'autres pour nourrir ses hommes, en attendant que celles qu'on lui cédait fussent mises en état de rapporter quelque chose. Enfin on s'accorda : Charles donna le territoire depuis l'Epte jusqu'à la mer. Rollon promit de se faire baptiser et rendit au roi l'hommage simple.

> Rou devint nous li roiz e sis mainz li livra.

Mais ce fut tout. Quand on lui parla de baiser le pied du roi, il jura qu'il ne fléchirait le genou devant personne et fit signe à un de ses soldats de remplir cette formalité à sa place. Soit

(1) WACE. *Roman de Rou.*

maladresse, soit malice, le soldat, prenant le pied de Charles pour le porter à sa bouche, fit tomber le Carlovingien à la renverse. D'après Orderic Vital, il s'éleva des éclats de rire et un grand tumulte dans le petit peuple.

Après le serment, Charles retourna joyeusement dans ses domaines, et Robert passa l'Epte avec Rollon qu'il accompagna jusqu'à Rouen, où eurent lieu les cérémonies du baptême. Le nouveau duc de Normandie, revêtu d'une aube pendant sept jours, fit d'importantes donations aux principales églises et abbayes, et le huitième jour, ayant quitté la robe blanche, il partagea entre ses compagnons les terres cédées par le roi Charles.

La bonne intelligence ne se maintint pas entre les Francs et les Normands. Louis IV d'Outremer crut trouver dans la minorité de Richard Ier, petit fils de Rollon, une occasion favorable pour reprendre le beau pays qu'arrose la Seine ; mais, attiré dans un guet-apens, il vit son armée taillée en pièces à Croissanville, et lui-même fut fait prisonnier et conduit à Rouen, où, au dire de Guillaume de Jumièges, il fut soumis à une dure captivité.

A la demande de la reine Gerberge, Hugues le Grand, duc de France, envoya à Rouen Robert de Senlis pour solliciter la délivrance du roi. Il fut arrêté que Louis serait mis en liberté si la reine Gerberge consentait à donner comme otages ses deux fils, Lothaire et Carloman, ainsi que Hildegaire, évêque de Beauvais, et Guy, évêque de Soissons, ce qui fut accepté.

Quelque temps après, Louis, ainsi libre sous la caution de ses otages, se rendit à Saint-Clair-sur-Epte pour traiter de la paix. Il confirma le jeune duc dans toutes ses possessions, tant celles qui avaient été données à son grand-père par le premier traité de Saint-Clair-sur-Epte, que celles qui avaient été réunies au territoire normand sous son père Guillaume Longue-Épée. A ces conditions, les otages furent rendus, à l'exception du jeune Carloman qui était mort pendant sa captivité (946).

Un siècle et demi plus tard, l'attention des Normands se porta sur un point stratégique situé sur la rive droite de l'Epte, un peu en aval de Saint-Clair. Ce n'est point que les châteaux fissent défaut sur cette partie de la frontière. Aux cinq que possédaient les Français : Trie, Chaumont, Bouri, Saint-Clair et la Roche-Guyon, les Normands en opposaient cinq autres : Gisors, Neaufle, Dangu, Baudemont et, près de la Seine, Vernon. Mais la nouvelle forteresse, par l'altitude de l'endroit où l'on se préparait à l'édifier et par sa position intermédiaire entre Vernon et Gisors, devait non seulement contribuer à repousser les attaques venant du côté de la France, mais encore, au moyen des signaux de convention alors en usage, eclairer toute la partie normande des bords de l'Epte et même servir à se procurer divers renseignements sur les forteresses situées sur la rive opposée.

La construction fut commencée par Guillaume le Roux vers 1097, en un endroit nommé Fuscel-mont, mais elle fut immédiatement désignée sous le nom de Châteauneuf-sur-Epte, ou plus simplement de Château-sur-Epte qu'elle porte aujourd'hui.

Louis le Gros, pour servir les intérêts de Robert Cliton, fils de Robert Courte-Heuze, avait envahi la Normandie et, après s'être emparé de Dangu, ou plutôt de ses ruines, il vint, en 1119, mettre le siège devant Château-sur-Epte.

Mais, au dire d'Orderic Vital, Gaultier Riblard, qui commandait la place au nom de Henri II, duc de Normandie, résista vigoureusement aux attaques du roi de France, et des décharges de traits firent de cruelles blessures aux assiégeants.

Le roi était devant Château-sur-Epte depuis quinze jours, lorsqu'un courrier envoyé par Amaury de Montfort, comte d'Évreux, vint lui apporter la nouvelle de l'incendie de cette ville et lui dire que le comte lui demandait avec instance de venir le secourir. Louis le Gros leva le siège à la hâte et, avant de partir, incendia les huttes de ses soldats, ce que les assiégés virent avec de grands transports de joie.

En 1153, Louis le Jeune vint également assiéger cette forteresse et, après s'en être emparé, donna à l'abbaye de Saint-Denis le terrain dont elle avait été dépossédée par Guillaume le Roux. Il lui remit en même temps le château, à condition de le faire garder comme une des places les plus importantes du royaume.

L'année suivante le même prince accorda à ce lieu un marché tous les vendredis et prit sous sa protection et sauvegarde tous ceux qui fréquentaient ce marché.

L'abbaye ne devait pas jouir longtemps des dons de Louis le Jeune. Quelques années plus tard, Henri Plantagenet, duc de Normandie, prit Château-sur-Epte. En 1180, Martin de la Heuze reçut 40 livres pour les employer aux réparations des forteresses de Neaufle et de Château-sur-Epte. A la même époque Josselin Roussel, qui avait la garde de cette dernière place, employa 10 l. 7 s. à réparer les bâtiments, la tour et la porte.

Philippe-Auguste, ayant à son tour enlevé Château-sur-Epte à Richard Cœur de Lion, le rendit à l'abbaye de Saint-Denis qui l'échangea en 1196 avec Thibaud de Garlande, d'une famille originaire de la Brie, qui a donné trois sénéchaux de France : Anseau (1108), Guillaume, sénéchal de France et général de l'armée du roi à la bataille de Brenneville (1119), Étienne, d'abord évêque de Beauvais vers 1100, puis chancelier de France (1106), ensuite sénéchal de France (1120), un chancelier en la personne d'Étienne, dont nous venons de parler, enfin un bouteiller de France, Gilbert (1114-1126).

La famille de *Garlande*, dont le prieuré de Gournay-sur-Marne fut le principal lieu de sépulture, portait : *d'or à deux fasces de gueules*.

Ces armes sont à *la salle des Croisades* du musée de Versailles, à cause de Gilbert de Garlande dit *doyen*, qui fit le voyage de la Terre Sainte en 1096. En 1224, Élisabeth de Garlande par son mariage en secondes noces avec Jean de Beaumont, chambrier de France, porta la terre de Château-sur-Epte dans la maison de Beaumont (des comtes de Beaumont-sur-Oise), très ancienne famille ayant aussi ses armes *(d'azur au lion d'or)* dans la salle des Croisades, et dont quatre membres ont été honorés de la charge de chambriers de France : Mathieu Ier du nom (1139), Mathieu II (1174), Mathieu III (1190), enfin Jean (1230), qui épousa Élisabeth de Garlande et devint ainsi seigneur de Château-sur-Epte.

Aug. Le Prevost, dans ses *Mémoires et notes pour servir à l'histoire du département de l'Eure*, cite un aveu de 1412 par lequel Jean de la Porte avoue tenir du roi à cause de « son chastel de Gisors ung fief de haubert entier dont le chief est assis en la paroisse de Saint-Martin de Chastel-Neuf-sur-Ecte, en Veulquessin le Normand, auquel fief il y a chastel et basse court... ».

Lors de la guerre de Cent ans, Château-sur-Epte ne fut pas plus à l'abri des malheurs de la guerre que les autres châteaux du Vexin. En 1437, Talbot vint l'attaquer à la tête d'un corps de troupes parmi lesquelles on comptait deux cents lances et s'en empara, mais pour peu de temps.

Bientôt l'expulsion des Anglais rendit pour toujours cette forteresse à ses possesseurs légitimes.

En 1456, Philibert de la Porte est seigneur de ce lieu et il explique dans un aveu que le possesseur de cette terre a le droit de la rivière d'Epte un quart de lieue de long, à prendre en aval à partir du pont de Saint-Clair.

Nicolas de Neufville, seigneur de Villeroy, secrétaire et ministre d'État, qui servit les rois Charles IX, Henri III, Henri IV et Louis XIII, petit-fils de Nicolas de Neufville, trésorier de France, qui échangea, en 1518, avec François Ier, la terre des Tuileries à Paris — sur laquelle devait être édifié le palais des Tuileries — pour celle de Chanteloup, acheta, en 1587, la terre, fief et seigneurie de Château-sur-Epte, de Philippe de la Porte, veuve de Charles du Bosc, seigneur de Rebetz, tué à la bataille de Saint-Denis, en 1557.

Dans un aveu rendu en 1617 par Charles de Neufville, seigneur de Villeroy, Marigny, Château-sur-Epte, il est dit que le possesseur de cette dernière terre a le droit de prendre une somme de marée et une cloyère d'huîtres sur ce qui passe par les Bordeaux, hameau de la dite seigneurie, en payant le prix que pareille quantité de ces denrées sera vendue au marché de Paris, étant le maréyeur obligé de produire un certificat de vente.

De la forteresse élevée par Guillaume le Roux, il ne reste plus que des ruines, mais des ruines encore imposantes et qui offrent un très grand intérêt à ceux qui les visitent.

L'enceinte, de forme circulaire, comme celles du temps de Robert de Bellesme, mesure 90 mètres de diamètre. Elle est percée de deux portes, dont l'une regarde du côté de la France et l'autre vers l'ouest. Cette dernière est la principale ; c'est par là qu'a lieu aujourd'hui l'accès à l'intérieur. L'ogive et les contreforts de cette porte subsistent encore, ainsi que la partie qui servait au jeu de de la herse, les entailles où venaient s'enclaver les membrures du pont-levis, et même les écussons accompagnés de leurs supports qui ornent chacun des contreforts. Dans les tenants des armoiries nous avons cru reconnaître des sirènes. Le léopard qui allonge sa patte vers l'écu est très bien conservé.

Le donjon, qu'on trouve à droite en arrivant, est aussi en état de résister encore longtemps aux éléments. Il est haut de plus de 25 mètres et construit à 140 mètres d'altitude sur un monticule rapporté. Sa situation lui permettait de défendre facilement les parties principales de l'enceinte, la porte de l'ouest et le château qui s'étendait vers l'est. C'est ce que prouve la belle défense de Gaultier Riblard, dont nous avons parlé plus haut. Un escalier circulaire, dont on voit encore les restes, avait été pratiqué dans l'épaisseur de la muraille. L'attention est aussi attirée sur une ouverture richement décorée, sur les mâchicoulis, les longues meurtrières et quelques autres détails de construction.

Des meurtrières de l'enceinte, les unes subsistent encore intactes, tandis que les autres disparaissent en partie sous les tiges de lierre plusieurs fois séculaires, et dont quelques-unes atteignent 20 centimètres de diamètre. Les fortes murailles des bâtiments d'habitation formaient comme une espèce d'enceinte intérieure. Là étaient le puits, la cour du château et un préau servant à la garnison. Pour y accéder, il fallait traverser une entrée dont on peut suivre les détails et qui était munie de son pont-levis et de sa herse.

DIEUDONNÉ DERGNY.

LE CHATEAU DE NEAUFLE

Les rois francs de la première et de la seconde race, que le plaisir de la chasse attirait dans la forêt de Lyons ou dans les environs, avaient dans cette région de nombreuses résidences.

Dagobert se rendait de temps en temps à sa villa d'Étrépagny.

Charles le Chauve convoqua à son château de Neaufle, en 856, les grands du royaume pour aviser aux moyens de résister aux invasions des Normands, si redoutés qu'on avait ajouté aux litanies cette prière : *A furore Normanorum libera nos, domine.* On sait que nul moyen ne prévalut contre l'audace et la rapacité des envahisseurs et qu'un demi-siècle plus tard ils étaient maîtres du pays.

Neaufle formait avec Gisors l'une des plus anciennes appartenances de l'église de Rouen.

Les diverses terres que l'église métropole possédait en ces lieux lui avaient été données par Clotaire. Aussi Papyre Masson les désigne-t-il sous le nom de *douaire de la Vierge.* Un siècle plus tard, l'archevêque de Rouen échangea ce qu'il possédait à Gisors et à Neaufle, contre le domaine de Kelling, sis en Angleterre.

Vers le milieu du XI⁰ siècle, Guillaume le Bâtard confia son château de Neaufle à Guillaume Crespin, premier du nom, fils de Gilbert de Brionne, renommé par sa belle défense de Tillières, en 1037, et surnommé Crespin à cause de ses cheveux *crespés.*

Guillaume II, fils de Guillaume I⁰ʳ, épousa la fille unique de Godefroy d'Étrépagny, et celle-ci apporta dans la maison du Bec-Crespin les terres d'Étrépagny et de *Neaufle.*

En 1290, Neaufle avait pour gouverneur Gaultier de Boisgelin.

Dans la guerre que se firent les rois de France et d'Angleterre, cette place suivit la fortune de Gisors.

Elle tomba en 1193 au pouvoir de Philippe-Auguste. A cette époque, cette forteresse fut notablement agrandie.

Le 21 août 1359, le régent (depuis Charles V) céda à la reine Blanche d'Évreux, veuve de Philippe VI de Vallois, en échange de Melun, les châteaux et villes de Vernon, Vernonnet, Pontoise, *Neaufle,* toute la vicomté de Gisors, à l'exception de la ville et du château, puis Neufchâtel et Gournay (Secousse, mss., t. I).

Blanche d'Évreux, qui aurait pu deux fois voir la couronne d'Espagne se poser sur son front, préféra rester reine de France; mais elle était sœur de Charles le Mauvais, roi de Navarre, et cette parenté nuisit beaucoup au rôle qu'elle avait choisi.

Elle habitait Vernon lorsque Duguesclin fut opposé aux Anglais et aux Navarrais dans le comté d'Évreux. Blanche fit son possible pour nuire au ravitaillement des troupes françaises et à leur communication. Vernon étant peu éloigné des lieux où se passait l'action, elle était informée par des courriers de tous les détails de la bataille de Cocherel lorsqu'on en vint aux mains.

Sur sa conduite en cette circonstance nous laissons la parole à Pierre Cochon (*Chronique Normande*) :

« Blanche, sœur du roy de Navarre, que fu fame du roy Philippe, demourante à Vernon, et estoit son douaire là assis, laquelle reconfortoit les Navarrois pour l'amour de son frère. Se avint que messire Bertrand se retray, et fist passer ses sommages (chevaux portant bagages) oultre la rivière; les nouvelles vindrent à la royne Blanche que les Franchois estoient desconfis; et, celles nouvelles oyes (entendues) menestriex commenchèrent à corner, et dames et damoizelles à danser et de mener si grant joye que nul ne le peust penser.

« Et tantost après mainz (moins) de ij hores oires autres nouvellez : de quoi les viellez (1), furent mises soulz le banc, et fu la grant joye tournée à grant plor.

« Et avait la dite roine Blanche une grant huche plaine de linges, robez et de chausses semellez à poulaine (2) qui couroient pour le temps à leur donner après la bataille et pour ce que le roy de Franche oy parler de celle grant joye et que Vernon estoit trop entre les forteresches des Nauvarrois elle fu mise hors et out Neaufle et fu assiz là son douaire et out la forest de Leonz (Lyons) et Gysors et autres terrez entour et environ. »

Il est à croire que la sœur du roi de Navarre accepta cet échange avec résignation. Elle visitait souvent les villes et les châteaux qui faisaient partie de son douaire, mais Neaufle fut son lieu de prédilection. En 1388, elle y reçut le roi Charles VI et le duc d'Orléans, « qui soupèrent et couchèrent au castel ». Enfin elle y termina sa vie et son long veuvage, le samedi 5 octobre 1398. « Et fut son service fait en la grant église de Rouen..... et tous prêtres qui vouldrent chanter messe pour l'âme d'elle ourent III s. parisis. »

La baronnie de Tancarville ayant été érigée en comté, le 4 février 1552, en faveur de Jean de Melun, deuxième du nom, chambellan de France et de Normandie, marié à Jeanne Crespin, dame de Varenguebec, Étrépagny et *Neaufle*, qui lui avait apporté ces terres en mariage, la seigneurie de Neaufle fut en partie détachée du nouveau comté pour être annexée à la baronnie d'Étrépagny.

En 1417, cette baronnie fut portée dans la maison d'Harcourt par Marguerite de Melun, comtesse de Tancarville, baronne de Varenguebec, Étrépagny, etc., mariée à Jacques d'Harcourt, deuxième du nom, baron de Montgommery.

Jeanne d'Harcourt, comtesse de Tancarville, baronne de Varenguebec, d'Étrépagny, etc., petite-fille des précédents, ayant été mariée en 1476 à René II, duc de Lorraine et de Bar, celui-ci la laissa « parce qu'elle était petite, bossue, et incapable d'avoir d'enfants », pour prendre comme épouse (d'après une bulle de dispense portant confirmation de ce second mariage), Philippe, fille du duc de Gueldres.

Aussi, par suite de ce délaissement, la comtesse de Tancarville légua tous ses biens, par testament fait la veille de sa mort (7 novembre 1488), à François d'Orléans, premier du nom, comte de Dunois et de Longueville, son cousin. Jeanne d'Harcourt fut inhumée dans l'église collégiale de Montreuil-Belloy, près de Guillaume d'Harcourt, son père, le fondateur de cette collégiale.

C'est ainsi que la terre de Neaufle entra dans la maison de Longueville.

François d'Orléans, bâtard de Rothelin, gouverneur de Verneuil, baron de Varenguebec, seigneur de Neaufle, mort en 1600, a été inhumé dans l'église de ce dernier lieu.

---

(1) Vielle. — Cet instrument était alors admis chez les grands. Les pauvres et les aveugles ne s'en servaient pas encore pour gagner leur vie, ce qui peu à peu lui fit perdre beaucoup de sa vogue.

(2) Sorte de chaussure à pointe recourbée et couverte d'une fourrure venant de Pologne. La courbe des souliers *à la poulaine* atteignait diverses longueurs. Pour le commun, elle n'avait pas plus de six pouces de long, tandis que pour les personnes de haute qualité cette courbe atteignait deux pieds. Dans ce cas, la poulaine venait se rattacher au genou avec une chaîne d'or.

Marie d'Orléans, damoiselle de Longueville, fille d'Henri d'Orléans, deuxième du nom, duc de Longueville, gouverneur de Normandie, décédé à Rouen le 11 mai 1633, succéda, après la mort de ses frères, à tous les biens de sa maison.

Elle avait épousé, en 1657, Henri de Savoie, deuxième du nom, qui après avoir été archevêque de Reims, à l'âge de vingt-six ans, sans être dans les ordres, et avoir résigné son archevêché à la mort de son frère Charles-Amédée, fut tué en duel en 1662 par le duc de Beaufort. Il ne laissait pas d'enfants. Aussi sa femme vendit la baronnie d'Étrépagny à Nicolas Billy, seigneur de Beyre, mort en 1726.

Marie-Françoise Galland, veuve de ce dernier, ayant eu en reprise la baronnie d'Étrépagny et les terres et seigneuries qui en dépendaient, les laissa à son neveu, Pierre-Edmé Galland, maître à la Chambre des comptes de Paris, mort en 1753, laissant une fille, Gabrielle-Elisabeth, née en 1731, mariée en 1752 à Michel-Jacques Turgot, marquis de Sousmont, conseiller du roi et président à mortier au Parlement de Paris, père du célèbre Turgot, dont Louis XVI a dit : « *Il n'y a que M. Turgot et moi qui aimions le peuple.* »

Divers historiens mentionnent encore parmi les possesseurs de la terre de Neaufle les quelques personnages énumérés ci-après :

Le P. Anselme, en rapportant la branche des seigneurs de Gisors, issue de la très ancienne famille de Montmorency, cite *Payen de Neaufle*, autrement dit Thibaut de Montmorency, fils de Geoffroy de Montmorency dit le *Riche*, surnommé *Payen*, chevalier, seigneur châtelain de Gisors et de *Neaufle* en l'an 1100, comme ayant possédé cette dernière terre à cause de sa mère Richilde « qui avait de grands biens ».

Le savant augustin ne fait pas connaître, dans son *Histoire des grands officiers de la Couronne*, les armes de cette branche des châtelains de Gisors, qu'il fait remonter à Bouchard de Montmorency, deuxième du nom, père de Thibaut de Montmorency, connétable de France en 1098.

Suivant quelques historiens, la reine Blanche de Castille, mère de Saint Louis, fut dame de Gisors et de *Neaufle*.

En 1293, Pierre de Chambly, chambellan, est dit seigneur *dominant* de Neaufle, cette terre lui ayant été fieffée par Guillaume Crespin, ce qui fut confirmé en 1303 par Jean de Melun, deuxième du nom, comte de Tancarville, grand maître de France, qui avait épousé Jeanne Crespin.

Catherine de France, fille de Charles VI, roi de France, et femme de Henri V, roi d'Angleterre, eut aussi — au dire d'Auguste Le Prevost — la terre de Neaufle dans son apanage.

Nous rapportons ici les armoiries des diverses familles ou seulement des personnes ayant possédé Neaufle :

Blanche de Castille : *de gueules, au château sommé de 3 tours d'or.*

Blanche d'Évreux : *écartelé au 1 et 4 de gueules aux chaînes d'or posées en orle, en croix et en sautoir, qui est de Navarre, aux 2 et 3 semé de France, au bâton compone d'argent et de gueules qui est d'Évreux.*

Chambly : *de gueules à 3 coquilles d'or 2 et 1.*

Melun : *d'azur à sept besans d'or 3, 3 et 1, au chef d'or.*

Tancarville : *de gueules à un écusson d'argent et à un orle d'angenmes d'or.*

Harcourt : *de gueules à deux fasces d'or.*

Orléans : *de France au lambel à trois pendants d'argent, au bâton du même péri en bande.*

Galland : *d'azur au chevron d'or, accompagné de 3 roses de même 2 et 1, et en chef d'un croissant d'argent.*

Turgot : *d'hermines fretté de gueules de dix pièces.*

Le château de Neauflc fut abattu vers 1647 par ordre du cardinal de Mazarin. Il n'en resta que la moitié d'une tour et une première ligne circulaire terminée du côté de la vallée par une courtine. La tour présente des détails de construction dans lesquels on a cru reconnaître des oubliettes. C'est d'abord une conduite mesurant o m. 42 sur o m. 32 qui débouche au sommet d'une chambre ménagée dans l'épaisseur de la muraille du sous-sol, puis cette chambre elle-même longue de plus de 4 mètres et haute d'environ 5. S'agit-il là d'une sorte de charnier dans lequel on faisait disparaître pour toujours les cadavres des victimes d'une justice sommaire ou de quelque vengeance particulière ? C'est ce que nos recherches ne nous permettent pas d'affirmer d'une façon positive. En 1840, on tenta la destruction des restes de la tour

Donjon de Neauflc.

D'après une photographie de M. Paul Robert.

pour se procurer des matériaux. Cet acte de vandalisme n'eut pas de suite.

Il y a quelques années, l'administration départementale, dans l'intention de conserver les derniers vestiges de la résidence de la reine Blanche, offrit 400 francs de rente de tout le terrain entourant l'ancien château, jusqu'à la seconde ligne circulaire. Ces offres furent rejetées, bien que les terrains dont il s'agit ne produisent pas annuellement le dixième de cette somme.

Sur le territoire de Neauflc, dans une pointe de terre formée par le chemin de fer et la route, est la *Croix percée,* élevée vers le XIII° siècle à l'occasion de quelque événement dont elle était destinée à perpétuer le souvenir, mais qu'aujourd'hui l'on ignore complètement. Cette croix offre quatre angles avancés et quatre losanges percés à jour. Elle est ornée sur chacune de ses arêtes d'une torsade ou câble, ornementation spéciale au XI° et au XII° siècle.

Dieudonné Dergny.

RUINES DE LA FORTERESSE DE GISORS

GISORS

Qu'écrire sur Gisors qui n'ait déjà été écrit par Millin, par P. de La Mairie, par de La Borde, par Hersant, Dubreuil, Deville et tant d'autres archéologues ou historiographes qui ont tour à tour raconté l'histoire de sa vieille forteresse et de sa belle église ?

Que dire après MM. Lebret et L. Regnier, ces enfants de Gisors, qui ont décrit avec un amour filial leurs belles découvertes sur les artistes de la contrée et leurs remarquables ouvrages ?

Qu'ajouter aux notes de M. l'abbé Lefebvre, qui a tracé d'une plume poétique et émue les traditions des confréries religieuses ?

Après de tels travaux, toute érudition n'est qu'une compilation; toute description qu'une pâle copie. Et, d'ailleurs, l'histoire de Gisors n'est-elle pas tout entière contenue dans les récits des sièges et des assauts qu'eut à soutenir son vieux donjon et dans les légendes de guerres où son nom se trouve inscrit. Il n'est pas jusqu'aux armoiries de l'antique capitale du Vexin, dont l'origine ne puisse remonter à une assemblée guerrière ou à une légende miraculeuse. (Voir page 201 le *Champ sacré* et l'*Ormeteau ferré.*)

Afin d'éviter les répétitions, nous décrirons successivement dans cette notice : 1° les origines de la ville de Gisors ; 2° les ruines de la forteresse ; 3° l'église paroissiale de Saint-Gervais et Saint-Protais ; 4° les anciennes Maisons.

ORIGINES — ÉTYMOLOGIE

A notre époque de voyages et d'excursions, aucun itinéraire n'est plus séduisant à suivre que celui du Pont-de-l'Arche à Gisors. La ligne ferrée s'engage dans la vallée de l'Andelle, traverse de riants paysages où chaque station rappelle un souvenir historique, et gagne le plateau fertile du Vexin, qu'elle n'abandonne que pour développer ses courbes au milieu des prairies. Les wagons touchent les saules ombrageant de frais ruisseaux et roulent dans les prés, où chantent les cascatelles de la Bonde, où s'écoulent bondissantes les eaux de la Lévrière qui vont grossir la rivière de l'Epte. Au milieu de ce paysage verdoyant une colline avance un cap où s'étagent des maisons dominées par la haute tour d'un donjon et les clochers d'une église : c'est Gisors, l'ancienne capitale du Vexin normand et chef-lieu d'un des sept grands bailliages de Normandie.

On ignore l'étymologie du nom de Gisors.

De nombreux écrivains l'ont cherchée. Aucun ne paraît l'avoir trouvée. M. de La Mairie, dans ses « Lettres sur Gisors », croit à une bourgade gauloise dont le nom aurait été formé de *gui* et de *hartz* (forêt de gui). Les Romains, en ajoutant la terminaison latine au nom primitif, en auraient fait *Gui-Hartzium*, *Guivartzum* et enfin *Gisortium*, d'où Gisorth et Gisors enfin qui aurait prévalu.

Hersant (1), qui rapporte cette dissertation, paraît l'adopter, tout en citant toutefois cette autre interprétation qu'il emprunte à Millin (2). On trouve dans Ptolémée, écrit cet archéologue, une ville des Gaules qu'il appelle *Gessoriacum navale;* mais l'épithète de *navale* ne saurait convenir à la ville de Gisors qui n'est pas un port de mer.

Plusieurs auteurs pensent que le nom du bourg normand viendrait d'un séjour qu'aurait fait César sur un mont voisin appelé « Mont de l'Aigle ». D'où *Cesaris otium* (campement de César), *Cæsortium* et enfin, par corruption, *Gisortium*.

D'autres étymologistes veulent au contraire que *Gisortium* ne soit qu'une corruption du mot *Divortium*, qui signifierait séparation, division entre deux pays, etc. Ce qui est certain, c'est qu'au moyen âge, Gisors est appelé *Gistium* par plusieurs écrivains, et Ducange dit que, dans la basse latinité, ce mot signifie gîte. Gisors aurait donc été le campement de César, et c'est cette origine qu'a adoptée le spirituel Guy de Maupassant dans sa charmante nouvelle : *Le Rosier de Mademoiselle Husson.*

Clotaire II avait fait don, au commencement du VIIe siècle, des terres de Gisors à l'église Notre-Dame de Rouen; aussi ce fief, le plus ancien patrimoine des archevêques de Normandie, est-il appelé par les auteurs de la géographie Blavienne, *Le Douaire de la Vierge Marie (Gisortium Virginis douarium);* titre que n'a eu garde d'oublier Papyre Masson, et que les habitants de Gisors s'étaient fait une gloire d'inscrire sur l'une des portes de leur ville (3).

Léon de Vesly.

(1) *Histoire de la ville de Gisors.*
(2) *Antiquités nationales*, t. IV, cap. XIV.
(3) Porte de Paris ou Porte dorée (voir p. 198).

LES FORTIFICATIONS DE GISORS

Tous les historiens de Gisors, suivant le texte d'Orderic Vital, sont d'accord pour attribuer à Robert de Bellesme et à son compagnon Leufroy, la construction de la forteresse de Gisors, d'après les ordres de Guillaume le Roux.

L'ouvrage, tracé par Robert de Bellesme, vers 1097, ne comprenait que le donjon et sa ceinture de murailles, élevés sur une motte artificielle.

Henri Ier, frère et successeur de Guillaume le Roux, rendit cet ouvrage inexpugnable au dire des chroniqueurs (1). C'est lui qui fit construire les murailles et les hautes tours de la citadelle ainsi que l'enceinte du bourg. L'ouvrage fut encore complété et réparé par Henri II, roi d'Angleterre, en 1161 et 1185. Ainsi terminées, les fortifications de Gisors présentaient un vaste polygone de remparts divisé en deux parties principales par une large muraille :

1° L'enceinte du bourg au sud; 2° le château et le donjon au nord.

Le Bourg. — L'enceinte du bourg était limitée : au nord, par les murs du château ou citadelle; à l'est, par les fossés du Banneton, des Tanneurs et du Presley. Les eaux de l'Epte, qui alimentaient ces fossés, étaient refluées dans l'étang du Banneton (2), où se déversaient également les eaux sauvages du Buisson bleu et de la plaine.

Trois portes étaient ménagées dans cette enceinte :

1° La *porte de Canappeville* ou de l'Est, s'ouvrait entre les Argillières et le fossé aux Tanneurs. On la nommait aussi *porte de Trie* ou *de Chaumont*. Cette porte a été détruite peu de temps après la Révolution; 2° La *porte de Paris* ou *porte de Fer*. Elle était précédée du « Pont qui tremble », appelé plus tard le Pont doré (3). Cette porte était ornée d'une statue de la Vierge avec cette inscription : *Gisortium Virginis Donarium* (Gisors douaire de la Vierge).

La porte de Paris était également dénommée « Porte Saint-Antoine ».

Ces diverses dénominations ont fait naître la confusion parmi les historiens. Il est à peu près certain qu'après l'accident où Philippe-Auguste faillit perdre la vie, ce roi fit construire une nouvelle enceinte, dont les ruines se voient encore rue du Filoir, le long d'une dérivation de l'Epte. La porte ouverte dans ce nouveau rempart prit le nom de *porte de Paris*, tandis que le nom d'*arcade dorée* fut donné à la porte conservée dans l'ancienne muraille (4).

(1) Guillaume de Jumièges, dep. p. 295.
(2) Banneton, coffre en bois percé de trous pour conserver le poisson prisonnier dans l'eau.
(3) *Voir la légende*, p. 198.
(4) J. Le Bret. *Le Pont doré*.

La troisième porte, celle de l'ouest, était appelée *porte de Neaufle*. Elle livrait passage à la route de Rouen. Deux statues de la Vierge contribuaient à l'ornementation de cette porte; l'une, placée à l'intérieur (côté de la ville), était accompagnée de cette inscription : *Insalutatà Marià hospite ne transieris* (Ne passe pas sans saluer Marie qui t'a reçu). Au-dessous de la statuette qui faisait face au faubourg de Neaufle, on lisait : *Sub umbrà alarum tuarum protege nos* (Protégez-nous sous l'ombre de vos ailes).

Cette porte a été démolie en 1825, et il ne reste plus aujourd'hui de l'enceinte du bourg que les ruines de deux tours près de la rue des Argillières, ainsi que les vestiges longeant le fossé aux Tanneurs.

Dans la partie haute du bourg, on trouve encore d'immenses caves voûtées, restes des souterrains qui faisaient jadis communiquer, au dire d'Hersant, le bourg avec l'enceinte du château.

Le Château ou Citadelle. — La citadelle occupait toute la pointe nord de la fortification. Quoiqu'elle ait subi de nombreuses mutilations, elle est suffisamment conservée pour qu'il soit possible d'en retracer le plan.

Nous n'essaierons pas cependant d'entreprendre ce travail, par trop technique pour le cadre de cette notice. Nous nous contenterons de suivre les fossés plantés de beaux arbres (1), de jeter un rapide coup d'œil sur les remparts que le lierre recouvre de son manteau luisant, cachant les cicatrices des assauts et des arquebusades.

Nous regarderons les créneaux où fleurissent les vipérines aux fleurs bleues et les iris aux couleurs veloutées. Nous examinerons les meurtrières où la giroflée pique ses rameaux d'or, où s'épanouissent toutes ces herbes que le printemps fait naître aux crevasses des murailles et qui sont la joie du peintre. Mais, hâtons-nous, pendant qu'il en est temps encore; car, demain, peut-être les restaurateurs de nos monuments historiques auront détruit cette végétation, parure et poésie des ruines!...

La citadelle était limitée par une enceinte formée de bastions, flanquée de tours carrées ou cylindriques, suivant l'époque de leur construction. L'ouvrage avait son entrée principale au midi, du côté du bourg.

Quatre autres portes y donnaient également accès :

1° Celle du *Banneton*, à l'est; 2° la *porte des Champs*, au nord; 3° la *porte de la Barbacane*, à l'ouest, et enfin celle qui reliait le logis du gouverneur à l'entrée principale.

Les ruines de la tour d'entrée avec la chambre pour manœuvrer la herse du pont-levis offrent une des vues les plus pittoresques du château de Gisors. (Voir Pl. 32).

On peut, là, par l'imagination, reconstruire sans fatigue tous les travaux de défense de la forteresse. Ici (près de l'escalier qui descend au bourg), c'est l'échauguette pour verser l'huile bouillante ou jeter la poix enflammée sur les assaillants; plus loin, les meurtrières d'où l'adroit archer lançait le trait mortel.

Cette grosse tour cylindrique avec sa barbacane, est un ouvrage élevé par Philippe-Auguste pour renforcer la défense : c'est la fameuse *Tour du Prisonnier*. Contentons-nous de la mentionner ici, car plus loin on lira (p. 199) la légende qui s'y rattache.

La porte du Banneton a été prévue pour faciliter les sorties de la garnison du château et prendre à revers les assaillants.

(1) La plantation des fossés est due à M. le duc de Penthièvre.

En suivant les remparts extérieurement de l'Est à l'Ouest, la première tour est un ouvrage demi-cylindrique à 4 étages de meurtrières. Deux autres tours rectangulaires flanquent la *porte des Champs*

dont le système de défense, herse, pont-levis, créneaux et meurtrières, est encore parfaitement visible. Une nouvelle tour demi-cylindrique et le rempart se retournent presque à angle droit avec des tours pentagonales ou à éperon. Une muraille relie ces ouvrages à une grosse tour carrée et à une barbacane destinée à défendre les approches de la porte de Neaufle.

Les ruines de cette importante construction sont des plus curieuses à étudier de l'intérieur de l'enceinte.

Vue de la Barbacane du front ouest faisant partie de la défense de la Porte de Neaufle.

D'après une photographie de M. Paul Robert.

C'est d'abord un pan de muraille en saillie, reste du *corps de garde*. Un escalier, reposant sur un arc en quart de cercle, montre l'accès à la tour, à la logette du guet et au chemin couvert.

Les baies, effondrées, laissent voir les arcatures des voûtes et les corbeaux recevant les planchers. Çà et là, des chapiteaux, des colonnettes sont encore encastrés dans les murailles, et de vastes cheminées sont suspendues dans le vide. Au milieu de ces ruines, sur toutes les saillies, poussent des arbrisseaux et fleurissent des herbes.

Un chemin couvert, à deux étages, court le long de la muraille, entre la Barbacane et la porte des Champs, c'est-à-dire, dans toute la partie nord-ouest de la citadelle. Ce chemin franchit les tours au moyen d'arcs en pierre pour l'étage supérieur, et de ponts

Vue du Corps de Garde. (Intérieur de la Citadelle.)

D'après une photographie de la Collection des Monuments historiques.

en bois pour l'étage inférieur. Cette disposition permettait d'interrompre la communication entre les courtines ou bastions, et d'augmenter les chances de salut en cas d'assaut.

A sa jonction avec le fortin du flanc ouest de la porte des Champs, le chemin couvert se terminait par une large meurtrière dont les dispositions indiquent que cet ouvrage a subi plusieurs fois d'importantes modifications.

Au sud de la Barbacane devaient se trouver les casemates de la garnison. Le nom porté par la rue qui débouche aujourd'hui devant le logement du gardien des ruines du château, indique leur emplacement. L'enceinte était limitée, du côté du bourg, par la large muraille avec saillant quadrangulaire qui borde la belle terrasse où ont été édifiées les Halles.

Ainsi tracée, on voit que l'enceinte du château, aujourd'hui convertie en jolis jardins (1), était très vaste et pouvait loger beaucoup de troupes ; et, serait-elle tombée entre les mains des assiégeants, que la possession du donjon n'était pas encore assurée. Celui-ci formait, à lui seul, une citadelle avec sa large motte couronnée d'une enceinte polygonale enclavant une haute tour.

DONJON. — Voici l'œuvre de Robert de Bellesme, cet habile ingénieur militaire, *Ingeniosus artifex,* dit Orderic Vital. C'est une construction du XIIᵉ siècle, dont le caractère n'a été altéré, ni par les réparations, ni par les modifications apportées par l'invention de la poudre et l'usage des armes à feu.

On accède au donjon par un labyrinthe tracé sur les flancs de la motte, aujourd'hui plantée de lilas et couverte de pervenches (1).

La ceinture de murailles (2) qui l'entoure trace un polygone régulier de 24 côtés. Une arcade en plein cintre, ouverte au sud, donne accès dans l'enceinte.

Dès qu'on y est entré, les yeux se portent sur des débris d'arcatures et de chapiteaux de style roman, vestiges de la chapelle du donjon, connue sous le nom de chapelle Saint-Thomas.

Donjon ou Tour Saint-Thomas. (Vue Sud-Ouest.)

D'après une photographie de la Collection des Monuments historiques.

C'est qu'en effet, c'est dans cet oratoire que Thomas Becket, devenu archevêque de Cantorbéry, aimait à se retirer et à prier pendant son exil. Ce prélat, que l'église a canonisé sous le nom de saint Thomas de Cantorbéry, fut assassiné aux pieds des autels, le jour de Pâques 1170, par les ordres de Henri Iᵉʳ, son ancien compagnon. Ce drame historique est désigné sous le nom de *Pâques anglaises.*

A gauche de la poterne, on remarque, dans l'épaisseur de la muraille, deux arcades semi-cylindriques, dont l'une forme niche. C'est l'emplacement du four à chauffer les liquides. La disposition de

(1) Travail dû à M. Thierry, ancien maire de Gisors, lequel a également dessiné le parc dont les pelouses garnissent l'enceinte du château.

(2) Ces murailles sont construites en silex, avec harpes en grosses pierres aux angles.

l'autre arcade, qui se prolonge au dehors par une large pierre creusée en gargouille, ne saurait laisser de doutes sur sa destination : c'est par là que s'écouleront les liquides bouillants versés sur les assiégeants.

C'est également à gauche de l'entrée que se trouve le grand puits déblayé en 1848 par M. Thierry. En exécutant ces travaux, on trouva devant l'escalier de l'ancien perron de la tour, deux cadavres enchaînés par une jambe. L'anneau en fer était soudé à l'os par l'oxyde. Des armes, des boulets, des fers de flèche, des monnaies, etc., furent aussi trouvés dans ces fouilles.

Le donjon est de forme octogonale et construit en pierres de petit appareil. Il est quelquefois désigné sous le nom de *Tour Saint-Thomas,* car le souvenir du saint prélat est toujours vivant au milieu de ces ruines où tous les planchers sont effondrés. Une double porte en arc surbaissé défend l'entrée de la tourelle accolée au donjon à 3 étages, et les traces des casemates sont encore visibles près de cette entrée dans la partie nord de l'enceinte.

Un escalier à vis de 100 marches s'élance jusqu'à la plate-forme de la tourelle, dont le parapet domine encore toutes les ruines de la vieille forteresse de Gisors (1).

De cet endroit, le visiteur peut embrasser un des plus beaux panoramas de Normandie. Il voit, à ses pieds, les tours du donjon et de la citadelle dresser vers le ciel leurs flancs déchirés. Au nord, la vue se perd dans les vallons où l'Epte coule en décrivant de nombreuses courbes et où les frondaisons du Buisson de Bleu frissonnent aux moindres caresses du vent. A l'est, Trie-Château, que baigne la Troësne, et la vieille tour où J.-J. Rousseau reçut l'hospitalité du prince de Conti ; le Mont-Ouin et le vallon du Réveillon. Au sud, s'étagent les toits couverts en tuiles du vieux bourg normand ou ceux ardoisés du faubourg de Paris ; les tours de l'église Saint-Gervais et Saint-Protais et les clochetons de monastères abandonnés. A l'ouest, les donjons en ruines de Courcelles et de Neaufles, jadis sentinelles vigilantes aux Marches du pays normand ; et, comme pour reposer l'esprit des souvenirs de guerres et de carnages qu'évoquent toutes ces tours démantelées, voici la Ferme de Vaux et de vastes prairies.

De nombreux troupeaux de bœufs y ruminent, couchés dans les hautes herbes, et les sifflets des locomotives roulant sur les chemins de fer, nouvelle enceinte du Gisors moderne, n'interrompent point leur longue rêverie et le travail de leur lente digestion.

LE SOUTERRAIN DE LA REINE BLANCHE

L'imagination populaire s'est toujours complu à rêver le mystérieux au milieu des ruines des anciens châteaux-forts. Les trésors gardés par des monstres ; les tours démantelées où demeurent et habitent des Dames blanches ; les souterrains impénétrables que la Folle du logis peut seule parcourir, sont ordinairement le thème favori de toutes les légendes.

La forteresse de Gisors n'a rien à envier aux antiques tours et aux vieux donjons qui bastionnent les rives de la Seine, du Rhin ou de la Gascogne. La tradition veut, en effet, qu'un souterrain, dénommé de la reine Blanche, aujourd'hui bouché, ait servi à relier les donjons de Neaufles (2) et de Gisors.

(1) M. de La Mairie a fait consolider la tour et réparer les marches de l'escalier en 1836.

(2) Neaufles, village de l'Eure, à 4 kilomètres de Gisors. On y voit les curieux vestiges d'une vieille tour sur un des caps dominant la Levrière.

Ce souterrain mystérieux, dont tout le monde parle mais que personne n'a jamais parcouru, recèle, en un endroit défendu par des grilles formidables, un trésor immense. Il n'y a qu'un jour, qu'une heure, qu'un moment dans l'année où il soit possible de pénétrer dans cette obscure demeure, mais à des conditions qui font frémir la cupidité la plus insatiable. Le jour de Noël, à l'instant où le célébrant lit la généalogie de la messe de minuit, les obstacles qui s'opposent aux efforts de ceux qui auraient voulu s'enfoncer dans la mystérieuse caverne, se dissipent tout à coup. Les flammes diaboliques s'éteignent, le gardien du magnifique trésor s'endort et toutes les richesses sur lesquelles il veille peuvent devenir la proie de l'audacieux qui aura osé s'aventurer dans le labyrinthe infernal. Mais malheur à l'explorateur qui aura perdu son temps en tâtonnements inutiles. La généalogie achevée, le démon se réveille, et celui qui se trouve alors dans le souterrain de la reine Blanche ne reverra jamais la lumière du jour.

Ce souterrain a donné lieu à une autre histoire merveilleuse qui se répète d'âge en âge, que les anciens du canton ont entendu raconter à leurs pères et qu'ils redisent à leurs enfants. La voici :

La reine Blanche (1), assiégée dans Gisors, résolut de faire une sortie contre les assaillants, mais, s'étant trop avancée, elle fut coupée par l'armée ennemie et mise dans l'impossibilité de rentrer dans la ville.

Le soleil se couchait, la nuit commençait à couvrir la campagne ; la reine se retira avec ses chevaliers sur la colline où se détachait, au milieu des arbres, le château blanchâtre et déjà démantelé de Neaufles. Les ennemis cernèrent ce point de toutes parts, certains qu'au point du jour, la reine de France serait leur prisonnière.

L'aube paraît, la tour ruinée est escaladée sans obstacle, un silence profond y règne, le cliquetis des armes des assaillants seul le trouble. Blanche et ses chevaliers semblent s'être évanouis comme l'ombre de la nuit devant les premiers rayons de l'aurore. Les soldats parcourent avec étonnement la citadelle déserte et cherchent à s'expliquer une si grande surprise. Pendant ce temps, la reine, rentrée à Gisors par le mystérieux souterrain, apparaît tout à coup avec une force plus considérable que la veille, et l'ennemi épouvanté fuit sans se défendre, si toutefois Blanche lui laisse le temps de fuir (2).

LE PONT DORE

L'enceinte des murailles du vieux Gisors comportait trois portes principales dont l'une, celle du faubourg de Paris, était dénommée arcade du Pont doré ; elle était précédée d'un pont offrant peu de solidité (3), et qui faillit coûter la vie au roi Philippe-Auguste et à plusieurs chevaliers français. Les chroniqueurs ont raconté l'épisode, mais le peuple l'a embellie par une légende qui appartient à l'histoire de la ville. La voici :

En 1198, Philippe-Auguste et Richard Cœur de Lion se trouvaient en présence, dans une

(1) Deux reines du nom de Blanche ont possédé Gisors, Neaufles et Dangu :

    1° Blanche de Castille, mère de saint Louis, par don de Jean sans Terre ;

    2° Blanche d'Évreux, femme de Philippe de Valois, qui mourut au château de Neaufles, le 5 octobre 1398.

(2) P. DE LA MAIRIE, *op. cit.*

(3) Ce pont a été reconstruit à plusieurs reprises et souvent réparé. J. LEBRET. *Le Pont doré.* (Ext. des *Mém. de la Soc. hist. du Vexin*).

vaste plaine entre Vernon et Gamaches. On en vint aux mains. La victoire ne fut pas favorable à Philippe, qui dut se replier sur Mantes. Pendant qu'il opérait sa retraite, Richard en profita pour enlever le château de Courcelles ainsi que ceux de Boury et de Sérifontaine.

Philippe, plutôt repoussé que battu, voulut, pour prendre sa revanche, jeter de nouvelles troupes dans Gisors; mais Richard, averti de ce projet, l'attendait avec une armée considérable sur les ruines de Courcelles, comme s'il eût pensé que du haut de ce donjon il allait écraser son rival.

Philippe s'aperçut assez tôt du danger qui le menaçait et aurait pu l'éviter en faisant une prompte retraite. C'était le conseil que lui donnait le chevalier Ménestrier de Monvoisin; mais le roi de France s'écria : « Moi que je fuie devant un vassal; on ne me reprochera jamais une telle lâcheté. » Et en même temps il se jette au travers des escadrons ennemis, les enfonce, et gagne Gisors par une de ces témérités que justifie le succès.

Les Anglais, animés par leurs précédentes victoires et par l'espoir de prendre le roi de France à la vue d'une de ses places fortes, suivent de près Philippe-Auguste. Son escorte, qui se pressait autour de lui pour le défendre, arriva en désordre à la porte de Gisors, du côté de Paris. Chacun s'empressait de passer. Le pont de bois, sur lequel on traversait l'Epte pour entrer dans la ville, trop chargé du poids de tant d'hommes couverts de lourdes armures, se rompit tout à coup (1).

Le roi, tout armé, tomba dans la rivière avec son cheval. Dans ce pressant danger, il aperçut une image de la Vierge placée sur la porte de la ville et se recommanda à la Mère de Jésus, patronne de Gisors *(Gisortium Virginis Donarium)*.

En mémoire de son sauvetage, Philippe fit revêtir la statue d'une robe de drap d'or et fit dorer la porte de fer qui fermait la ville de ce côté. Le pont fut reconstruit d'une manière plus solide, et depuis cette époque l'arcade prit le nom de Porte dorée. Le pont, quoique rebâti plusieurs fois, conserve encore le nom de Pont doré (2).

Longtemps déposée dans le gros clocher de l'église, une statue en bronze doré de la Mère de Dieu décore aujourd'hui le pont. Elle a été mise en place solennellement, le 6 avril 1856, par Monseigneur le cardinal de Bonnechose, archevêque de Rouen.

LA TOUR ET LA LÉGENDE DU PRISONNIER

La Tour du Prisonnier ou de la Passion est un ouvrage du règne de Philippe-Auguste; tout indique cette époque : la forme cylindrique de la tour, les arcades des baies, les formerets des voûtes,

---

(1) Les chevaliers Mathieu de Montmorency, Godefroy de Boury, Chedunal de Trye et cent autres furent tués ou faits prisonniers.

(2) L'auteur de la *France métallique* cite une médaille représentant Philippe à cheval dans l'eau, avec cette inscription au revers : *Ponte Cæsorti sospes enatat.*

M. de Saint-André, curé de Gisors en 1665, et qui mourut en 1700, avait écrit des vers latins sur la chute faite dans l'Epte par Philippe-Auguste.

Voici ces vers et leur traduction :

Anglum debellans, aliquandò Philippus in Eptam
Cursu præcipiti, ponte ruente cadit.
Auratam Augustus pinxit sub Virgine portam
Liber aquis, quam nunc prompta ruina tulit
Hinc procul hæc porta! Est turris Lodoïcus in hostes;
Nil timeas : tuto perge, viator, iter.

Luttant contre l'Anglais, un jour Philippe, dans une retraite précipitée, traverse un pont qui se rompt sous lui, et tombe dans l'Epte. Sauvé des eaux Philippe fit dorer la porte qui était surmontée d'une statue de la Vierge. Aujourd'hui ce monument a fait place à des ruines dont les débris sont dispersés au loin. Mais Louis est un rempart contre les ennemis. Ne crains rien, voyageur, et poursuis la route en sûreté.

les profils et les ornements des corbeaux ou modillons. Cette tour offre d'ailleurs une grande ressemblance avec celle du château de Rouen, où Jeanne d'Arc fut interrogée par ses juges et dont les archéologues fixent la construction au XIIIe siècle.

Vingt romans ont été écrits sur le mystérieux personnage qui l'a habitée et sur l'œuvre sculpturale qu'il aurait exécutée avec un clou. Cependant les hypothèses donnant une date antérieure au XIIIe siècle devraient tout d'abord être écartées dans un examen critique, et si nous les mentionnons ici, c'est que nous transcrivons des légendes.

M. Gédéon Dubreuil a écrit un roman de chevalerie sur le prisonnier de Gisors. Son héros serait le chevalier Poulain dont le nom est gravé sur l'une des pierres du cachot, et l'héroïne Blanche d'Évreux, femme du vieux roi Philippe de Valois. Rien n'est omis dans le récit de Dubreuil : le héros est vêtu de noir et sauve de l'incendie son amante, la reine Blanche. La vengeance du mari est longuement exposée : le vieux roi quitte son lit de douleurs et trouve le page récitant un doux chapel d'amour aux pieds de sa dame. L'incarcération de l'amant, son évasion au clair de lune, le trait de l'archer qui le frappe mortellement pendant qu'il franchit à la nage l'étang du Banneton, etc... Puis, le retour de Blanche d'Évreux, apportant d'Avignon le relèvement de son vœu de fidélité aux mânes de son mari que le pape Innocent VI venait de lui octroyer. Enfin, la mort du prisonnier expirant dans les bras de sa mie et son inhumation à l'entrée du souterrain de Neaufles.

C'est également sur cette légende poétique que Madame Simons-Candaille a écrit son joli roman : *Blanche d'Évreux ou le Prisonnier de Gisors* (2 vol. in-12).

Hersant à émis l'opinion que Nicolas Poulain était le lieutenant du prévôt de l'Ile-de-France et il a discuté l'emprisonnement de Simon de Mary, dit le Cordelier, qui aurait été enfermé dans le château de Gisors par Philippe le Bel. — C. Famin, dans ses *Légendes rouges*, a prétendu que le fameux prisonnier n'était autre que François II.

A notre époque où les documents historiques éclairent les faits et dissipent les légendes, c'est à M. Blangis (1) que revient l'honneur d'avoir trouvé la clef du mystère qui, jusqu'alors, enveloppait le prisonnier de Gisors.

Celui-ci ne serait autre que Wolfrang de Polham (2), homme de confiance de la duchesse de Bourgogne, fait prisonnier à la bataille de Guinegatte, le 7 août 1741, et enfermé à Arras.

Louis XI, par la ruse, était parvenu à le saisir et à faire périr les fidèles chevaliers Hagenet et d'Isymbrecourt; mais il ne s'était toujours pas rendu possesseur du duché de Bourgogne que Marie apportait en mariage au jeune Maximilien d'Autriche. Telle était l'origine de la guerre dans laquelle fut livrée la bataille de Guinegatte.

Parmi les prisonniers restés au pouvoir des Français après cette mémorable journée, se trouvait le chevalier Wolfrang de Polham. Destiné à assouvir la vengeance du roi, irrité de la résistance qu'il avait rencontrée au château de Malaunay, Polham devait être pendu avec plusieurs chevaliers dont les corps se balançaient déjà aux arbres les plus apparents de la contrée, lorsque l'ordre de surseoir à son exécution arriva.

Louis XI ayant appris l'intérêt dont l'entourait Marie de Bourgogne, venait d'épargner le supplice de la corde au chevalier, mais il le garda prisonnier, et pour bien s'assurer de sa personne, il le fit transférer à Gisors, Arras n'offrant pas de garanties suffisantes.

Wolfrang de Polham aurait habité la forteresse normande du 7 août (ou environ, date de la

(1) L.-N. Blangis, officier de l'Instruction publique, ancien principal du collège de Gisors (1872).
(2) Polham, Polheim, Polhein, Poulham, Poulam. Blangis, *op. cit.*

bataille de Guinegatte) jusqu'au 3o août 1483, époque où est survenue la mort de Louis XI, c'est-à-dire près de quatre années. C'est pendant ce séjour que le *beau prisonnier de Gisors* aurait sculpté les bas-reliefs qui se voient encore dans son cachot.

Ajoutons qu'il est plus que probable que plusieurs infortunés passèrent de longues années de captivité dans la sombre tour. En effet, les bas-reliefs ne forment pas une série continue et n'ont pas été taillés par la même main, et, quoiqu'en disent les guides, si Nicolas Poulain bénéficie seul de l'attribution des sculptures, c'est qu'il a gravé son nom.

LE CHAMP SACRÉ. — L'ORMETEAU FERRÉ

Qui donc croirait qu'il faille interroger l'archéologie qui exhume et l'histoire qui conserve les documents pour arriver à déterminer l'emplacement du *Champ sacré.*

Ce lieu, témoin de colloques nombreux, d'entrevues fameuses, d'épisodes légendaires, est aujourd'hui recouvert par les terrassements des dépendances de la gare. Sur son emplacement, rugissent et sifflent les puissantes locomotives et roulent les lourds wagons du chemin de fer de Paris à Dieppe.

Situé à l'extrémité du faubourg de Cappeville, entre Gisors et Trie, et non loin des murs de la ville, le *Champ sacré* se trouvait en un point où la route se divise en plusieurs branches, disent tous les chroniqueurs (1). Un orme d'une grosseur extraordinaire se voyait dans son enceinte et l'ombrageait de son épais feuillage. Le tronc de cet arbre était tellement gros que quatre hommes pouvaient à peine l'envelopper de leurs bras étendus et qu'on y avait construit une chapelle.

Le nom de *Champ sacré* avait été donné au célèbre enclos à la suite de la mémorable assemblée de 1188, dans laquelle Henri II, roi d'Angleterre, et Philippe-Auguste, roi de France, jusque-là implacables ennemis, s'embrassèrent et reçurent la croix des mains de Guillaume de Tyr, légat du Pape.

C'est sous l'orme de Gisors que ce prélat, accompagné du cardinal d'Albano et de quelques Templiers échappés aux désastres des lieux saints, vint raconter les malheurs de Jérusalem et prêcher la croisade. A sa voix, non seulement Henri et Philippe avaient pris la croix, mais plusieurs barons anglais et français imitèrent l'exemple des deux monarques (2).

Guillaume Le Breton, qui rapporte le succès obtenu par G. de Tyr, ajoute : « Alors une croix miraculeuse apparut au milieu des airs et un formidable cri s'échappa de toutes les poitrines : « *Dielx el volt!...* Dieu le veut!!! La croix!!! La croix!!! » (3).

Ce prodige fut l'origine des armes de la ville de Gisors, qui sont *de gueules à la croix engrêlée d'or*, avec le millésime de 1188 (4).

G. Le Breton a précisé dans son récit la date de l'événement. « C'était, dit-il, aux kalendes de février et il faisait un froid excessif... »

C'est également au même historien, chantre des exploits de Philippe-Auguste, qu'il faut emprunter le récit de l'épisode qui valut à l'arbre séculaire le nom d'*Ormeteau ferré.*

(1) Benoist de Petersbourg, Guill. Le Breton, Rigord, etc., etc.
(2) Richard de Guyenne, Philippe de Flandres, Hugues de Bourgogne, Henri de Champagne, Rotrou du Perche, Josselin et Mathieu de Montmorency, etc., etc.
(3) Cette croix était de différentes couleurs. Les chevaliers français portaient la croix rouge, les Anglais la blanche et les Flamands la verte.
(4) A son entrée à Gisors, en 1555, Henri II, roi de France, ajouta à ces armoiries *le chef d'azur aux 3 fleurs de lys d'or.*

Malgré l'accolade que Henri II et Philippe-Auguste s'étaient donnée, en présence de l'archevêque de Tarentaise, leur réconciliation ne dura pas une année. On se livra de nouvelles batailles et les deux princes vinrent encore parlementer sous l'orme de Gisors.

Une raillerie fit rompre la conférence. Des chevaliers anglais placés à l'ombre de l'arbre séculaire se moquèrent des guerriers français restés exposés aux rayons d'un soleil brûlant; ceux-ci ripostèrent et menacèrent d'abattre l'arbre dont les Anglais étaient si fiers. C'est alors que le roi d'Angleterre, pour défendre l'arbre dont la cime s'élevait vers le ciel comme un superbe monument, le fit recouvrir de larges bandes de fer... L'armée de Philippe-Auguste accepta cet orgueilleux défi; on courut aux armes; on en vint aux mains; la guerre recommença plus furieuse que jamais, et le roi de France, maître du terrain, fit abattre l'arbre fameux.

Ainsi disparut l'orme de Gisors, qui avait abrité de son ombrage les papes Calixte II et Innocent III, ainsi que l'archevêque saint Thomas de Cantorbéry; et l'enclos sur lequel il s'élevait s'appela désormais *Le Champ de l'Ormeteau ferré*.

Léon de Vesly.

ÉGLISE DE GISORS — FAÇADE OUEST

L'ÉGLISE DE GISORS

Le bourg de Gisors n'a jamais possédé qu'une église paroissiale dédiée aux ss. Gervais et Protais.

L'emplacement du temple chrétien élevé par les premiers apôtres de la Neustrie est assez difficile à préciser. On sait seulement que l'ancienne église étant devenue gênante pour l'exécution des plans de la forteresse de Robert de Bellesme (1), fut démolie et reconstruite par lui, en 1101, à l'endroit où s'élève la basilique actuelle.

Cette église, consacrée en 1119, par Gódefroy, archevêque de Rouen, en présence du pape Calixte II, fut brûlée lors de l'incendie allumé par Robert de Candos, en 1224.

C'est grâce aux libéralités de la reine Blanche de Castille que l'église fut relevée de ses ruines et, le 12 mai 1249, Eudes Rigaud, archevêque de Rouen, faisait la dédicace de la partie comprenant le chœur, les sous-ailes et le clocher du monument que nous voyons aujourd'hui.

La grande nef, les collatéraux, les chapelles, le grand portail sont l'œuvre d'époques successives depuis les dernières années du XV⁰ siècle jusqu'à la fin du XVI⁰. Les Gosse, les Jumel, les Grappin, les Moreau, les Coulle, les Buron, les Jean Pot, tous ces architectes, imagiers, peintres et verriers qui ont illustré les arts à l'époque de la Renaissance, ont contribué à la construction de la belle église de ss. Gervais et Protais (2). Jean de la Massonnaye, évêque d'Hippone ; Étienne Paris,

Portail Nord, attribué à Robert Jumel et à Robert Grappin (1515-1521).
D'après une photographie de la Collection des Monuments historiques.

évêque d'Aulonne; puis Jean Lesli, évêque de Ross, en Écosse, ont béni successivement les travaux en 1532, 1555, 1561, 1584.

Malgré le temps apporté aux constructions successives (1497-1593) (près d'un siècle), le plan de l'église de Gisors présente une certaine homogénéité. Une grande nef, flanquée de deux collatéraux et

(1) ORDERIC VITAL.

(2) L. DE LABORDE. *La Renaissance des arts à la cour de France. Gisors. Documents inédits, etc...* — L. REGNIER. *La Renaissance dans le Vexin.*

de chapelles, un transept et le chœur forment une croix latine que recouvrent de hautes toitures. Les grandes lignes de la construction sont harmonieuses, les raccordements habilement exécutés, les profils taillés avec science, les ornements sculptés avec hardiesse. Tout concourt à faire de l'église de Gisors un des plus rares et des plus anciens spécimens de l'art religieux en France.

L'œil de l'artiste le plus délicat se complaît à regarder les dais soutenus par de fines colonnettes, à examiner les consoles où grimpe la vigne, le lierre ou la clématite. Il suit les frises où grimacent des singes, où rampent des reptiles, où voltigent des oiseaux. Le ciseau de l'imagier a aussi taillé des bestioles : là un limaçon, ici une petite souris. Tous les modèles que la nature en fête pouvait lui offrir ont été copiés, transformés, adaptés, placés pour créer des saillies ou creuser des cavités ; accrocher la lumière et augmenter les ombres.

Sur le portail nord, une frise composée d'angelots jouant de divers instruments, commence le

Les rois Mages (détail de la porte Nord).

D'après une photographie de la Collection des Monuments historiques.

concert muet d'hymnes à la Vierge qui se dérouleront en symboles sur les pilastres, les chapiteaux, ou seront inscrites sur les phylactères.

La belle porte qui clôt ce portail n'est qu'un tableau sculpté à la louange de Marie. La statuette placée sur le meneau central (1) est d'un joli caractère, ainsi que les figurines des rois mages. Les panneaux, taillés dans le style de François Iᵉʳ, sont enlevés avec un brio remarquable. Également à citer la frise de l'ancienne sacristie avec des dauphins adossés.

Des angelots tenant des écussons ainsi que les traces d'une litre seigneuriale, se voient encore sur cette façade. Mais ce qu'elle offre de particulièrement remarquable, ce sont les grandes baies éclairant la nef principale (2). Leurs cloisonnements, composés de meneaux et d'ogives flamboyantes,

(1) G. Dubreuil prétend que cette Vierge est celle qui décorait jadis le Pont doré.
(2) Pour juger la belle ordonnance de ces baies, il faut se placer sur la terrasse du château.

ÉGLISE DE GISORS.— CÔTÉ SUD

s'entrelacent en de savantes combinaisons, telles qu'en traçaient les maîtres maçons de la fin du XV° siècle.

Le grand portail est l'œuvre des Grappin, famille dont plusieurs membres furent architectes à Gisors (1). Il comprend une arcade triomphale, flanquée de deux tours. L'arcade principale ouvre la grande nef et deux petites portes accèdent aux collatéraux.

La tour du nord, élevée sur plan carré, comprend cinq étages et se termine par un clocher en coupole octogonale. Les étages inférieurs sont indiqués par des cordons dans le style ogival, tandis qu'aux étages supérieurs les niches à coquilles flanquées de colonnettes, les baies à plein cintre ornées d'arcatures non brisées, les oculi cerclés de larges doucines, toutes les moulures, tous les ornements du temps de François 1ᵉʳ ont été employés.

Parmi les statues placées sur les amortissements des contreforts, on croit reconnaître celles de saint Clair, de saint Jacques, de sainte Barbe. Une figure de bourgeois vêtu à la mode du temps a toujours fait l'objet de nombreux commentaires. La légende voit dans cette statue le portrait de l'architecte du portail.

La partie centrale du portail est contenue entre deux pylones ornés de dais. Elle comprend l'arcade triomphale avec son archivolte taillée de rosaces de l'époque de Henri II. L'intrados de la voûte est conique et disposé en trompe-l'œil par des caissons formant perspective.

Dans le tympan, Jacob couché rêve et songe au-dessus de cartouches, de niches et de colonnettes portés sur l'architrave.

Le meneau principal est décoré d'une statue de la Vierge, et c'est également une figure de la Mère du Christ qui couronne la balustrade.

Une charmante galerie à arcades et à colonnettes soutenues par un arc de décharge, donne avec le faux tympan un caractère fort original à cette partie du portail principal.

La porte, où sont représentés les douze apôtres, est l'œuvre de Jean Lemaître, de Boisgeloup, qui l'aurait sculptée vers 1663 (2).

Les fondations de la tour du sud, appelée le « gros clocher », furent jetées en 1542. Elle est élevée sur un plan carré avec de puissants contreforts aux angles. Le projet primitif comportait trois étages formés par la superposition d'ordres d'architecture différents suivant l'usage des constructions romaines que la Renaissance avait remises en honneur. Une galerie avec attique devait couronner le

Les douze Apôtres (porte principale).

D'après une photographie de la Collection des Monuments historiques.

<hr>

(1) Deux générations de Grappin travaillèrent à Gisors. La première, représentée par Robert Grappin, né vers 1485 et ses deux frères Jacques et Michel ; la seconde par les deux fils de Robert Grappin qui portaient tous deux le prénom de Jean. Le premier, l'aîné, le plus célèbre, naquit vers 1510 et mourut vers 1580 ; le cadet, surnommé le Jeune, né vers 1530, mourut dans les dernières années du règne de Henri IV. — L. REGNIER. *La Renaissance dans le Vexin*.

(2) Boisgeloup est un hameau dépendant de Gisors qui fournissait, dès le XIVᵉ siècle, d'habiles ouvriers huchiers aux bailliages de Gisors et d'Andely. — CHARPILLON, d'après LÉOP. DELISLE. — *Actes normands*.

tout. Malheureusement, le « gros clocher » est resté inachevé à cause de l'opposition de M. d'Alègre, gouverneur de Gisors. « Car s'il était terminé, disait-il, on pourrait, de sa plate-forme, foudroyer la citadelle » (1).

Il n'existe donc que les deux premiers étages avec le piédestal de l'ordre et une partie de la colonne du troisième étage. Les colonnes, assemblées deux à deux sur chaque pilastre, appartiennent aux ordres dorique et ionique conçus dans le style classique. (V. planche 34.)

L'ensemble de l'ordonnance rappelle, avec moins d'élégance, la belle architecture du portail d'Anet, tracé par Delorme. Les signes de la décadence architecturale qui devait marquer le règne des derniers Valois, s'y observent déjà : tels, par exemple, les ornements des piédestaux et la frise bombée, taillée de feuilles d'acanthe ajourées (deuxième étage). L'influence de l'Italien Scamozzi, qui avait lui-même emprunté ces frises bombées aux architectes du temps de Dioclétien, est tangible.

Le temps s'est chargé d'effacer l'erreur du dernier des Grappin, car, dans quelques années, les dernières feuilles de la frise du « gros clocher » seront tombées sous l'action de la gelée, de la pluie et des intempéries du climat normand.

C'est devant ce beau portail que le curé François-Pierre Neveu, défenseur de l'orthodoxie, et appelé par ses contemporains : *Hic reticum mallens et dei propagator*, fit agenouiller Henri IV.

Voici dans quelles circonstances Pierre Neveu fit subir cette humiliation au roi de France.

Après son abjuration, Henri IV revint à Gisors et se présenta pour entrer à l'église. Cependant le zélé pasteur se souvenait du prêche que le Béarnais avait organisé lors de sa première visite, et il fit fermer les portes de l'église.

Ordonnance des contreforts du Gros-Clocher, par Jean Grappin (1571).

D'après une photographie de la Collection des Monuments historiques.

Henri IV, surpris de cette attitude, dit alors au curé : « *Faites-moi faire tout ce qui est nécessaire pour contenter Dieu et le peuple.* » — « Mettez-vous à genoux, sire, et adorez la croix de Notre-Seigneur », répondit Pierre Neveu. C'est ce que le roi fit avec grande dévotion. Alors les portes de l'église s'ouvrirent aux cris mille fois répétés de : « Vive le roi! »

Henri IV y entra en s'écriant gaîment : « *Ventre saint-gris! me voilà donc roi de Gisors!!...* » (2).

Après cette digression historique, nous reprendrons la description de l'église par l'étude de la façade sud.

Celle-ci est limitée à l'ouest par le gros clocher dont les piliers d'angles comportent des colonnes semblables à celles de la façade principale. Le mur du rez-de-chaussée est percé de baies en plein cintre avec archivoltes en bandeau, mais les faces latérales des pilastres sont taillées d'entrelacs et de rosaces. Un vieux calvaire, où le clergé se rend processionnellement à certaines fêtes de l'année, est adossé au gros clocher. Un large oculus dont les gorges sont sculptées d'élégants ornements,

(1) HERSANT. *Op. cit.*
(2) P. DE LA MAIRIE. *II* Lettre.*

encadré de pilastres ioniques couronnés de chutes de fruits et de feuillages, complète la décoration architecturale de cette partie du gros clocher.

Toute la façade sud de l'église a été bâtie pendant la dernière période du style ogival. Les baies en arcs brisés sont divisées par des meneaux prismatiques se contournant en lobes flamboyants. Un porche élégant fait une légère saillie sur l'alignement général de la façade et en rompt la monotonie. Les niches de ce portail, ainsi que celles décorant tous les piliers et contreforts, sont vides de leurs statues qui ont été brisées lors de la Révolution. Les croix de consécration ont également subi les profanations des vandales de cette époque.

Les gracieux arcs-boutants, avec rampants ajourés, qui, jetés dans l'espace, soutiennent le vaisseau principal et viennent retomber sur les murs séparatifs des chapelles, ne sauraient échapper à l'examen des hommes de l'art.

La sacristie occupe l'extrémité Est de la façade du sud. Son toit en bâche ainsi que les pyramides d'ardoises recouvrant les chapelles du chevet, jettent une note pittoresque sur cette partie de l'église.

Le mur entourant les chapelles, sur la rue Dauphine, est tout orné de niches et de dais d'un riche travail et d'une grande variété de composition. Ainsi que toutes celles du monument, du reste, les figures des saints apôtres, des prélats, des moines et des lévites qu'elles abritaient ont été renversées en 1793.

Pour apercevoir la belle rosace du XIIIᵉ siècle, la frise entablée et la balustrade qui couronne le vieux clocher, on doit s'éloigner par la rue de l'Isle. De cette rue, les diverses parties du chevet de l'église se distinguent parfaitement, les raccordements se précisent davantage ainsi que la silhouette disgracieuse du campanile ajouté par M. de Bonnières, vers 1828, pour loger l'horloge et les cloches de son carillon (1).

Et maintenant que l'extérieur de l'église est décrit, examinons l'intérieur.

La lumière y pénètre avec abondance par les grandes baies de la nef principale, limitée vers le grand portail par trois arcades en plein cintre soutenant la tribune des orgues.

Les tympans des arcades sont décorés de figures semblables aux Victoires des arcs de triomphe romains, et il n'est pas jusqu'aux enfants sortant des enroulements de l'acanthe de la frise qui ne rappellent les traditions de l'antiquité.

L'escalier qui conduit aux orgues est ajouré de baies divisées par des balustres (voir planche 34). Une frise, formée de triglyphes et de métopes décorées de bucranes, de vases, de patères, etc., indique extérieurement la spirale décrite par les marches, comme dans les escaliers de Blois et de Chambord (2).

La chapelle, sous le gros clocher, appelée chapelle du Rosaire par les anciens historiographes, est devenue la chapelle des Fonts Baptismaux. Elle est également le musée de l'église. Les tableaux, les fragments de sculptures, tous les objets déplacés ou remplacés par les restaurations trouvent un asile dans cette chapelle, où se rencontrent également des pierres tumulaires dont les inscriptions, trop frustes, ne permettent pas la lecture (3).

(1) Le gros timbre de l'horloge date de 1483. Toutes les autres cloches ou clochettes de l'église de Gisors sont modernes. La plus ancienne, fondue en 1603, et appelée Denise, a été cassée en 1828. Elle portait cette inscription latine : *Laudo Deum verum, olebem voco, congrego clerum, defunctos ploro, pestem fugo, festa decoro*, qui a été conservée par M. DE LA MAIRIE. *Lettre II*.

(2) Les orgues primitives avaient été fournies, en 1580, par Nicolas Barbier. Robert Jumel en avait été l'architecte et Robert Fortin, le menuisier. Le buffet fut remplacé en 1775, ainsi que la chaire à prêcher et le ban d'œuvre. *Carbonnier, menuisier à Gisors, en avait été le constructeur.*

Une nouvelle réparation eut lieu en 1844. G. DUBREUIL. *Op. cit.*

(3) La tradition veut qu'en l'église de Gisors reposent les restes du bienheureux saint Yves, qui fut curé de la paroisse, en 1066, puis devint évêque de Chartres vers 1092-1093.

Jusqu'à présent aucune découverte ni aucune inscription lapidaire ne sont venues révéler le lieu de la sépulture.

C'est sur un des pilastres du gros clocher que se trouve sculpté « l'arbre de Jessé », bas-relief de grandes dimensions, mais de style médiocre, attribué à Dufrenoy, de Beauvais. Les personnages représentés sont coiffés de turbans. Le rétable, orné d'un tableau de l'Immaculée-Conception, signé de Nameur, 1616, Paris, provient de l'église des Carmélites. Il décorait, depuis la Restauration, le sanctuaire de la chapelle de l'Assomption, dont il cachait la frise et le tympan du mur du fond.

En suivant le collatéral du sud, dont les arcs d'ogive et les formerets creusés de larges gorges tracent à l'intersection des voûtes des croix et des rosaces avec pendentifs, on remarque les chapelles de sainte Véronique, de sainte Barbe, de saint Clair (1) et de l'Ange gardien. Cette dernière chapelle est particulièrement visitée pour le *squelette* sculpté dans la muraille et attribué, bien à tort, au ciseau de J. Goujon, car cet ouvrage retient plutôt l'attention par l'énigme qu'il pose que par sa valeur artistique. Voici, en effet, l'inscription en caractères gothiques qu'on peut lire au-dessous du squelette :

> Quisquis ades, ta morte cades, ita, respice, plora ;
> Sum quod eris, modicum cineris, pro me, precor, ora.

Et plus bas :

> Fay maintenant ce que voudras
> Avoir fait quand tu mourras.

Enfin :

> Je fus mis en ce lieu l'an 1526.

Une table noire, encastrée auprès du squelette, mentionne que M. de la Viefville, gouverneur de Gisors, et Marguerite de Barlemont, son épouse, ont, le 18 novembre 1847, fait une fondation en cette chapelle.

Les colonnes représentées sur la planche 35 méritent une mention spéciale. *Celle du premier plan* est enveloppée par des colonnettes prismatiques s'enroulant en hélice jusqu'à un annelet ou couronne à fleurons. Au-dessus de cet ornement, le cylindre se transforme en un polyèdre creusé de larges gorges décorées de dauphins et limitées par les hélices des colonnettes qui se prolongent jusqu'à la naissance des arceaux.

Le pilier qui suit est de forme prismatique avec des faces légèrement incurvées. Des moulures en spirales montent de la base, effleurant les arêtes vives des faces. Un anneau orné de perles, surmonté d'un rang de coquilles, coupe le pilier aux deux tiers de sa hauteur. La décoration se complète par une série de petites niches avec dais, et une bague à arcatures, sur laquelle retombent les nervures des voûtes, remplace le chapiteau.

Ce curieux pilier aurait été non pas édifié mais acheté par la *Confrérie de Saint-Jacques des Pèlerins* (2).

Le pilier de l'arrière-plan est connu sous le nom de *Pilier des Marchands*. C'est un prisme à

---

(1) La dévotion envers saint Clair a toujours été grande à Gisors. Une chapelle élevée près d'une source lui a été dédiée, et Millin nous a conservé le quatrain suivant, qui retrace brièvement la vie du saint :

> De nom Clair et renom, fugitif volontaire
> Vers Odebert l'abbé, mort au siècle mondain,
> Au sein du bourg Vulcain se retire soudain
> Pour donner vie aux morts, aux aveugles lumière.

(2) G. Dubreuil. *Op. cit.*

ÉGLISE DE GISORS — VUE DU BAS CÔTÉ SUD

six faces, divisé en douze cantons par les moulures descendant des voûtes. A la partie inférieure, deux rangées de figurines représentent des artisans (tanneurs, corroyeurs, drapiers, etc.). Sur six consoles sont gravés les mots : JE — FUS — ICI — MIS — L'AN — 1526 — formant une inscription dédicatoire complétée par la figure de saint Claude.

Cet examen terminé, franchissons le transept que clôturait jadis un beau jubé construit en 1570. Il ne paraît être resté de cet édicule que le bas-relief sculpté sur l'un des gros piliers de la croisée.

Le transept est relié aux chapelles latérales du chœur (côté de l'évangile) par une galerie à trois gorges ornées de feuillages. Toutes les arcades des voûtes sont creusées de moulures profondes à vives arêtes qui se perdent au milieu de riches motifs placés à leurs intersections. Les hardies combinaisons tracées par le compas de Robert Jumel sont là comme un témoignage de la science et du goût de ce maître de l'œuvre.

Le vitrail de la première chapelle avec personnages à genoux n'est pas sans présenter d'intérêt; mais la verrière la plus remarquée est le joli vitrail en grisaille dans la deuxième chapelle. Quatre grandes compositions y sont figurées; elles représentent : 1° l'Annonciation; 2° la Circoncision; 3° la Visite de la Sainte-Vierge à sainte Élisabeth, et 4° le *Gloria in Excelsis*. Le style du dessin, l'agencement des figures ont longtemps fait attribuer à Raphaël le carton de ce vitrail. Il est dû au pinceau de Nicolas Le Pot, verrier de Beauvais, lequel a également peint des vitraux pour la chapelle d'Écouen (1).

Au-dessous de cette belle verrière, des armoiries sculptées sont encore visibles.

Près de l'entrée de la sacristie, une arcade en anse de panier limite une baie dans laquelle est enclavé le confessionnal du doyen. C'est là qu'avant la Révolution, se trouvait le sépulcre construit, vers 1522, par les frères Jean, Guillaume et Jacques Darry.

Le monument disparu devait être fort remarquable, si on en juge par l'arcade profilée d'une large doucine que pénètrent et festonnent des arcatures trilobées. Des lézards, des sauriens à tête bizarre rampent ou courent dans les fines découpures, ou se reposent et dorment dans les cavités des moulures

Toutes les chapelles des sous-ailes, du Rosaire, de Notre-Dame de Lourdes, ainsi que le chœur, ont été successivement restaurées, depuis 1877, sous la direction de M. Ruprich-Robert, inspecteur des Monuments historiques. Les verrières ont été remplacées et des parties de voûtes entièrement refaites, mais la décoration principale des chapelles, composée par des panneaux d'armoire divisés en petits tableaux, a été scrupuleusement conservée.

Les scènes représentées sont empruntées à la Passion de Jésus, à la Vie de la Sainte-Vierge, etc. Les peintures de la chapelle de Notre-Dame de Lourdes présentent cette particularité : un personnage, le donateur sans aucun doute, est figuré, dans chacun des panneaux, agenouillé et tenant un cierge à la main. La pose, le costume du personnage sont identiques dans chaque panneau; seule, la couleur varie pour se trouver en harmonie avec la tonalité de la composition.

Les stalles du chœur sont du XVIII° siècle, et c'est par erreur que Millin les a désignées comme étant d'un travail gothique.

CHAPELLE DE L'ASSOMPTION OU DU TRÉPASSEMENT. — La confrérie de l'Assomption de la Sainte-Vierge existait dès le XIII° siècle et possédait déjà, à cette époque, une chapelle spéciale et une sacristie.

____

(1) Voir L. REGNIER. *La Renaissance dans le Vexin.*

Cette chapelle dut disparaître lors de la reconstruction, vers 1497, du collatéral nord pour faire place à celle qui se voit aujourd'hui (1).

Elle est l'œuvre de Robert Jumel, Pierre Gosse et Guillaume Lemaistre, maîtres-maçons et imagiers de l'église de Gisors, et comprend quatre travées longeant le chœur. Les raccordements avec le chœur (élevé au XIIIe siècle) sont exécutés avec un grand art. Les arcs retombent sur des corbeaux sculptés d'angelots tenant des phylactères, ou croisent leurs arceaux au milieu de rosaces finement découpées.

La décoration a été conçue pour rendre un sublime hommage à la Vierge-Mère. La porte d'entrée invite le visiteur à la saluer d'un *Ave* par les lettres A M gravées sur la serrure. C'est le thème de la salutation angélique que développe la sculpture des panneaux extérieurs de la porte nord. Tous les personnages taillés sur les chapiteaux, toutes les inscriptions gravées sur les phylactères proclament les vertus et chantent la grandeur et la gloire de la Mère de Jésus.

Dans une frise, des anges jouant de divers instruments de musique, continuent le cantique commencé par les chérubins sculptés au portail nord. Toute une pléiade de séraphins chante les litanies ou porte les glorieux symboles de Celle qui fut choisie dans la maison de David pour être la Mère de l'Enfant-Dieu.

Les iconoclastes de la Révolution ont fait subir bien des outrages aux belles sculptures qui décoraient la chapelle de l'Assomption ou du Trépassement.

Qu'était-ce que ce Trépassement? — Un bas-relief d'une belle et noble composition, suivant le témoignage de Millin (2) et celui de M. Mignot, curé de Gisors, avant et après la Révolution. On en attribuait l'invention à J. Goujon, que des biographes font naître à Rouen ou à Gisors. Un compte trouvé, il y a quelques années, par M. l'abbé Lefebvre (3), semble démontrer que le Trépassement était l'œuvre de Pierre des Aubeaux, célèbre imagier, auteur de l'arbre de Jessé de la cathédrale de Rouen.

Grâce à J.-B. Duchesne, miniaturiste qui avait dessiné les têtes des personnages de la célèbre composition, à jamais disparue, on est parvenu à en retracer l'agencement :

Autour de la Vierge mourante étaient groupés douze ou quatorze personnages de taille plus grande que nature, parmi lesquels on reconnaissait les apôtres, Joseph d'Arimathie, Lazare et quelques saintes femmes. Les apôtres portaient les ornements sacerdotaux et accomplissaient les cérémonies en usage au XVIe siècle. Ainsi l'un d'entre eux, probablement saint Pierre, était en chape, d'autres étaient revêtus de chasubles ou de tuniques : il y avait un crucifère, un thuriféraire, des acolytes, etc. (4).

Un pressant appel fait à la générosité des fidèles par M. l'abbé Lefebvre et un don particulier de M. Bugnon, curé-doyen de Gisors en 1882, ont permis de restaurer cette belle chapelle.

De riches verrières ont remplacé les verres blancs qui entouraient les restes mutilés des vieux vitraux donnés par l'ancienne confrérie (5); et, dans quelques années, la vieille église de Gisors, où se font chaque jour d'intelligentes réparations, aura repris le noble caractère dont l'ont parée tous les artistes de la Renaissance.

---

(1) Cte L. DE LABORDE et Abbé P. LEFEBVRE. *Op. cit.*

(2) *Antiquités nationales. Op. cit.*

(3) L. DE VESLY. *Comm. des Antiquités.* Seine-Inférieure, année 1879.

(4) Cette composition fut détruite dans les derniers jours de mars 1794, tandis que la frise aux angelots fut en partie sauvée par le stratagème du sacristain Pouplin, qui l'avait recouverte de plâtre. Cit. de divers auteurs.

(5) Les belles verrières de l'église de Gisors, dues au pinceau des Coulle et des Buron, avaient été remplacées par des vitraux blancs peu de temps avant la Révolution, et les actes de vandalisme qui s'accomplirent ne les ont pas épargnées.

On ne saurait clore une étude sur la chapelle de l'Assomption sans signaler une pierre scellée dans un pilier, côté de l'épître, sur laquelle se trouve une curieuse inscription. Les premières lettres, en capitales romaines, forment le nom latin du chapelain François Lesueur, tandis que le corps de l'inscription est en caractères gothiques.

François Lesueur fut en l'an vingt et six
Receu céans petit enfant de cœur,
Après trente ans l'an mil cinquâte-six
N'a faict refus, trois ans fui procureur
Ces ans passés fut pris pour gouverneur
Incontinent chappellain tout céleu,
Si toutesfoys en riens n'a dévoullen
Contrevenir, mais a prins son estude
Vivre en ce lieu puisque Dieu l'a voullen
Sans ce que rien luy fut ny dur ny rude.

Suborine ny peu a profité
Vivant tonjours par compas et saison
Du bien de Dieu qui ly a acquesté,
Ony en soufrant, come c'est la raison
Remis luy a cognoissant sa maison
1 a de pieca fondée de nostre dame
Vous suppliant (o lecteurs) que raison
Soyt par vos faicte priant Dieu por son âme.

Jesus saulveur, sy peu q̃ a eu de bien
En son vivant acquis en ceste eglize
Sacheant fort bien q̃ le bien n'est pas syen
Voullognr a en luy en faire remise
Soulz la charge que chascun beaucoup prize

Memoyre avoyr des vivans et des mors,
Ainsy est-il affin que on soyt recors
Remis il a pour faire 2 obitz
Icy par an par jour de profûdis
Asperger eau benoiste sur les mors.

Quant on en jecte sur les mors
Cela denote et signifie
Que au jour du jugement les corps
Reprendront éternelle vie
Oultre cela il est pris envye
Donner par an vingt sols tourn. de rente
Pour du charbon avoyr durant la vie
Pres de l'autel quant le grant froyt vent vente.

3e jo^r d'octo et 1 jeudi de kares, les obitz fondez en l'an 1571 1° de feu.

La monographie de l'église Saint-Gervais et Saint-Protais de Gisors, quelque sommaire qu'elle soit, ne doit pas laisser dans l'oubli les noms des vénérables pasteurs qui ont dirigé la paroisse avec sainteté et éclat.

A citer notamment :

Le bienheureux Yves, qui devint évêque de Chartres (1092 ou 1093);

Antoine Lemercier, qui devint aumônier de Louis XII;

Grégoire XI, qui fut archidiacre du Vexin normand;

Pierre Neveu (1562-1597);

Robert Denyau, historiographe de Louis XIV.

Léon de Vesly.

ANCIENNES MAISONS, A GISORS

Elles devaient être fort curieuses, ces rues serpentueuses du vieux Gisors, bordées de maisons à colombages et à avant-solliers. Logis aux pignons ardoisés reluisant au soleil, aux toits pointus surmontés de girouettes grimaçantes, ornées de fantasques découpures. Mais où retrouver aujourd'hui ces pittoresques constructions ?... Celles que les incendies (1) avaient épargnées ont payé leur tribut aux exigences de la voirie moderne.

Disparu le *Manoir de M. le Vicomte*, avec ses coquettes tourelles. Démoli le *Logis de la Grange-Cercelle*, avec ses fenêtres à ogives, aux balcons de pierre supportés par de délicates colonnettes. Rasé le *Grenier à sel*, situé dans l'enclos de l'ancien cimetière, vis-à-vis le calvaire du gros clocher (2). Cachée et dissimulée sous le plâtre et le badigeon, la jolie charpenterie du *Tripot*.

Et le vieux beffroi, orgueil et symbole de la municipalité et de ses privilèges ? Il s'est écroulé sous la pioche des démolisseurs. Quelques rares maisons ont résisté à leurs efforts, ainsi qu'aux projets des hygiénistes.

Parmi les curieux logis, vestiges des siècles passés, il faut citer la maison portant le n° 26 de la rue de Paris.

Elle montre encore au premier étage de fines colonnettes de la Renaissance, que soutiennent des corbeaux sculptés de rosaces, de figures géométriques, de ceps de vigne et des têtes du maître et de la maîtresse du logis.

Vieille maison, rue du Fossé-aux-Tanneurs.

D'après une photographie de M. Paul Robert.

Mais la maison la plus remarquable est celle de la rue du *Fossé-aux-Tanneurs*. C'est un logis à rez-de-chaussée et à étage couronné d'un attique composé dans le style de la Renaissance. Le

(1) De nombreux incendies ont ravagé Gisors. Il faut citer notamment celui de 1124, allumé par ordre de Robert de Candos; celui de 1346, ordonné par Édouard III, roi d'Angleterre, et ceux de 1519 et de 1779. Ce dernier détruisit le faubourg de Cappeville.

(2) C'est sur l'emplacement du Grenier à sel qu'a été prise la vue de la façade sud de l'église, planche 33.

bois, qui a été fort en usage dans la décoration des maisons normandes de cette époque, a été ici largement employé. Il forme les colonnettes à balustre de l'étage, les pilastres de l'attique et les caissons des frises. Le ciseau du sculpteur s'est librement donné carrière sur cette charpenterie. Ici ce sont des dauphins affrontés qui ornent les angles ; là, des personnages prêtent une oreille attentive à l'orateur placé au centre et qui semble donner des ordres et les inciter au travail ; ou bien encore, des acrobates gesticulant au milieu des triangles des poutres qu'encadrent des dauphins, ces poissons symboliques chers aux artistes du règne de François Ier.

L'ornementation se complète par des trèfles, des perles, des feuilles d'eau, des griffons, des angelots, décorant les arêtes, les saillies et les moulures des poutres, et cette richesse ornementale est encore augmentée par des inscriptions gravées sur les architraves ou maîtresses-poutres. On y lit : *O Salutaris*, etc., *Ave Maria*.

La maison voisine, portant le n° 21 sur le Fossé-aux-Tanneurs, présente également quelque intérêt. Construite dans les dernières années du XVe siècle, elle a été profondément modifiée, mais elle offre encore des détails curieux, notamment dans les corbeaux soutenant les avant-solliers où se voient les traces d'écussons timbrés de couronnes ducales. Ces armoiries ont été enlevées à coups de hache pendant la tourmente révolutionnaire.

Plusieurs personnes désignent ce logis sous le nom de « Maison du Bailli ».

A citer les vastes bâtiments du couvent des Carmélites, fondé en 1631, devenus l'Hôtel de Ville actuel, ainsi que l'église de ce monastère, transformée en salle de spectacle, un vieux pavillon de style Louis XIII, situé rue Baléchoux, et une vieille maison de la rue du Bourg, dans laquelle ont été découvertes des peintures du XVIe siècle (1).

A mentionner également les bâtiments du Vieux-Collège, d'où sortirent des élèves tels que Bernardin de Saint-Pierre et Charles-Antoine Dupuis (2).

COUTUMES. — La dévotion des habitants de Gisors envers Marie est non seulement attestée par l'histoire, mais aussi par de nombreuses images de madones abritées dans de petits tabernacles placés sur la façade des maisons. Une grosse lanterne suspendue à une potence éclairait les icônes. Ce fut jusqu'en 1756, époque de l'apparition des réverbères, le seul éclairage des rues du vieux Gisors (3).

D'autres traditions ont également disparu. Tel, par exemple, *le Feu de Saint-Antoine*, que la confrérie de ce nom faisait allumer chaque année au milieu de la rue de Paris, le jour de la fête du saint ermite, à l'intercession duquel on était redevable de la cessation de l'incendie de 1519.

Tel aussi le curieux pèlerinage qui se faisait à la chapelle de Saint-Clair, où s'accomplissaient des cures miraculeuses pour les affections de la vue. La chapelle située dans le pré Aubry, près le Faubourg de Paris, est aujourd'hui démolie, et la confrérie, fondée en 1514, n'existe plus depuis la Révolution.

Disparue également cette confrérie de l'Assomption, dont un des frères tintinabulait la nuit en parcourant les rues de la ville, jetant aux échos des carrefours ces vers macabres :

Réveillez-vous gens qui dormez,
Priez Dieu pour les Trépassés.

---

(1) GASTON LE BRETON. *Peintures murales découvertes à Gisors.*

(2) Charles-Antoine Dupuis, célèbre conventionnel, auteur de *l'Origine des Cultes*, né à Trie, près Gisors. Les archéologues doivent à son énergique intervention la conservation du portail de Notre-Dame de Paris, menacé de destruction pendant les terribles journées de septembre 1793. (ALFRED FITAN. *Excursion à Trie.*)

(3) Inutile d'ajouter que le gaz et l'électricité ont fait disparaître ces pieuses coutumes. (Abbé P. LEFEBVRE. *Confrérie de l'Assomption.*)

Une autre coutume s'est éteinte de nos jours, si on en croit G. Dubreuil, un enfant de Gisors, qui a été l'historien de sa ville natale. Elle consistait dans l'*aspersion des maisons*.

Chaque dimanche, après la grand'messe, les diacres, en aube, allaient de maison en maison les bénissant et récitant les prières de l'exorcisme. Les enfants de chœur, en costume de ville, remplirent ensuite cet office, et l'usage a cessé complètement.

On ne saurait terminer les légendes gisorsiennes sans mentionner la croyance populaire aux vertus de l'eau du *Réveillon*, petit ruisseau qui, avec la Troëne, se jette dans l'Epte en aval des Argillières, au faubourg de Paris.

Lorsqu'on a bu de l'eau miraculeuse du ruisselet, il faut, où qu'on aille, revenir mourir à Gisors. Cette croyance superstitieuse a souvent soutenu les défaillances des enfants de Gisors éloignés de leurs foyers par les guerres ou les voyages lointains, et on a vu les malheureux conscrits du premier Empire, s'agenouiller avant leur départ, au bord du ruisseau et puiser d'une main tremblante l'onde propice qui devait leur faire revoir leur pays natal.

Cette coutume a également inspiré la muse de l'auteur des *Lettres sur Gisors*, qui a écrit le charmant poème d'où sont extraits les vers suivants :

On dit que ton onde enchantée
Roule un charme puissant qui ne saurait faillir;
Quand une fois on l'a goûtée,
Sur la rive on revient mourir.
Au temps de nos sanglantes guerres,
Au moment du départ, ici venaient s'asseoir
Ceux que le sort frappait de ses rigueurs amères;
De revoir leurs sœurs et leurs mères,
A longs traits ils buvaient l'espoir.
J'ai fait comme eux, j'ai bu le cristal de ton onde,
Sous tes ombrages frais j'ai goûté ce plaisir;
Sous tes ombrages frais, dans une paix profonde,
Un jour je reviendrai mourir.

Léon de Vesly.

LE CHATEAU DE DANGU

La riante vallée de l'Epte était dominée, au Moyen-âge, par de nombreuses forteresses féodales, dont la présence s'explique par l'importance que cette rivière avait acquise du jour où elle était devenue ligne frontière entre la Normandie et la France proprement dite. Il n'existait alors que des gués pour franchir, entre Gisors et Vernon, ce Rubicon, cause et témoin de tant de luttes à main armée; parmi ces gués, celui de Dangu semble avoir été le plus fréquenté. Dangu était en quelque sorte le trait d'union principal entre les deux Vexins, terres sœurs, alors patrimoines de maisons ennemies.

Ce point stratégique était commandé par un château-fort, dont la garde avait été confiée par Guillaume le Conquérant à l'une des plus vaillantes maisons du duché : celle des comtes de Brionne, déjà gardiens au même titre des châteaux de Tillières-sur-Avre, Étrépagny et Neaufles. Guillaume Crespin, premier du nom — ou plutôt du surnom — défendit avec succès Dangu contre Gautier le Vieux, comte de Pontoise, — qui réclamait la possession de tout le Vexin normand jusqu'à l'Andelle; — mais Crespin se laissa enlever, en 1088, la forteresse par son homonyme, Guillaume, comte d'Évreux, fondateur du prieuré de Noyon-sur-Andelle, lequel semble avoir eu dès lors dans la contrée des intérêts qui nous sont inconnus.

Le comte d'Évreux ne paraît pas avoir conservé longtemps sa conquête, car, en 1090, le vicomte de Neaufles était redevenu seigneur de Dangu. Les intérêts dont nous avons parlé plus haut étaient assez directs pour que, six ans plus tard, Guillaume le Roux en vînt à charger Guillaume d'Évreux de recouvrer le Vexin, dont le roi de France s'était emparé.

Parmi les seigneurs de Dangu, l'un des plus remuants fut Guillaume Crespin, sixième du nom, qui prit possession du fief en 1254. Dans l'intervalle, le château de Dangu avait été incendié par un Anglais, Robert de Candos, forcé de l'abandonner au roi de France.

Le domaine de Dangu paraît avoir été distinct du château, lequel était tour à tour propriété royale ou ducale, selon les chances des armes. Quoi qu'il en soit, l'existence de Guillaume VI peut donner une idée des entreprises et des risques auxquels un grand baron féodal s'exposait à la fin du XIIIe siècle. Au retour de la croisade où périt saint Louis, Guillaume Crespin VI, qui avait accompagné en Afrique le fils de Blanche de Castille, engagea un procès pour conserver, ou plutôt acquérir à lui et aux siens, le titre de connétable héréditaire de Normandie; il se consola de son échec en cette occasion, par une élévation à des dignités supérieures, entre autres celle de maréchal de France. Après lui, le fief de Dangu tomba en quenouille en passant à sa petite-fille, laquelle en hérita de Jean, son oncle, frère de Guillaume.

Jean Crespin, deuxième du nom, est le fondateur présumé de l'église Saint-Jean de Dangu.

Un mariage fit passer Dangu aux mains de Jacques de Bourbon, seigneur d'Argies et de Villaines.

L'histoire du château actuel de Dangu — distincte de celle de la châtellenie — ne commence qu'avec ce personnage. La tradition veut, en effet, que ce soit lui qui ait abandonné l'ancien emplacement de la forteresse (1), pour en construire une autre à l'endroit où s'élève le manoir qui subsiste aujourd'hui.

La tradition est battue en brèche sur ce point par de sérieuses autorités : il y a d'abord Malte-Brun qui, dans sa *Géographie de la France*, donne du château actuel de Dangu au XIIe siècle une description, que M. Louis Régnier — un jeune, redouté et révéré de bien des vieilles barbes, et dont les assertions ont leur poids — n'hésite pas à qualifier de fantaisiste. Cela étant, il y a de fortes présomptions pour qu'elle le soit. M. Régnier pense cependant que Malte-Brun pourrait bien ne pas s'écarter de la vérité quant aux dates, et que le vieux chastel aux trois mottes dut être abandonné de bonne heure, vers le temps où Robert de Bellesme réorganisa la place, sous les ordres et pour le compte de Guillaume le Roux.

Pris et repris plusieurs fois de part et d'autre, pendant les deux occupations anglaises, Dangu, vers 1444, passa dans la puissante maison de Ferrières, dont le premier titulaire de ce nom s'en assura la possession incontestée six ans plus tard, en faisant l'acquisition des droits des représentants de la maison de Crespin, par un traité passé avec l'un d'eux, Jean, rentré dans le donjon, berceau et point de départ de la famille, au Bec-Crespin.

« La puissante maison de Ferrières — dit M. Régnier, dans son excellent travail sur Dangu (2) — posséda Dangu pendant la seconde moitié du XVe siècle et la première moitié du XVIe.

« La partie du château élevée par les seigneurs de cette famille avait été bâtie avec soin en pierres de taille. C'est le corps de logis qui subsiste aujourd'hui, après une radicale transformation. Une chapelle le terminait au nord, deux tourelles renfermant des escaliers faisaient saillie vers le village, et des lucarnes ornées d'armoiries se détachaient sur les combles ardoisés. Il s'appuyait par son extrémité méridionale à une grosse tour carrée, débris de la forteresse. Cette tour était en fort mauvais état en 1554, lorsque le connétable Anne de Montmorency acquit la terre de Dangu, dont l'héritière du dernier des Ferrières, pressée de créanciers, avait dû se dessaisir. Le nouveau propriétaire, alors peut-être le seigneur le plus riche et le plus puissant du royaume, ne manqua pas sans doute de faire exécuter au château tous les travaux indispensables, et le nom de tour de Montmorency, que porta dans la suite la tour carrée dont nous venons de parler, semble indiquer qu'elle fut réédifiée ou tout au moins restaurée par ses soins. Le connétable ne paraît pas, d'ailleurs, être venu souvent à Dangu. Ses loisirs étaient rares, et toutes ses préférences le portaient à juste titre vers Écouen, son œuvre propre, qui témoigne encore à un si haut degré de son goût et de sa magnificence, et vers Chantilly, autour duquel on pouvait se livrer à d'incomparables chasses. Lorsqu'il acheta Dangu, le logis — au moins aussi considérable que celui des Ferrières — qui s'étendait de la tour centrale à la tour de Bourbon, placée à l'opposé de la chapelle, était en colombage garni de briques très minces, suivant l'usage du temps, et probablement aussi enrichi de sculptures. Un puits, surmonté d'une toiture en charpente, animait la surface de l'immense cour, qui était encore fermée, au nord et à l'ouest, par une partie de l'ancienne enceinte, dominant les fossés et dissimulée derrière les

---

(1) Cet emplacement est indiqué par trois extumescences couvertes de ronces et d'arbres forestiers, situées à peu de distance, au long du chemin de Neaufles à Vesly.

(2) *Annuaire de l'Eure*, 1893.

écuries et le chenil. Ces dépendances ne tardèrent pas, d'ailleurs, à être supprimées, car, en 1570, la veuve du connétable, Madeleine de Savoie, fit construire deux autres écuries très vastes dans la basse-cour, en même temps qu'elle réduisait à trois pieds la hauteur de la courtine. »

Vingt ans à peine après tout cet aménagement, une destruction presque complète du château et de ses dépendances eut lieu à l'occasion d'un bombardement ordonné par le duc du Maine, qui fit battre les murs et les toits à boulet par deux pièces d'artillerie expédiées de Gisors dans ce but, et appuyées des troupes nécessaires (1).

C'était Guillaume de Montmorency, cinquième fils du connétable, que la vengeance du duc du Maine avait voulu frapper en cette occasion; ce seigneur mourut deux années après, en 1592, et M. Louis Régnier pense qu'il toucha peu aux édifices.

Il faudrait alors faire remonter l'honneur d'avoir faire sortir Dangu de ses cendres — car le feu s'était mis de la partie — au duc de Piney, Henri de Luxembourg, prince de Tingry, qui avait épousé la fille de Guillaume et n'en avait eu que des filles : Marguerite-Charlotte et Marie-Liesse; elles devinrent orphelines avant d'avoir été « établies », et reçurent pour tuteur le comte de Tresmes et le baron de Jailly. La première, qui seule porta le titre de dame de Dangu, épousa le duc de Clermont-Tonnerre; la seconde devint duchesse de Ventadour.

Le roi Louis XIII, lorsqu'il visita Dangu en 1635 (2), n'aurait trouvé dans le château ni l'une ni l'autre de ces dames, mais Élisabeth-Angélique de Vienne, veuve de ce comte de Boutteville, de la branche de Montmorency-Fosseuse, dont Richelieu avait fait tomber la tête en même temps que celle du baron de Chapelles, pour crime de désobéissance au sujet de l'édit contre les duels. On a rappelé, à propos de cette visite royale, l'anecdote d'après laquelle, sur l'avis que le roi lui avait donné de sa prochaine visite à Dangu en compagnie de Richelieu, Madame de Boutteville aurait répondu : « Le roi sera reçu à Dangu avec les honneurs dus à la majesté d'un roi de France; mais quant au cardinal, je ferai placer sous le pont-levis douze barils de poudre auxquels je ferai mettre le feu quand il passera, afin de l'envoyer au ciel, où il devrait être depuis longtemps. »

Richelieu se tint pour averti, mais sa vengeance ne se fit guère attendre et, moins de cinq ans après, en 1640, il pouvait venir à Dangu sans avoir à redouter un mauvais accueil, car Madame de Boutteville avait cessé de pouvoir y prétendre à quelque autorité : la duchesse de Clermont-Tonnerre et sa sœur, Madame de Ventadour, étaient amenées à céder le château et les biens à un roturier dont le père avait été fraîchement anobli : François Sublet, seigneur de Noyers, devenu, par la faveur du cardinal, surintendant des bâtiments et secrétaire d'État.

Le contrat en question consistait en un acte d'échange aux termes duquel les arrière-petites-filles du connétable consentaient à recevoir en compensation de Dangu une terre en Saintonge appartenant à François Sublet. A peine celui-ci fut-il installé que Louis XIII, ou plutôt Richelieu, fit construire,

---

(1) M. Régnier (lettre particulière) révoque en doute ce désastre, hypothétique selon lui. Il va même, sur ce terrain, jusqu'à la négation *provisoire :* car rien n'est jamais définitif pour les savants. Il n'a pas le temps, dit-il, « de rechercher ailleurs, dans les Mémoires du temps, des arguments » — c'est-à-dire des preuves — — « en faveur de son opinion », mais *en attendant,* il s'appuie sur ce passage d'un chroniqueur *gisorquin,* « malheureusement anonyme » lequel a laissé entendre qu'il ne fut pas même alors tiré un coup de canon devant Dangu : « Ycellui sieur du Mayne et son armée seroit venu par de ça Gisors et, en passant, auroit le dit duc, envoié deux pièces d'artillerie devant le chasteau de Dangu pour le battre ; quoy voiant, les soldats qui estoient dans le dict chasteau, auroient rendu icelluy au gré et vouloir du seigneur de Mayenne et de monseigneur de Contenant, qui y seroient entrés avec grande compagnie de soldats, lesquels auroient tout pillé, ravy et emporté ce qui estoit au dict Dangu, et mesme dans le chasteau. » (Journal d'un bourgeois de Gisors, publié par Le Charpentier et Fitan, p. 26.)

Ici, comme on voit, nulle « trace de bombardement ni d'incendie » ; mais le « bourgeois de Gisors » était-il bien renseigné ? Divers textes sur ce point sont très affirmatifs ; il est vrai que toutes les versions sur lesquelles on pourrait s'appuyer, viennent peut-être d'une seule version, laquelle peut fort bien être fautive.

(2) Louis XIII signa et data de Dangu un édit qui créait les offices de lieutenant et de président au présidial des Andelys.

aux frais du trésor royal la chaussée et le pont de Dangu. En même temps le desséchement des marais qui s'étendaient des deux côtés du village vers Château-sur-Epte et Gisors, était mis à l'étude et confié à un ingénieur hollandais, expert en ces sortes de travaux. François Sublet, pour ménager les convenances et s'épargner certaines responsabilités éventuelles, avait seulement revêtu le mémoire dressé d'après ses ordres par l'ingénieur — désigné vraisemblablement et mis à l'œuvre par lui-même — d'une laconique apostille d'approbation.

François Sublet fut remercié de ses services, peu de mois après la mort de Richelieu, dès que Louis XIII lui eut trouvé un successeur; il se retira à Dangu où il mourut presque aussitôt. Son fils prit possession du domaine, qu'il se vit arracher vingt ans après, en 1663, à l'issue d'un procès en nullité poursuivi par les cessionnaires sous Anne d'Autriche et Mazarin, qui — bien que lui-même créature du cardinal de Richelieu — n'usait pas de son crédit pour défendre ses congénères, odieux de longue main à la rancunière princesse (1).

La comtesse de Boutteville et son fils, François-Henri, reprirent définitivement à Dangu la place de Guillaume de Noyers. Le nouveau châtelain, par son mariage avec l'héritière de la maison de Luxembourg, fille de Marguerite-Charlotte et de Charles-Henri de Clermont-Tonnerre, acquit, outre la duché-pairie, le droit d'ajouter à son nom celui des aïeux de sa femme, et sut, en compensation, ajouter notablement à l'illustration de ce nom, qu'il empruntait. Ce baron de Dangu, fils d'un père décapité, n'est autre que le vainqueur de Fleurus, de Steinkerque, de Nerwinde, qui mérita le surnom de *Tapissier de Notre-Dame* et restera dans l'histoire le maréchal de Luxembourg.

François-Henri de Montmorency-Luxembourg mourut en 1695; sa mère lui survécut, et rendit le dernier soupir l'année suivante, après un veuvage de soixante-neuf années consécutives, écoulé presque tout entier à Dangu.

Le fils du maréchal, Charles-François-Frédéric, vendit le château et les biens, le 8 juin 1714, à Louis-Guillaume Jubert, marquis de Bouville, intendant de la généralité d'Orléans, dont le petit-fils céda le tout au prix d'un million, en 1781, au baron de Breteuil, qui fut ambassadeur de France à Vienne, puis ministre de la maison du roi, celui dont Chamfort a dit, peut-être injustement, « que ce n'était pas même une *espèce*, mais un homme au-dessous de tout, ou plutôt au-dessous de rien ».

« Pendant le XVII⁰ et le XVIII⁰ siècle — dit M. Louis Régnier au cours du beau travail cité plus haut — le château paraît être resté intact. Vers la fin du règne de Louis XV, l'entrée avait encore lieu à peu près en face de l'église Saint-Jean, à mi-côte, dans une rue depuis supprimée et sous un pavillon aux armes des Montmorency, précédé d'un pont de pierre qui avait remplacé l'ancien pont-levis. On voyait alors, en face de soi, les bâtiments de la basse-cour ou ferme, reconstruits presque tout entiers sous Charles IX. A droite, la grosse tour carrée, dite tour de Montmorency, formait le milieu du vaste hémicycle décrit par les bâtiments d'habitation, dans les hautes murailles desquels s'ouvraient, selon un racontar que l'on retrouve à propos de toute résidence seigneuriale un peu considérable, autant de fenêtres qu'il y a de jours dans l'année. Le rez-de-chaussée de la tour de Montmorency constituait le passage par lequel voitures, cavaliers et piétons pénétraient dans la cour intérieure ou cour d'honneur. Aux extrémités du château, s'élevaient, d'un côté, un bâtiment faisant saillie — que Malte-Brun, nous ne savons pourquoi, appelle la Tour aux Anglais — et au premier étage duquel était la chapelle, dédiée à saint Pierre; de l'autre, la tour carrée, nommé Tour de Bourbon, sous laquelle il

---

(1) Les deux Sublet ne paraissent pas, loin s'en faut, avoir eu les défauts des parvenus ; c'étaient de véritables grands seigneurs, dignes de leur situation nouvelle. Ce fut par l'entremise et sur les conseils du père que Le Poussin se vit rappeler d'Italie; et le fils commanda à Puget un certain *Hercule Gaulois*, lequel semble avoir été une allégorie — un peu démesurée — à la louange du ministre disgracié, allégorie relative au desséchement des marais de Dangu, entrepris par lui. Cet Hercule fut très probablement détruit par l'hydre de la Révolution, que son auteur n'avait pas prévue quand il ciselait l'hydre des marais de Lerne.

fallait passer pour aller dans le parc. Le château, comme la basse-cour, avait conservé ses fossés extérieurs excepté au droit de la tour de Bourbon, où on les avait comblés pour permettre l'accès de plain-pied.

« En avant de la cour d'honneur, vers le nord-ouest, où les fossés avaient été depuis longtemps supprimés, s'étendaient de vastes parterres protégés du côté de la pente par des murs en terrasse, et, un peu plus loin, à l'ouest, de belles allées de tilleuls entre-croisées appelées le Boulingrin, derrière lesquelles se cachait un grand potager longé par l'avenue qui, de la tour de Bourbon, conduisait au parc (1). Puis venaient successivement, au delà de cette avenue et vers le sud, un verger appelé la Provence à cause de son heureuse exposition sur la déclivité du coteau, et, enfin, la haute butte, entourée de fossés profonds, qui porte encore la chapelle de la Motte, séparée alors de la basse-cour par la fauconnerie, et du moulin, qui occupait l'emplacement de l'usine actuelle, par le chemin conduisant de Dangu à Gisancourt. »

M. Louis Régnier — avec la puissance d'évocation et la précision de détails que donne la connaissance exacte des lieux — combat ensuite l'assertion risquée de Malte-Brun, qui veut que le baron de Breteuil ait « mis de niveau » les bâtiments de hauteur inégale dont se composait le château; qu'il ait fait abattre « la partie de la muraille fortifiée formant clôture vers le nord-ouest pour la convertir en un mur à hauteur d'appui qui, large de près de deux mètres, servait, la nuit, de promenade à un chien de garde assujetti par son collier à se promener le long d'une grande chaîne tendue de la tour des Anglais et de la chapelle à la tour de Bourbon ».

M. Louis Régnier ne conteste pas absolument l'existence du chien, mais il faut remarquer que cette disposition devait remonter à des temps plus reculés, puisqu'il résulte, selon lui, d'un plan dressé en 1767 « qu'il ne restait plus alors la moindre trace de cette ancienne muraille fortifiée ».

C'est vers le début du premier Empire — époque néfaste pour les antiquités nationales autant et plus peut-être que la Révolution elle-même — que M. de Talhouët, devenu propriétaire de Dangu, fit démolir les parties les plus pittoresques, les plus authentiques et les plus intéressantes du château, c'est-à-dire les tours de Montmorency et de Bourbon avec les constructions qui les reliaient, rasa la chapelle, et conserva seulement la partie élevée dans les dernières années du XV⁰ siècle par les seigneurs de Ferrières.

La ferme voisine, dont l'aspect parut nuire à l'ensemble, fut sacrifiée, les fossés comblés et la terrasse actuelle, qui fait face à la vallée, nivelée avec les déblais. La façade du côté du parc fut mutilée et défigurée, sous prétexte d'enjolivements — toujours à la même époque de dévastations simplifiantes et stupéfiantes — selon les intentions du même châtelain.

Aujourd'hui encore, vu de la vallée, le château de Dangu offre un coup d'œil imposant du plus pittoresque effet. Le paysage ravissant qui lui sert de cadre et qu'il domine de toute l'élévation du site où il est assis et de celle de ses hautes murailles sur lesquelles se profilent trois minces tourelles, un peu frêles, mais d'une incontestable élégance, tout cela porte une empreinte de majestueuse grandeur vraiment digne du passé historique de la résidence. La chapelle de la Motte, dont il a été question plus haut, est un joyau gothique du meilleur aloi. Elle fut fondée en 1496, sous le vocable de Notre-Dame-de-Recouvrance, par Guillaume de Ferrières, lequel, désarçonné et traîné par son cheval dans une chasse, avait fait vœu d'élever une chapelle à la Vierge s'il se tirait sain et sauf de ce danger où il courait les risques de mort. On y voyait autrefois le tombeau de ce seigneur, avec une épitaphe qui, relatant ses titres et qualités, affirmait ses droits comme fondateur de l'édifice et indiquait la date de sa mort, laquelle remonte au 3 août de l'an 1500.

(1) La tradition veut que Le Nôtre ait dessiné le parc de Dangu ; il a été remanié, il y a trente-cinq ans par Buhler ; les spécialistes en tiennent en grande estime les dispositions, et tout le monde en admire les ombrages.

La même erreur, commise par M. de Talhouët, lors de la prétendue restauration de la façade du château, côté du parc, se répéta en 1857, quand le propriétaire d'alors ne se contenta pas de réparer et de consolider, mais voulut encore enjoliver la chapelle de la Motte. Ce châtelain mal inspiré était, comme on le sait, le comte Frédéric de Lagrange, fondateur des haras voisins, l'éleveur célèbre dont les triomphes aux courses internationales ne se comptaient plus.

La mère de M. Frédéric de Lagrange, épouse du général de ce nom et fille de M. de Talhouët, était une charmante femme, toute gracieuse et très spirituelle; elle a exercé, de la coulisse, une certaine influence sur la littérature contemporaine, et c'est d'elle qu'Alfred de Musset vante et décline les conseils; c'est elle qu'il appelle sa « marraine » dans quelques-uns de ses plus délicieux vers.

Nous avons raconté brièvement le plus grand nombre d'événements notables accomplis à Dangu, et évoqué quelques-unes des ombres illustres dont le souvenir continue à le hanter. Il semble être dans la destinée de cette belle demeure d'abriter des personnages et de mettre en relief des noms dont les titulaires successifs ont été mêlés activement aux convulsions de la nation, ainsi qu'aux grandes luttes internationales; c'est encore le cas avec le propriétaire actuel, M. le comte Pozzo di Borgo (1), dont le nom rappelle le souvenir d'un diplomate célèbre mêlé aux événements les plus marquants du début de ce siècle.

Il y avait à Dangu, jusqu'aux dernières années du XVIIIe siècle, deux églises : Saint-Aubin, voisine et comme abritée du château, était de beaucoup la plus ancienne et s'élevait sur l'emplacement du cimetière; Saint-Jean est la seule qui survécut à la tourmente révolutionnaire. Certaines parties de cette dernière datent du XIIe siècle. La Renaissance a tout transformé, mais le gros-œuvre garde encore, dans ses dispositions générales, quelques vestiges de la forme primitive. Les fenêtres romanes ont fait place, vers la fin du XVIe siècle et le commencement du XVIIe, à des ouvertures ogivales. La chapelle méridionale est de la même époque; un vitrail, daté de 1589, représente Guillaume de Montmorency agenouillé. Le porche, aux colonnes doriques supportant des arcades à plein-cintre, abrite un portail Louis XII; cet assemblage disparate décèle l'éclectisme de ces jours où le goût des choses grecques s'alliait à l'inspiration des formes gothiques, lesquelles allaient tomber en discrédit.

La verrière en question a été restaurée, en 1886, par M. Duhamel-Marette, à l'instigation et aux frais de M. le comte Pozzo di Borgo. Cette église, qui n'a jamais été terminée — comme tant d'autres — porte l'empreinte de tous les styles; elle exhibe des boiseries assez soignées du XVIIIe siècle et des voûtes achevées vers la même date et commencées au XIIIe siècle. On y trouve deux inscriptions assez curieuses : l'une, — postérieure à sa date, — est celle d'une dédicace, elle nous reporte à 1325; l'autre nous entretient d'une fondation pieuse due à un curé mort en 1717. On ne retrouve plus trace, dans l'église Saint-Jean, des tombeaux de Pierre de Ferrières et d'Anne Basset, sa femme, ni de celui de la mère du maréchal de Luxembourg, qui, très certainement, y furent inhumés; non plus que de la sépulture de Guillaume de Montmorency, qui dormit peut-être, non loin de son image, les premiers siècles de son dernier sommeil. Les tombeaux ont vraiment aussi leurs destinées, selon le proverbe antique : ce qui ajoute encore aux vanités de la vie et même à celle de la mort.

ADOLPHE VARD.

(1) Charles-Jean-Félix comte Pozzo di Borgo, marié à Mademoiselle Yvonne de Boisgelin, a acquis Dangu en 1884 ; il est fils de Jérôme duc de Pozzo di Borgo et d'Aline de Montesquiou-Fezensac, petit-neveu de Charles-Jérôme duc Pozzo di Borgo, colonel au service de France, marié à Valentine de Crillon, et arrière-petit-neveu du diplomate célèbre, Charles-André comte Pozzo di Borgo, ambassadeur de Russie en France, de 1814 à 1835.

M. le comte Pozzo di Borgo a l'intention de faire disparaître les maladroites déformations apportées à la façade du château, côté du parc, par M. Talhouët, dans le but de la moderniser; il se propose de restituer au château tout entier l'aspect qu'il avait du temps des Ferrières. C'est un projet qui décèle une entente très artistique de la haute valeur de la résidence et du mérite de l'architecture des XV et XVIe siècles. Si ce projet — qui ravirait d'aise les archéologues — se réalise un jour, Dangu redeviendra la merveille de la contrée.

Cliché Paul Robert.   Lemale & Cⁱᵉ, Édit. Havre   Héliog. P. Dujardin

RUINES DE L'ABBAYE DE MORTEMER

L'ABBAYE DE MORTEMER

La célèbre abbaye de Mortemer-en-Lions, dont on voit les ruines sur le territoire de la commune de Lisors, fut fondée, en 1134, par les religieux de Beaumont-le-Perreux, près Estrepagny, et leur prieur Alexandre, ancien moine de Launoy.

L'établissement du prieuré de Beaumont ne remontait cependant qu'à peu d'années. Guillaume, abbé du Pin, au diocèse de Poitiers, étant venu visiter ses prieurés de Launoy et de Bacqueville-en-Caux, et ayant séjourné quelque temps chez Robert de Candos, gouverneur de Gisors, avait décidé ce dernier à créer, en 1130, le prieuré de Beaumont, où son neveu, Guillaume Manneveu, se fit moine ; mais les religieux ne se plurent pas à Beaumont et cherchèrent bientôt un endroit plus solitaire.

Dans la forêt de Lions se trouvait un vallon très resserré, où quelques sources formaient un étang marécageux avant de s'écouler en un petit ruisseau. De temps immémorial on appelait Morte-Mare ou Mortemer ce vallon qu'entouraient de tous côtés des futaies hautes et épaisses. Là vivaient trois ermites, Tascion, Guillaume de Frequiennes et Guyard. Les religieux de Beaumont résolurent de se fixer en cet endroit. Après avoir obtenu l'approbation de Henri Ier d'Angleterre, duc de Normandie, et de Hugues III d'Amiens, archevêque de Rouen, ils vinrent s'y établir presque tous, dans la semaine de Pâques 1134, avec leur prieur Alexandre, accompagné de Guillaume, abbé du Pin, et, pour que leur église de Beaumont ne fût pas détruite, ils la donnèrent aux moines de Longueville. Les trois ermites se réunirent à eux et ils fondèrent un nouvel établissement, sous le vocable de la Sainte-Vierge.

Le roi Henri ne tarda pas lui-même à les visiter et leur fit des donations considérables ; mais ce premier bienfaiteur de Mortemer mourut peu après, au château de Lions, le 1er décembre 1135.

En 1137, l'abbé Alexandre, pour affermir plus aisément la pureté de la discipline religieuse, et avec le consentement de l'archevêque Hugues et d'Étienne, roi d'Angleterre, qui avait succédé à Henri Ier et était venu faire un court séjour en Normandie, s'unit à la congrégation de Cîteaux, que saint Bernard, qui vivait en ce temps, avait mise en haute estime, et soumit son monastère à l'abbaye d'Ourscamp. L'abbé du Pin prétendit qu'Alexandre, ayant été au nombre de ses moines, ne pouvait se soustraire à son obéissance pour passer dans un autre ordre, mais l'archevêque Hugues, arbitre du différend, jugea que l'abbé de Mortemer, par la bénédiction qu'il lui avait donnée, était devenu indépendant de l'abbé du Pin, qui accepta cette décision.

Le roi Étienne avait confirmé, en 1137, les donations faites par Henri Ier à Mortemer, et y avait ajouté de nouvelles faveurs. Les travaux de construction de l'église paraissent avoir été commencés la même année, par la reine Mathilde, fille d'Eustache de Boulogne et femme d'Étienne, mais il ne semble pas qu'ils aient été poussés bien activement. L'état de guerre à peu près permanent, qui existait alors en Normandie et dans nos contrées, entre les partisans d'Étienne et ceux de Geoffroy Plantagenet, gendre de Henri Ier, l'affaiblissement rapide de l'autorité d'Étienne au profit de Geoffroy, qui s'empara successivement de toutes les places normandes, et auquel le château-fort de Lions-la-Forêt, voisin de Mortemer, ouvrit ses portes en 1144, n'étaient pas très favorables aux constructions religieuses. Ce ne fut qu'avec la fille de Henri Ier, l'impératrice Mathilde (Mahaud ou Mehaud l'Empereur, comme l'appelaient alors les Normands), veuve de Henri V, empereur d'Allemagne et épouse en secondes noces de Geoffroy Plantagenet, et avec son fils Henri II, que les travaux de Mortemer reprirent avec activité.

Déjà, sous l'abbé Adam, qui avait succédé en 1138 à Alexandre, Enguerrand de Vascœuil avait fait bâtir une infirmerie avec le dortoir et le réfectoire des frères convers. Par les soins de l'abbé Adam, et grâce aux donations de Henri Ier, de Geoffroy Plantagenet et de Henri, son fils, on avait créé les fermes ou granges de la Mésangère, de Bremulle, de Rouville et de Quesnegher, et Richard de Blosseville avait été chargé de leur administration.

L'impératrice Mathilde, qui fut une des grandes bienfaitrices de Mortemer, y fit bâtir deux grands corps de logis pour la réception des hôtes, chacun à part, suivant leur qualité. Les voyageurs, les ouvriers, les pauvres, les riches et les religieux y trouvaient des logements distincts, divisés en quatre compartiments.

Froger, archidiacre de Derby en Angleterre, puis évêque de Séez en Normandie, construisit le cloître et le chapitre, et donna au couvent un exemplaire de l'ancien et du nouveau Testament en deux volumes.

Frère Jourdain, aumônier de l'abbaye, bâtit l'infirmerie des pauvres.

Enfin, Henri II fit travailler à l'église à peine commencée, et en trois ans elle arriva au chœur des moines. La dépense, payée par le roi, s'éleva à 1,000 livres.

Ces travaux avaient lieu sous l'administration d'Étienne, nommé abbé en 1154, et ils étaient assez avancés en 1162, pour que Saint Pierre, archevêque de Tarentaise et légat du Pape, qui se trouvait alors à Mortemer avec Henri II, y célébrât l'office des Cendres, en présence du roi et des grands de sa Cour.

Continuée sous les abbés Geoffroy de la Chaussée (1164-1174), Richard de Blosseville (1174-1180), auquel Henri II accorda 100 livres pour les travaux, l'église fut achevée sous Guillaume Tholoméc (1180-1205), grâce aux libéralités de Froger, évêque de Séez. Elle était vaste, mais sans ornements. Guillaume fit aussi construire la chapelle de saint Jean l'Évangéliste et fonda une lampe perpétuelle avec un obit. Une très belle cloche et vingt marcs pour faire des calices furent offerts par l'évêque d'Ély.

Le 8 mars 1209, sous l'abbé Humbert, Robert Poulain, archevêque de Rouen, et Jourdain du Hommet, évêque de Lisieux, firent la dédicace de l'église.

L'abbaye avait été entourée de murs du temps de Geoffroy de la Chaussée. Elle était déjà riche à la mort de Henri II et avait encore reçu de ce prince 200 acres de terre dans la lande de Bezu-la-Forêt, pour la ferme de Bosquentin; de Richard de Verclives, partant pour Jérusalem, l'église de Verclives, et de Guillaume de Mainneville, le patronage de son église pour les pauvres.

Richard Cœur-de-Lion donna, le 20 mars 1190, une charte importante pour l'abbaye. Jean sans Terre et Philippe-Auguste, qui vint à Mortemer en 1202, 1205 et octobre 1209, suivirent l'exemple de leurs prédécesseurs. En 1202, Philippe confirma les propriétés et privilèges des religieux. Saint Louis leur concéda, en 1248, trois cent vingt-cinq arpents de forêt, dont cent quarante-neuf dans le defens de Touffreville, et, en 1257, le droit d'usage pour leur haras dans la lande Merherbe, entre la Feuillic et Bazancourt. En 1308, Philippe le Bel, pour le salut de Jeanne de Navarre, sa femme, morte le 2 avril 1304, et pour son obit, leur attribua vingt livres parisis de rente sur la vicomté de Gisors, pour quatre pitances en carême, que le prieur devait distribuer. Il leur accorda aussi divers droits en 1312 et en septembre 1317, et, en 1318, il leur permit d'avoir une prison et des ceps pour y mettre les malfaiteurs et les rôdeurs qu'on arrêterait à l'intérieur des clôtures de l'abbaye.

Charles le Bel était à Mortemer, le 15 juin 1323. Les rois Charles V, en 1377, et Charles VI, en 1387, vidimèrent la charte de Philippe-Auguste de 1202, confirmant les propriétés et privilèges des religieux. La même année, Charles VI rendit une ordonnance relative au jeu de la sole que les paysans du Vexin jouaient devant la porte de l'abbaye.

Les droits, charges et devoirs de Mortemer et toutes les propriétés qu'elle avait successivement acquises, surtout par donations, se trouvent résumés notamment dans deux aveux et dénombrements de Guillaume, abbé de Mortemer, le dernier aveu rendu, pendant l'occupation anglaise, le 25 octobre 1424. Il avoue tenir du roi tout le temporel du couvent et être obligé « de faire à Dieu prières et oroisons pour ycelui Seigneur et pour les ames de nos fondeurs et bienffacteurs : c'est assavoir pour l'ame de prince de très noble memoire, Henry, roy d'Angleterre, fils du noble roy Guillaume, lequel Henry fut nostre premier fondeur, et pour l'ame de digne memoire dame Mehaud l'Empereur, sa fille, et pour l'ame du

Porte de la Ferme de l'Abbaye de Mortemer.

D'après une photographie de M. Dutac.

roy Henry, fils de la dicte dame, lesquelz se feirent fondeurs de la dicte esglise, en mectant la dicte esglise, les religieux, hommes, terres, possessions, rentes et revenues d'icelle en la sauvegarde et protection d'eulx et de leurs successeurs et en leur propre main et demaine, comme leur propre chambre », et aussi de prier « pour tous les nobles roys et princes, qui depuis ont régné en France et en Angleterre et qui nous ont confirmé tous les biens de nostre dicte eglise. Aussi sommes-nous tenus de prier comme dit est pour la bonne vie et santé du Roy, nostre sire, et pour ses successeurs, pour la paix et tranquillité des deux royaumes de France et d'Angleterre et duchié de Normandie... ».

L'abbé de Mortemer énumère ensuite ses propriétés, comprenant toute la vallée de Mortemer jusques aux terres de Lisors avec trois cent vingt-cinq arpents de bois contigus à cette vallée, et le droit de couper et labourer à leur volonté ; — les granges et manoirs, terres, vignes, prés, bois, rivières, rentes, revenus et appartenances de ces manoirs, situés en la forêt de Lions, en Vexin normand et ailleurs, et comprenant la Lande-sur-Lions, la Neufve-Grange, Boquentin, Quinquempoix, la Malherbe, Montroty, le Quesnegher, le Roule, Groucher, Oultrebois, la Mésangère, Brunville, Menesqueville, l'hôtel de Noisy avec vignes et pressoirs, les hôtels du Val, de Jouy, de Gamilly près Vernon, de Port-Mort, d'Andeli, de Rouen et du Til-sur-Manneville-en-Caux, — le moulin de Rosay; — droits de pâturage, pasnage, bois pour bâtir ou réparer, etc., dans les forêts de Lions, Bacqueville, Port-Mort et Andeli; — droit de forge grossière en l'abbaye; — droit de prendre terre pour la tuillerie de Touffreville; — basse et moyenne justice et ceps pour punir à l'intérieur de l'abbaye; — hôtel, gord et port de Port-Mort; — les fiefs nobles de Port-Mort, de Verclives, de Menesqueville et de Preaux, avec court et usage, justice basse et moyenne, selon la coutume du pays; — franchises par tous les travers et passages du roi, par terre et par eau; — 20 livres parisis à prendre chaque année à Noël sur la recette du vicomte de Gisors, pour faire l'anniversaire de la reine Jehanne, etc.

L'abbaye de Mortemer jouissait donc de propriétés et de droits assez considérables, qui, bien que n'étant pas tous susceptibles d'être transformés en argent, produisaient cependant, au XVIIIe siècle, un revenu d'environ 20,000 livres. Les religieux devaient être en mesure de pourvoir convenablement à toutes leurs dépenses et à l'entretien de leur église et des divers bâtiments de leur monastère et de leurs granges et manoirs. Il n'en fut pas toujours ainsi. Jusqu'à la création des abbés commendataires ils eurent à compter avec les guerres intérieures, les dévastations répétées, surtout pendant les invasions anglaises, et les exigences du trésor royal, qui, pour des causes diverses, réclamait souvent ce qu'on appelait, au XIVe siècle, « finance convenable ».

La création des abbés commendataires eut pour conséquence la ruine des abbayes. Nommés par faveur royale, quelquefois pour services rendus, les abbés considéraient les revenus comme leur bien personnel et les moines se trouvaient trop heureux de conserver le tiers ou seulement une petite partie de ces revenus. Quant aux édifices, aux chefs-d'œuvre d'architecture, les abbés commendataires s'en souciaient peu et les laissaient tomber en ruines. C'est ce qui arriva pour Mortemer.

L'abbaye avait eu, depuis sa fondation jusqu'en 1543, trente et un abbés réguliers. Nous avons déjà eu à citer les noms de quelques-uns d'entre eux. Les deux plus célèbres furent Guillaume Tholomée (1180-1205), et Guillaume d'Autun (1405-1428), illustre professeur de théologie à Paris, moine, puis prieur de Clairvaux, abbé de Mortemer, en 1405, consacré par le pape Benoît XIII, et élu abbé de Clairvaux en 1428.

Louis Huillard fut le dernier abbé régulier. Il avait paru, en 1542, à une procession générale à Rouen, vêtu d'une chape de drap d'or et faisant porter sa crosse par un prêtre. Il était devenu archevêque de Thessalonique, et mourut en 1543.

Jean de Roncherolles, de la vieille famille des Roncherolles, barons de Pont-Saint-Pierre, premiers barons de Normandie, nommé le 1er décembre 1543, fut le premier abbé commendataire. Il eut pour successeur, en 1550, Pierre de Marcilly, qui fut appelé à l'évêché d'Autun en 1557. Après lui, vint Jean du Bec-Crespin, seigneur de Gousseauville, la Goupillière, etc. Élevé en Allemagne, il avait abjuré à vingt ans la religion réformée, dans laquelle il était né. Il voyagea en Italie, en Égypte et en Palestine; à son retour en France, il fut mis à la tête d'un régiment d'infanterie et s'empara de Mesle, Marest et Fontenay. Plus tard, il reprit les armes contre les huguenots; au siège d'Issoire, il reçut, en montant à l'assaut, un coup de mousquet au défaut de la cuirasse. Cette blessure le tint en langueur pendant huit ou neuf ans; elle n'était pas la première, il avait sur le corps onze arquebusades. Son oncle, évêque de Nantes, était devenu archevêque de Reims; au milieu de ses douleurs, il se mit à étudier chez lui et devint prêtre. Comme il avait toujours tenu le parti du roi, pour lequel il n'avait épargné ni sa vie, ni ses biens, on lui donna l'abbaye de Mortemer, en 1578, et, plus tard, l'évêché de Saint-Malo, où il mourut le 22 janvier 1610.

Pendant les troubles de la Ligue, il avait, comme abbé de Mortemer, éprouvé de grands dommages, pour lesquels il reçut une indemnité en 1594.

Jean du Bec avait, paraît-il, composé onze ouvrages; il en a publié au moins quelques-uns : *Discours de l'antagonie du chien et du lièvre, ruses et propriétez d'iceux, l'un à bien assaillir, l'autre à se bien déffendre* (1); *Histoire du grand Tamerlanes où sont descrits rencontres, escarmouches, batailles, sièges... qu'il a conduites et mises à fin durant son règne de quarante à cinquante ans, tirés des monuments antiques des Arabes* (2); *Les Méditations affectueuses*, etc.

René du Bec, frère consanguin du précédent, fut abbé de Mortemer de 1610 à 1619.

Toussaint Duplessis, dans sa description géographique et historique de la Haute-Normandie, publiée en 1740, dit que, dans la chapelle, derrière le grand autel de l'église de Notre-Dame de Mortemer, on avait peint sur le mur : d'un côté, trois gentilshommes en habits de guerriers, et, de l'autre côté, les trois mêmes gentilshommes habillés, l'un en archevêque, l'autre en évêque et le dernier en abbé. C'étaient Philippe du Bec, archevêque de Reims, et ses deux neveux, Jean du Bec, évêque de Saint-Malo et abbé de Mortemer, et René du Bec, abbé de Mortemer, après son frère. Les armes de leur maison étaient également peintes en divers endroits de l'église et du monastère.

Jean du Bec et sa famille avaient, suivant Toussaint Duplessis, comblé l'abbaye de leurs bienfaits. Il n'en fut pas de même des successeurs, Alexandre des Marest, reçu conseiller au Parlement en 1619, mort vers 1632, et Philippe de la Fontaine. Ce dernier réduisit les moines à une pension modique et emporta les titres de Mortemer. Tout annonçait une ruine prochaine, lorsque le Parlement ordonna, par arrêt du 20 juillet 1647, qu'il serait pourvu aux réparations tant de la maison abbatiale que des lieux réguliers, des moulins, des métairies et des fermes dépendantes du monastère. Cet arrêt ne fut pas exécuté, et les bâtiments, qu'on aurait pu relever alors ou soutenir à peu de frais, étaient presque tous tombés, six ans après. On dut loger les bestiaux dans les chapelles de l'église, qui servirent d'écuries et d'étables. Comme il y avait lieu de craindre une ruine complète, le Parlement, par un autre arrêt du 27 août 1653, ordonna que les revenus de l'abbaye seraient saisis pour être employés aux réparations.

Philippe de la Fontaine mourut subitement à Rouen, le 16 juillet 1666, jour où un arrêt du Parlement le condamnait aux réparations des bâtiments ruinés de l'abbaye. Pierre de Mornay fut nommé à sa place. Il obtint un monitoire pour retrouver les titres de Mortemer que Philippe de la Fontaine avait fait disparaître. Les recherches eurent-elles quelques succès? Rien ne l'établit, et il ne reste aujourd'hui de ces titres que le cartulaire conservé à la Bibliothèque Nationale dans le fonds Gaignières, et une série de chartes en très mauvais état, déposées aux archives de l'Eure.

Pierre de Bouzy, cardinal et archevêque de Narbonne, obtint l'abbaye de Mortemer, en 1672. Il voulut bien laisser aux religieux le tiers des revenus et ne prendre que les deux tiers pour ses besoins personnels. De son temps, la voûte du chœur de l'église, à laquelle on n'avait voulu faire aucune réparation, tomba en 1680. On se contenta de la remplacer par des planches.

(1) Il existe de ce curieux opuscule, imprimé en 1593, un exemplaire à la Bibliothèque de l'Arsenal. Il a été réimprimé à 62 exemplaires en 1850.

(2) Rouen, 1595 et 1614. Une autre édition, imprimée à Rouen en 1613, indique en plus sur le titre : « avec autres instructions pour la guerre, qui ne doivent estre ignorées de ceux qui veulent attaindre la science des armes ».

Vers la même époque, en 1573, un moine de Mortemer, Philippe le Picard, faisait imprimer, sous le nom de Philippe d'Alcripe, sieur de Neri en Verbos, anagramme de Le Picard, sieur de Rien en Bourse, un recueil de contes plaisants, tout rempli de vieilles expressions normandes, intitulé : *La nouvelle Fabrique des excellens traits de vérité, livre pour inciter les resveurs tristes et melancoliques à vivre de plaisir.* Ce livre des plus rares a été réimprimé vers 1730, Rouen, Viret, petit in-12, par les soins du D' Adrien Larchevesque, avec quelques additions. En 1853, P. Janet en a donné une nouvelle édition.

Pierre de Bouzy étant mort, le 11 juillet 1703, la commende de l'abbaye de Mortemer fut successivement donnée à Denis Bouthillier de Chavigny, évêque de Troyes, puis archevêque de Sens en 1716, et qui remit l'abbaye en 1721 ; à Étienne de la Fare, jusqu'en 1723, époque où il fut nommé évêque de Viviers; à Martin de Ratabon, ancien évêque d'Ypres, mort en 1728; et en 1729, à Charles de Beaupoil de Saint-Aulaire, aumônier ordinaire du roi, qui conserva la commende de Mortemer pendant vingt-sept ans, jusqu'en 1756. Il paraît s'être intéressé à son abbaye un peu plus que ses prédécesseurs. Toussaint Duplessis, qui la visita avant de publier son ouvrage sur la Haute-Normandie, en 1740, dit que, sauf l'église, le reste du monastère avait été remis en assez bon état. Quelques travaux avaient été faits à l'église, vers 1734. On retrouve aussi la trace d'autres travaux, en 1744. Les religieux firent graver à nouveau, à cette date, les épitaphes des anciens abbés, dont les pierres tumulaires étaient sans doute usées.

Guillaume de la Luzerne, de 1756 à 1782, évêque de Langres en 1770, et plus tard cardinal, et Jean de Boisgelin de Cucé, abbé en 1783 et mort en 1790, furent les deux derniers abbés commendataires de Mortemer.

Malgré le peu de ressources que leur laissaient les abbés, les religieux de Mortemer, dans la seconde moitié du XVIIIe siècle, entretenaient avec soin leur grande église, qui, en dépit des ravages du temps, était encore très belle. Ils y célébraient l'office l'été, et avaient pour l'hiver une petite église fort bien ornée. Elle était située au premier étage et des conduits de chaleur étaient partout placés au-dessous du plancher pour la tenir suffisamment chauffée.

Le mobilier de ces églises a été dispersé à la Révolution, et il serait difficile d'en suivre aujourd'hui la trace. On sait seulement qu'un remarquable autel a été transporté dans l'église de Saint-Sauveur au Petit-Andely, et placé dans le transept méridional. Ce rétable ciselé, peint et entremêlé d'arabesques et de statuettes, a conservé sa dorure primitive de différentes nuances. Une *Adoration des Bergers,* attribuée à Philippe de Champagne, en occupe le centre, et des panneaux, placés au-dessous du tableau principal, présentent de charmantes peintures en camaïeu et grisailles, qu'on retrouve également sur chaque face des piédestaux des colonnes.

On remarque aussi dans l'église de Lisors des chandeliers en bois sculpté, et dans l'église de Saint-Nicolas de Pont-Saint-Pierre, divers panneaux et boiseries provenant de Mortemer.

L'abbaye renfermait un grand nombre de sépultures.

Robert Poulain, archevêque de Rouen, décédé le 4 mai 1239, avait été enseveli au milieu du sanctuaire de l'église; on l'y voyait en habits pontificaux, revêtu du pallium et le dragon de saint Romain à ses pieds. Quelques années avant 1740, son mausolée fut transporté entre les piliers du même sanctuaire, du côté de l'Épître. Un ancien manuscrit dit que ce prélat était tombé malade à Mortemer et y était mort; mais, suivant d'autres historiens, son décès serait arrivé à Rouen, et son corps aurait été transporté trois jours après à l'abbaye, ainsi qu'il l'avait ordonné.

Vis-à-vis Robert Poulain, du côté de l'Évangile, était le tombeau de Froger, archidiacre de Derby, puis évêque de Séez.

Dans le chapitre était inhumé Guillaume de Mainneville, dit de Mandeville, seigneur de Mainneville-en-Vexin, comte d'Essex et d'Aumale, mort au château du Vaudreuil, dans les bras de Guillaume Tholomée, abbé de Mortemer, le 15 décembre 1189. Il avait donné à l'abbaye le patronage de l'église de Mainneville, sa terre patrimoniale. Ami dévoué de Henri II, Guillaume de Mandeville avait été, sous le règne de ce prince, l'un des principaux personnages de l'Angleterre et de la Normandie. Il figure comme témoin dans un grand nombre de lettres du roi. En 1173, à

Montferrat, il jura, pour le roi Henri, le traité conclu avec le comte de Maurienne. L'année suivante, il assista au traité intervenu entre les rois d'Angleterre et d'Écosse. Il se trouva à Bur, en 1175, lors de la réconciliation de Henri II et de ses fils. En 1177, il alla combattre les infidèles en Terre Sainte. On le retrouve, en 1179, accompagnant le roi de France, Louis VII, dans son voyage en Angleterre. En 1182, Henri II l'envoya en ambassade vers l'empereur des Romains. Il était, en 1184, gouverneur de Rouen, et avait la garde des châteaux de Gisors, Neaufle, Dangu, Neufchâtel-sur-Epte et Vaudreuil. Dans les rôles de l'Échiquier de cette année, il est désigné sous le nom de Guillaume le Sénéchal. Au couronnement de Richard Cœur de Lion, il portait une couronne d'or et, peu de temps avant sa mort, il avait été nommé par ce prince justicier d'Angleterre avec l'évêque de Dublin.

Louis Huillard, dernier abbé régulier de Mortemer, mort en 1543, avait été inhumé dans le chœur de l'église.

Il est probable que la plupart des abbés réguliers eurent leur sépulture dans l'église abbatiale. Ainsi qu'on l'a vu plus haut, les religieux entreprirent, en 1744, de faire graver à nouveau les épitaphes des pierres tumulaires en latin, sur marbre noir.

Nous avons retrouvé trois de ces épitaphes, dont les énonciations sont en désaccord avec celles des Bénédictins et des auteurs du *Gallia Christiana*.

La première est celle de Guillaume d'Autun; en voici la traduction : « Ici repose messire Guillaume d'Autun, dix-huitième abbé de Mortemer, consacré par le pape Benoît XIII, auparavant prieur de Clairvaux, qui mourut l'an du Seigneur 1400, le vingt-troisième jour d'août. »

Les religieux se sont évidemment trompés sur la date du décès de cet abbé, puisque le 15 octobre 1424, il rendit aveu pour l'abbaye de Mortemer, et qu'en 1428, il fut élu abbé de Clairvaux.

La deuxième est celle de Guillaume Thouroude, vingt et unième abbé, décédé le 22 août 1401. Les Bénédictins donnent une date un peu différente : 31 août 1404. Sa mère, morte en 1396, avait été inhumée dans l'église.

Enfin la troisième est celle de Guillaume Thouroude, neveu du précédent, vingt-troisième abbé, mort le 15 janvier 1457.

On lisait encore dans l'église les épitaphes suivantes :

« CY GIST MESSIRE GUILLAUME CRESPIN, CHEVALIER
JADIS SIRE DE DANGU, QUI TREPASSA L'AN DE GRACE
1333 LE 26 AOUT. DIEU AIT SON AME.

ICY GIST AUSSY JEHAN CRESPIN JADIS FILS DE
GUILLAUME CRESPIN, QUI TREPASSA L'AN DE GRACE
1333 LE 10 SEPTEMBRE. DIEU AIT SON AME. »

Déjà du temps de l'abbé Adam (1138-1154), Robert de Dangu avait donné aux religieux soixante acres de terre à la Pommeraye, pour y fonder une grange, et Gosselin Crespin, son gendre, avait ajouté à ce don soixante acres, pour expier la mort d'Adam Aiguillon.

En 1180, Ève Crespin, sa fille, mariée à un d'Harcourt, donna cent livres pour acheter le pain, le vin et la cire de toutes les messes. Elle fut inhumée dans le cloître près de l'église.

Dans le chœur se trouvait cette inscription, rapportée par Farin :

« Passant si tu t'arreste ici, tu scauras l'origine et la vie de M. Jean du Bec-Crespin, évêque de Saint-Malo, abbé de Mortemer..., qui deceda à Saint-Malo de Regnon, maison episcopale, le 22ᵐᵉ jour de janvier 1610, duquel le commencement fut tel. Il fut nourry jeune enfant en Allemagne et à son retour de là va par toute l'Italie et va jusqu'au Grand-Caire et en Jerusalem. A son retour il se jete dans l'infanterie et ayant un regiment, il prend Mesle, Marest et Fontenay. La paix étant faite, il se retire près de M. de Nantes, son oncle, depuis archeveque de Reims où il fut quelques années. Pendant ce temps, la guerre commence contre les huguenots, et les va-t-on assieger à Issoire; à l'assaut il eut un coup de mousquet au defaut de la cuirasse dans le petit ventre, dont il fut en grande langueur huit ou neuf ans. Avec ces douleurs il se mit a etudier et fit vœu de se faire d'eglise et en effet il fut prêtre, abbé et evêque. Ce seigneur avait sur son corps onze arquebusades qu'il a mariées à autant de livres qu'il a composés; il a tenu toujours le parti du roi... et n'y a epargné ny vie ny biens; c'est pourquoi passant tu ne t'etonneras pas de voir ces merveilles de trophées sur son tombeau. »

Une autre inscription en vers latins était gravée au pied du tombeau :

SISTE PARUM LONGIS VENIENS PEREGRINUS AB ORIS
AUT QUI SUB GELIDO VIS HABITARE POLO.
SISTE INQUAM, GRAVE NEC TIBI SIT, SI MARTIÆ QUÆRIS
HIC MARS, SI LITTERAS, HIC DECUS OMNE TOGÆ

Les ruines de l'abbaye de Mortemer, quoiqu'en mauvais état, sont intéressantes et méritent d'être visitées. Le voyageur verra avec plaisir ces vieilles murailles drapées de lierres et leurs colonnettes aux chapiteaux sculptés, les restes des fenêtres et des constructions à plein cintre et à ogives des XIIᵉ et XVᵉ siècles et tous les vestiges du monastère et de l'église, qui s'étendent sur un assez vaste emplacement. Ces ruines, il est vrai, sont très amoindries depuis 1824, époque où les auteurs des *Voyages pittoresques dans l'ancienne France* en publièrent quatre lithographies. Le temps a continué son œuvre de destruction; bien des murailles se sont effondrées, d'autres ont été abattues, néanmoins ces restes solitaires, au milieu des bois, présentent toujours un ensemble pittoresque, plein de lointains souvenirs et nous rappellent nos ducs de Normandie, tous ces grands personnages, qui ont habité ou visité l'antique monastère, et les abbés, les prélats et les chevaliers qui avaient espéré y trouver pour toujours leur dernière demeure.

PAUL GOUJON.

ÉGLISE D'ÉCOUIS

L'ÉGLISE D'ÉCOUIS

L'église d'Écouis, qui domine les plaines du Vexin, fut bâtie tout à côté d'un monument plus ancien dédié à saint Aubin, et dépendant de l'abbaye du Bec, à qui un certain Alvered de Gamaches en avait fait don vers 1141. Enguerrand de Marigny, qui l'obtint de Philippe le Bel, le rasa et fit construire l'édifice actuel, placé sous le vocable de la Sainte-Vierge. Il y installa une collégiale desservie par douze chanoines, dont un avait la dignité de doyen.

La nouvelle église fut dédiée, au commencement de 1310, par le cardinal Nicolas de Freauville, légat de France, assisté de deux archevêques et de onze évêques, parmi lesquels étaient les deux frères d'Enguerrand : Philippe, archevêque de Sens, et Jean, évêque de Beauvais, depuis archevêque de Rouen. Ce n'était certainement pas l'architecture de ce monument qui avait attiré tant de célébrités, mais bien le prestige dont jouissait à cette époque le fondateur.

Cette église, qui a la forme d'une croix latine, est bâtie en pierres de moyen appareil, qui semblent provenir des carrières des environs de Vernon et de Mantes. Elle mesure dans toute sa longueur 48 mètres; le transept a 26 mètres; le chœur, à lui seul, mesure 21 mètres, parce qu'il était destiné primitivement aux chanoines; la largeur de la nef et du transept est seulement de 11 mètres.

On remarque sur toutes les pierres de l'église, à l'extérieur comme à l'intérieur, sauf sur celles de la chapelle de la Vierge, qui a été construite à une date plus récente, un grand nombre de signes gravés par les tâcherons ou maîtres de l'œuvre. Ils représentent leurs instruments de travail : le marteau, le têtu, le maillet, le burin, le dégage-joint, le fil à plomb, la règle, les équerres, le niveau, la râclette, la hache, certaines figures géométriques et les initiales B. D. E. F. H. I. N. S. V. Z. Certains de ces signes se retrouvent à la partie supérieure du transept sud de l'église du Petit-Andely, construite à peu près à la même époque.

L. COUTIL

Marques des maîtres de l'œuvre.

Le portail est flanqué de deux grosses tours soutenues par de puissants contreforts. La partie supérieure de celle du sud, incendiée en 1880 par les fusées d'un feu d'artifice, a été reconstruite sur les mêmes plans.

La plus ancienne des cloches est de 1832 et porte la signature : J.-B^{te} Morlet, fondeur à Vesly.

Au centre du transept se voyait encore, avant la Révolution, une élégante flèche octogonale en plomb, avec un soubassement de pilastres surmontés de clochetons; les arêtes du toit étaient ornées de crochets et divisées, sur leur hauteur, en trois parties égales par deux couronnes ducales.

Aujourd'hui, un campanile déplorable a remplacé cette flèche : il est formé par l'ancien soubassement ; mais les élégants pilastres en plomb n'existent plus. Une petite cloche portant l'inscription : *Ave Maria* se trouve à l'intérieur ; elle provient, paraît-il, de l'ancien hospice : elle sonne aujourd'hui encore, comme au moyen âge, l'invitation à la Salutation angélique.

Le fronton de la façade, comme ceux des transepts et des chapelles latérales du chœur, est orné d'une statue de saint Michel terrassant le démon ; du bras droit il brandit une épée, tandis que du bras gauche il se protège avec son bouclier. On remarque aussi, au sommet du transept, une statue semblable, et, sur le bas du toit, deux épis flammés en pierre. Au-dessous se voit un œil-de-bœuf quadrilobé, surmontant une large baie ogivale formée de trois fenêtres divisées chacune par un meneau supportant des œils-de-bœuf quadrilobés.

Statue du Portail ouest.

D'après une photographie de M. Doutlewalte.

La porte, ogivale, a été refaite au début du siècle, ainsi que les deux arcatures qui étaient surmontées chacune d'un œil-de-bœuf à cinq lobes. La statue d'Alips de Mons ornait le pilastre de droite, et celle d'Enguerrand, son mari, se trouvait à gauche ; elles ont disparu au moment de la Révolution. Fort heureusement, Millin les a reproduites dans ses *Antiquités nationales*. La statue de la Vierge, qui orne le pilier-poteau central, a seule survécu.

Le buffet d'orgues, du XVIIe siècle, est médiocre ; il est supporté par deux colonnes corinthiennes.

L'intérieur de cette église a été réparé vers 1730 et la voûte refaite en briques et pierres vers 1750 ; elle nous fait regretter l'ancienne voûte de bois. C'est à cette époque que disparut l'inscription suivante :

« L'an 1310, Enguerrand, escuyer, sieur de Marigny, comte de Longueville et chambellan du roi Philippe, du consentement de sa femme Allips, institua et fonda, en l'église paroissiale d'Écouis, un collège de chanoines, pour y chanter tous les jours le divin service, et il est inhumé dans cette collégiale. »

La nef est éclairée sur la façade par une grande baie ogivale de style flamboyant, dont les deux tiers inférieurs sont obstrués par l'orgue.

A droite, en entrant, se trouve une chapelle dédiée à la Vierge ; cette chapelle date du XVe siècle, et, lors de sa construction, on a dû supprimer la partie inférieure du contrefort de la tour, qui faisait une saillie gênante. Il s'arrête, par une moulure assez élégante, au-dessus du toit. La chapelle en question servait pour les offices de la paroisse, avant la suppression de la collégiale. Deux arcades, dont une moitié est engagée dans l'angle du transept, la font communiquer avec la nef. Le plafond de cette chapelle, de style flamboyant, est surtout intéressant : les nervures composent une série de cloisons en forme de croix, aux angles desquelles se trouvent d'élégants pendentifs, rappelant, par leur habile disposition, la chapelle de Tillières-sur-Avre. Contre les murs, on remarque les statues de saint Prix et de saint Martin, dans le style du XIVe siècle.

Une autre chapelle, toute semblable à celle-ci, se trouvait primitivement à gauche de la nef. On voit encore, dans le mur, deux ouvertures concentriques rebouchées, l'une ogivale, l'autre en plein cintre, qui la faisaient communiquer avec l'église. A l'extérieur, on retrouve les anciens piliers engagés, et, dans les angles de la tour et du transept, les consoles qui servaient à supporter les arcs de la voûte. Une porte, aujourd'hui murée, donnait accès dans le transept.

Un peu plus loin, dans l'angle du transept, se trouve la chaire à prêcher, et, vis-à-vis, le banc-d'œuvre, qui servait autrefois de clôture au chœur.

Ces boiseries, comme celles qui décorent toute la paroi du transept du côté du chœur, sont du XVIIIe siècle : elles forment quatre autels, deux de chaque côté, séparés par une porte donnant accès aux chapelles latérales du chœur. Les rétables sont insignifiants; mais celui de gauche est orné d'une belle et grande statue en marbre blanc, du XVIe siècle, représentant la Vierge avec l'Enfant Jésus. Chacun des bras du transept est éclairé de chaque côté par deux fenêtres semblables à celles de la nef et du chœur.

La partie supérieure du pignon est éclairée par un œil-de-bœuf quadrilobé. La baie centrale, du XIVe siècle, est formée par quatre fenêtres cantonnées de trois colonnes; plusieurs œils-de-bœuf à quatre et six lobes occupent le tympan. Les vitraux modernes en grisaille portent les armes d'Enguerrand de Marigny et de Mgr Devoucoux, évêque d'Évreux.

Un petit portail se trouve à cet endroit; son arc ogival est soutenu par des colonnes à chapiteaux feuillagés. Le tympan est trilobé; au centre, sur un petit socle feuillagé, est posée une statuette.

Un porche existait primitivement à l'extérieur de cette façade : cinq corbeaux en pierre, qui se voient encore, supportaient la toiture, dont on distingue toujours l'insertion oblique sur le contrefort de droite. Dans le mur du fond du transept gauche s'ouvre également une petite porte : elle est abritée par un porche de bois couvert en ardoises, s'appuyant contre le mur au moyen d'arcs-boutants. L'arc de cette porte est en anse de panier et surmonté d'un masque diabolique; il s'appuie des deux côtés sur deux lézards contournés. Le tympan est trilobé, et, au centre, se trouve une statuette posée sur un socle feuillagé. Le fond de ce tympan était, jadis, décoré de peintures représentant des arbres.

Le chœur, de forme pentagonale allongée, a ses deux premiers côtés parallèles éclairés par quatre fenêtres, tandis que les deux côtés de l'abside et le fond de l'église ne le sont que par une seule : toutes ces baies sont ornées de verrières modernes assez médiocres.

Au centre, et au-dessus de plusieurs degrés, s'élève un bel autel en mosaïque de marbre, orné de chandeliers en cuivre et de candélabres en bois remontant au XVIIIe siècle.

Avant la Révolution, les tombeaux d'Enguerrand et de Jean de Marigny formaient la principale curiosité de l'église. Louis XI, pour atténuer l'injustice qu'avait commise son ancêtre, Louis de Valois,

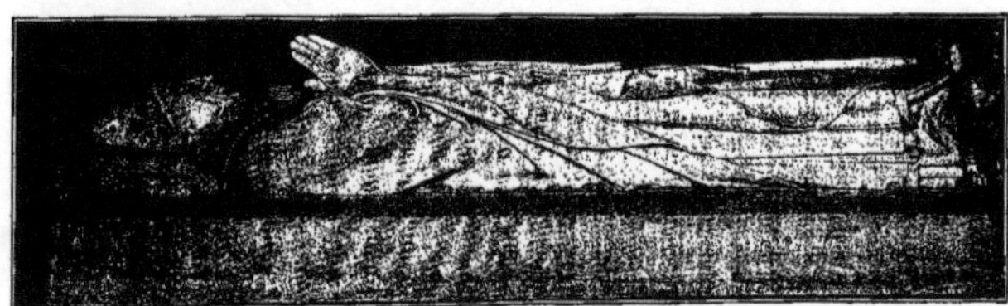

Tombeau de Jean de Marigny.
D'après une photographie de M. Paul Robert.

en faisant pendre Enguerrand, permit, en 1475, aux chanoines d'Écouis d'élever un monument sur la tombe du fondateur de l'église, et d'y graver une épitaphe. Millin, dans sa description accompagnée d'intéressantes gravures, nous apprend qu'on avait représenté Enguerrand couché sur sa tombe, en habit de chevalier, revêtu d'une cuirasse et d'une cotte d'armes sur lesquelles étaient les deux fasces de son écu. A droite, se trouvaient son épée, et, à gauche, la dague appelée miséricorde; les pieds étaient posés sur un lion. L'arcade sous laquelle il reposait était ogivale et décorée de feuillages; au-dessus s'ouvraient des arcades à quatrefeuilles surmontées d'une frise de feuillages formant entablement et sur laquelle étaient placées cinq figures représentant le jugement de Dieu, personnifié par le Père Éternel accompagné de deux anges. L'épitaphe qui commentait la signification de ce groupe a disparu; la statue en marbre blanc de Jean de Marigny, frère d'Enguerrand, inhumé aussi dans la collégiale d'Écouis, est seule restée; la mitre et la chape portaient autrefois des médailles de vermeil incrustées dans le marbre; le sommet de la croix archiépiscopale elle-même, qui était en métal, et les sculptures qui décoraient la niche ogivale, ont également disparu.

Dans la muraille opposée, côté de l'Épître, se voit encore une excavation qui contenait la sépulture de Pierre III de Roncherolles, seigneur de Châtillon, mort en 1503, et de sa femme, Marguerite de Châtillon, décédée en 1518. Leurs statues étaient placées sur un tombeau dont la décoration très élégante, autant qu'il est possible d'en juger d'après la gravure reproduite dans l'ouvrage de Millin, était dans le style de la fin du XVe siècle.

Au centre du chœur, devant l'autel, se voit une pierre tombale en marbre noir, avec la tête et les mains en marbre blanc, sur laquelle se lit l'inscription suivante :

Cy gist noble dame Blanche, duchesse de Chastillon et de Gamaches, venve de feu M. Chastillon, chevalier; laquelle trépassa l'an mil quatre cent le .... jour de mai.

Dans l'inventaire du trésor de la collégiale d'Écouis, dressé en 1565, on retrouve au n° 15 « la cotte d'armes que soulloit pourteur messire Anguerran de Marigny..., de soye perse figurée, estant faicte à lesguille sur le mestier, armoyée de ces armes devant et derrière » ; et sous les deux numéros suivants, la crosse et la mitre de Jean de Marigny, archevêque de Rouen : « Une croche dedans ung estuite qui est de cuyr noir dont le batton de la dicte croche est de bois bien fin et subtil, taillé de plusieurs ymaiges ellevés de la vie et de la mort de Noste Signeur, qui sont doretz d'or et d'azul depuis le bas jusqu'au hault, où il y a dedans ung ymaige de telle qualité que donna feu de bonne mémoire Messire Jehan de Marigni, archevesque de Rouen et evesque de Beauvoys, qui sert le jour des Innocents à celluy qui est ellu évesque et non autrement » et « ung mictre avec ses apartenances, qui est de soye verte, imaginé de plusieurs imaiges, principalement de doux, l'un de sainct Pierre, qui a son mictre de perles de fil d'or de Cipre et l'autre de sainct Éloy ».

Ces objets, volés pendant la tourmente révolutionnaire, furent recueillis par un cordonnier qui les céda à l'abbé Jouan, lequel les a offerts au musée d'Évreux.

Avant la Révolution de 1793, on remarquait parmi les richesses du trésor : une croix en vermeil, contenant un christ fait de bois de la vraie croix, sur lequel était écrit : J'ai été fait par saint Grégoire de Naziance, la vraie relique de saint Prix, renfermée dans un reliquaire de vermeil de 65 centimètres de hauteur, des reliques de saint Blaise, saint Fuscien, saint Cyprien; une côte de sainte Marie-Madeleine; la limaille des fers de Notre-Seigneur, portée par saint Pierre et saint Paul; un doigt de saint Louis, enfermé dans une capsule en métal, qu'Enguerrand de Marigny portait à sa boutonnière lorsqu'il allait à l'armée; une vierge en vermeil, de 65 centimètres de hauteur, qui renfermait dans son sein, *du lait* de la Sainte-Vierge; enfin, un flacon contenant du *sang* de saint Janvier.

A défaut des sculptures, à peu près toutes disparues aujourd'hui, il reste encore à admirer dans cette église de magnifiques boiseries du XVIe siècle, exécutées dans le goût de celles du château de Gaillon et de l'église d'Aubevoie. Elles ornent les murs du chœur, lequel était autrefois complètement fermé, ainsi que nous l'avons dit précédemment. Leur hauteur est de 3 m. 40 ; la base, jusqu'à 1 m. 25, est formée par une rangée de dix stalles du XVe siècle, avec les accoudoirs et les sièges sculptés. Immédiatement au-dessus se trouvent les lambris formant une première série de dix panneaux, séparés les uns des autres par des pilastres; ces panneaux, suivis d'une porte, sont continués par une autre série de six rangées de panneaux qui se termine au tombeau de Jean de Marigny.

Les panneaux du bas sont décorés de feuillages contournés, terminés par des chimères s'appuyant à un écusson où on lit les légendes suivantes :

Sur le mur de droite (côté de l'Évangile) :

ALTA — RESVR — REXIT — SICVT

DIXIT — ALTA — ORA PRO — NOBIS

DEVM — ALLA

Portes des Chapelles latérales et de la Sacristie.

D'après une photographie de M. Jandin.

Les six derniers panneaux n'ont pas d'inscription. Les panneaux supérieurs représentent des scènes variées, exécutées en bas-relief dans un cadre losangé : elles ont trait à saint Thomas, saint Jacques le Majeur, saint André, saint Paul, saint Pierre et saint Jean.

Du côté droit (côté de l'Épitre), on lit sur les panneaux du bas :

Z BENEDITVS — MVLIEBVS — SINVS

BENEDITATV — TECVM — DOMINVS

PLENA — GRACIA — MARIA — AVE

Au-dessus se voient les scènes suivantes disposées sans ordre : sainte Anne et la Vierge, — Mariage de la Vierge, — saint Joseph et les prétendants, — la Vierge tissant, — l'Annonciation, — les Fiançailles, — le Songe de saint Joseph, — l'Acceptation, — et enfin, le Départ en Égypte.

Porte de la Chapelle latérale, stalles et partie de l'ancienne clôture du Chœur.

D'après une photographie de M. Jandin.

Deux très belles portes font communiquer le chœur avec les chapelles latérales et la sacristie.

Ces portes, composées de trois étages, sont à double vantaux, et chaque moitié est divisée elle-même en deux panneaux. La rangée du bas est formée de panneaux pleins en menuiserie; la seconde rangée est décorée de feuillages aux fines nervures et d'attributs divers; ces panneaux sont séparés par des pilastres décorés dans le même goût et surmontés d'un chapiteau feuillagé. Au troisième rang, les ornements à jour sont munis d'un volet plein, sculpté seulement à l'intérieur.

Porte de la Sacristie, stalles, tombeau de Jean de Marigny.

D'après une photographie de M. Paul Robert.

L'abside est supportée par d'épais contreforts, mais les deux côtés du chœur sont accompagnés de chapelles latérales : celle du sud est éclairée par trois ouvertures circulaires situées du même côté, et à l'est par une fenêtre ogivale avec meneau supportant un quatrefeuilles. On devait dire autrefois la messe dans ces chapelles, car on y avait établi des crédences qui existent encore.

A la petite chapelle du nord est adossé un] édifice avec étage, éclairé par des fenêtres rectangulaires. Un petit escalier en pierre permet d'y monter. Le rez-de-chaussée sert de sacristie; quant à l'étage supérieur, aujourd'hui inoccupé, c'était primitivement la chambre de custode.

Autour de l'église étaient rangées les habitations des chanoines; on n'en voit plus qu'une le long de la route de Fleury : c'est une construction banale en pierres et silex.

Enguerrand avait encore fondé à Écouis un hôpital sous le nom de

Vue de l'Abside.

D'après une photographie de M. Paul Robert.

Saint-Jean-Baptiste. De cet établissement, il ne reste qu'une aile, située sur le bord de la route nationale, à 100 mètres environ de l'église; les murs, en pierres et silex, sont soutenus par des contreforts semblables à ceux de l'église.

L. COUTIL.

Cliché Paul Robert.

Lemale & Cie, Le Havre

Héliog. P. Dujardin

RUINES DE L'ABBAYE DE FONTAINE-GUÉRARD

Eure

L'ABBAYE DE FONTAINE-GUERARD

Sur les territoires de Douville et de Radepont, s'élevait autrefois l'abbaye de Fontaine-Guerard. « Outre la rivière d'Andelle qui en arrose les murs, dit Toussaint Duplessis, on voit en ce lieu-là plusieurs sources qui coulent du haut des côtes voisines dans l'enceinte même du monastère, où l'on a eu soin de distribuer leurs eaux, suivant le besoin. Cette abbaye est située à trois ou quatre lieues au sud-est de Rouen, au pied d'une côte escarpée, qui fait partie de la forêt de Long-Boël. » Les historiens ne sont pas d'accord sur l'époque de sa fondation. Tandis que le *Neustria Pia* la fixe en 1135, les auteurs du *Gallia Christiana* la reportent en 1191 ou vers 1198, et l'attribuent à Robert, comte de Leicester, seigneur de la vallée de l'Andelle, de la puissante famille des Meulan, comtes de Beaumont-le-Roger et de Noyon-sur-Andelle, dont le chef, Bernard le Danois, possédait, parmi ses nombreuses seigneuries, le territoire de Fontaine-Guerard.

Il existe, en effet, une charte de Robert de Leicester, dans laquelle il est dit que, sur la demande et le conseil de Gautier, archevêque de Rouen, et de ses amis, il a donné et confirmé par cette charte, pour le repos de l'âme de son père, de sa mère et de tous ses ancêtres, et pour le salut de son âme et de celle de la comtesse Pétronille, son épouse, à Dieu, à Sainte-Marie de Fontaine-Guerard et aux religieuses qui y servent Dieu, le lieu appelé Fontaine-Guerard, une charruée de terre (60 acres), dans l'Essart de Piru et la côte voisine, la moitié de douze mines de blé à prendre sur ses moulins de Pont-Saint-Pierre, des usages dans la forêt de Long-Boël, et le pacage et le pâturage dans ce bois et dans tous ses herbages.

Les termes mêmes de cet acte semblent donner raison au *Neustria Pia*, puisque Robert de Leicester parle de Sainte-Marie de Fontaine-Guerard comme d'un établissement existant antérieurement à sa charte. Il paraît avoir été réellement fondé en 1135, par un membre de la famille des Meulan, Amaury, comte de Noyon-sur-Andelle. Modeste prieuré à ses débuts, il reçut néanmoins quelques dons parmi lesquels celui de Robert Ier de Poissy, consistant dans le droit de pâturage et de panage dans ses bois de Radepont et de Bourg-Baudouin, mais il ne devint important qu'à la suite des libéralités de Robert de Leicester, qui a pu, à ce titre, en être considéré comme le fondateur.

L'abbaye fut successivement enrichie par Jean sans Terre, Philippe-Auguste qui, en 1209, accorda soixante acres de terre à cultiver dans la forêt de Long-Boël ; Louis VIII, Louis IX, Philippe III et Charles IV. Du temps de Louis IX, la maison fut entièrement rétablie, et ce prince, en mars 1256, permit aux religieuses de faire transporter tout ce qui leur serait nécessaire par terre et par eau avec exemption des droits de péage. Puis il leur concéda cinq acres en la forêt de Long-Boël, dans le defens du Camp Osant, vingt-cinq acres dans le voisinage, et vingt autres acres à la Haie de Saint-Joire, pour les indemniser de la perte de l'usage et de l'herbage que leur avaient causée les donations de terre à défricher en la forêt de Long-Boël, faites à l'abbaye de Royaumont.

Philippe III, en 1257, manda à ses officiers d'assigner à l'abbaye quelques parties de la même forêt, et Charles IV confirma toutes ces donations, en 1324.

Pendant l'occupation anglaise, Henri V accorda à l'abbaye, le 8 juillet 1418, des lettres de sauvegarde et de protection, et, le 16 avril 1420, des lettres de confirmation de tous les biens dont elle jouissait dans le duché de Normandie.

Les seigneurs avaient de leur côté suivi l'exemple des rois. Fontaine-Guerard avait reçu, en 1200, de Jean de Boury, un trait de dîmes sur ses fiefs de Mussegros et d'Arthieulles; de Robert du Neubourg et d'Alberic de Dommartin, des donations importantes, et, en 1208, de Pierre de Moret, une rente d'un muid de blé, mesure de Radepont.

Des chartes de confirmation furent délivrées, en 1223, par Guillaume de Poissy, seigneur de Radepont, pour les fontaines d'Areambourg, avec l'aunais entre ces fontaines et le jardin du couvent, donnés par son aïeul, afin d'amener l'eau à l'intérieur des murs de la communauté; en 1246, par Guillaume de Limoges, qui avait épousé Jacqueline de Poissy, pour les biens provenant de Jean de Poissy, et, en 1264, par Pierre Moret, seigneur en partie de Radepont, pour les dons faits par son père et ses ancêtres, et consistant en maisons, vignes, terres, prés, etc.

Ide de Meulan, comtesse d'Aumale, veuve de messire Jean d'Harcourt, tué à la bataille de Courtrai, fut une des bienfaitrices de l'abbaye, dont elle augmenta les revenus en 1300.

Il serait trop long d'énumérer toutes les libéralités qui enrichirent successivement Fontaine-Guerard et les acquisitions qu'elle put faire. Ses possessions s'étendaient à Amfreville-sous-les-Monts, Baqueville, Boisemont, Bourg-Baudouin, Catelon, Chantemelle, Cuverville, Douville, Farceaux, Flipou, Fresnelles, Gasni, Gisors, Grainville, Mantes, Mussegros, Omonville, Pont-de-l'Arche, Pont-Saint-Pierre, Port-Mort, Puchai, Radepont, Rocquemont, Romilly, Rouen, Saint-Aubin-de-Doudeauville, Saint-Étienne-de-Veteuil, Saussai-la-Vache, Touffreville, Verclives et Vesli.

Le revenu de ces biens était évalué, en 1726, à dix mille livres.

Les religieuses de Fontaine-Guerard furent d'abord sous la direction de prieures, dont une seule est connue, Denize, morte le 29 mai... Elles embrassèrent la règle de Citeaux, avant 1207, car le pape Innocent III, dans une bulle confirmative de leurs privilèges, datée de 1207, parle de leur union antérieure à cette congrégation, union qui d'ailleurs fut très favorisée par les archevêques de Rouen, au milieu du XIIe siècle, pour diverses abbayes.

Le couvent, qui avait été, dès son institution, placé sous le vocable de la Sainte-Vierge, fut consacré, en 1218, par Robert Poulain, archevêque de Rouen, mais il ne fut dirigé par des abbesses qu'à partir de 1253, ainsi que le constate, dans le registre de ses visites pastorales, l'archevêque Eudes Rigaud, qui sacra à cette date, dans son manoir de Déville, la première des abbesses, nommée Ida. On cite après elle Ada, 1256-1260; Pétronille de Mauvoisin, en 1260; Aveline de Mansigni ou de Mausigni en 1287, morte en 1298; Ada II de Crevecœur, nièce de Guillaume de Flavacourt, archevêque de Rouen, morte en 1333; Clémence Jacob, Eustachie, Pernelle ou Pétronille de Villequier et Jeanne de la Treille.

Cette dernière était probablement abbesse de Fontaine-Guerard, lorsqu'en 1399, fut commis, dans le monastère, un crime qui eut un grand retentissement dans tout le pays : le meurtre de Marie de Ferrières, sœur du chambellan, seigneur et baron de Ferrières.

Elle avait épousé Guillaume de Léon, chevalier, seigneur de Haqueville, d'une branche collatérale de la famille de Léon, originaire de la Bretagne et dont l'un des membres, Hervé de Léon, était devenu seigneur de Radepont, par son mariage avec Mathilde de Poissy, vers 1280.

Guillaume de Léon maltraitait sa femme « et sans cause raisonnable avait conçu haine et malvolence contre elle et tant qu'il la bourra hors d'avec lui ». Après être restée quelque temps auprès de son frère, elle se retira au monastère de Fontaine-Guérard, où son mari la fit assassiner par Prevel Guillain, son valet de chevaux; Jean Nerel, son valet de chambre; Pasquier et Guillot l'Estivier et une bande de malfaiteurs, qui escaladèrent la nuit les murs du couvent. Ils brisèrent les portes et les fenêtres pour arriver à la chambre où Marie de Ferrières était couchée. Entendant du bruit, elle appela à son secours et se sauva. Les assassins la découvrirent, cachée sous un banc. « Prevel, varlet de chevaux dudit Haqueville, la tira par les tresses et par les cheveux et la traîna hors dudit banc; et après la prit par dessous le menton et lui mit le genou sur la poitrine et lui coupa la gorge. Et avec ce, lui et les aucuns des autres qui étaient avec lui, lui donnèrent plusieurs coups de dague en la poitrine et au cœur..... et tant qu'ils la meurdrirent illec très mauviennement. » Le chapelain du couvent, réveillé au bruit, voulut se porter au secours, mais un coup d'épieu l'abattit. Les meurtriers, entendant qu'on appelait de tous côtés, gardèrent les portes, écartèrent à coups de flèches ceux qui tentaient d'approcher, puis se retirèrent sans être davantage inquiétés.

Cependant Pasquier et Guillot l'Estivier furent pris et, avant d'être exécutés, révélèrent les noms de leurs complices et dénoncèrent le seigneur de Haqueville. Celui-ci, pour échapper à la justice royale, se rendit dans les prisons de l'officialité de Rouen, qui étaient moins rigoureuses, en alléguant que le crime, ayant été commis dans un couvent, ressortissait à la juridiction ecclésiastique. Mais sur les réclamations de la famille de Ferrières, le roi ordonna d'envoyer le prisonnier au Châtelet de Paris, et au besoin de l'enlever de force. Les parents de sa femme ne cessèrent les poursuites que lorsqu'il eut pris l'engagement de fonder une messe par jour à perpétuité, dans l'église de Fontaine-Guérard, pour le repos de l'âme de sa victime, de donner une quantité déterminée de terres aux quatre filles qu'il avait eues de son mariage, de rester deux ans hors du royaume et de faire divers pèlerinages. Cette transaction fut signée le 1er juin 1401. Haqueville fut tué, en 1415, à la bataille d'Azincourt.

Les abbesses de Fontaine-Guérard, dont on a retrouvé les noms après Jeanne de la Treille, sont : Pétronille de Maromme, en 1447; Octavie ou Ælicie de Villiers, jusqu'en 1457; Jeanne Dumont, 1457-1461; Jeanne Collin, 1461-1463; Marguerite Margueric, 1463-1496; Élisabeth ou Isabeau de Maromme, 1496-1540; Marie Maurice de Meudon, 1540-1557; Angélique Cruchon, qui ne fut nommée qu'en substituant son nom à la place de celui d'Anne Maynet, réellement élue, fraude qui donna naissance à un procès scandaleux, 1557-1564; Catherine Le Moine, 1564-1578; Marie Quesnel, 1578-1595; Marie de Roncherolles, de l'une des grandes familles de Normandie, 1595-1619, et Élisabeth de Bigards de la Londe, 1619-1661. Cette dernière avait reçu la bénédiction abbatiale de Nicolas Boucherot, abbé de Cîteaux. Les bâtiments du couvent étaient alors en fort mauvais état et menaçaient ruine; elle les fit réparer. Devenue infirme, elle prit pour coadjutrice, en 1643, sa nièce, Barbe de la Londe, qui mourut avant elle, en 1652, puis Charlotte de Bigards de la Londe, religieuse de Saint-Nicolas de Verneuil, qui lui succéda de 1661 à 1672. Les dernières abbesses de Fontaine-Guérard furent : Marie-Madeleine Le Cordier du Troncq, 1672-1719; Marie du Tot de Beaunay,

1719-1759; Anne Joubert de la Bastide du Château-Morand, 1759-1777, et enfin Madame de Radepont, 1777-1789.

On remarquait dans l'abbaye un certain nombre de tombeaux. Les sépultures des abbesses étaient, paraît-il, dans la salle capitulaire; cependant, les documents qui ont été conservés, disent que Pétronille de Mauvoisin, troisième abbesse, avait été inhumée, en 1260, dans le chapitre, et Isabeau de Maromme, dans le chœur, en 1541, auprès d'Ide de Meulan. Isabeau, morte un an après son abdication, avait administré le monastère pendant quarante-cinq ans, ce qui avait peut-être motivé cette exception.

Dans le chœur avaient été également enterrés Hervé de Léon, devenu seigneur de Radepont par son mariage avec Mathilde de Poissy vers 1280, et Hervé II de Léon, leur fils, seigneur de Noyon-sur-Andelle, Radepont et Pont-Saint-Pierre, mari de Jehanne de Montmorency, mort en 1290, et placé à côté de son père et Ide de Meulan, comtesse d'Aumale, veuve de Jean d'Harcourt, décédée en 1324 et inhumée au milieu du chœur. Un tombeau de marbre noir supportait sa statue en marbre blanc.

Toussaint Duplessis parle aussi d'un mausolée dans l'épaisseur du mur, du côté de l'Évangile, et qui passait pour renfermer les restes de Béatrix, comtesse de Blois et de Pavie.

Dans le sanctuaire étaient les cœurs d'André de Brigards de la Londe, abbé commendataire de Corneville, mort le 11 décembre 1638, alors qu'Élisabeth de Bigards était abbesse de Fontaine-Guerard, et de Nicolas Le Cordier du Troncq, premier président de la Chambre des Comptes de Rouen, décédé le 5 septembre 1681, pendant que Marie Le Cordier du Troncq gouvernait l'abbaye.

Un religieux de Bonport, Philippe Cavelier, a écrit et publié, en 1661 : *Le Tombeav glorievx de très illvstre et vertueuse dame Elizabet de Bigars, très digne abbesse de Fontaine-Guerard*, in-4° de 15 pages, qui est devenu une rareté bibliographique.

Marie de Ferrières avait été enterrée dans la chapelle Saint-Michel, que l'on bâtit dans l'enceinte du monastère pour lui servir de sépulture. Cette chapelle étant tombée en ruines, on en construisit une nouvelle, faisant partie de l'église abbatiale, et dans laquelle était sa statue avec une inscription funéraire.

Au milieu de ces tombes, n'oublions pas celle des deux amants, de Mathilde de Canteloup et de Raoul de Bonnemare. Leur mort, à la fin du XIIe siècle, se rattache à quelque aventure tragique, dont les souvenirs poétiques et lointains ont été peu à peu confondus avec des légendes plus vieilles de deux siècles. Les corps des deux victimes avaient été mis dans un même tombeau, près du chœur de l'église, et l'on assure qu'on le voyait encore avant la Révolution. Un pierre le recouvrait, sur laquelle étaient gravées dans un seul écusson les armes des Bonnemare et des Canteloup.

Lors de la vente des biens nationaux, Fontaine-Guerard fut acheté par un architecte rouennais, nommé Gueroult, qui fit démolir une grande partie de l'abbaye, pour en employer les matériaux à la construction d'une filature de coton. Il fit servir aux fondations et au pavage de sa bâtisse, les dalles du cloître et toutes les pierres sépulcrales, aux curieuses inscriptions, qui recouvraient les dépouilles mortelles des abbesses et des personnages enterrés dans l'église et le monastère. Le marquis de Radepont, rentré dans son château, à la fin de la Terreur, vint à son tour continuer l'œuvre de destruction. Du consentement de Gueroult, qui avait été son architecte, il enleva les pierres et les sculptures à sa convenance pour édifier une chapelle de mauvais goût et créer un complément de ruines factices au milieu du vieux château-fort de Radepont. La statue de Marie de Ferrières y fut transportée et l'inscription de son tombeau vint augmenter la collection des curiosités de M. de Radepont, qui sont depuis longtemps dispersées ou perdues.

Les ruines de Fontaine-Guérard sont aujourd'hui enclavées dans le parc de Radepont, où elles offrent un spécimen du style ogival du XIIIe siècle dans toute sa pureté. L'église y dresse ses vieilles murailles drapées de lierre, avec leurs fenêtres ogivales ou en lancettes, leurs débris de voûtes et leurs peintures presque effacées. On y retrouve ses deux chapelles latérales et l'arc cintré du tombeau de Marie de Ferrières. Le mur de l'abside, en rond-point, est percé de trois fenêtres à ogives. La voûte, qui était en pierre avec arceaux croisés, s'appuyait sur des colonnes coupées à une certaine hauteur par des chapiteaux ronds couverts de volutes. D'autres colonnes s'élèvent sur des chapiteaux placés en encorbellement contre les murs.

Deux statues sont adossées à l'une des murailles ; la première représente saint Jean, et la seconde, un évêque tenant une cité dans ses mains.

Cette église, dont la partie occidentale, où devait être le clocher, a été détruite, formait, avec deux bâtiments, les trois côtés d'un carré, que complétait autrefois le logis abbatial maintenant disparu. Ce dernier édifice donnait aussi sur une seconde cour, entourée d'autres constructions.

Dans le bâtiment qui s'élève à droite du chœur de l'église, on voit au rez-de-chaussée une grande salle d'une élégante architecture, divisée en trois galeries par deux rangs de colonnettes, couronnées de chapiteaux à crochets, qui soutiennent des voûtes à arceaux croisés. Cette salle est ouverte au midi, comme celle de Saint-Georges de Boscherville ; elle a trois entrées ogivales, que forment quatre faisceaux de colonnettes d'un gracieux effet. Une grande salle à côté est voûtée en pierre et la retombée de ses arceaux croisés se fait sur des chapiteaux à volutes. Une autre pièce, à la suite, présente le même système de voûtes. Un rang de colonnes la partage en deux nefs ; les chapiteaux au tailloir octogone sont ornés de volutes et de palmettes : c'était le cloître ; l'une des deux pièces précédentes servait de salle capitulaire.

Du côté du parc ces bâtiments recevaient le jour par des fenêtres en ogive divisées, les unes par une colonnette surmontée d'un oculus, les autres par un meneau.

Entre le mur de l'église et la première arcade ogivale, une porte à arc surbaissé laisse voir un escalier de pierre qui conduisait au dortoir, situé à l'étage supérieur. Ce dortoir était partagé par un couloir sur lequel s'ouvraient les cellules des nonnes, éclairées seulement par de petites fenêtres en lancettes.

Le troisième corps de logis renfermait une cuisine, traversée par un ruisseau qui faisait tourner les broches du couvent, et un vaste réfectoire. Dans une chaire, construite vers le nord, une sœur faisait, suivant l'usage, la lecture pendant le repas. En face était pendu un tableau représentant saint Valentin qui marchait sur la rivière d'Andelle en chassant devant lui les truites vers le couvent. M. de Falue a recueilli, il y a un demi-siècle, de curieux renseignements de la bouche de vieillards qui avaient connu l'abbaye avant sa destruction, et a raconté l'origine de ce tableau. L'archidiacre du Vexin avait coutume de venir dîner au monastère le premier vendredi de carême et les truites de l'Andelle fournissaient une bonne part de ce repas. Une année, les nasses avaient été vainement tendues ; l'une des nonnes conseilla d'adresser une prière à saint Valentin. A peine l'invocation était-elle terminée que le pêcheur du couvent apporta une truite ayant quatre pieds de longueur. Les nonnes reconnaissantes firent exécuter le tableau de saint Valentin, et, grâce à ce saint et à une pêcherie que l'on eut soin d'établir, le poisson ne manqua plus dans les eaux du monastère.

Au nord de l'église, de l'autre côté du chemin, existe, adossée au coteau, une chapelle, dont la partie supérieure est du XVᵉ siècle et qui a été restaurée. Sous cette chapelle, une crypte du commencement du XIIᵉ siècle précède un long tunnel creusé dans le roc avec de petits réduits voûtés dans ses parois. Elle servait d'entrée aux caves de la communauté.

A quelque distance des ruines, on rencontre les deux portes jumelles du couvent, l'une grande et en arc surbaissé, et l'autre plus petite en ogive.

Ces ruines, que M. Charles Levavasseur, leur dernier propriétaire, a longtemps préservées d'une plus grande destruction, forment, au milieu des saules et des sycomores, des bois, des sources et des cours d'eau, dans ce magnifique parc de Radepont, autrefois si visité, l'un des plus intéressants et des plus agréables buts de promenade pour les archéologues et les touristes.

PAUL GOUJON.

LE CHATEAU DE RADEPONT

Le château moderne de Radepont, construit en briques et pierres, se compose d'une partie centrale avec rotonde et de pavillons. Il a été bâti, vers la fin du siècle dernier, sur les plans de l'architecte rouennais Gueroult, et n'offre rien de remarquable; mais il est situé dans l'un des plus beaux parcs de la Normandie. De la façade de ce château, dégagée de tout obstacle, le regard peut s'étendre sur les divers points de la riche vallée de l'Andelle et apercevoir les sites qui se déroulent vers les rives de la Seine. L'eau jaillissante des cascades, les sources, les rochers, les coteaux et les bois donnent au parc un aspect des plus pittoresques. D'un côté, l'Andelle, courbant ses bras argentés, coule au milieu des prairies et d'îlots verdoyants chargés d'arbres touffus; de l'autre, le terrain s'élève, couvert de vieux arbres, et une allée sombre, qu'ombragent des hêtres séculaires, conduit aux ruines du château-fort.

*
* *

Ruines de la Tour de Richard Cœur de Lion.

D'après une photographie de M. Delsa.

Richard Cœur de Lion vint lui-même, en 1195, choisir l'emplacement de ce château, qu'il fit alors commencer par Guillaume Tyrel. Une roche escarpée, formant la pointe d'un plateau d'un accès difficile, fut isolée par un fossé large et profond et l'on tailla ses flancs en glacis. Les terres du fossé servirent à former un second boulevard et l'escarpement de la motte fut couronné par une muraille, flanquée d'un donjon, de tours et d'épais contreforts.

Ces travaux, conduits avec diligence, étaient assez avancés pour que le château eût une garnison en 1201; on y éleva encore des constructions complémentaires qui, en 1203, étaient confiées à Robert de Bristol. Le 13 juillet de cette année, Jean sans Terre fit transporter à Radepont du matériel de guerre, et le surlendemain vint inspecter la place.

Les défenses étaient solidement établies, et lorsqu'au mois d'août suivant, Philippe-Auguste vint mettre le siège devant le château, il reconnut qu'il n'était attaquable que par le plateau, dont il avait été séparé. Il y établit un camp fortifié et ce ne fut qu'avec les plus grands efforts, après un siège de trois semaines, vigoureusement mené, et à l'aide de tous les engins de guerre alors employés, tours de bois roulantes, catalpultes, balistes et béliers, qu'il parvint à pratiquer la brèche à un endroit qu'on reconnaît encore aujourd'hui à la dislocation du mur, depuis sa surface jusque dans ses parois intérieures.

Intérieur de la Tour de Jean sans Terre.

D'après une photographie de M. Dutan.

* *

Abattu vers 1219, à la suite d'un accord entre les propriétaires des deux fiefs de Radepont, Robert de Poissy et Jean de Moret, le château n'était plus, depuis six cents ans, qu'un amas de décombres, envahi par les ronces et les plantes sauvages, lorsque le marquis Dubosc de Radepont les fit fouiller au commencement de ce siècle. Il déblaya les murailles et mit à nu leurs contours, qu'il eut l'idée regrettable de modifier en y ajoutant des ruines factices. Du vieux château, il ne laissa subsister que le puits et les murs de séparation à l'intérieur du donjon, la première tour, dite de Jean sans Terre, avec sa fenêtre et le cachot, et le premier étage de la tour de Richard Cœur de Lion. Son fils Auguste de Radepont se plut à embellir son parc et ses jardins; il aimait cette terre que sa famille possédait et où elle avait vécu depuis 1540. C'est à lui que Radepont doit une partie de sa renommée et les visites dont il fut l'objet. La duchesse d'Orléans, fille du duc de Penthièvre et mère du roi Louis-Philippe, était venue y retrouver des souvenirs de famille et du séjour de son père en 1790 et 1791. La duchesse d'Angoulême, lorsqu'elle faisait dessiner les jardins de Marne, avait voulu voir ceux de Radepont. Mademoiselle Mars et Talma, le créateur des jardins de Brunoy, reçurent plusieurs fois l'hospitalité dans le château.

* *

En quittant le château féodal, le promeneur rencontre deux chemins, dont l'un contourne le plateau qui domine le parc, et l'autre suit les prairies et se dirige, sous une voûte de feuillage,

vers les ruines de l'abbaye de Fontaine-Guerard, que le baron Jacques Levavasseur avait achetées en 1821 et que son fils Charles réunit plus tard à son parc, lorsqu'il eut fait, en 1844, l'acquisition du domaine de Radepont.

Les embellissements dont ce domaine avait été l'objet de la part de la famille de Radepont, étaient peu de chose auprès des véritables transformations qu'y opéra M. Levavasseur.

Pour ajouter à l'agrément de sa propriété, il fit raser de

Statue sépulcrale de Marie de Ferrières (1).
D'après une photographie de M. Buine.

vieilles constructions sans intérêt, modifia la direction des cours d'eau de l'Andelle et des sources, créa de larges prairies à la place de marais couverts d'aunes et donna à son parc l'aspect si attrayant qu'il a aujourd'hui.

Paul Goujon.

(1) Cette statue, qui était primitivement placée dans l'église de l'abbaye de Fontaine-Guerard, avait été transférée dans la tour de Jean sans Terre; M. Levavasseur l'a fait reporter dans l'église où elle se trouvait autrefois.

LE CHATEAU DE PONT-SAINT-PIERRE

Pont-Saint-Pierre est un joli bourg situé dans la charmante et industrieuse vallée de l'Andelle. Le touriste qui le vient visiter, en quittant le Pont-de-l'Arche, traverse Alizai, puis Romilly, après avoir laissé à sa droite l'antique village de Pitres, et entre dans Pont-Saint-Pierre, où il rencontre d'abord l'église de Saint-Nicolas : sa tour et sa flèche de pierre ont été construites vers 1847, et elle a été restaurée et embellie, grâce à la sollicitude et aux soins du vénérable abbé Goujon, qui l'a administrée pendant cinquante-six ans. On y remarque un autel et un rétable monumental en bois sculpté, qui provient de l'abbaye de Fontaine-Guerard. Sur les bases des colonnes se trouvent les quatre évangélistes, en bas-relief, dont les dessins sont attribués à Jean Goujon. Au XIe siècle, cette église était en bois. Un certain Hugues, homme peu fortuné, mais qui avait une dévotion particulière à saint Nicolas, entreprit de lui bâtir un temple plus grand et plus convenable. Son œuvre achevée, il réunit le curé et les paroissiens ses voisins et leur fit promettre de lui donner sa sépulture sous le larmier de l'église. Malheureusement Hugues, dit un manuscrit de la bibliothèque d'Alençon, mourut au retour d'un pèlerinage à Rome, dans un lieu éloigné appelé Losona. Sa femme Teolla était désolée en voyant que le corps de son mari ne pourrait reposer au lieu qu'il avait choisi; mais saint Nicolas fit sortir son serviteur du tombeau et lui obtint la grâce de venir terminer ses jours à Pont-Saint-Pierre.

En quittant Saint-Nicolas, et un peu avant d'atteindre le pont sur l'Andelle, qui, avec l'église de Saint-Pierre aujourd'hui détruite, ont donné au pays leurs noms réunis, on aperçoit à gauche une longue avenue à double rang de grands arbres, à la suite de laquelle apparait la façade d'un vieil édifice. C'est le château de Pont-Saint-Pierre, que le poète Ducis appelle ce

Il parait avoir été construit à la fin du XVe siècle ou au commencement du XVIe pour remplacer, mais dans un endroit différent, le château-fort de Logempré ou Longempré, dont il a longtemps aussi porté le nom. Ce fut sans doute du temps de Philippe-Auguste qu'avait été bâti ce dernier château, que Charles V fit reconstruire aux frais du trésor royal. Une tour en ruines et des substructions existant encore au milieu des prairies, en face de Douville, en rappellent le souvenir. Le donjon était au centre de la forteresse, ce qui s'explique par sa position au milieu des marais, où elle pouvait être attaquée de toutes parts. Depuis deux cents ans, la famille de Hangest en était propriétaire, lorsque Henri V d'Angleterre confisqua, le 1er juillet 1419, les baronnies de Pont-Saint-Pierre et d'Heuqueville pour les donner à Henri de Noon, son écuyer, et, plus tard, au célèbre Talbot, qui en fit sa résidence. En 1449, les comtes d'Eu et de Saint-Pol reprirent le château d'où ils chassèrent les Anglais; ils y mirent le feu et le dévastèrent.

Les Roncherolles, qui en étaient devenus propriétaires par alliance avec la famille de Hangest, furent alors remis en possession de leurs domaines, et construisirent un manoir seigneurial rappelant, par quelques parties de son architecture, les défenses des forteresses. Il n'a pas un grand développement et a été l'objet de divers remaniements, mais il a conservé intacte sa curieuse façade, dont l'entrée étroite était garnie d'un pont-levis et présente, de chaque côté, deux tourelles, souvenir des bastions qui protégeaient l'entrée des châteaux-forts. A la suite, deux corps de logis, à droite et à gauche, sont flanqués de petites tourelles d'angle en encorbellement. D'autres bâtiments en retour servent d'habitation et de communs.

Ce manoir doit avoir conservé à peu près le même aspect qu'à la fin du XVI⁰ siècle, lorsque Henri IV y reçut, en 1589, des mains de Le Blanc du Rollet, les clefs de Pont-de-l'Arche.

Pierre de Roncherolles, dans un aveu du 5 juillet 1600, en donne la description suivante :

« Le manoir seigneurial de laquelle baronnye est assis en la paroisse dudit Saint-Pierre, lequel est ung chasteau de pierre à pont-levys, couvert d'ardoise, vulgairement appelé le chasteau de Logempré, clos et environné de fossez plains d'eaue, circuy de jardins et plants et par devant lequel chasteau passe la riviere d'Andelle, qui nous appartient en totallité, dependante de notre dite baronnye depuis le village de Douville jusques à la rivière de Sayne et a audict chasteau basse court close [de] fosseyes, bastie de plusieurs édiffices, grange, pressoir, collombier à pied, près duquel est ung parcq clos de murs de pierre, partye en haulte fustaie et autre partye en terre labourable, qui contient huict acres ou environ, et proche l'esglise de ladite paroisse Sainct-Pierre avons une petite troque de haulte fustaie, dans laquelle se remarque l'ancyenne demeure de nos predecesseurs, seigneurs et barons dudit Pont-Sainct-Pierre ; les fossez d'un chasteau à fondz de cuve, avec les fondements des bastymens qui paroissent encores; le tout, toutefois, demeure en ruyne des guerres antiennes. A cause desquelz chasteaulx et demeures avons droict de guet en nostre dit chasteau de Logempré..... »

Les ruines dont parle cet aveu comprennent, outre celles du château de Philippe-Auguste et de Charles V, les vestiges des anciennes fortifications du XI⁰ siècle, agrandies par Eustache de Breteuil en 1119, brûlées par Henri I⁰ʳ d'Angleterre, et relevées peu d'années après. Ces vestiges se trouvent sur deux monticules de terre appelés le Vieux-Port, dont l'un, le Catelier, est isolé par des retranchements profonds, et l'autre, la Motte du Bourg, servait sans doute de refuge à la population.

Il est probable que ce fut seulement à l'époque normande que les premières fortifications y furent élevées pour la défense de la vallée de l'Andelle.

Pont-Saint-Pierre avait été réuni aux domaines des ducs de Normandie. Robert Courte-Heuse, sur la demande de Guillaume, comte d'Évreux, consentit à le rendre, en 1089, à son neveu, Guillaume de Breteuil, à la mort duquel son fils naturel, Eustache, s'en empara. Ce dernier avait épousé Juliane, fille naturelle de Henri I⁰ʳ d'Angleterre. C'était un homme violent et un puissant vassal; il voulut se faire remettre le donjon d'Ivry, ancienne possession de sa famille. Le roi chercha à gagner du temps et promit de rendre la place un peu plus tard. Des otages furent échangés : Henri envoya le fils de Raoul Harenc, châtelain d'Ivry, et Eustache, ses deux filles. Mais Raoul Harenc ayant refusé, sur l'ordre du roi, de livrer le château, Eustache fit crever les yeux à son fils, et Harenc, par représailles, fit arracher les yeux et couper le nez aux deux petites filles du roi. Cette réciprocité de cruautés fut suivie d'une guerre entre Eustache de Breteuil, Juliane et son père, qui s'empara de Pont-Saint-Pierre, en détruisit les fortifications et donna ce domaine avec la vallée de Pitres à Raoul de Tosny. Roger, son fils, l'un des plus turbulents seigneurs de l'époque, avait relevé les défenses de Pont-Saint-Pierre, et il était prisonnier du roi Étienne, en 1136, lorsque Thibaut, comte de Blois, vint l'assiéger. La place, défendue par Guillaume de Fontaines, fut assez forte pour résister pendant un mois aux troupes de Thibaut, qui dut lever le siège.

Pont-Saint-Pierre passa ensuite dans la maison du Neubourg, Robert dit du Neubourg, fils de Henri, comte de Warwick, ayant épousé Godechilde de Tosni ; puis dans celle de Poissy par le mariage d'Isabeau de Neubourg, fille de Henri, grand sénéchal de Normandie, avec Robert de Poissy. Les Tosni avaient cependant conservé une partie de leur ancien domaine, puisque Philippe-Auguste, en 1206, donna à Raoul de Boulogne tout ce que Marguerite de Tosni avait à Pont-Saint-Pierre, à Romilly, à Pitres et dans la forêt de Longboël.

En 1204, après la conquête de la Normandie, la famille de Poissy perdit son domaine de Pont-Saint-Pierre, que Philippe-Auguste donna à Aubert de Hangest, seigneur de Genlis et de Neuville-le-Roi. La maison de Hangest conserva la baronnie de Pont-Saint-Pierre, première baronnie de Normandie, jusqu'à la fin du XIVᵉ siècle. Aubert VI de Hangest, chambellan du roi Jean, fut tué à la bataille de Poitiers. Aubert VII, chambellan de Charles V, était mort avant 1399; pendant sa minorité la forteresse de Pont-Saint-Pierre fut, suivant lettres de Charles V, « arrasée, abattue et destruite, sans cause raisonnable, par des gens et habitans des pays d'environ », préjudice évalué à 20,000 francs d'or et qui fut réparé aux frais du trésor royal. Jean de Hangest, conseiller et chambellan du roi, envoyé, en 1404, en Angleterre, pour ramener la veuve du roi Richard, avait été pourvu, le 7 décembre 1403, de la charge de grand maître des arbalétriers de France; il mourut en 1407.

Isabelle de Hangest, mariée le 14 mai 1367 à Jean de Roncherolles, porta la baronnie de Pont-Saint-Pierre dans cette illustre famille normande, qui tirait son nom du fief de Roncherolles en Vexin, auquel était attaché le titre de grand bouteiller de Normandie, et prétendait remonter au IXᵉ siècle et compter parmi ses ancêtres Aimard de Roncherolles, lequel aurait, en 845, combattu contre les Normands.

La baronnie, confisquée en 1419 lors de l'occupation anglaise, fut rendue, en 1449, à la maison de Roncherolles qui la conserva pendant trois siècles et demi et fournit treize seigneurs.

Guillaume, fils de Jean et d'Isabelle de Hangest, chambellan du roi, périt, en 1415, à la bataille d'Azincourt; Louis, fils de Guillaume et de Marguerite de Léon, fut chambellan de Charles VI; Pierre, fils de Louis et d'Isabeau de Rouville, chambellan des rois Charles VII et Louis XI, hérita de son père en 1451. Louis, son successeur, était chevalier de l'Ordre du roi, son conseiller et chambellan, et gouverneur de Péronne, Roye et Montdidier. Après lui vint Philippe, chevalier de l'Ordre du roi, capitaine des villes et châteaux de Caen et de Pontoise. Il acquit, le 25 juin 1548, de Charles de Luxembourg, seigneur de Martigues, et de Claude de Foix la demi-baronnie de Pont-Saint-Pierre, qui n'avait pas été comprise dans la donation faite par Philippe-Auguste à Aubert de Hangest. Elle était passée dans les familles de Léon, puis de Rohan, et avait été possédée, au moins en partie, pendant quelques années par Olivier le Daim, valet de chambre de Louis XI. Philippe de Roncherolles obtint de Charles IX des lettres de réunion, en 1567.

Pierre de Roncherolles, fils de Philippe, seigneur et baron de Pont-Saint-Pierre, chevalier de l'Ordre du roi, capitaine de cinquante hommes d'armes de Sa Majesté, sénéchal de Ponthieu, fut député de la noblesse pour le bailliage de Rouen aux États de Normandie en 1576, 1583 et 1605, et, en 1614, aux États généraux à Paris, où il prononça une harangue, le 27 octobre, en la salle du

Petit-Bourbon, à l'ouverture des États. Henri III, par lettres patentes de mars 1577, enregistrées en Parlement, lui avait confirmé la qualité de conseiller d'honneur-né au Parlement de Normandie, que les barons de Pont-Saint-Pierre, aînés de la maison de Roncherolles, avaient toujours eue, et le droit de siéger au Parlement avec voix délibérative. Pierre constate ce droit dans son aveu de 1600 : « a cause de ladite baronnye (de Pont-Saint-Pierre) et comme aisné de nostre maison, avons droict de sceance en la Cour de Parlement, à Rouen, comme estant conseiller-né en icelle, duquel droict nous avons toujours jouy et nos prédécesseurs, barons dudit Pont-Saint-Pierre, tant du temps de l'eschequier de Normandie que de toute ancyenneté et jusques à present, au veu de tous les officiers de Sa Majesté, sans aucun contredit ». Les Roncherolles seuls, dans la noblesse de la province, avaient conservé cet honneur, dernier reste des « comparences » des prélats et des barons normands aux anciens échiquiers temporaires. En vain les barons d'Heuqueville-en-Vexin voulurent-ils le leur disputer. Les rois et le Parlement se déclarèrent pour les Roncherolles. « Ce privilège était cher à cette noble famille, dit M. Floquet ; l'aîné des Roncherolles, son père étant mort, le réclamait presque aussitôt et demandait qu'on l'en mît en possession. Au jour fixé pour sa réception à cette dignité, on voyait ce descendant des barons de Roncherolles entrer dans la chambre du Conseil, habillé de noir, revêtu d'un manteau noir, garni de dentelle d'or, au collet plissé orné aussi de dentelle d'or, ayant sur la tête un chapeau garni d'une plume blanche. A genoux dans les commencements, debout dans les derniers temps, la main levée, il prêtait son serment, semblable à peu près à celui des archevêques de Rouen et abbés de Saint-Ouen, conseillers d'honneur. Reprenant alors son épée, qu'il avait déposée en entrant, et la ceignant à son côté, il s'allait asseoir après les présidents, mais au-dessus du doyen des conseillers et opinait avant lui. »

Les lettres patentes de Henri III, confirmées par Louis XIII le 20 mars 1623, le furent de nouveau en février 1692, par lettres de Louis XIV, au profit de Claude de Roncherolles, en faveur duquel il avait érigé la terre de Pont-Saint-Pierre en marquisat.

Le roi donna ces lettres de confirmation « pour gratiffier et favorablement traiter tous ceux de la maison de Roncherolles très illustre tant par sa très haute noblesse et son ancienne chevalerie, que par les grandes charges que plusieurs qui en ont esté ont possédé dans nostre royaume depuis plus de huit cens ans et les importans services qu'ils ont rendus à nos prédécesseurs roys et à la couronne avec un zèle et une fidélité toujours inviolables mesme depuis notre advenement à la dite couronne dans les temps les plus difficiles..... ».

Claude de Roncherolles, chevalier, prenait les titres de marquis de Pont-Saint-Pierre, premier baron de Normandie, conseiller-né au Parlement, seigneur baron d'Écouis, seigneur de Pitres, Romilly, Douville, etc. En 1683, il hérita du marquisat de Mainneville, que lui avait légué Michel de Roncherolles. Il mourut en 1700.

Le 12 mars 1760, Michel-Dorothée de Roncherolles, lieutenant-général des armées du roi, du consentement de son frère Édouard, vendit la terre et baronnie de Pont-Saint-Pierre au marquis de Montesquiou, en réservant, pendant leur vie, à lui et à son frère, le titre de marquis de Pont-Saint-Pierre, et à toujours pour leur maison celui de conseiller-né au Parlement de Normandie.

Antoine-Louis Caillot de Coqueromont, chevalier, président en la Cour des comptes, aides et finances de Normandie, acheta, le 24 septembre 1778, ce domaine qui passa, par le mariage de sa fille Marie-Louise avec Jean-François d'Houdemare, chevalier, seigneur de Vandrimare, dans la famille de ce dernier, représentée actuellement par son arrière-petit-fils, le baron J.-R. d'Houdemare.

PAUL GOUJON.

LE CHATEAU DE CANTELOUP

Au pied de la côte des Deux-Amants, à quelques pas des rives de la Seine et non loin de l'Andelle, au milieu de beaux jardins et de vieux arbres, s'élève le château de Canteloup, dans un petit vallon, voisin autrefois de futaies où l'on entendait le hurlement des loups, *cantus lupi*. Construit vers le commencement du XVIIe siècle, en briques et pierres, flanqué de quatre tourelles d'angle en encorbellement, il présente, avec ses toits aigus et ses hautes cheminées, l'aspect des châteaux du temps de Henri IV et de Louis XIII.

De la côte des Deux-Amants, l'œil peut embrasser l'ensemble pittoresque de cette maison seigneuriale. Elle a dû être édifiée par la famille Hallé, dont l'un des membres, Jacques Hallé, sieur du Val, échevin de Rouen, avait acheté, en 1608, de Henri de Chaumont, le fief de Canteloup, le plus important des fiefs d'Amfreville-sous-les-Monts.

Le peintre Hackert, dans un tableau gravé par Dufour et désigné sous le nom de « Deuxième vue de la ville de Pont-de-l'Arche », dédiée à Le Boucher d'Ailly, seigneur d'Hocquincourt, a placé au second plan le château de Canteloup. L'artiste le fait figurer, entouré d'arbres et de rochers, sur les bords de la Seine, assez près du Pont-de-l'Arche, dans un paysage composé par lui et où il s'est peu préoccupé d'exactitude locale.

Les rives de la Seine, en cet endroit, ont subi, il est vrai, bien des modifications successives, et on retrouverait difficilement aujourd'hui, auprès de Canteloup, ses contours tels que les avait peints Lantara dans sa jolie « Vue du Prieuré des Deux-Amans », gravée par Picquenot, et qui fut dédiée à Thiroux de Crosne, intendant de la généralité de Rouen.

Le vallon de Canteloup était autrefois moins étendu. Un bras de la Seine, maintenant desséché et où l'on a trouvé, en 1841, le remarquable casque en acier, recouvert à l'extérieur de plaques d'or et d'émaux et donné au Musée du Louvre, le séparait d'une petite île, réunie depuis longtemps d'ailleurs à la terre ferme. La découverte de substructions antiques et des restes d'une tour ont même fait supposer que cette île avait été l'ancienne Tornholm, tandis que la grande île, sa voisine, aurait été l'Oscellus, occupée par les Normands en 857 et qui leur servit de campement jusqu'en 860. Il faut reconnaître qu'au pied d'une côte, dont le sommet escarpé pouvait servir de vigie pour surveiller les vallées de la Seine, de l'Eure et de l'Andelle, la position stratégique était excellente.

C'est à l'un des vieux manoirs, auquel le château actuel de Canteloup a succédé, que se rattachent les souvenirs et les légendes des Deux-Amants.

Une tradition, qui existe depuis des siècles, auprès de Canteloup et de Bonnemare, qu'ont recueillie l'Ermite en Normandie et M. de Fallue dans son *Histoire de Radepont*, place à la fin du XIIe siècle les amours tragiques de Mathilde de Canteloup et de Raoul de Bonnemare. Au retour de la croisade entreprise par Philippe-Auguste et Richard Cœur de Lion, Robert de Canteloup, qui y avait pris part, ne consentit à accorder la main de sa fille Mathilde à son cousin Raoul que s'il la portait sur ses épaules, sans s'arrêter, sans reprendre haleine, jusqu'au sommet de la côte. L'amant croit qu'il pourra porter celle qu'il aime jusqu'au bout du monde ; il gravit toute la montagne, mais parvenu à sa cime, en faisant le dernier pas, il rend son dernier soupir. Mathilde, désespérée, se précipite du haut de la côte avec le corps de son ami et vient mourir aux pieds de son père. Robert de Canteloup, pris d'un tardif repentir, aurait fondé, sous le nom des Deux-Amants, un prieuré, où l'on faisait voir encore, vers la fin du siècle dernier, un vase en bois placé sous l'autel de l'église et qu'on disait renfermer les cendres des amants.

Les amours de Raoul de Bonnemare et de Mathilde de Canteloup, dont le tombeau était à l'abbaye de Fontaine-Guérard, appartiennent peut-être à l'histoire, mais les légendes, transformées à travers les âges, ont mêlé leurs noms à des récits dont l'origine est beaucoup plus lointaine.

Le prieuré des Deux-Amants existait déjà au Xe siècle, si l'on en croit une note provenant du cabinet de d'Hozier et relative à la généalogie des Roncherolles. Pierre de Roncherolles, mort le 13 août 980, y avait été enterré, et il était question dans son épitaphe de conventions entre lui et les religieux, inscrites dans les chartes. Béatrix de Roncherolles avait fait dans ce prieuré une fondation en 1031, et Roger de Roncherolles, qui vivait en 1070, lui avait donné la dîme de ses moulins en 1120, année où il mourut le 30 septembre. Sa tombe était à côté du grand autel, tandis que celle de son fils Thibault, mort en 1140, se trouvait dans la chapelle, à main droite du monastère.

Louis le Gros, monté sur le trône en 1108, fit aux religieux une donation, à laquelle Guillaume de Canteloup ajouta, vers 1130, le moulin de Canteloup. Il est probable que, comme les Roncherolles, les Canteloup avaient choisi le prieuré comme lieu de sépulture ; du moins, deux personnages de cette famille, contemporains de Richard Cœur de Lion, y furent enterrés : Baudouin de Canteloup, fils ou petit-fils de Guillaume, et Jourdain de Canteloup, connu seulement pour avoir, en 1203, fait don au roi Jean d'un palefroi, afin d'obtenir la création d'une foire à Amfreville. Millin, dans ses *Antiquités nationales*, a reproduit une pierre tombale qu'on lui a dit être celle de Baudouin de Canteloup.

L'existence du prieuré sous le nom des Deux-Amants, avant 980, fait reporter à une époque antérieure l'aventure des jeunes amoureux, qui a donné son nom à la côte.

Le plus ancien document que nous ayons sur ce sujet est un lai de Marie de France, l'un des plus gracieux qu'elle ait composés. Elle écrivait, à Londres, sous Henri II, mais elle avait puisé dans un chant des bardes de la Bretagne armoricaine, son sujet qui contient des réminiscences du séjour de Charles le Chauve et des princes carlovingiens à Pitres, au pied de la côte des Deux-Amants, et c'est la fille d'un roi, sire des Pistreis ou Pistreins, qui est l'héroïne de son récit.

Depuis l'édition que de Roquefort a publiée pour la première fois, en 1820, des poésies de Marie de France, on a souvent cité, mais sans les reproduire, les deux cent quarante-deux vers de huit syllabes où elle raconte, avec une exquise naïveté, l'histoire des deux amants. C'est dans le texte original, avec tout l'attrait qu'il présente, qu'il faut lire cette touchante aventure.

> Verités est ke en Neustrie
> Que nus apelum Normendie
> Ad un haut munt merveilles grant,
> La sus gisent li dui enfant.
> Près de cel munt à une part
> Par grant cunseil e par esgart,

Une cité fist faire un Reis
Qui estoit sire des Pistrois,
Des Pistréins la fist numer
E Pistre la fist apeler.
Tuz-jurs ad depuis duré li nuns
Uncore i ad vile et meisuns :
Nus savum bien de la cuntrée
Li vals de Pistre est nomée.
Li Reis ot une fille bele
Mut curteise damćïsele;
Cunfortez fu par la meschine
Puisque perdue ot la Réïne :
Plusurs à mal li aturnèrent
Li suen meisme le blasmèrent.
Quant il oï qu'hum en parla
Mut fu dolent, mut li pesa ;
Cumenca sei à purpenser
Cument s'en purrat délivrer,
Que nul sa fille ne quesist
E luinz, e près, manda e dist :
Ki sa fille vodreit aveir,
Une chose s'eust de veir,
Sortiz esteit è destiné
De sur le munt fors la cité
Entre ses bras la portereit
Si que ne se reposereit.

Le fils d'un comte du voisinage s'était épris de la jeune fille, et celle-ci, désireuse de lui faire remplir sans danger la condition imposée par le roi, lui donna des lettres pour une riche parente, sa tante, qui demeurait à Salerne, dans le royaume de Naples, et était depuis trente ans experte dans « l'art de Phisike ». Cette tante devait composer pour lui « un beivre » qui le reconforterait et lui donnerait bonne vertu.

A son retour, le jeune homme vint prier le roi de fixer le jour où il porterait son amie au haut de la côte.

Al jur quant tuz furent venu
Le Dameisel premier i fu,
Sun beivre ni ublia mie
Devers Seigne en la praerie
Fut la grant gent tut assemblée,
Li Reis ad sa fille menée.
N'ot drap vestu fors la chemise ;
Entre ses bras l'aveit cil prise,
La fiolette od tut sun beivre

. . . .

Le munt munta desi qu'en-mi;
Pur la joïe qu'il od de li
De sun beivre ne li membra ;
Ele senti qu'il abaissa,
Amis, fet-ele, Kar bevez
Jeo sai bien que vous vous lassez

Si recuvrez vostre vertu.
Le Damisel a respondu :
Bele, jeo sens tut fort mun quer
Ne m'arestereie à nul fuer
. . . .
A grant anguisse od tut l'eire,
Sur le mont vint, tant se greva,
Ileoc chaï, puis ne leyá;
Li quors del' ventre s'en parti.
La Pucele vint sun ami
Quida qu'il fust en paumeisuns
Lez lui se met en genuilluns;
Sun beivre ni voleit doner
Mès il ne pot od lui parler.
Issi murut cun jeo vus di
Ele le pleint à mut haut cri;
Puis a jeté è espendu
Le Veissel ù le beivre fu :
Li muns en fu bien avusez
Mut en a esté amendez.
Tut le Païs et la cuntrée
Meinte bone herbe i unt trovée,
Ki del' beivre orent racine
  Or vous dirai de la mescine
Puisque sun ami ot perdu,
Unkes si dolente ne fu,
Lez lui se cuche e estent,
Entre ses braz l'estreint e prent,
Sovent li baise oïl e buche
Li dols de li al quor la tuche;
Ilec murut la Damciscle
Qui tant est pruz, e sage e bele.
Li Reis e cil lur atendeient
Quant unt vu que il ne veneient
Vunt apres eus sis unt trovez,
Li Reis chiet a terre paumez.
Quant pot parler, grand dol demeine
Ki si firent la gent foreine.
Treis jurs les unt tenu sur terre
Sarcu de marbre firent quere
Les deus enfants unt mis dedenz.
Par le cunseil de cele genz,
Sur le munt si les enfuïrent
E puis a tant se departirent.
  Pur l'aventure des Enfanz
Ad num li munz des Deux Amanz.

Le beivre répandu sur le mont par la fille du roi des Pistreins avait, suivant le récit de Marie de France, donné naissance à maintes bonnes herbes. Ces escarpements sont restés chers aux botanistes, qui viennent y faire des moissons abondantes; ils y trouvent le *Phyteuma orbicularis* ou herbe d'amour.

PAUL GOUJON.

LE CHATEAU DE SENNEVILLE

Senneville-sur-les-Monts, ancienne paroisse de l'archidiaconé du Vexin normand, fait aujourd'hui partie de la commune d'Amfreville-sous-les-Monts et occupe, à une altitude de 132 mètres, l'un des trois points les plus élevés des collines qui bordent la Seine dans cette région.

L'ancien manoir seigneurial, qui a grand aspect, bien que son architecture soit un peu lourde, s'élève au milieu de vastes cours et d'herbages qu'entourent des bâtiments modernes remarquablement aménagés, et forme le centre d'une des plus belles fermes du Vexin. Ses fenêtres, divisées par des meneaux de pierre, ses hautes cheminées et ses toits annoncent le XVIe siècle. Il est construit en briques et en pierres sur des fondations plus anciennes, dont la solidité rappelle celle de ces vieilles familles qui s'appuyaient fortement sur le sol et conservaient leurs domaines pendant plusieurs siècles. C'est à l'une de ces riches familles normandes, celle des Alorge de Rouen, qui posséda Senneville pendant plus de trois siècles, qu'est due la construction du château actuel.

Avant d'entrer dans cette famille, le manoir et le fief de Senneville avaient appartenu à Pierre de Senneville, qui, le 30 juin 1231, était aux assises du roi à Gisors, puis à un autre personnage de ce nom, seigneur de la paroisse en 1272, année où il fit un accord avec les religieux des Deux-Amants, et, plus tard, aux Lyvarrot ou Livarrout, propriétaires dans la contrée. Pierre de Lyvarrot, en 1383 et 1386, et Guillaume de Livarrout, en 1416, rendirent aveu pour le fief de Martot-sur-Seine, en la vicomté du Pont-de-l'Arche. Jean de Livarrout, écuyer, leur parent, demeurant en son manoir de Senneville, le vendit avec son fief, en 1403, moyennant 606 livres tournois et en se réservant l'usufruit, à Robert Alorge, riche bourgeois de Rouen, marchand de vin, occupant un hôtel à l'enseigne de « L'Image de Notre-Dame », et dont le père avait été maire et capitaine de Rouen. Robert Alorge était fermier du quatrième des cervoises et menus breuvages vendus à Rouen, de la vicomté de l'eau de Rouen, de la dixième semaine que l'abbaye de Saint-Wandrille avait droit d'y percevoir et du grenier à sel de Caudebec. Les bénéfices de ces fermages, des prêts multipliés aux nobles et aux bourgeois et d'heureuses spéculations sur les rentes à vie, lui avaient permis d'acquérir une fortune considérable et d'acheter un grand nombre de fiefs, de terres, de maisons et de rentes. Il fut, comme son père, honoré de charges municipales, et, comme lui, fit de nombreuses libéralités aux églises. De son premier mariage avec Jacqueline Cappelet, il avait eu un fils nommé Robert; deux autres fils, Guillaume et Jean, étaient issus de son second mariage avec Alice Le Tourneur. Robert fut « malvés à son père, dit la chronique de Pierre Cochon, et plaida à luy et s'en courroucha tant qu'il en mourut » le mardi d'après Pâques 1412.

Robert paraît avoir encore augmenté la grande fortune de son père; mais il se compromit par dévouement pour la cause nationale, et le roi anglais, Henri V, lui fit trancher la tête sur la place du

Vieux-Marché à Rouen, le 13 juin 1421. Ses deux frères, Guillaume et Jean, héritiers de leur mère Alice et en partie de leur père, se partagèrent ces successions le 13 septembre 1430.

Jean était alors verdier de la forêt de Longboel; il eut dans son lot le manoir et le fief de Senneville dont l'usufruit, réservé par Jean de Livarrout, s'était depuis longtemps éteint par sa mort, arrivée avant 1406, puisqu'à cette date, Robert Alorge avait loué son manoir de Senneville, à la réserve du colombier, pour 35 setiers de blé par an.

Robert Alorge, fils de Jean, lui succéda comme verdier et seigneur de Senneville, et mourut vers 1490. Il est probable que ce fut son fils Martin qui fit édifier le château dont il parle dans un acte émané de lui.

Martin Alorge avait acheté, en 1564, du prieuré des Deux-Amants, le fief de Gamaches, qui s'étendait sur Senneville, Amfreville et Flipou, et les fiefs des Havars et de Doresvaux, et les avait réunis à la seigneurie de Senneville. Étant tombé dans un grand état de faiblesse, il les céda, avec ses autres biens, à son fils Georges, en se réservant à Senneville « ce qu'il faudra pour meubler deux chambres à gardes-robes du grand bâtiment en briques, ses coffres, son fil, filasse et toiles, avec les meubles d'une cuisine, une écurie pour sa haquenée..., une tourelle à faire poullier, une part du colombier..., etc. ».

Il est évident que les mots « grand bâtiment en briques » employés dans ce contrat du XVIᵉ siècle désignent le manoir en briques et pierres déjà construit à cette époque, tel à peu près que nous le retrouvons aujourd'hui.

Georges Alorge, écuyer, sieur de Senneville, de Gamaches et des Havars, avait épousé Anne du Poirier, dont il eut, entre autres enfants, Tranquille Alorge, seigneur de Senneville. Ce dernier, mort avant 1667, avait laissé quatre enfants, dont l'un, Charles, est qualifié, dans un aveu du 12 juillet 1690, de chevalier, seigneur de Senneville et des fiefs de Gamaches, Havars et Doresvaux. Ce fut sans doute de son temps qu'on sculpta les remarquables cheminées qui ornent deux pièces du château de Senneville.

Cheminée.

La cheminée de la première pièce est décorée du buste de Louis XIV dans l'éclat de la jeunesse. Ce buste est placé sur un socle où l'on voit l'emblème et la devise du grand roi, imaginés par l'antiquaire Douvrier après le carrousel de 1662, et qui eurent alors un succès prodigieux : un soleil dardant ses rayons sur un globe avec les mots : *nec pluribus impar*. Aux deux côtés du socle, deux anges ou plutôt deux amours. L'encadrement de la cheminée est de la même époque.

Les ornements de la seconde pièce sont plus complets. Des guirlandes de fleurs et de fruits, entourées d'un ruban croisé, courent le long de la cheminée et du plafond, qu'elles divisent en deux parties. Sur la cheminée, deux statuettes de femmes sont appuyées contre une urne aux dessins allégoriques; au-dessous, un bas-relief dans le même genre. Ces belles sculptures, dues au ciseau d'un maître dont le nom n'est pas connu, ont été légèrement grattées et blanchies, mais ne paraissent pas avoir trop souffert de cette opération.

Cheminée.

D'après une photographie de M. Paul Robert.

Au commencement du XVIIIe siècle, la seigneurie de Senneville passa des Alorge aux Godefroy, ancienne famille du pays, et appartint successivement, en 1718, à Charles-Nicolas Godefroy, conseiller au Parlement de Normandie, et, en 1761, à Charles-David Godefroy, gentilhomme ordinaire de la chambre du roi. Puis, elle entra dans la famille d'Aligre, par le mariage de Marie-Charlotte Godefroy avec Étienne, marquis d'Aligre, pair de France, et ensuite, par alliance, dans la maison de Pommereu. Elle est aujourd'hui la propriété de M. Lecomte de Romilly.

PAUL GOUJON.

LE CHATEAU DE MUSSEGROS

Le manoir de Mussegros, dont le nom s'écrivait primitivement Mucegros, existait au XIe siècle. La prononciation normande de Muchegros a donné naissance à une tradition locale, suivant laquelle Louis le Gros, après le combat de Bremule, le 20 août 1119, se serait caché ou muché dans les bois environnants, avant d'atteindre les Andelys. Muchegros aurait eu ainsi pour origine un incident relatif à la défaite du roi de France. En réalité, le nom de Mussegros, dont l'étymologie est incertaine, est bien antérieur à l'événement dont il vient d'être parlé. Un Roger de Musegros figure comme témoin dans une charte de Guillaume le Conquérant de 1050, et c'est sans doute le même personnage qui prit part, en 1066, à la bataille d'Hastings et dont le nom est écrit Mucegros, en 1086, dans le *Doomsday book*, comme tenant un fief en Angleterre. Une branche de sa famille y a même subsisté pendant plusieurs siècles, d'après le *Monasticon Anglicanum*.

Mussegros, réuni depuis 1834 à Écouis, était une ancienne paroisse du Vexin normand, placée sous l'invocation de la Sainte-Vierge et de saint Prix, évêque de Clermont, en Auvergne. Le pays a été occupé à l'époque gallo-romaine ou tout au moins fut le lieu de passage de légions au temps de Gallien. On a trouvé, en effet, vers 1879, dans les bois du Faÿ, près des murs du parc actuel, un vase contenant une quantité considérable de monnaies, dont le plus grand nombre était à l'effigie de Gallien, sans doute le trésor d'une légion, enfoui à la suite de quelque défaite.

Le manoir et le fief de Mussegros ont successivement appartenu, en 1170 et 1180, à Mathieu de Mucegros ou Muchegros; à Jean, en 1210; à Robert, en 1232, et, en 1252, à un autre Jean, alors écuyer, qui eut avec l'archevêque de Rouen, Eudes Rigaud, des démêlés, consignés par lui dans le Registre de ses visites pastorales, à la date de janvier 1252. Plus tard, Jean de Mussegros, devenu chevalier, se réconcilia avec Eudes Rigaud et se reconnut son vassal, malgré les réclamations du seigneur de Quitri, qui prétendait que son fief relevait de lui.

Mussegros passa ensuite à la famille de Sacquenville. Pierre de Sacquenville, en 1370, et après lui ses descendants, Guillaume et Jean, en furent propriétaires. Lors de l'occupation anglaise, le manoir appartenait à Marguerite de Calleville, à laquelle on l'enleva pour le donner à l'Anglais Guillaume Barton; mais, après l'expulsion des Anglais, il revint à Jean de Calleville, puis à Jeanne, sa fille, mariée à Robert Biotte, conseiller-lay à l'Échiquier de Normandie.

Jeanne de Calleville mourut sans enfants, le 11 octobre 1467, laissant sa succession à sa nièce, Louise de Longchamps. Cette dernière, devenue veuve de Jean Tiercelin, seigneur de Brosse, épousa Louis Chauvin, chevalier, sieur de Birac, dont elle eut une fille, Renée, mariée le 15 novembre 1509 à Pierre de Canouville, seigneur de Raffetot.

A la fin du XVIe siècle, le fief et le manoir de Mussegros étaient entrés dans la maison de Gondy.

Albert de Gondy, fils d'Antoine, qui avait accompagné Catherine de Médicis en France et s'y était fait naturaliser, épousa, en 1565, Claude-Catherine de Clermont, baronne de Retz, veuve de Jean d'Annebaud, tué en 1562 à la bataille de Dreux. Ce fut par ce mariage qu'il devint propriétaire de la première portion de la baronnie d'Écouis, séparée de la seconde, depuis le partage des héritiers d'Enguerrand de Marigny, et probablement du domaine de Mussegros. Dans tous les cas, il résulte d'anciens documents originaux, que Madame la comtesse Matheus, propriétaire actuelle du château de Mussegros, a bien voulu nous communiquer, que « messire Albert de Gondy, chevalier des ordres du Roy, conseiller de Sa Majesté en ses conseils d'État et privé, pair de France, premier maréchal et général des galères de France, duc de Retz, etc..., et dame Claude-Catherine de Clermont, son épouse », étaient propriétaires des fief et seigneurie de Mussegros. Lors du mariage de leur fille, Françoise de Gondy, avec Lancellot dit Groignet de Vassé, chevalier des ordres du roi, baron de Vassé, etc., ils avaient par contrat promis de leur donner diverses terres et valeurs, mais ils moururent avant la réalisation de leur promesse. Leur fils Charles étant également décédé, ce fut leur petit-fils et principal héritier, Henry de Gondy, duc de Retz et de Beaupréau, pair de France, etc., qui remplit leurs engagements. La baronne de Vassé reçut de lui, le 1er avril 1617, entre autres propriétés, la seigneurie de Mussegros pour 6,000 livres. Le château actuel fut probablement élevé vers cette époque. Sa construction en briques et pierres, ses toits couverts en ardoise, son architecture et son style, à défaut de date certaine, annoncent le temps de Louis XIII. Il a peu de profondeur, mais se développe en façade sur une assez grande étendue et se compose d'un pavillon central avec deux grands corps de logis à droite et à gauche, terminés par deux pavillons. Le grand salon du milieu est remarquable par son dôme et ses tableaux. Des peintures de l'époque de Louis XIV, dans un salon du rez-de-chaussée, méritent aussi d'attirer l'attention, ainsi qu'un curieux plan colorié sur toile représentant à vol d'oiseau le château, le parc, et les paroisses voisines. Au milieu de ses séculaires avenues de magnifiques tilleuls, ce château a conservé l'aspect des vieilles demeures seigneuriales.

On assure que saint Vincent de Paul a reçu de la famille de Gondy l'hospitalité à Mussegros, ce qui n'a rien d'étonnant, puisqu'il était devenu, en 1613, le précepteur des enfants de Philippe-Emmanuel de Gondy, troisième fils d'Albert, et que le chef de la famille, comme co-patron de la collégiale d'Écouis, l'en avait fait nommer l'un des chanoines et même le trésorier.

Maître Vincent de Paoul ou Paul, comme on l'appelait alors, avait pris possession de sa charge par procuration, en 1615, mais le marquis de Roncherolles, autre patron d'Écouis, voulut faire respecter les règlements du chapitre, auquel il se plaignit de ce que les sieurs Desmay, doyen (l'un des grands vicaires de l'archevêché de Rouen), Paoul, trésorier, et Blondel, chanoine, ne résidaient pas. A la suite d'une décision du chapitre, Vincent de Paoul se présenta en personne le 16 septembre 1616, prêta serment de fidélité, s'engagea à remplir les devoirs de sa charge et invita la Compagnie à dîner, suivant la coutume.

De la famille de Vassé, Mussegros passa en août 1661, par échange, dans celle de Charles Paviot, procureur général à la Chambre des Comptes de Rouen, dont le fils, conseiller au Parlement de Rouen, lui succéda comme procureur général, en 1716, et mourut en 1723, et dont le petit-fils, devenu seigneur patron de Mussegros, maria sa fille et unique héritière, le 9 mars 1732, à Nicolas de Frémont d'Auneuil, président aux enquêtes du Parlement de Paris. La famille d'Auneuil conserva Mussegros jusqu'en 1830, époque où ce domaine fut acquis par M. Bouctot, de Rouen.

Le mariage de Mademoiselle Bouctot avec le comte Matheus fit entrer Mussegros dans cette dernière famille, qui le possède encore. C'est à M. Matheus qu'est due la restauration du château.

Paul Goujon.

TABLE DES NOTICES DU VOLUME DE L'EURE

PREMIÈRE PARTIE

TABLE DES PLANCHES DU VOLUME DE L'EURE

PREMIÈRE PARTIE

www.ingramcontent.com/pod-product-compliance
Ingram Content Group UK Ltd.
Pitfield, Milton Keynes, MK11 3LW, UK
UKHW022059120726
13694UKWH00001B/237